다와다 요코

몸과 사잇공간의 시학

다와다 요코
몸과 사잇공간의 시학

초판 1쇄 발행 2021년 12월 15일

지은이 정향균

펴낸곳 서울대학교출판문화원
주소 08826 서울 관악구 관악로 1
도서주문 02-889-4424, 02-880-7995
홈페이지 www.snupress.com
페이스북 @snupress1947
인스타그램 @snupress
이메일 snubook@snu.ac.kr
출판등록 제15-3호

ISBN 978-89-521-3040-2 93850

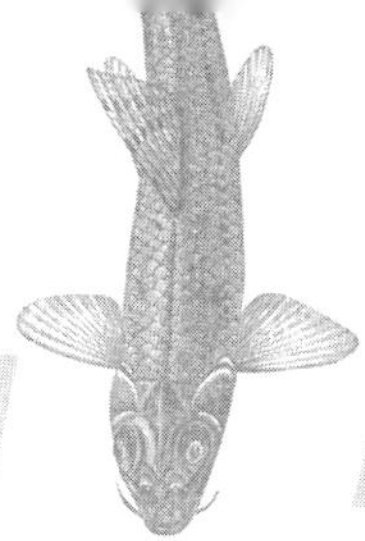

TAWADA YOKO

다와다 요코

몸과 사잇공간의 시학

정항균 지음

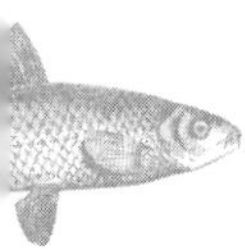

서울대학교출판문화원

들어가는 말

2016년 1월 나는 일주일간 아내와 말레이시아의 코타키나발루섬으로 여행을 떠났다. 특별한 여행목적은 없었고 일주일간 정말 아무것도 하지 않고 편히 쉬다 오는 것이 목적이라면 목적이었다. 관광할 생각도 없었고 새로운 문화를 배우겠다는 생각도 없었다. 그저 지친 몸을 쉬고 무위의 즐거움을 누리다 오려고 했다. 그런데 사흘이 지나니 좀이 쑤시기 시작했다. 편안한 휴식은 지루함의 경계를 넘어 답답함으로 변하기 시작했고 이제 남은 나흘을 어떻게 버텨야 할지 고민하는 지경에 이르렀다. 그러다가 문뜩 여행 가방에 쑤셔넣은 한 권의 책이 생각났다. 다와다 요코의 시학강연집『변신』이라는 책이었다. 원래 무위의 여행을 하기로 결심해서 여행 중에 책을 읽을 생각은 없었지만, 혹시나 하는 생각에 가장 얇은 책을 한 권 가져간 것이 바로 이 책이었다. 지루함을 더는 참을 수 없었던 나는 이 책을 읽기 시작했다. 책상이 없던 호텔방의 바닥에 누워 그야말로 가벼운 소설책 읽듯이 읽기 시작한 것이다. 그런데 그렇게 읽기 시작한 책이 나의 흥미를 끌기 시작해 여행을 마치고 집으로 돌아가기 전까지 나는 이 책을 네 번이나 반복해서 읽었다. 물론 다른 읽을 책이 없어서 이 책을 반복해서 읽었을 수도 있었겠지만, 그렇다고 억지로 읽은 것은 결코 아니었으며 오히려 아주 흥미롭게 정말 '몸이 원해서' 이 책을 읽었던 것이다. 그 책은 내가 2012년 출간한 『"typEmotion". 문자학의 정립을 위하여』라는 책에서 다룬 문자의 문제도 다루고 있었는데, 다와다 요코가 자신의 시학강연집에서 표명한 문자에 대한 생각이 내 생각과 비슷해 놀라기도 했다. 또 미리 알았더라면 이 책에서 다와다 요코의 텍스트를 다루었을 텐데 하는 아쉬움도 남았다. 그 밖에도 다와다 요코가 이 책에서 목소리나 문자를 '몸'이라는 주제와 연관해 다룬다는 점도 내 관심을 끌었다. 더욱이 내가 내 몸에 휴식을 주기 위해 여행을 떠났다가 책을 통해 몸에 대해 다시 생각하게 된 상황이 무엇보다 흥미로웠다.

이 여행과 관련해서 또 한 가지 흥미로운 사실은 내가 그사이 잃어버렸던 수영 능력을 되찾았다는 것이다. 독일에서 건강을 위해 꽤 자주 수영을 하다가 2000년 한국으로 귀국한 이후로는 수영할 일이 거의 없었다. 어쩌면 그만큼 바쁘게 한국에서 생활했고 몸을 혹사했는지도 모른다. 그러다가 2014년 태국으로 여행을 갔을 때 실로 오랜만에 수영을 했는데, 놀랍게도 내가 할 줄 알았던 자유형과 평형을 모두 할 수 없었다. 수영과 자전거는 한 번 배우면 결코 잊어버리지 않는다고 어느 책에서 읽었던 것 같은데, 내 몸이 수영 능력을 완전히 잊어버린 것이었다. 그 후 나는 수영을 할 줄 모른다고 생각했고 그래서 코타키나발루에서도 수영할 엄두를 내지 못했다. 그런데 다와다 요코의 책을 읽기 시작하다가 문뜩 수영하고 싶다는 생각이 들어 머물던 호텔 수영장에서 수영을 해보았는데 놀랍게도 내가 다시 수영을 할 수 있게 된 것이었다. 그때의 놀라움은 태국에서 수영을 못하게 되었을 때의 놀라움보다 더 컸다. 대체 그 사이에 내 몸에 무슨 변화가 생긴 것이었을까?

일주일간의 코타키나발루섬에서의 이상한 경험 이후 나는 다와다 요코라는 작가에게 관심을 갖게 되었고 그 후 그녀의 작품을 집중적으로 읽기 시작했다. 물론 이 시기에 나는 동물이라는 주제에 관심이 있어서 이 주제를 집중적으로 연구했지만, 이 연구에서 비단 문자 그대로의 동물뿐만 아니라 인간의 동물적 특성, 즉 신체성의 문제도 함께 다루었기 때문에 몸에 관한 나의 관심은 지속될 수 있었다. 그 때문에 다와다 요코에 대한 생각은 내 머릿속을 떠나지 않았고 그래서 동물에 관한 저서를 쓰면서도 틈틈이 다와다 요코에 관해 읽고 논문을 쓰기도 했다. 개인적인 체험에 근거한 몸에 관한 관심이 결국 다와다 요코의 작품에 나타난 몸에 관한 연구로 이어진 것이다.

이 책의 또 다른 주제인 사잇공간 역시 어쩌면 코타키나발루섬이라는 제3의 공간에서 이미 잉태되고 있었는지도 모른다. 독일에서 유학하면서 유럽 전역을 돌아다녔기 때문에 사실 유럽은 내게 더는 새로운 곳이 아니다. 오히려 내게는 동남아시아가 가깝고도 먼 낯선 곳처럼 느껴지곤 하는데, 그래서 동남아시아는 내게 한국과 독일 사이에 놓인 일종의 사잇공간 같은 장소다. 그러한 사잇공간에서 나는 최대한 몸을 이완한 상태로 두고 다와다 요코의 글을 온몸으로 읽기 시작했고 잃어버린 수영 능력을 되찾는 몸의 신비를 경험했던 것이다. 그러한 사잇공간으로서의 코타키나발루섬에서 나는 이전과 달리 다와다 요코라는 일본인 작가를 독일어권 문학작가로 받아들일 마음의 여유를 갖게 되었다. 왜냐하면 그 이전까지는 내게 소위 이민문학작가는 독일어권 문학의 주변부에 불과했으며 내 관심을 전혀 끌지 못했기 때문이다. 그런데 코타키나발루섬이라는 제3의 공간, 사잇공간에 머물며 몸을 이완시키면서 나는 그러한 주변부 작가에게 몸과 마음을 열고 주변부 작가야말로 경계를 가꾸는 작가로서 오늘날 가장 중요한 작가라는 것을 깨닫게 되었다.

일본어와 독일어로 모두 글을 쓰고 있는 다와다 요코는 일본과 독일에서 여러 문학상을 수상하며 명성을 높여가고 있을 뿐만 아니라, 미국을 비롯한 다른 나라들에서도 높은 인지도를 쌓고 있다. 이로 인해 지금은 일본의 대표적인 작가 무라카미 하루키와 함께 매년 노벨문학상 후보로 거론되고 있다. 하지만 국내 독문학계에서 다와다 요코는 그리 많이 연구되지 않았다. 몇몇 일문학 연구자를 제외하고 국내 독어독문학계에서는 소수의 연구자만이 이 작가에 관심을 갖고 있을 뿐이다. 이러한 연구 상황에는 다와다 요코가 독일어권 국가 출신의 작가가 아니라는 생각도 작용했을 것이다. 문학을 민족국가처럼 구분하는 데 익숙한 우리에게 독일문학은 독일, 오스트리아, 스위스 같은 독일어권 국가 출신 작가들의 전유물처럼 생각되었다. 이러한 고정관념은 독일에서 소위 이민문학작가로 불리는 작가세력이 서서히 성장하며 주변부에서 중심부로 이동하면서 깨지고 있는 중이다. 하지만 아직까지도 비독일어권 국가 출신 작가의 작품을 주류문학과 동떨어진 주변부 문학 정도로 여기며 이에 별다른 관심을 갖지 않는 시각이 여전히 견고하다.

하지만 상호문화성에 대한 관심이 점점 커지고 있고 이성적인 정신에 의해 평가절하되어온 몸에 대한 새로운 인식과 평가가 생겨나고 있는 현재의 상황에서 다와다 요코의 문학은 결코 주변부 문학으로 치부될 수 없으며, 오히려 현대문화의 가장 핵심을 건드리는 문학으로 재평가되어야 한다. 이 책은 다와다 요코의 작품이 지니는 이러한 현대적 의미에 주목하며, 몸과 사잇공간의 시학이라는 관점에서 그녀의 작품세계를 조명하고자 한다.

이 책의 중심주제와 관련해 학창시절의 에피소드를 하나 소개할까 한다. 결혼하고 독일로 막 유학을 떠났을 때의 일화다. 아내가 '나는 독일어를 발전시켰다 Ich habe Deutsch verbessert.'라고 말을 하니 내가 알고 지내던 어느 독일 교수가 웃으며 '독일어를 발전시키는 것'은 괴테 같은 사람이나 할 수 있는 것이니 '나는 내 독일어를 발전시켰다 Ich habe mein Deutsch verbessert.'라고 말해야 한다고 교정해주었다. 이러한 일이 있고 나서 나는 이 문장을 사용할 때 늘 이 에피소드를 떠올리며 주의하곤 했다.

그런데 다와다 요코의 에세이를 읽으면서 어쩌면 그 독일 교수의 생각이 잘못됐을 수도 있다는 생각이 들었다. 우리가 외국인으로서 독일어를 개선하거나 발전시킬 수는 없으며 기껏해야 모국어 화자의 완벽한 독일어에 접근해갈 수 있을 뿐이라는 생각이 그 교수의 마음속에 깔려 있었을 것이다. 아니 그러한 생각은 소위 모든 모국어 화자가 갖는 일반적인 생각이기도 하다. 그런데 다와다 요코는 오히려 외국인 화자가 모국어 화자가 보지 못하는 것을 새로운 시선에서 바라볼 수 있으며, 이를 통한 개선과 발전이 문화적 현상을 넘어 언어에도 나타날 수 있음을 강조한다. 그녀는 자신이 r과 l 발음을 구분하지 못하는 어느 일본 지방 출신이라서 '다리'를 뜻하는 Brücke라는 단어를 Blücke라고 발음하는데, 이를 통해 다리에 '틈Lücke'이 있음을 알게 되었다고 말한다. 그녀의 생각에 따르면 가령 독일어를 한국어로 번역할 때 두 언어 사이를 연결하는 매끄러운 다리가 있어서 한 언어에서 다른 언어로의 완벽한 번역이 이루어지는 것이 아니라, 오히려 그 연결하는 다리 사이에 엄청난 틈과 균열이 있어 그 다리로 완전히 넘어가는 것, 즉 완전한 번역이 불가능하다. 그 때문에 번역자는 그 두 언어 사이에 놓여 있는 틈, 즉 사잇공간에 주목하며 다양한 번역 가능성을 생각해야 한다는 것이다.

또한 다와다 요코는 우리가 흔히 일차적인 언어로 생각하는 '모국어'가 사실은 근원적 지위를 갖지 못함을 강조한다. 그녀는 우리가 의식적으로 말하기 전에 이미 몸에서 무의식적으로 말하기 시작한다면서, 무의식적으로 우리의 신체에 새겨지는 신체언어에 주목하며 그것이 모국어에 선행함을 강조한다. 그러면서 그는 '모국어Muttersprache'라는 단어를 뒤집어 '언어엄마Sprachmutter'라는 신조어를 만들어내는데, 이를 통해 모국어 화자가 지닌 언어에 대한 고정개념을 깨고 언어놀이를 통해 근원적 언어에 대한 새로운 관점을 열어준다. 즉 아이가 엄마와 공생관계를 이루며 아직 독립적인 '나'에 대한 인식을 갖기 전 단계인 출생 전의 시기처럼, 엄마의 자궁으로 대변되는 무의식의 공간은 언어엄마로 작용하며 무의식적인 신체언어를 만들어낸다는 것이다. 다와다 요코는 관습적인 언어 사용과 문법질서에 길들여진 모국어 화자가 보지 못하는 현상들을 낯선 시각에서 바라보며, 독일어 어휘를 실험적으로 전도시키면서 새로운 독일어 단어뿐만 아니라 이와 관련된 언어에 대한 새로운 관점을 만들어낸다.

우리는 흔히 모국어 화자는 언어를 자유롭게 구사하고 지배하는 반면, 외국어 화자는 그러한 능력이 결여되어 있으며 기껏해야 모국어 화자라는 이상적 화자에 근접하려고 노력할 수 있을 뿐이라고 생각한다. 그러나 소위 말하는 모국어 화자 역시 모국어를 완벽하게 구사하는 것은 아닐 뿐만 아니라, 심지어 괴테가 아니더라도 외국어 화자 역시 외국어와 관계하며 그것에 새로운 활력을 불어넣고 영향을 끼칠 수 있다. 다와다 요코의 말처럼 소위 모국어 화자든 아니면 외국어 화자든 상관없이 우리는 언어를 침략자나 정복자처럼 마스터하고 지배하는 것이 아니라, 그것과 각기 다양한 방식으로 관계를 맺고 있을 뿐인 것이다. 다와다 요코의 이러한 생각은 서양 언어를 배우면서 우리가 느끼는 열등감이 언어에 대한 잘못된 관점에서 비롯된 것임을 보여준다.

앞에서 말한 '다리'에 들어 있는 '틈'이나 '모국어'보다 선행하는 '언어엄마'라는 말을 통해 다와다 요코의 언어관에서 사잇공간과 몸이 중요한 역할을 함을 알 수 있다. 그녀는 일반적으로 우리가 밖으로 발화하는 말 외의 신체적인 언어에 주목할 뿐만 아니라, 상이한 언어와 문화 사이의 사잇공간에도 주목한다.

몸과 사잇공간은 언뜻 보기에 별로 연관성이 없는 것 같지만, 사실은 서로 긴밀히 연관되어 있다. 심지어 몸 자체가 사잇공간이라고 할 수도 있다. 여기서 말하는 몸은 우리의 눈에 보이는 구획 가능한 해부학적인 몸을 가리키는 것이 아니라, 눈에 보이지 않는 무의식적인 몸을 가리킨다. 그러한 몸은 개념적인 경계를 통해 배제되고 억압된 다양한 잠재적 가능성을 내포하고 있는 생성적인 사잇공간이라고 할 수 있다. 이 책은 이러한 몸과 사잇공간이라는 주제에 초점을 맞추며 다와다 요코의 작품세계를 살펴보고자 한다.

이 책의 1부에서는 다와다 요코의 전기와 작품세계 전반을 다루고자 한다. 독일에서 다와다 요코에 대한 연구가 점점 활기를 띠고 있지만, 아직까지 다와다 요코의 전기나 작품세계 전반을 다룬 책을 발견하기란 쉽지 않다. 다와다 요코의 전기를 쓰기 어려운 이유는 그녀가 현재 살아 있는 작가이기도 하거니와 그녀가 자신의 가족관계를 비롯해 개인적인 삶에 대해 말하기를 꺼리기 때문이기도 하다. 또한 그녀는 일본어와 독일어라는 두 가지 언어로 글을 쓰기 때문에 이 두 언어를 완벽히 구사하지 않는다면 그녀의 작품세계 전체를 조망하기가 쉽지 않다.

이러한 두 가지 한계에 직면하여 필자는 이 책에서 내 나름의 방식으로 해결책을 찾으려 시도했다. 첫 번째로 필자는 다와다 요코가 쓴 소설이나 연극, 시 같은 허구적인 작품뿐만 아니라 그녀의 에세이나 강연집 등 논픽션 작품을 모두 읽고, 나아가 그녀가 한 다양한 인터뷰 동영상을 찾아보며 그녀의 전기를 재구성하려 했다. 그녀의 전기를 포괄적이고 체계적으로 다룬 기존의 연구서가 전무한 상황에서 필자는 이 책에서 주어진 자료를 최대한 조사하여 작가로서 그녀가 살아온 삶의 궤적을 가능한 한 상세히 보여주려고 노력했다. 두 번째로 필자는 다와다 요코가 2019년까지 독일어로 쓴 작품 외에 일본어로 썼지만 한국어와 독일어로 번역된 작품을 모두 읽고 그로부터 그녀의 작품세계 전반을 조망하려고 했다. 물론 다른 나라 언어로 번역되지 않은 일본어 작품을 언어적 한계 때문에 읽지 못해 다루지 못한 아쉬움이 있지만, 이 책에서 다룬 작품들만으로도 그녀의 작품세계 전반을 보여주는 데는 무리가 없을 것이다. 특히 여기서는 그녀의 소설이나 연극, 시뿐만 아니라 각종 에세이, 시학강연집, 서신교환집 같은 논픽션 작품도 모두 다룸으로써 그녀의 작가적 실천과 이론적 성찰을 모두 포괄할 수 있도록 했다.

2부에서는 몸과 사잇공간이라는 두 가지 큰 주제를 중심으로 다와다 요코의 작품 가운데 총 여덟 편을 깊이 있게 분석했다. 앞의 네 장은 몸이라는 주제와 관련된 작품을 다루고, 뒤의 네 장은 사잇공간과 관련된 작품을 다루었지만, 원칙적으로 두 주제가 긴밀히 얽혀 있고 서로 교차하고 있다.

I의 1장에서는 다와다 요코의 첫 번째 소설인 「그림 없는 그림 수수께끼」를 다룬다. 이 소설에서 다와다 요코는 일반적으로 역겹고 혐오스러운 것으로 간주되어 의식적으로 배제되고 인간의 신체 경계 밖으로 내버려지는 비체卑體로서의 '아브젝트'를 주제로 다룬다. 이때 그녀는 이성적인 정신에 의해 억압되는 몸과 무의식에 주목하며, 정신과 몸의 관계에 대한 근대적 관념과 해석을 전도시킨다. 또한 다와다 요코는 이 소설에서 자동인형과 마리오네트 모티브를 다루고 있는데, 신체적 존재인 마리오네트는 무의식을 구현할 뿐만 아니라 무의식적인 충동적 글쓰기를 하는 작가로 등장하기도 한다.

2장에서는 「손님」이라는 소설을 중심으로 몸 중에서도 가장 중요한 부분인 얼굴을 주제로 다룬다. 다와다 요코는 인간중심주의적으로 정의된 얼굴 개념에서 벗어나 사물이나 매체까지 얼굴을 지니고 있음을 강조하며 얼굴에 대한 새로운 정의를 시도할 뿐만 아니라, 나아가 얼굴이 개인의 정체성을 보장하는 수단이 아니라 흔적이나 유령 같은 존재로 나타나며 다양한 읽기와 쓰기를 허용하고 있음을 보여준다.

3장에서는 『눈 속의 에튀드』에 나타나는 동물과 동물적인 신체성이라는 주제를 다룬다. 이 소설은 한편으로 인간과 동물의 관계를 살펴보며 동물을 학대하고 착취하는 인간중심주의의 부정적 측면을 서술하지만, 다른 한편으로는 인간 역시 동물로서 감각적인 신체적 특성을 지니고 있음에 주목하며 인간의 동물-되기가 갖는 긍정성을 강조한다.

4장에서는 다와다 요코의 시학강연집인 『변신』을 통해 말과 문자 매체가 갖는 신체연관성을 살펴본다. 말은 단순히 메시지만을 전달하는 것이 아니라 목소리의 떨림이나 호흡 등을 통해 정동情動을 표현하기도 한다. 문자텍스트 역시 말의 단순한 기록이 아니라 시각적인 형상성을 띠며 텍스트신체를 갖고 있다. 이로써 신체 개념은 인간의 신체를 넘어 매체로까지 확대된다. 나아가 무의식적인 신체문자가 글로 완전히 표현되지 못한 채 억압되어 텍스트의 하얀 여백에 묻혀 있을 때, 공동묘지에서 유령처럼 떠돌고 있는 이러한 흔적들을 불러내는 제의적인 초혼의 글쓰기가 다와다 요코의 글쓰기 방식임이 드러난다.

II의 1장에서는 다와다 요코의 소설에 나타난 장소와 정체성의 문제를 『목욕탕』을 통해 살펴본다. 다와다 요코의 소설에서는 집이나 고향 같은 테마가 중요한 의미를 갖는데, 이러한 장소들은 자아와 타자를 구분하며 자아정체성을 형성하기 위한 의미를 지닌다. 하지만 다와다 요코는 이 소설에서 서술자 나가 살고 있는 집을 유령의 집으로 바꿔놓음으로써 자신의 집에 타자가 거주하게 한다. 이로써 정체성을 형성하는 장소의 기능이 상실된다. 다른 한편 다와다 요코는 인간의 신체를 장소로 묘사하기도 하는데, 이러한 신체에 유령 같은 타자가 들어옴으로써 신체는 혼종적인 정체성의 장소가 된다.

2장에서는 다와다 요코의 에세이를 중심으로 다와다 요코의 번역관을 살펴본다. 다와다 요코는 번역을 출발언어를 도착언어로 성공적으로 바꿔놓는 시도로 간주하는 것이 아니라, 근원적인 번역 불가능성에서 출발하여 이러한 번역 불가능성에 직면하여 어떻게 두 언어 사이에 놓인 공간에서 새로운 번역 가능성을 찾아낼 수 있을지에 몰두한다. 나아가 그녀는 번역 개념을 매체로서의 문자텍스트에 국한하지 않고 신체에 새겨지는 무의식의 문자로까지 확대하면서, 번역에 대한 새로운 관점을 열어준다. 특히 그녀는 『바다 너머 혀넙치의 혀들』이라는 에세이에서 번역을 공간, 신체, 동물과 연관시켜 살펴보면서 번역과 사잇공간이 맺고 있는 긴밀한 연관성을 강조한다.

3장에서는 『용의자의 야간열차』를 추리소설의 다시 쓰기로 간주하며, 전통적인 추리소설의 구조가 이 소설에서 어떻게 패러디되고 해체되는지를 보여준다. 특히 이 소설에서는 일반적인 의미에서의 살인이 아니라 정체성의 해체로서의 살인을 다루고 있을 뿐만 아니라, 살인범이 밝혀지는 대신 용의자들만이 등장하기도 한다. 이로써 추리소설 다시 쓰기는 범죄의 비밀을 밝혀내는 글쓰기가 아니라 오히려 그러한 비밀을 만들어내는 글쓰기가 된다. 끝으로 이 소설에서는 남자와 여자, 인간과 동물(또는 식물)의 경계가 허물어지며 자신과 상반되는 존재로 변신하는 장면들이 자주 등장하는데, 이러한 변신은 결코 한 존재가 다른 존재로 완전히 이행하는 것이 아니라 오히려 둘 사이에 위치하는 것, 즉 사잇공간으로 들어가는 변신의 의미를 갖는다.

마지막으로 4장에서는 상호문화적 교류와 협력이라는 차원에서 사잇공간의 의미를 다룬다. 『헌등사』는 방사능 유출과 이로 인한 생태계의 파괴 및 인간사회의 위기를 다룬 소설이다. 오늘날 지구촌에서 일어나는 다양한 재난이나 위험은 결코 한 국가만의 문제일 수 없으며 서로 긴밀히 얽혀 있는 세계 전체의 문제라고 할 수 있다. 그 때문에 이러한 위험은 국가봉쇄 같은 고립정책을 통해서가 아니라, 국가 간의 상호협력과 공동대응을 통해서만 해결책을 모색할 수 있을 것이다. 다와다 요코는 『헌등사』에서 방사능 유출로 인한 디스토피아적인 사회를 보여주면서도 동시에 국가 간의 다양한 상호문화적 교류와 협력을 통해서만 이러한 문제를 해결할 수 있음을 강조한다. 여기서 사잇공간은 민족국가적인 장벽을 넘어서서 다양한 긍정적 가능성을 만들어내는 상호문화적인 교류와 협력의 공간으로 나타난다.

끝으로 2020년 2학기에 열린 다와다 요코 수업에 참석한 모든 대학원생과 이 책의 발간을 허락해준 서울대학교출판문화원에 감사의 말씀을 전한다.

2021년 12월
정항균

차례

1부 다와다 요코의 전기와 작품세계

I 전기

다와다 요코는 1960년 3월 23일 일본 도쿄에서 출생했다. 그녀의 유년기나 청소년기에 대해 알려진 바는 거의 없다. 다만 그녀가 쓴 에세이나 그녀가 나눈 대담을 통해 어린 시절 그녀의 관심사나 재능을 알 수 있을 뿐이다. 2007년 출간된 『언어경찰과 언어놀이사전*Sprachpolizei und Spielpolyglotte*』에서 다와다 요코는 자신이 초등학교 때 산수를 못해 낙제한 경험을 이야기하며, 자신이 좋아한 과목은 "서예와 음악"[1]이었다고 말한다. "나는 요한 세바스티안 바흐에 관한 리포트를 써서 학교에서 처음으로 좋은 성적을 받았다."[2] 다와다 요코가 서예와 음악에 특별히 관심이 있었다는 말은 그녀가 작가로서 활동한 이후 관심을 가진 주제가 문자의 형상성과 신체적 진동과 호흡으로서의 목소리였다는 점에서 주목할 만하다.

서예에서는 글씨의 의미보다 글씨의 형상이 중요하다. 다와다 요코는 문자가 단순히 말의 기록이 아니라 고유한 매체성을 지닌다고 말하면서 문자의 형상성에 주목한다. 음악과 관련해서 다와다

1 Yoko Tawada, *Sprachpolizei und Spielpolyglotte*, Tübingen, 2011, 15쪽.

2 같은 곳.

요코는 "열두 살에 클라리넷과 기타를 연주하기 시작"했지만, "내가 이해하는 음악은 유럽음악사에 속하는 모든 것 이상의 것을 의미합니다. 예를 들면 호흡과 관련이 있는 언어의 음악성이 그것입니다"라고 말한다.[3] 물론 어린 시절 다와다 요코는 주로 유럽음악을 들었지만, 커서는 음악과 말을 구분하는 이분법적인 사고에서 벗어나 몸 전체에서 울려나오는 목소리의 떨림과 호흡, 악센트 등 언어적 음향에 관심을 기울인다. 그녀는 점점 시각중심적인 되어가는 일본과 달리 독일에는 아직도 라디오방송 같은 청각문화가 살아남아 있음을 지적하며, 시각중심주의에 맞서 좀 더 귀 기울여 듣는 것의 필요성을 역설한다.

또한 어린 시절 다와다 요코가 동아시아의 서예와 유럽음악을 좋아했다는 것은 그녀가 독일로 떠나기 훨씬 이전부터 동서양 문화의 영향을 받고 자랐으며 그러한 혼종적인 문화적 공간 속에서 자신의 단일한 정체성을 무너뜨리고 있었음을 의미한다. 나중에 그녀가 독일로 가서 독문학을 공부할 때 일본학을 부전공으로 선택한 것 역시 이러한 의미에서 놀라운 일은 아닐 것이다.

다와다 요코가 독일어를 처음 접한 것은 고등학교 때 제 2외국어로 독일어를 공부하면서부터다. 그 후 다와다 요코는 와세다 대학에서 러시아 문학을 전공하고 1982년 학사학위를 받았다. 하지만 그녀는 와세다 대학 재학 중에도 어학연구소에서 계속해서 독일어

3 "»In meinen Poetikvorlesungen werde ich viel über das Wasser sprechen, und der Tsunami kommt auch vor«. Yoko Tawada im Gespräch mit Ortrud Gutjahr", *Yoko Tawada. Fremde Wasser*, Ortrud Gutjahr (Hrsg.), Tübingen, 2012, 31쪽.

를 공부했다. 비록 그녀가 러시아 문학에 관심이 많기는 했지만, 당시에는 그곳에서 유학할 수 없는 상황이었고, 또한 그녀의 문학적 관심이 러시아 문학에 한정되기보다는 유럽문학 전체에 향해 있었기 때문에 독일로 떠나게 된다.

다와다 요코의 아버지는 도쿄에서 유럽 서적을 수입하는 서적상이었는데 함부르크에 있는 회사와도 거래했다. 그래서 다와다 요코는 아버지의 소개로 서적 중개 및 수출을 하는 함부르크의 한 회사에서 인턴 자리를 얻을 수 있었다.[4] 그녀는 독일 현지에서 언어를 생생하게 배우고 싶은 욕망이 있었는데, 이는 자연히 문학을 공부하고 싶은 열망으로 이어져 1983년에 함부르크 대학에서 독문학을 본격적으로 공부하게 된다.

그렇다고 러시아가 그녀의 문학에서 더이상 의미를 갖지 않는 것은 아니다. 오히려 그녀는 자신의 에세이나 소설에서 여러 차례 러시아를 언급한다. 독일어와 일본어로 문학작품을 쓰는 상황에서 그녀는 이 두 언어 중 어느 하나에 자신의 언어적·문화적 정체성을 귀속시키지 않기 위해 제3의 공간을 찾아 나선다. 이러한 맥락에서 러시아는 프랑스와 마찬가지로 그녀에게 일종의 사잇공간으로서 중요한 의미를 갖는다.

다와다 요코는 함부르크 대학에서 독문학을 공부하면서도 한동안 학업과 회사일을 병행한다. 그녀는 1987년까지 앞에서 말한 서적중개회사에서 일했고, 그 이후에도 화장품회사인 바이어스도르프에서 광고문구를 번역하거나 함부르크에 사는 일본인 학생들

4 같은 글, 19쪽 참조.

을 위해 일본어 수업을 하는 등 다양한 아르바이트를 한다. 그녀는 이 시기에 사회생활을 하며 경험한 다양한 일을 결코 학업이나 글쓰기에 대한 방해물로 간주하지 않으며, 오히려 거기서 생긴 의문을 학업이나 글쓰기를 통해 답을 찾으려고 시도한다. 또한 회사에서 쌓은 다양한 경험은 나중에 그녀의 작품 소재로 사용되기도 한다. 1990년 전업 작가로 활동하기 전까지 병행된 회사일(또는 아르바이트)과 학업 그리고 글쓰기는 그녀에게 똑같이 중요한 의미를 갖고 있었다.[5]

대학 생활과 관련해 중요한 전환점은 다와다 요코가 1986/87년 겨울학기에 들은 지크리트 바이겔 교수의 수업이다. '이방성'이라는 주제를 다룬 이 수업에서 바이겔 교수는 롤랑 바르트의 『기호의 제국*L'empire des signes*』(1970), 크리스테바의 『중국 여성*Des Chinoises*』(1974), 에드워드 사이드의 『오리엔탈리즘*Orientalism*』(1978), 토도로프의 『미국의 정복: 타자의 문제*The Conquest of America: The Question of the Other*』(1985) 같은 텍스트를 다루었는데, 다와다 요코는 이러한 책들을 읽으면서 독문학에 대한 생각의 변화를 경험하고 나아가 독문학 석사과정을 수학하기로 결심한다. 1986/87년 겨울학기 강의를 수강한 이후에도 그녀는 계속해서 바이겔 교수의 수업을 통해 "발터 벤야민, 자크 데리다, 지그문트 프로이트, 자크 라캉 그리고 그 외의 많은 다른 이론가들"[6]의 작품을 읽는다. 그녀가 이 시기

5 같은 글, 21-24쪽 참조.

6 Sigrid Weigel, "Suche nach dem E-mail für japanische Geister. Yoko Tawadas Poetik am Übergang differenter Schriftsysteme", *Yoko Tawada. Fremde Wasser*, Ortrud Gutjahr (Hrsg.), Tübingen, 2012, 128쪽.

에 탐독한 이러한 이론가들의 책들은 그녀의 작품에 지대한 영향을 끼치며 곳곳에 그 흔적을 남긴다.

1991년 다와다 요코는 하이너 뮐러에 대해 석사논문을 쓴다. 같은 해에 그녀는 「발꿈치를 잃고서かかとを失くして」라는 일본어 소설로 일본 최고 신인문학상인 군조群像신인문학상을 수상한다. 그리고 1993년에는 「개 신랑들이기犬婿入」로 일본 최고 권위의 문학상인 아쿠타가와 문학상을 수상하며 문학적 인정과 더불어 대중적인 인기를 얻기 시작한다.[7] 다와다 요코는 작가 활동을 하면서도 바이겔 교수 밑에서 계속 독문학을 공부하며 바이겔 교수가 옮겨간 스위스 취리히 대학에서 1998년에 박사학위를 취득한다.

다와다 요코가 일본어와 독일어라는 두 개의 언어로 글을 쓰게 된 것은 "함부르크 대학에서 공부하던 시절부터 이주자 문학의 고전이라고 할 만큼 유명한 작가인 체코의 리브제 모니코바, 터키의 에미네 세브기 외즈다마가 쓴 '비독일인'의 독일어문학"[8]을 접하게 된 이후부터다. 그 이전까지 모국어 외의 언어로 글을 쓰는 것을 엄두도 못 냈던 다와다 요코는 이들의 작품을 읽으면서 자신도 독일어로 글을 쓰고 싶은 욕망을 억누를 수 없었다고 말한다. 그렇게 "외국어에 깊이 잠겨 몇 년을 살았더니 새로운 언어체계를 받아들

---

7 Miho Matsunaga, "Ausländerin, einheimischer Mann, Confidente. Ein Grundschema in Yoko Tawadas Frühwerk", *Poetik der Transformation: Beiträge zum Gesamtwerk. Mit dem Stück "Sancho Pansa" von Yoko Tawada*, Christine Ivanovic (Hrsg.), Tübingen, 2010, 251쪽 참조.

8 다와다 요코, 『여행하는 말들: 엑소포니, 모어 바깥으로 떠나는 여행』, 유라주 옮김, 돌베개, 2018, 146쪽.

여 모어에 기반을 둔 일부분이 무너지고 변형하고 재생해, 새로운 내가 태어났다"[9]는 것이다.

1982년부터 2006년 초까지 다와다 요코가 머문 독일 북부도시 함부르크는 그녀의 작품과 관련해서도 중요한 의미를 갖는다. 비가 자주 오고 일찍 해가 지는 함부르크는 그녀를 신체적으로 힘들게도 했지만, 엘베강과 함께 이러한 비는 함부르크를 물의 도시로 만들며 그녀의 글쓰기에 많은 영향을 미친다. "하지만 물은 완전히 해변이나 경계 없이는 존재하지 않습니다. […] 종종 강에서 심지어 두 개의 강가가 보이기도 합니다. 예를 들면 엘베강에서처럼 말이지요. 이러한 강가는 내게 일본어 및 독일어와 같은 것이기도 합니다. 그것들은 내게 물을 인지하기 위한 임시적인 위치를 의미합니다. 왜냐하면 이 물을 통해 사잇공간이 생겨나기 때문이지요."[10] 아무런 형체를 띠지 않으며 다양한 움직임을 보여주는 물은 인간이 세계를 인식하기 위해 설정한 다양한 경계의 인위성을 드러낸다. 물론 인간은 이러한 경계 없이는 살 수 없기 때문에 다와다 요코는 그것을 완전히 배제하지는 않지만, 그러한 경계와 유희하며 그러한 경계선 사이에 놓인 사잇공간에 주목하며 그것에 잠재해 있는 다양한 가능성을 펼쳐보이려고 한다. 그녀가 일본어와 독일어라는 두 가지 언어로 작품을 쓰는 것 역시 이 두 언어 사이에서의 곡예를 즐기고 그로부터 실현되지 않은 다양한 언어적 잠재력을 끌어내기

9 같은 곳.

10 "In meinen Poetikvorlesungen werde ich viel über das Wasser sprechen, und der Tsunami kommt auch vor", 44쪽.

위해서다.

또한 다와다 요코는 함부르크에서 오랫동안 항구가 보이는 동네에서 살았는데, 항구 역시 그녀에게 중요한 의미를 갖는다. "나는 소위 시민적인 의미에서 '점잖은' 사람들은 특정한 항구지역에 덜 온다고 생각합니다. 그곳에 오는 사람들은 새로 도착한 사람들이거나 아니면 무언가로부터 도망친 사람들입니다. 그들 중 일부는 어쩌면 마약, 매춘 또는 밀매업과 연관이 있을지도 모릅니다. 또 다른 부류는 저처럼 미친 사람들이겠지요. 항구와 관련된 특별한 환상이 있습니다. […] 배가 정박했을 때면, 곧바로 많은 사람이 몰려왔습니다. 상인이나 그저 호기심에 찬 사람들이었지요. 그것은 내가 상대하는 사람이 누구인지, 그들이 내게서 무얼 원하는지 알지 못하는 그런 순간입니다. 모든 것이 한데 모이는 것이지요. 그것은 긍정적인 의미에서 위험한데요, 왜냐하면 그러한 모임으로부터 무엇이 일어날지 아직 알 수 없기 때문입니다."[11] 이처럼 항구는 다양한 사람들이 모이고 예기치 못한 어떤 일이 일어날 수 있는 기대의 장소로 간주된다. 더욱이 다와다 요코는 항구에서 "배들이 멀리서 다가오고 긴 여행을 할 수 있다는 상상을 할 수 있기 때문에" 그것이 "멀리 떨어진 곳을 구현한다"고 말한다.[12] 이처럼 항구는 다양한 것들이 뒤섞이는 혼종성의 공간이자 예상치 못한 것들이 생겨나는 잠재성의 공간이기도 하다. 이러한 항구도시의 이미지는 다와다 요코의 정체성에 관한 생각을 규정하기도 한다. 즉 전 세계의 다양한

11 같은 글, 18쪽.

12 같은 곳.

배들이 들어오고 나가는 항구처럼 한 인간의 정체성 역시 결코 단일하거나 통일적이지 않으며 다원적이고 열려 있다는 것이다.

2006년 3월 다와다 요코는 함부르크에서 베를린으로 이사한다. 그녀는 라센칸 극단의 도움으로 베를린 동쪽의 마야콥스키링크 지역에 거주하게 된다. 그녀는 1979년 와세대 대학에 다니던 시절에 시베리아 횡단열차를 타고 모스크바를 거쳐 동베를린에 온 적이 있었지만, 그때만 해도 이곳에 살게 되리라고는 상상할 수 없었다고 말한다.[13] 하지만 2006년 이후 지금까지 베를린에서 살면서 여전히 활발하게 작품 활동을 해오고 있다. 그런데 다와다 요코는 결코 자신이 사는 곳을 고향으로 생각하거나 아니면 그곳에 정착하며 머물러 있는 스타일이 아니다. 오히려 그녀는 전 세계를 돌아다니며 여행하기를 즐기는데, 낯선 곳에서 만난 다양한 사람들과의 대화와 그곳에서의 체험이 그녀의 작품을 더욱 풍성하게 만든다. 그래서 그녀의 창작활동 못지않게 그녀의 낭독회, 강연회 등의 활동도 중요한 의미를 갖는다. 나아가 그녀는 기차 안에서 자주 집필하곤 하는데, 이러한 의미에서 그녀는 문자 그대로 유목적인 작가라고 할 수 있을 것이다.

다와다 요코가 좋아하고 존경하는, 그녀에게 많은 영향을 끼친 독일작가로는 클라이스트, 카프카, 첼란을 들 수 있다.[14] 다와다 요코가 클라이스를 좋아하는 이유는 번역가들이 '악문'이라고 비

13 서경식/타와다 요오꼬, 『경계에서 춤추다』, 창비, 2018, 28쪽 참조.

14 "클라이스트는 19세기 문학 중에서 내가 특히 좋아하는 작가이기도 하다." 다와다 요코, 『여행하는 말들』, 32쪽. "내가 가장 존경하는 독일어 시인 파울 첼란은 말년에 계속 파리에 살았는데 독일어로만 시를 썼다." 같은 책, 56쪽.

판하는 그의 길고 복잡한 문장 때문이다. "클라이스트의 문장을 읽고 있으면 언어가 주는 기쁨이 뇌세포와 다른 세포에 직접 전해지는 느낌을 받는다. 흔들리는 문체로 지진을 묘사하고, 역사의 한 장면처럼 보이는 풍경에 문체로 동요를 일으키는 문장은 악문이 아니다."[15] 클라이스트의 소설은 단순히 의미전달에만 치중하는 것이 아니라, 문자텍스트의 물질적·시각적 구조에 관심을 기울이며 이를 통해 또 다른 차원에서의 의미를 전달하려고 한다. 러시아 인형 마트료시카처럼 복잡하게 얽혀 있는 관계문을 사용하는 문장이나 0을 연상시키는 알파벳 문자 O의 사용은[16] 클라이스트가 문자텍스트를 단순한 의미의 전달수단이 아니라 고유의 물질성을 지닌 매체로 간주하고 있음을 보여준다. 다와다 요코는 문자텍스트의 매체성을 의식하는 클라이스트의 이러한 글쓰기가 동시에 이방적인 것과 신체적인 것에 대한 그의 관심과 긴밀히 연결되어 있음을 강조한다. 즉 텍스트 신체에 대한 그의 관심은 동시에 이성과 정신에 대한 신체의 우월성과 고유한 것 속에 들어있는 낯선 타자에 대한 그의 이해에서 비롯되는 것이다.

첼란 역시 문자텍스트의 물질성에 관심을 지닌 작가로 간주된다. 그는 알파벳뿐만 아니라 구두점까지 시적 언어로 활용한다. 다와다 요코는 첼란의 한 시에서 사용된 구두점의 개수를 세며, 구두점의 개수인 13과 14를 그 형상적 유사성에 주목하여 각각 알파벳 B와 B+I(13+1)로 해석한다. 그리하여 그녀는 첼란의 시의 마지막

---

15 같은 책, 39쪽.

16 Y. Tawada, *Sprachpolizei und Spielpolyglotte*, 88-89쪽 참조.

행에 나오는 Ra-에 생략된 글자가 bbi임을 밝혀내며 Rabbi라는 단어를 완성한다.[17] 이처럼 첼란은 문자의 시각적인 매체적 특성에 주목하며 언어유희를 펼치는 작가로 간주된다. 나아가 첼란의 시에서는 "비탈"이라는 단어가 나오는가 하면 갑자기 "눈"이라는 단어가 나오기도 하는데, 이는 "독일어 '비탈Neige'과 똑같은 철자가 프랑스어에서는 하늘에서 내리는 눈이란 뜻이기" 때문이다.[18] 이처럼 전혀 관계가 없지만 철자가 유사한 것에 기인하는 무의식적인 연상적 글쓰기가 첼란의 시에서 전개된다. 나아가 첼란은 오직 독일어로만 시를 쓰면서도 "모어 바깥으로 나가지 않아도 모어 안에서 복수의 언어를 창조"[19]하며 언어적 경계를 넘어선다. 첼란의 이러한 언어유희, 모어 안에서 이루어지는 엑소포니가 다와다 요코에게 깊은 인상을 심어준 것이다.

카프카는 문자 매체와 관련해 다와다 요코의 시학강연집 『변신 *Verwandlungen*』(1998)에서 비중 있게 다루어지기도 하지만, 그녀에게 더 중요한 것은 그의 작품에 등장하는 (동물로의) 변신이라는 주제다. 카프카가 인간중심주의를 비판하고 인간의 강렬한 신체성을 동물로의 변신을 통해 자신의 작품에서 서술했다면, 다와다 요코는 카프카의 이러한 작품을 자신의 작품에서 인용하거나 그의 작품을 상호텍스트적으로 다시 쓰면서 이 주제를 전면에 내세운다. 다와다 요코는 북극곰 이야기를 다룬 소설 『눈 속의 에튀드 *Etüden im Schnee*』

17 같은 책, 42-43쪽 참조.

18 다와다 요코, 『여행하는 말들』, 58쪽.

19 같은 책, 59쪽.

(2014)에서 카프카의 「학술원에 드리는 보고Ein Bericht für eine Akademie」(1917)를 인용하고, 희곡작품인 「카프카 카이코쿠Kafka Kaikoku」(2011)에서는 카프카의 『변신*Die Verwandlung*』(1915)을 동서양의 경계를 가로지르며 새롭게 쓴다.

이처럼 다와다 요코는 다양한 작가의 작품을 선행텍스트로 삼아 상호텍스트적인 글쓰기를 수행하는데, 여기에는 작품이 결코 한 천재적인 작가의 독창적인 산물이 아니라 롤랑 바르트나 줄리아 크리스테바적인 의미에서 상호텍스트성의 산물이라는 인식이 깔려 있다. 그 때문에 다와다 요코는 상호텍스트적인 그물망 속에서 움직이며 끊임없이 고쳐 쓰고 다시 쓰는 글쓰기를 해나가고 있는 것이다.

현대사회에서 억압받고 있는 몸의 의미에 주목하고 언어적인 사잇공간에서 작업하며 언어에 대한 새로운 시각을 열어준 다와다 요코의 문학작품은 독일에서도 높은 평가를 받고 있다. 그 결과 다와다 요코는 2005년에 괴테 메달을, 2016년에는 독일의 권위 있는 클라이스트상을, 2018년에는 미국에서 최고 권위를 자랑하는 전미도서상National Book Award 번역문학상을 수상했다. 최근에는 무라카미 하루키와 함께 노벨문학상 후보로 거론되며 국제적인 명성을 얻고 있다.

II 작품세계

1 소설, 희곡, 시

다와다 요코가 처음 쓴 작품은 1987년 발표한『네가 있는 그곳에만 아무것도 없다*nur da wo du bist da ist nichts*』다. 열아홉 편의 시와 한 편의 단편소설이 실린 이 작품은 일본어로 쓰였고 페터 푀르트너에 의해 독일어로 번역되었다. 이 책에서 특이한 점은 페이지가 9/120 하는 식으로 이중으로 표시되어 있다는 것이다. 앞의 숫자가 책 앞에서부터 시작되는 독일어 텍스트의 페이지를 표시한다면, 뒤의 숫자는 뒤에서부터 시작되는 일본어 텍스트의 페이지를 표시한다. 이처럼 이 책은 독일어 텍스트는 앞에서, 일본어 텍스트는 뒤에서 시작되는데, 이를 통해 사실상 책의 앞뒤 구분이 사라져버린다. 또한 일본어 텍스트와 이의 독일어 번역본이 나란히 쓰여 있는 데서 알 수 있듯이, 이미 초기부터 다와다 요코는 두 언어 사이에서 움직이며 그것들 사이에 존재하는 틈에서 새로운 문학의 창작 가능성을 탐색하고 있음을 알 수 있다.

이 작품집에서 주목할 작품은 단편소설「그림 없는 그림 수수께끼Bilderrätsel ohne Bilder」다. 이 소설에서 일본인 여성인 서술자 나는 기차를 타고 R시에서 열리는 아동도서전시회를 구경하러 간다. 기차에서 만난 한 낯선 남자가 '나'에게 K와 그의 옛 여자친구인 에

바를 상기시켜 그 장면은 자연스럽게 과거에 대한 기억으로 이어진다. 다른 한편 도서전시회를 방문한 후 우연히 본 인형극 포스터에 이끌려 '나'는 인형극을 보게 된다. 현재의 시간 차원에서 공연되는 이 인형극에서 인형을 만들어내는 장인 마리오는 아네테라는 여자아이 인형을 만들어내는데, 그녀가 사랑하면 인간이 될 것이라고 말한다. 하지만 기대와 달리 아네테의 인간으로의 변신은 이루어지지 않으며, 오히려 소설 마지막에서 서술자 나가 산산이 부서진 인형 아네테처럼 몸이 갈기갈기 찢긴다. 여기서 과거와 현재, 현실과 허구의 경계가 무너질 뿐만 아니라, 나아가 인간과 사물인 인형 사이의 경계도 허물어진다. 이 소설에서 한편으로 목적 지향적으로 행동하는 이성적인 인간이 사물화된 모습을 보이며 비판된다면, 다른 한편으로 인형은 정신보다 우월한 신체를 나타내며 인간의 무의식이 지닌 의미에 주목하게 만든다. 이처럼 다와다 요코의 초기 작품에 나타난 장난감 인형 모티브는 이후 그녀의 박사논문 주제로 이어질 뿐만 아니라, 나아가 그녀의 작품에 지속적으로 등장하게 된다.

다와다 요코는 1989년 그녀의 두 번째 소설인 『목욕탕*Das Bad*』[1]을 출간한다. "페터 푀르트너가 독일어로 번역한" 이 소설의 "일본

1 독일어 단어 'Das Bad'는 우리말로 '목욕탕'이나 '목욕'으로 번역될 수 있다. 다와다 요코의 소설 제목 역시 위의 의미를 모두 지시할 수 있다. 따라서 원제에 충실한 번역은 '목욕(탕)'이 되겠지만, 여기서는 우리말 번역본에 따라 '목욕탕'으로 번역하기로 한다. 이 제목 역시 다와다 요코의 작품에 특징적인 번역 불가능성을 잘 보여준다.

어 원작은 2010년에야 출간되었다."[2] 비록 이 소설은 초기 작품이지만, 여기에는 다와다 요코 작품의 중심적인 주제들이 대부분 나타난다. 그중에서 가장 핵심적인 주제는 '정체성'이다. 특히 책 제목과 연관하여 물이 인간신체의 80퍼센트를 차지한다는 언급과 함께 몸속에서 끊임없이 이동하는 물은 인간의 유동적인 정체성을 보여준다. 또한 이 소설에서 서술자 나가 호텔에서 만난 화상 입은 여성이 나중에 이미 죽은 여성으로 밝혀질 때, 삶과 죽음, 현실과 꿈 사이를 오가는 이 유령 같은 여성은 서술자 나의 또 다른 자아로 드러난다. 여기서 '유령' 모티브는 '내' 안에서 억압된 또 다른 자아, 즉 무의식을 가리키는 것으로 나타난다. 무엇보다 이 작품에서 다와다 요코는 줄리아 크리스테바의 아브젝트와 아브젝시옹 이론의 영향을 받아 출생 이전에 아이의 신체와 공생관계에 있는 모성적 신체가 가진 의미를 문학적으로 탐구하며 형상화한다.

또한 이 소설에서는 번역의 문제도 등장한다. 서술자 나는 때때로 번역이나 통역을 하는데, 사업파트너들 간의 모임에서 내뱉어지는 무의미한 쓰레기 같은 말을 때로는 기계적으로 번역하고 때로는 그것과 전혀 상관없는 말로 바꿔 번역하기도 한다. 그러나 그녀는 결국 식탁 위에 올려진 혀가 잘린 생선처럼 말을 더듬다가 화장실에서 실신한다. 그녀는 깨어난 후 혀넙치가 자신의 혀를 삼켜버려 말을 할 수 없게 되지만, 다른 한편 침묵으로 인해 그녀의 몸이 대신 말하고 그녀는 그러한 몸의 소리(목소리가 아니라 몸 안의 떨림 내지 몸에서 나오는 호흡), 즉 자신의 또 다른 자아인 유령 같은 여

---

2 M. Matsunaga, "Ausländerin, einheimischer Mann, Confidente", 251쪽.

성의 목소리를 들을 수 있게 된다. 다와다 요코는 이 소설에서 좁은 의미의 번역 개념을 탈피해, 번역을 자신의 몸 안에서 진동하는 신체적 언어나 자신의 신체에 새겨진 신체문자를 언어로 옮기는 것으로 이해한다. 이러한 번역행위는 곧 '몸의 시학'이라고 부를 수 있을 것이다.

끝으로 이 소설은 단순히 문자텍스트가 아니라 문자와 이미지가 섞여 있는 상호매체성의 특징을 지닌다. 독일어 문자텍스트 밑에는 주로 동양 여성의 나체 사진과 그림(단 한 번 비늘 달린 물고기 그림)이 등장하는데, 이는 역사적이고 이성적인 알파벳 텍스트 밑에 숨어 있는 감각적이고 이미지적인 것들에 대한 욕망을 드러낸다.[3] 또한 이 소설은 『네가 있는 그곳에만 아무것도 없다』와 마찬가지로 앞쪽은 독일어 텍스트로, 뒤쪽은 일본어 텍스트로 시작한다. 그런데 독일어 텍스트의 내용이 끝나고 나서도 그 뒤로 일본어 텍스트가 여전히 나오기 때문에, 그 자리에 바다를 연상시키는 배경 이미지에 축소된 독일어 텍스트 이미지가 끼워 넣어진다. 그리고 삽입된 독일어 텍스트 이미지는 뒤로 넘어갈수록 점점 흐려지다가

3　만프레트 바인베르크는 상호문화적인 맥락에서 이 소설에 나타난 문자텍스트와 이미지의 관계를 설명한다. "따라서 낯선 여인의 이미지들이 독일어라는 말로 덧쓰인다. 그리하여 두 개의 문화적 지평이 상호작용하게 된다. 하지만 다와다가 일본문화와 독일문화의 대립에 머물러 있지 않다는 점을 언급해야만 할 것이다. 그 밖의 구도가 번역이라는 제3의 공간을 향해 열리게 되는데, 이로부터 이제 텍스트와 이미지의 구도 및 자연과 문화(인간의 얼굴과 화장)의 구도가 나타나게 된다." Manfred Weinberg, "Von Spiegeln, Fotos und Worten. Zu Yoko Tawadas frühem Kurzroman *Das Bad*", *Yoko Tawada. Fremde Wasser*, Ortrud Gutjahr (Hrsg.), Tübingen, 2012, 225쪽.

사라지고 마지막 페이지는 바닷물로만 채워진다. 바꿔 생각하면, 이것은 문자텍스트가 형체가 없는 바닷물, 곧 무의식(적인 신체)의 공간에서 생성된다는 것을 의미한다. 이처럼 다와다 요코는 자신의 텍스트를 상호매체적으로 구성하는데, 이러한 작업 방식은 그 이후에도 지속된다.

1991년 출간된 『Europa가 시작되는 곳 *Wo Europa anfängt*』은 다와다 요코가 독일어로 쓴 최초의 작품이다. 이 작품은 몇 편의 시들과 짧은 소설들로 이루어져 있다. 특히 주목할 작품은 모음집의 제목이기도 한 「Europa가 시작되는 곳」[4]과 「손님 Ein Gast」이다. 「Europa가 시작되는 곳」에서 서술자 나는 시베리아 횡단열차를 타고 모스크바로 향한다. 여기서 처음에는 모스크바가 최종목적지이자 유럽이 시작되는 곳처럼 간주된다. 그러나 소설 곳곳에서 이러한 생각은 곧 환상으로 밝혀진다. 왜냐하면 모스크바 대신 유럽과 아시아의 경계처럼 등장하는 시베리아가 목적지로 묘사되기도 하고, 유럽이 모스크바에 도달하기 전에 이미 시작되는 것처럼 보이거나 모스크바 자체가 유럽이 아닌 것으로 간주되기도 하기 때문이다. 이로써 꿈의 목적지인 모스크바에의 도착은 오로지 아시아와 유럽을 구분 짓는 경계적인 사고에 의해서만 가능한 것으로 서술되고, 그래서 진정한 목적지는 도쿄와 모스크바 사이에 있는 거대한 사잇공간인 시베리아임이 드러난다.

---

4 이 소설 제목은 보통 '유럽이 시작되는 곳'으로 번역된다. 하지만 여기서 'Europa'라는 단어는 '유럽'이라는 의미 외에도 그리스 신화에 등장하는 '에우로페'를 가리키기도 한다. 그 때문에 이 두 의미를 모두 살리기 위해 원어인 'Europa'를 그대로 두고 제목을 번역했다.

이 소설에서 거대한 사잇공간인 시베리아는 동시에 창조적이고 생성적인 어머니를 지시하기도 한다. 태아와 긴밀히 연결되어 있는 어머니는 경계구분을 통해 형성되는 단일한 정체성과 가부장적 질서를 비판하는 맥락에서 등장하기도 하는데, 이 소설의 또 다른 주요 모티브인 불새와 에우로페 역시 이러한 어머니를 구현하고 있다.

다와다 요코는 이 소설에서 단순히 경계를 넘어서는 것이 아니라 이러한 경계에 머물며 그것을 '경작'하고 또한 그렇게 함으로써 경계를 허물려고 시도한다. 이 소설은 이러한 경계의 문제를 소설형식적인 차원으로 확장하기도 한다. 그리하여 현실을 재현해야 할 여행기와 일기가 허구로 드러나는 반면, 메르헨과 소설은 첫눈에 보는 것과 달리 현실연관성을 드러내기도 한다. 이로써 허구와 현실의 경계가 문제시된다. 또한 서술자는 여기서 소설작가이자 메르헨의 독자로도 등장하며 작가와 독자의 경계를 무너뜨리기도 한다. 이러한 측면에서 이 소설은 소설형식적인 차원에서도 탈경계적인 작품으로 등장한다. 그 밖에도 이 작품에서는 『목욕탕』에서와 마찬가지로 물 모티브가 특히 경계의 문제와 관련해 중요한 역할을 한다.

1994년 독일어로 번역된 『여행을 떠난 오징어 *Tintenfisch auf Reisen*』에는 「발꿈치를 잃고서」, 「개 신랑들이기」, 「스미다강의 주름진 남자 Der Faltenmann vom Sumida-Fluß」(1994)라는 세 편의 중편소설과 그 소설의 중간중간 삽입되는 형식의 불연속적인 작품인 「교토의 밤은 배 껍질 위로 미끄러졌다 Die Nacht von Kioto rutschte über die Birnenhaut」가 실려 있다. 세 편의 작품이 서로 직접적인 연관은 없지만, 동물 모티브가 중요한 의미를 지니고 있다는 점에서는 공통점이 있다고 할 수 있다.

첫 번째 작품인 「발꿈치를 잃고서」는 아시아계 여성이 얼굴도 모르는 유럽 남성과 결혼하여 사는 이야기인데, 이와 관련해 유럽인이 아시아인을 바라보는 정형화된 시각에 대한 비판과 이방성으로서의 낯섦의 문제를 주제로 다룬다. 그러나 이러한 낯섦은 또한 인간에게 잠재된 친숙한 것이지만 억압되어 낯설어진 동물적인 측면과 관련된 것으로 나타나기도 한다. 특히 주인공 여성은 발꿈치가 없이 바다 위를 여행하는 오징어에 비유되곤 하는데, 이러한 맥락에서 인간의 동물-되기가 갖는 의미가 정체성의 문제와 관련해 다루어진다.

두 번째 작품인 「개 신랑들이기」에서도 이와 유사한 동물-되기라는 주제가 등장한다. 어느 날 사설학원 원장인 기타무라 미츠코를 찾아온 타로라는 남성은 엄청나게 힘이 센 기이한 인물로 묘사된다. 그는 특히 흡혈귀처럼 미츠코의 목덜미를 빨곤 하는데, 이러한 행동의 원인이 나중에 그가 들개에게 물린 사건에서 비롯되었음이 밝혀진다. 요시코라는 여성과 결혼한 지 일 년쯤 지났을 때 숲길을 지나가던 그는 열대여섯 마리의 작은 들개 떼에게 물리는데, 그 이후 이전과 완전히 다른 모습을 보이는 것이다. 때때로 들개의 야생성을 드러내며 인간과 동물의 혼종성을 보여주는 흡혈귀 같은 타로라는 인물의 변신을 통해 이미 다와다 요코의 초기 작품에서부터 변신과 동물 모티브가 중요한 의미를 지녔음을 알 수 있다.

세 번째 작품인 「스미다강의 주름진 남자」는 위의 두 작품에 비해 동물-모티브가 잘 드러나지 않지만, 부분적으로 벌에 대한 언급을 통해 동물-되기에 대한 암시가 등장한다. 주인공인 마유코는 벌이 자신의 눈으로 볼 수 없는 등을 침으로 쏘는 것을 두려워한다. 그녀는 꿈에서 여의사가 그녀의 등을 벌떼처럼 침으로 찔러 고통스러워하지만, 다른 한편 현실에서 우메와카라는 젊은 남자가 그녀의 등에 난 상처를 빨고 애무하며 그 상처의 틈을 벌려놓을 때 쾌감을 느끼기도 한다. 여기서도 몸속으로 침투하는 동물적인 것은 단단한 현실의 지반을 무너뜨리며 현기증을 불러일으키는 낯선 것으로서 중요한 의미를 갖는다.

1997년 독일어로 출판된 『하지만 귤은 오늘 밤 안으로 훔쳐야 한다*Aber die Mandarinen müssen heute abend noch geraubt werden*』에는 여러 편의 시와 '꿈의 텍스트'들이 들어 있다. '꿈의 텍스트'를 잘 보여주는 예로 「오렌지 재배 온실Die Orangerie」을 들 수 있다. 여기서는 함부르크에서 쓰레기차에 탄 청소부 세 명의 오렌지색 옷을 보고 화자가 휴가 때 태국에서 본 승려들의 오렌지색 법복을 떠올리는 장면이 나온다. 이러한 연상의 고리 속에서 특히 돈과 쓰레기에 관한 성찰이 전개된다. 「거울상Spiegelbild」, 「O」, 「나는 어떤 다리도 놓고자 하지 않았다Ich wollte keine Brücke schlagen」에서는 파괴와 해체의 장소인 동시에 새로운 생성과 창조의 장소가 되는 구멍과 틈이 중심주제로 다루어진다. 또한 이 세 텍스트에는 모두 물이 등장하는데, 어떤 형태를 띠지 않는 유동적인 물은 더는 건너가야 할 장애물이 아니라 우리가 건설해야 할 "헤엄치는 길"[5]이 된다. 또 다른 텍스트인

5 Y. Tawada, *Aber die Mandarinen müssen heute abend noch geraubt werden*,

「얼굴Ges-Ich-ter」에서는 흔히 나와 타인을 구별해주는 정체성의 표식으로 간주되는 얼굴을 꿈의 풍경으로 바꾸어놓으며, '내' 안의 타자에 주목한다. 즉 여기서 '나'의 확고한 정체성은 해체되며, 내가 들여다볼 수 없고 점자처럼 더듬어 찾을 수밖에 없는, '내' 안의 타자로서의 신체성에 대한 성찰이 이루어진다. 아울러 다와다 요코는 이러한 신체와 말의 관계를 생각하며 말의 신체연관성을 강조한다.

다와다 요코가 먼저 독일어로 쓰고 나중에 그녀 자신이 일본어로 번역한 『오비디우스를 위한 아편*Opium für Ovid*』(2000)은 '스물두 명의 여성에 관한 베개 책*Ein Kopfkissenbuch von 22 Frauen*'이라는 부제를 달고 있다. 부제에서 암시되듯이, 이 책은 신화에 등장하는 신들과 영웅적인 남성들에 관한 이야기가 아니라, 평범한 여성들의 사소한 이야기를 다루고 있다. 그리스 로마 신화를 각색한 오비디우스의 『변신이야기*Metamorphōseōn librī*』와 달리 이 소설에서는 유명한 여신들뿐만 아니라 오비디우스의 책에서 비중 있게 등장하지 않는 여성들도 등장한다. 이 소설에서는 특히 몸 담론의 측면에서 자본주의 사회에서 매체를 통해 주입되는 외모지상주의와 안티에이징에 대한 강박이 비판적으로 다루어진다.[6] 이처럼 여성들을 대상화

Tübingen, 2003, 65쪽.

6 "변신에서 중요한 것은 바로 변신을 하게 되는 대상인 몸, 육체이다. 현대사회에서 몸이 가지는 의미는 고대 여신들의 시각으로 재조명된다. […] 시각 미디어의 비약적 발전과 대도시 군중들의 익명성, 자본주의의 교환가능성, 인간관계의 가벼움 속에서 몸은 순간적이고 표피적이며 특히 시각중심적인 타자 평가에 내맡겨진다. 또한 여전히 남성중심적인 사회는 큰 변함이 없다. 이러한 상황에서 여성에 대한 외모지상주의는 더욱 강화된다. […] 여신들은 이 과정에서 나이를 먹어가는 '노화'현상도 재해석한다. 일상적으로 노화가 부정적으로 해석되는 것

하는 남성중심주의적 시각을 비판하거나 여성들이 이야기의 주인공으로 등장한다는 점에서 이 소설을 페미니즘적인 관점에서 읽을 수 있을 것이다. 나아가 다와다 요코가 이 소설에서 남성과 여성을 명확히 구분하는 성정체성의 경계를 넘어서려는 시도를 하고 있다는 점에도 주목할 필요가 있다.

또한 오비디우스의 『변신이야기』는 단순한 신화모음집이 아니라, 기존의 신화들을 모아 재구성한 작가 오비디우스의 작품이라는 점을 간과해서는 안 된다. 이 소설의 핵심주제는 제목에서 암시되듯이 '변신'이다. 그런데 『변신이야기』에서 인간은 신을 능가하려는 오만함을 보일 경우 신에 의해 동물로 변신하는 처벌을 받게 된다. 반면 『변신이야기』의 마지막 부분에서는 오비디우스 스스로 등장해 자신의 작품이 불멸이 될 것이며, 그래서 자신이 죽고 나서도 신의 명성에 버금가는 명성을 갖게 될 것임을 강조한다. 오비디우스는 자신의 작품을 통해 신으로 변신하기를 소망하는 것이다. 여기서 신과 인간 그리고 동물 간의 위계적 질서가 명확히 드러난다. 반면 다와다 요코의 『오비디우스를 위한 아편』에서는 이러한 위계질서가 전복된다. 이 작품에서 여성 인물들이 자신 속에 동물적인 모습을 내포하거나 꿈이나 환상 속에서 동물로 변신하는 모습이 등장하곤 하는데, 이러한 동물로의 변신은 『변신이야기』와 달리 더 이상 처벌로 간주되지 않으며 오히려 이성중심주의적인 인간에게

과 달리 여신들은 나이가 들면서 사회 속에서 점차 타자의 시선, 특히 남성들의 갈망하는 시선에서 해방되고 비로소 자신이 여성임을 즐기게 되며 더불어 유쾌해지는 체험을 하게 된다." 최윤영, 『엑소포니: 다와다 요코의 글쓰기』, 제인애씨, 2020, 89-90쪽.

서 억눌린 신체성의 발산으로서 긍정적으로 묘사된다.

『오비디우스를 위한 아편』은 제목에서 드러나듯이 '마약'에 관한 책이기도 하다. 한편으로 아편전쟁이라는 역사적 사실과 관련해 마약이 식민주의 비판의 맥락에서 언급되기도 하지만, 다른 한편으로 인간이 자신의 몸에서 끊임없이 만들어내는 도취의 상태로서 긍정적인 마약이 언급되기도 한다. 이러한 마약은 수동적인 상태에서 환각에 빠지게 되는 실제 마약과 달리 인간이 스스로 능동적으로 만들어내는 도취 상태라는 점에서 흥미롭다. 이 작품의 제목에서 '마약Droge' 대신 '아편Opium'이라는 단어를 사용한 것은 아편전쟁과 관련된 식민주의 비판의 목적도 있지만, Opium이라는 단어에 담긴 O라는 철자[7]가 숫자 0을 떠올리는 부재의 장소이자 무언가를 생성해낼 수 있는 창조적인 생성의 공간으로서 구멍 내지 틈을 연상시키기 때문이기도 하다. 마약은 마약 복용자를 도취 상태에 빠뜨려 그의 지각을 뒤흔드는데, 환각 상태에서 세계를 완전히 새로운 관점에서 바라보게 한다는 점에서 흥미롭다. 따라서 아편은 인간이 의식적이고 이성적인 상태에서 순간적으로 빠져나와 도취의 상태에서 세계를 새로운 시각에서 바라보게 하고, 나아가 자신에게 내재된 다양한 잠재력을 실현하게 한다는 점에서 예술적 창조성과 연결될 수 있다. 이것은 또 다른 O, 즉 '오비디우스Ovid'의 O와도 연관된다. 이제 오디비우스의 『변신이야기』를 새롭게 써나가는 작가는 신화라는 소재를 차용함으로써 자신의 소설에 잠과

7 최윤영도 다와다 요코에게서 O라는 철자가 지닌 다양한 함의를 언급한다. 같은 책, 81-82쪽 참조.

환상적 요소를 도입한다. 일상적인 현실 이야기와 섞여들어가는 이러한 환상적 이야기들은 일종의 마약처럼 작용하며, 현실과 허구의 경계나 다양한 정체성의 경계를 넘나드는 것을 가능하게 만든다. 이로써 마약을 복용한 작가로서 Ovid의 이름 속에 들어있는 O는 작가의 창조적인 생성의 공간을 가리키게 된다. 다른 한편 다와다 요코는 오비디우스의 가부장주의적인 신화를 비판하고 고대의 신화적 인물을 세속화된 현대의 일상으로 끌어내림으로써 신화적 원형에 대한 환상을 부순다. 그녀는 신화적 인물과 같은 이름을 지닌 인물들이 자본주의적인 현실에서 어떻게 변화된 삶과 운명을 겪게 되는지를 보여준다.

이 소설은 서술 방식에서도 흥미로운 작품이다. 한편으로 이 소설은 오비디우스의 『변신이야기』와 마찬가지로 다양한 인물의 에피소드를 병렬적으로 나열하는 서술형식을 갖고 있다. 즉 그것은 각 부분이 긴밀한 연관성을 지니며 총체적인 세계를 묘사하고 결말을 향해 나아가는 목적지향적인 서술구조를 가지고 있지 않다. 다른 한편 다와다 요코는 일본의 궁중서사인 '베개 책' 형식을 빌려 자본주의 사회에서 살아가는 여성들의 사소한 삶을 이야기한다. 이처럼 다와다 요코는 괴테의 『빌헬름 마이스터의 수업시대 *Wilhelm Meisters Lehrjahre*』(1796)로 대변되는 근대 교양소설이 추구하는 남성중심주의적인 총체적인 서사를 각각 서양 고대문학의 서사와 동양문학의 서사를 통해 해체시킨다. 즉 그녀는 고대와 동양이라는 이중적인 이방적 시선을 통해 근대 유럽의 고유성에 대한 환상을 파괴하고 문화적 혼종성을 강조한다.

또한 22개 장으로 구성된 이 소설에서는 서술자 나가 스물두 명의 여성에 관한 에피소드를 서술하고 있다. 그런데 흥미로운 것은 뒷부분으로 갈수록 서술자 나의 존재가 점점 희미해지며 거의 등장하지 않는다는 사실이다. 이 소설에는 글을 쓰는 여성 인물들도 등장하는데, 때로는 서술자 나와 이러한 여성들 간의 구분이 잘 이루어지지 않는 모호한 구절들도 존재한다. 이로써 서술자 나가 스물두 명의 여성에 관한 이야기를 쓸 수도 있지만, 동시에 그녀가 이러한 여성들로 변신하고 있다는 해석도 가능하다.[8] 특히 이 소설에서 한 인물이 문장은 떠돌아다니며 변형된다고 말할 때, 이는 이 소설의 기본구성원칙이 상호텍스트성에 기반해 있음을 보여준다. 그러한 맥락에서 서술자 나는 결코 단일한 정체성을 지닌 천재적인 작가가 아니라, 오비디우스의 작품을 인용하고 변형할 뿐만 아니라 나아가 다양한 다른 인물들의 말을 인용하고, 스스로 그러한 인물들로 변신함으로써 단일한 정체성을 지닌 저자의 지위를 상실하고 있음을 알 수 있다.

『용의자의 야간열차容疑者の夜行列車』(2002)는 추리소설의 형식을 패러디했다는 점에서 눈에 띄는 작품이다. 이 소설은 애거서 크리스티의 『오리엔트 특급살인 *Murder on the Orient Express*』(1934)을 선행텍

8 유사한 맥락에서 최윤영은 이렇게 쓰고 있다. "서술자는 이 22개의 이야기에서 매번 다른 '나'로 나타나 22개의 다른 '나'의 이야기를 서술한다. 한편으로는 22명의 나의 이야기이지만 다른 한편으로는 나의 22개의 이야기이기도 하다. 또한 이 '나'도 이야기 내에서 하나의 정체성만을 가지고 하나의 이야기만을 하는 것이 아니라 예고 없이 3인칭으로 나타나 둘로 나뉘어서 다른 '나'를 지켜보기도 한다. 즉 다시 말해서 작가는 서구의 '자기동일성' 개념을 비판할 때 신화를 재해석하는데, 단일성, 동일성이 아니라 복수성과 변화 가능성을 강조하고 있는 것이다." 같은 책, 87-88쪽.

스트로 삼고 있지만, 『오리엔트 특급살인』처럼 살인사건과 그것의 수사라는 전통적인 추리소설의 형식을 따르기보다는 오히려 이를 패러디한다. 즉 한편으로 일반적인 의미에서의 살인이 아니라 단일한 자아의 해체라는 의미에서의 살인을 다루고, 수사를 통해 비밀을 밝혀내기보다는 오히려 끊임없이 비밀을 만들어내고 있다는 점에서 차이가 있다. 또한 제목에서 암시되고 있듯이, 이 작품은 용의자와 관련해서는 정체성의 문제를, 야간열차와 관련해서는 유목성의 문제를 다룬다. 1인칭 '나'가 아니라 2인칭 '당신'으로 불리는 인물이 주인공으로 등장하는 이 작품에서 당신은 '나'를 살해함으로써 생겨난 낯선 자아를 지칭한다. 그러한 당신에게서는 인간과 동물, 어른과 아이, 남자와 여자의 경계가 허물어진다. 또한 '나'를 살해한 범인의 정체성은 모호하고 누구인지 밝혀낼 수 없으며 그래서 용의자로만 남게 된다. 야간열차에서 밤은 낮의 이성적인 일상적 삶에서 벗어나 꿈과 환상이 펼쳐질 수 있는 시간적 배경이 되고, 여행이 끝나도 곧 또 다른 여행을 시작하며 무한한 여행을 지속하는 열차는 유동적인 장소가 된다. 열차에서 '당신'이 읽는 추리소설에서 유랑극단 출신의 한 소녀가 폭력적인 농부를 살해하는 이야기가 등장하는데, 이는 곧 모든 것을 구획 짓고 경계를 확정함으로써 배타적인 폭력을 행사하는 정주사회에 맞선 유목민의 폭력과 이를 통한 탈경계적 해방의 추구를 의미한다고 할 수 있다.

2004년 출간된 『벌거벗은 눈*Das nackte Auge*』은 『용의자의 야간열차』와 시기적으로 인접해 있을 뿐만 아니라 주제 면에서도 몇 가지 유사점이 있다. 이름이 밝혀지지 않은 1인칭 '나'로 등장하는 베트남 여성인 주인공은 학교 대표로 동독 베를린에서 발표할 기회를 갖게 되지만, 우연히 알게 된 외르크라는 서독청년에 의해 서독 도시인 보훔으로 오게 된다. 그후 러시아행 기차라고 믿고 탄 기차가 파리로 그녀를 이끌어 10년간 그곳에서 보낸 후 다시 보훔을 거쳐 베를린으로 돌아오는 것으로 소설은 끝이 난다. 이 소설 역시 『용의자의 야간열차』와 마찬가지로 13개 장으로 구성되어 있다. 또한 주인공인 베트남 여성이 의도치 않게 오랫동안 유럽에 머물면서 불법체류자가 되는데, 이러한 과정에서 그녀는 마치 범죄자처럼 취급되며 자신의 신분을 들키지 않도록 끊임없이 거짓말을 한다. 여기서 자신의 정체성을 감추고 다양한 정체성을 취하는 것은 주로 범죄적인 맥락에서 이루어진다. 그러나 다른 한편 그녀가 이상적으로 여기는 '당신Sie'으로 등장하는 영화배우가 매 영화마다 자신의 역할을 바꾸며 다양한 모습으로 등장할 때, 이러한 다원적인 정체성은 오히려 긍정적인 의미를 띤다. 여기서 '당신'으로 등장하는 여배우는 한편으로 주인공인 베트남 여성의 또 다른 자아로서 친밀하게 느껴지면서도, 다른 한편 '너du'가 아니라 '당신Sie'으로 등장하면서 낯선 거리감을 낳기도 한다.[9] 이러한 1인칭 '나'와 2인칭 '당신'이 맺는 관계, 즉 자아가 자신에 내재한 타자와 맺는 관계는 『용의자의 야간열차』에서도 주제로 다룬 바 있다. 끝으로 『벌거벗은 눈』은 시선의 문제나 영화와 현실, 영화와 문학의 상호매체성

---

9 최윤영은 소설의 주인공인 '나'가 영화의 주인공인 '당신'을 끊임없이 떠올리며 친밀감을 지니면서도 다른 한편 그녀를 '당신'으로 부르며 거리를 취함으로써 그녀와 동일시하는 것을 막아준다고 강조한다. 특히 외르크가 영화 속 인물과 자신을 동일시하며 그의 시선을 무비판적으로 취한다는 점에서 앞에서 말한 거리두기는 긍정적인 측면을 지닌다. 같은 책, 67-69쪽 참조.

같은 주제와 관련해서도 중요한 작품이지만, 자본주의와 공산주의 같은 이념적 문제나 (신)식민주의 같은 주제도 이 소설에서 중요한 의미를 갖는다. 다와다 요코의 작품에서는 주로 일본인 여성이 서술자나 주인공으로 등장하곤 하지만, 이 소설에서는 베트남 여성이 주인공으로 등장한다. 또한 시대적 배경이 베를린 장벽이 무너지기 전부터 동구권 붕괴 후의 상황까지라는 점도 특징적이다. 이 소설에서 작가가 공산주의 이념에 동조하는 것은 아니지만, 유럽사회에서 백인남성들이 그 나라의 언어를 알지 못하는 동양인 여성의 후견인 역할을 자처할 뿐만 아니라 공산주의 국가를 비판하며 자본주의 국가의 오만한 승자 역할을 하고 있는 것을 신랄하게 비판한다. 아울러 유럽의 정치적인 제국주의 시대는 끝이 났지만, 여전히 존재하는 경제적 지배와 문화적 이데올로기를 비판하면서 이 소설이 포스트식민주의적인 시선을 취하고 있다는 사실에도 주목할 필요가 있다.

2008년에는 『보르도의 형부*Schwager in Bordeaux*』라는 소설이 출간된다. 이 소설의 주인공인 유나는 일본 오사카 출신으로, 독일의 도시인 함부르크로 가서 그곳의 물류회사에서 일하면서 함부르크 대학에서 수학한다. 그녀는 같은 대학 로망스어 학과 교수인 르네의 강연을 들으러 갔다가 그녀와 친구가 된다. 유나는 세네갈로 가서 프랑스어를 배우고 싶지만, 르네의 권유로 보르도에 사는 그녀의 형부인 모리스의 집으로 간다. 모리스가 베트남으로 떠나 집이 비기 때문이다. 모리스가 집을 떠난 후, 유나는 근처 수영장에 가는데 탈의실의 사물함 비밀번호를 잊어버려 당황하지만, 자신의 사전을 훔쳐간 여자도둑이 그 비밀번호를 눌러 사물함을 열어준다. 이러한 사건은 마치 그녀가 새롭게 태어나는 경험처럼 느껴진다.

이 소설을 읽는 독자는 제목에 등장하는 '슈바거Schwager'[10]라는 단어가 무엇을 지시하는지 명확히 알 수 없어 당혹감에 빠지게 된다. 처음에 이 단어는 르네의 하나뿐인 언니의 남편, 즉 형부를 가리키는 것처럼 보이지만, 그러한 친척 관계를 불확실하게 만드는 여러 가지 언급으로 인해 분명한 의미를 갖지 못한다. 유나가 그의 존재 자체를 의심하는 구절이 등장하는가 하면, 모리스가 형부가 되기 위한 조건, 즉 르네가 한 명의 언니만 갖고 있어야 한다는 조건 역시 유나의 기억이 옳다는 전제하에 충족될 수 있을 뿐이다. 그 밖에도 르네가 모리스와 연인관계에 있는 듯한 암시가 등장하기도 하고, 유나가 'Schwager'라는 단어에 우편마차의 '마부'를 가리키는 의미가 담겨 있음을 언급하며 그것의 함의를 확장하기도 한다. 이처럼 이 소설의 제목에 등장하는 'Schwager'라는 단어는 언어의 번역 불가능성을 보여주는 동시에 이를 통해 언어와 번역에 대한 새로운 시선을 열어준다. 또한 작품 마지막에서 유나의 독불사전을 훔쳐간 여자도둑이 유나의 '생일'과 일치하는 탈의실의 사물함 비밀번호를 눌러 사물함이 잠겨 난처한 상황에 빠진 그녀를 구해줄 때, 일종의 구원으로서의 그녀의 새로운 탄생은 번역에 필요한 사

10 독일어 단어 'Schwager'는 배우자의 남자 형제를 가리키는데, 우리말로는 맥락에 따라 자형, 처남, 매부, 형부, 제부로 불린다. 따라서 아무런 맥락 없이 이 단어만 등장하면 우리말로 정확한 번역이 불가능하다. 물론 위의 소설에서는 르네의 언니의 남편을 가리키는 말로 등장하지만, 그것의 의미를 확실히 규정하기는 어렵고 다른 의미로 해석될 여지도 있다. 따라서 '보르도의 형부'라는 제목은 이러한 번역 불가능성의 한계 속에서 정해진 제목임을 밝혀둔다.

전과 밀접한 관계가 있으며 "언어에 대한 새로운 접근 방식의 시작"[11]을 의미한다.

이 소설은 '물의 소설'이기도 하다. 유나가 사는 함부르크나 르네의 형부가 사는 보르도 모두 바닷가와 백 킬로미터 떨어진 곳에 있지만, 유나의 친구들은 그곳이 바닷가에 있다고 믿으며 그곳에 갈 때 수영복을 챙겨야 한다고 말한다. 유나는 멀리 떨어진 거리를 언급하며 친구들의 행동을 어리석은 것으로 치부하지만, 그러한 생각과 달리 이 도시는 '물의 도시'임이 밝혀진다. 특히 '보르도Bordeaux'라는 단어에 물을 의미하는 'eau'라는 단어가 들어 있다는 사실이 이를 잘 드러내준다. 유나는 이곳에서 자신이 과거에 기르던 죽은 고양이 타마오를 생각하며 '고양이를 바다에서 찾으라'라는 속담을 만들어내기도 하는데, "이 속담은 이러한 탐색이 이를테면 헛수고임을 주장하는 것이 아니라, 바다에서 모든 가능한 것, 심지어 예기치 못한 것을 발견할 수 있다고 주장한다."[12] 작품 마지막에서 유나의 새로운 탄생 역시 그녀가 수영장의 물속으로 들어간 이후에 이루어진다. 이처럼 물은 고정된 의미와 단일한 정체성의 장소가 아니라, 그러한 것들이 해체된 후 생겨나는 다양한 잠재성의 공간이다.

이러한 의미에서 물은 언어 및 번역의 문제와도 연관된다. 왜냐하면 이 작품에서는 하나의 언어를 다른 언어로 완벽하게 옮겨

---

11 Julia Genz, "Inexistente Bezugssysteme. Yoko Tawadas »Schwager in Bordeaux«", *Yoko Tawada. Text+Kritik*, Heinz Ludwig Arnold (Hrsg.), München, 2011, 68쪽.

12 Y. Tawada, *Schwager in Bordeaux*, Tübingen, 2018, 200쪽.

놓는 '다리'의 번역모델이 아니라 그 두 언어 '사이'에 존재하며 번역 불가능성 속에 다양한 번역 가능성을 품고 있는 공간으로서의 강이나 바다의 번역모델이 등장하고 있기 때문이다. 이러한 번역은 좁은 의미의 텍스트 번역을 넘어 신체언어의 번역이나 원본 없는 번역 같은 문학적 글쓰기의 문제와 연결되기도 한다.

『독일어 문법의 모험 *Abenteuer der deutschen Grammatik*』(2010)은 다와다 요코의 언어유희를 잘 보여주는 시집이다. 이 작품에서 다와다 요코는 오스트리아의 구체시 시인인 에른스트 얀들의 언어실험과 언어유희의 전통을 계승하여 특히 독일어 문법에 대한 성찰을 시도한다. 가령 그는 "er hemt wenn ich bluse"[13]처럼 명사를 동사처럼 사용하는가 하면, 구두점과 콤마 없이 여러 문장을 나열하며 시를 쓰기도 한다.[14] 심지어 〈달의 도주Die Flucht des Mondes〉라는 시에서는 가령 제목을 'Die 逃走 des 月s'로 바꾸는 식으로 한자와 알파벳을 나란히 사용하는 실험을 하기도 한다. 이는 일본어에서 표음문자인 히라가나와 한자인 간지를 섞어 쓰는 데서 착안한 것이다.[15] 이러한 실험시는 처음에는 굉장히 낯설게 보일지라도, 독일어와 한자의 조합이 일본어에서의 히라가나와 한자의 조합과 근본적으로 다르지 않으며, 따라서 지금은 익숙해 보이는 이러한 일본어의 사용 역시 원래는 낯선 언어들의 조합이었음을 드러내준다. 이러한

13 Y. Tawada, *Abenteuer der deutschen Grammatik*, Tübingen, 2017, 20쪽.

14 같은 책, 13쪽 참조.

15 "일본어를 쓰기 위해서는, 의미의 몸통은 중국어 표의문자로 써야 하고, 나머지 것들은 모두 (단어의 손과 발은) 표음문자로 써야 한다. 이 시는 이러한 혼합 방식으로 또한 독일어를 쓸 수 있음을 보여준다." 같은 책, 41쪽.

언어유희의 실험을 통해 다와다 요코는 경직된 문법적 질서를 뒤흔들고 그러한 질서의 변화 가능성을 탐색하며 언어에 생동감을 불어넣으려고 한다.

2013년에는 지금까지 발표된 열두 개의 연극작품을 모은 『내 작은 발가락은 하나의 단어였다.*Mein kleiner Zeh war ein Wort*』가 출판된다. 이 책에 수록된 작품을 모두 다룰 수는 없지만, 주제별로 나누어 몇 작품을 간략히 소개하고자 한다.

「데지마Dejima」(초연: 2007)에는 막부시대에 나가사키 주변에 만든 인공섬 데지마에 갇혀 있던 네덜란드 상관商館의 주재원인 야코부스와 유녀遊女인 후미라는 인물이 등장한다. 당시 일본은 외국과의 교류를 봉쇄하는 고립정책을 취했지만, 선교의 목적이 아니라 무역만을 원하는 네덜란드와는 경제적·문화적 교류를 수행했다. 「데지마」에서는 비록 고립주의의 한계가 있지만 일본이 네덜란드를 통해 어떻게 근대적인 문물을 수용했는지를 보여주며, 이러한 과거의 역사를 통해 현재의 배타적인 일본의 모습을 성찰한다. 동시에 그러한 근대적 문물이 지니는 문제점도 같이 다룬다. 이 연극작품에서 유럽인은 근대적인 합리성과 명증성 및 삶과 유리된 추상적인 사고의 대변자로 등장하며, 모든 것을 측량 가능하고 증명할 수 있는 것으로 생각하는 모습을 보여준다. 하지만 야코부스와 후미의 만남을 통해 이러한 근대적 사고의 문제점이 폭로된다. 또한 이 극에서 두 인물은 대화를 나누는 것이 아니라 독백을 통해 자신의 솔직한 생각을 드러내는데, 이를 통해 이들이 동일한 현상을 어떻게 각자의 방식으로 다르게 해석하고 있는지가 드러나며 양국의 문화적 차이를 보여준다. 나아가 이들의 언어적 교류와 거기에 놓인 장애물을 통해 번역이라는 주제가 다루어지기도 한다.

「바벨의 포유동물들Mammalia in Babel」(초연: 2012)은 다와다 요코가 성서의 바벨탑 이야기를 새로운 맥락에서 재해석한 연극작품이다. 대홍수가 난 후 인간이 절멸한 상태에서 동물들은 그 동안 인간이 해온 행태와 그 기저에 깔린 인간중심주의를 비판하지만, 시간이 지나면서 점차 인간처럼 옷을 입고 위계적인 질서를 만들며 인간적인 모습으로 변한다. 게다가 여러 동물이 상이한 목소리를 내며 성서에서의 언어적 혼란을 재현하는 것처럼 보이지만, 다람쥐가 번역가로 선출되어 이러한 다양한 언어의 번역을 시도한다. 그리하여 위계적인 사회와 권력구조를 대신할 사회 형태가 실험된다. 또한 동물에서 인간으로 진화하며 자신의 강렬한 신체성을 억압한 듯 보이는 동물들이 다시 서서히 자신의 야생성을 되찾기 시작하는데, 이는 인간에게 아직 남아 있는 동물성 내지 신체성을 가리키며 동물-되기의 필요성을 보여주기도 한다. 그 밖에 이 연극에서 언급되는 바벨탑 건설 프로젝트 역시 적대적인 관계를 낳는 위계적인 요새의 형태를 버리고, 그 대신 똥구멍에서 나온 신체연관적이고 창의적인 형태를 띠며 새로운 의미를 획득한다. 성서에서 인간이 바벨탑을 건설한 벌로 서로 다른 언어를 갖게 되며 혼란에 빠진다면, 이 극작품에서는 오히려 새로운 신체언어적인 바벨 프로젝트 속에서 개념적인 언어로 포착할 수 없는 잠재적 다양성이 추구된다. 또한 이 극에서는 내용적인 차원에서 인간과 동물의 경계를 넘어서는 동물-되기가 이루어질 뿐만 아니라, 형식적으로도 배우가 관객에게 말을 걸고 관객을 극 속으로 끌어들임으로써 배우와 관객의 경계를 허물려는 시도가 이루어진다.

「밤에 빛나는 두루미 가면Die Kranichmaske die bei Nacht strahlt」(초연: 1993) 역시 인간의 동물-되기를 다룬다. 이 작품에서 인간과 동물, 남자와 여자, 얼굴과 가면, 산 자와 망자 간의 명확한 구분이 문제시되며, 정체성에 대한 근본적인 성찰이 이루어진다. 작품 초반에 네 명의 인물이 관에서 나와 대화를 나누는데, 무대 한가운데에는 한 여성의 시체가 놓여 있다. 작품 마지막에 네 명의 인물은 다시 관으로 들어가고 시체인 여성이 일어나 무대를 떠난다. 이처럼 삶과 죽음의 경계가 명확하지 않은 상태에서 인간은 유령 같은 존재가 된다. 작품에 등장하는 남동생이라는 인물은 자신이 누군지 사람들이 알 수 없도록 자신을 주어가 아닌 목적어 '나를Mich'로 부를 수 있다고 말한다. 또 다른 인물인 그의 누이는 Mich를 구성하는 철자 중 M은 '담비Marder', I는 '고슴도치Igel', C는 '키메라Chimäre', H는 '개Hund'를 가리킨다고 말한다. 이는 단일한 자아정체성이 하나의 환상임을 가리키는 동시에 인간인 '내' 안에 들어있는 동물적 잠재성을 지시한다고 할 수 있다. 나아가 '내'가 주어가 아니라 목적어, 즉 주체가 아니라 대상으로 지칭될 때, '나'는 더 이상 '나'의 신체를 완전히 통제하고 지배하는 주인으로서의 주체主體가 아니라, '나'의 신체를 객체客體, 즉 낯선 손님의 신체로 느끼며 오히려 그것의 지배를 받는 존재가 되고 만다. 이러한 낯선 손님, 즉 '내' 안에 머무르고 있는 타자는 동물이나 유령으로 등장한다.[16] 이 작품에서

16 최은아, 「침묵 언어의 번역과 망자의 회상을 위한 변신: 다와다 요코의 『밤에 빛나는 두루미 가면』 연구」, 『독일현대문학』 56(2021), 267쪽 참조.

는 인물들이 (두루미)가면을 쓰거나 자신 안의 동물적 특성을 발산함으로써 동물-되기를 수행하고 침묵에 빠진 망자를 불러낸다.

형식적인 면에서 보면, 다와다 요코는 이 극에서 일본의 전통극인 '노能'를 차용하면서 이를 새로운 맥락에서 변형시킨다. 특히 생전에 고통을 겪은 망자가 귀환하여 산 자 앞에서 자신의 과거를 이야기하는 무겐노夢幻能를 극의 틀로 사용한다. "노는 […] 과거와 현재의 부정합을 도드라지게 하는데, 왜냐하면 등장하는 망자들은 산 사람으로 주장되지 않으며 서술된 이야기도 드라마적인 현재성으로 옮겨지지 않고, 오히려 […] 서사적 제스처가 시간의 과거성을 도드라지게 하고 인물을 유령으로 제시하기 때문이다. 그러니까 유럽의 연극 전통과 달리 이것은 망자의 연극인 것이다."[17] 또한 노에서는 가면을 쓴 남자배우가 주로 죽은 여성을 연기하는데, 여기서 가면을 쓴 살아 있는 배우가 가면의 지배를 받고 그것에 사로잡힌다. 이로써 신체가 결여된 망자는 살아 있는 사람의 신체를 빌려 자신을 표현할 수 있게 된다.[18] 다와다 요코의 극에서는 망자인 여성이 죽음에서 깨어나 자신의 이야기를 들려주는 대신 무대 위에 시체로 누워 있는 반면,[19] 다른 인물들이 그녀를 다양한 방식으로

---

17 Franziska Schößler, "»Ein Opernstück über meine Köpfe«. Klang(t)räume in Yoko Tawadas Theaterstücken", *Yoko Tawada. Fremde Wasser*, Ortrud Gutjahr (Hrsg.), Tübingen, 2012, 420쪽.

18 Y. Tawada, "Körper, Stimme, Maske – Korrespondenzen zwischen dem Theater Heiner Müllers und dem japanischen Nô-Theater", *Leib-und Bildraum: Lektüre nach Benjamin*, S. Weigel (Hrsg.), Köln/Weimar/Wien, 1992, 71쪽 참조.

19 이와 관련해 최은아는 전통적인 무겐노와 다와다 요코 극의 차이를 이렇게 요약한다. "이러한 무겐노에서의 망자의 특성에 착안해 다와다 요코는 자신의 극

불러내는데, 여기에서 특이한 것은 이러한 인물들조차 사실은 이미 죽은 자들이라는 것이다. 이와 반대로 망자인 여성은 연극 마지막에 깨어난다. 이로써 살아 있는 자도 유령 같은 존재가 되고 죽은 자도 삶과 완전히 동떨어져 있지 않게 된다. 이처럼 "다와다의 극은 생명과 죽음의 경계를 흐리고, 인물들이 삶과 죽음 사이에서 변화무쌍하게 움직이며 살아 있음의 다양한 정도가 존재하는 듯 보이기 때문에 노를 능가한다."[20]

「오르페우스 또는 이자나기. 저승에서의 귀환Orpheus oder Izanagi – Die Rückkehr aus dem Reich der Toten」(초연: 1997)에서는 그리스의 오르페우스 신화와 일본의 이자나기 신화가 혼합되어 나타난다. 죽은 아내를 데려오기 위해 저승으로 떠나지만 결국 홀로 돌아오는 남편의 이야기를 다루었다는 점에서 동서양의 두 신화는 공통점을 지닌다. 이 극에서 남편 이름인 '오기Ogi'는 오르페우스와 이자나기의 이름을 합친 것이고, 아내 이름인 '이나케Inake'는 에우리디케와 이자나미의 이름을 합친 것이다. 이러한 건국신화는 한 민족의 집단적 정체성을 보장하기 위한 수단으로 사용되곤 하지만, 이 극에서는 동서양의 신화가 뒤섞인 혼종적 신화가 등장함으로써 순수한 민족적 정체성의 뿌리를 찾기 힘들어진다. 나아가 이 극에서는 뱀

에서 망자에게 산 자의 언어로는 침묵으로 간주될 수 있는 언어를 부여한다. 그러나 그것은 더는 무겐노에서처럼 서사적인 이야기를 들려주는 언어가 아니라 시체에서 나는 악취라는 아브젝트적인 신체언어이다. 이로써 이 극에서 신체의 의미가 더 두드러짐을 알 수 있다." 최은아, 「침묵 언어의 번역과 망자의 회상을 위한 변신」, 261쪽.

20 F. Schößler, 같은 글, 421쪽.

과 교류하며 인간과 동물의 경계를 열어주는 여성인 이나케와 꽃을 말할 수 없는 대상으로만 간주하고 일종의 메타포로서만 인간과 연결시키는, 즉 항상 구분하고 경계를 만드는 오기가 극명한 대립을 이룬다. 뱀과 함께 자고 있는 아내를 보고 칼로 찔러 죽인 오기는 이를 어쩔 수 없는 운명의 탓으로 돌리지만, 거기에는 그의 의지가 숨어 있다. 어둠을 싫어하고 모든 것을 자신의 시각적 지배하에 두려는 이성적인 주체인 오기는 근대적인 가부장적 질서를 대변하는 인물이다. 저승에서 오기는 자신이 기억하는 아름다운 아내 대신 악취가 진동하고 신체가 갈기갈기 찢긴 괴물을 만나는데, 그 정체가 자신의 아내인 이나케로 밝혀지자 그녀를 버리고 떠난다. 하지만 작품 마지막에 이나케의 목소리가 다른 여러 소리와 뒤섞여 여전히 등장하며 어부들이 해변에서 그러한 목소리를 들을 때, 이나케로 대변되는 무의식의 세계, 혐오스러운 아브젝트로서의 비체卑體가 근대의 이성적 세계에 여전히 존재하고 있음을 알 수 있다.

「카프카 카이코쿠」는 카프카의 소설 『변신』을 각색한 연극이다. '카프카'라는 체코어 단어와 에도시대의 '개국開國'을 의미하는 '카이코쿠'라는 일본어 단어가 아무런 문법적 연관 없이 나란히 제목에 등장하는데, 이 두 단어는 하나의 언어에 귀속되지 않으며 명확히 이해할 수 있는 어떤 의미를 만들어내지도 못한다. 그래서 체코어로 까마귀를 의미하는 카프카를 까마귀로 번역하지 않듯이, 여기서 '개국'을 의미하는 '카이코쿠'라는 단어도 번역하지 않고 그대로 놔두어야 하는데, 이처럼 이 작품의 제목은 텍스트의 번역 불가능성을 함축적으로 보여준다.[21]

그런데 위의 두 단어가 지닌 발음상의 유사성 외에도 변신의 작가인 카프카와 자신을 낯선 나라들에 개방함으로써 변신한 일본의 상황이 '변신'이라는 주제를 통해서 서로 연결되기도 한다. 다와다 요코의 이 작품은 두 가지 점에서 눈에 띈다. 첫째, 카프카의 소설 『변신』은 다와다 요코에게서는 연극으로 장르전환을 겪는다. 하지만 이즈미라는 인물이 연극의 등장인물뿐만 아니라 때로 서술자로도 등장함으로써 '혼종적인' 장르적 특성을 어느 정도 갖게 된다. 둘째, 카프카의 『변신』이 전적으로 유럽적인 배경에서 전개되는 반면, 여기서는 카프카나 그레고르라는 인물 외에 이즈미라는 일본인이 등장한다. 더욱이 이즈미가 첫 장면에서 아침에 꿈에서 깨어나 유럽인으로 변신한다거나 나중에 쥐로 변신하는 설정에서 '변신'이 갖는 혼종성의 의미가 강화될 뿐만 아니라 변신의 양상이 카프카의 텍스트에서와 달라지기도 한다. 가족을 위해 희생을 강요당하며 비참하게 죽어간 그레고르가 동물로 변신하며 일상적인 노동의 세계에서 이탈하는 무의식적 세계와 결부된다면, 이즈미 역시 물뱀과 긴밀한 관계를 맺거나 '시골의사'의 약을 먹고 분라쿠 여자 인형으로 변신하며 합리적이고 노동지향적인 세계 및 가부장적인 남성중심적 세계에서 벗어난다. 이 작품에서 다와다 요코는 카프카의 『변신』 외에도 「시골의사Ein Landarzt」(1918)를 선행텍스트로 사용하고 있으며, 나아가 푸치니의 오페라 〈나비부인Madama Butterfly〉도 자

21 Christine Ivanovic, "“Wie wäre es, mit der Übersetzung zu beginnen?” Translationalität als poetisches Prinzip. Zu Tawadas *Laudatio auf Uljana Wolf* und *Kafka Kaikoku*", 『독일어문화권연구』 28호(2019), 639쪽 참조.

신의 작품에 끌어들이고 있다. 이러한 상호텍스트적인 글쓰기는 다와다 요코가 결코 근대적인 작가의 독창성이나 천재성을 모범으로 삼고 있지 않으며, 선행텍스트를 인용하되 변주하고 패러디하며 다시 쓰고 있음을 보여준다.

「틸 Till」(1998) 역시 헤르만 보테의 『브라운슈바이크 출신의 틸 오일렌슈피겔에 관한 재미있는 책 *Ein kurzweiliges Buch von Till Eulenspiegel aus dem Lande Braunschweig*』(1510)을 각색한 연극이다. 다와다 요코의 극에서는 현대의 일본 관광객이 중세 니더작센 지역으로 여행간 상황이 펼쳐진다. 그리하여 중세와 현대, 서양과 동양의 만남이 이루어지는 것이다. 흥미로운 것은 이 극에서 일본 관광객은 일본어로 대사를 하고, 중세 니더작센의 인물들은 독일어로 대사를 함으로써, 이 두 언어 중 하나밖에 구사하지 못하는 관객은 전체 내용 중 절반만 이해할 수 있다는 사실이다. 다와다 요코는 이로 인해 발생하는 이해의 결핍을 언어적 음향, 제스처, 안무 등을 통해 채워나가야 한다고 말하면서 이러한 신체연관적인 소리와 동작에 주목하게 한다. 이로써 대화가 관객에게 낯선 언어로 등장할 때 소통수단이 아니라 브레히트적인 의미에서 생소화 효과를 낳는 반면, 언어적 음향이나 제스처, 안무 등은 관객의 국적이나 언어적 배경과 상관없이 그들에게 공통된 이해의 공간으로 등장한다.[22] 연극 내에서도 여행객들이 현지의 언어를 구사하지 못하고 낯선 세계와 부딪치게 됨으로써 새로운 시각을 습득하게 될 뿐만 아니라, 나중에 자신이 살던 곳으로 돌아간 후에도 그곳을 이전과는 완전히 다른 시

22 F. Schößler, 같은 글, 430쪽 참조.

각으로 바라볼 수 있게 될 것이라고 이야기된다. 이처럼 이 극은 언어가 단순한 메시지 전달과 내용적인 소통 차원을 넘어서는 의미를 갖고 있음을 강조하며, 언어의 물질적·감각적 차원 및 신체연관성에 주목하게 한다. 왜냐하면 이를 통해 자기 자신과 세상에 대한 새로운 인식이 가능해지기 때문이다.

「내 작은 발가락은 하나의 단어였다Mein kleiner Zeh war ein Wort」(2010)는 알파벳 A에서 Z까지 그에 해당하는 단어 아래 아버지, 어머니, 아이로 등장하는 세 명의 배우가 상황을 전개하는 연극이다. 가령 D 항목에서는 Dach라는 주제로 세 명의 배우가 대화를 전개해나간다. 이 작품에서 특히 중심적인 상황은 오늘부터 더는 집이 존재하지 않는다는 것이다. 그래서 지붕 대신 하늘이 보이고 나무바닥 대신 흙바닥이 적나라하게 나타나는 상황에서 나(의 가족)와 타인을 구분해줄 집이라는 울타리는 사라지고 만다. 그리하여 집의 흙바닥에서 두더지가 기어나오고 집안의 손님으로 간주될 때, 인간과 동물의 경계도 흔들리며 인간의 지하세계에 숨어 있던 야수성이 사실은 '내' 안에 거주하고 있는 존재임이 밝혀진다. 아울러 이 작품에서는 구멍 모티브가 등장하기도 하는데, 특히 I, N, P, Q, S, T, V, W, X, Y 등의 알파벳에서는 아무런 대화가 전개되지 않음으로써 연극 내의 여백을 이루며 언어적 놀이를 통한 새로운 생성과 창조를 위한 빈 공간을 형성한다. 또한 이 연극텍스트 중 바탕색이 바닷물처럼 녹색을 이루는 페이지가 등장한다든지 곳곳에 동물과 구멍을 나타내는 이미지가 등장할 때, 이 연극텍스트가 단순히 공연을 위한 대본의 지위만 갖는 것이 아니라, 문자와 이미지로 이루어진 텍스트로서 그 자체의 매체적 고유성을 갖고 있음을 보여주기도 한다.

『헌등사献灯使,[23] けんとうし』(2018)에 실린 「불사의 섬不死の島」은 동일본대지진과 그 이후 밀어닥친 쓰나미로 발생한 방사능 유출 사고의 피해와 그 영향을 다룬 가상소설이다. 이 소설에서는 후쿠시마 원전사고 후 방사능 피폭에 대한 염려로 외국에서 일본으로 가는 모든 항로가 사라지고 일본이 철저히 고립된 상황이 서술된다. 그러나 사고 이후에도 원자력발전소를 없애려는 시도는 이루어지지 않고 오히려 민영화된 정부가 들어섬으로써 국민의 안전을 도모하고 사회적 안전망 구축에 매진해야 할 정부의 공적 책무는 방기되고 만다. 다와다 요코는 이 소설에서 유출된 방사능으로 인해 유전자 변이를 겪은 병든 아이들과 이들을 돌보아야 하는 노인들의 뒤바뀐 관계를 통해 왜곡된 현실 상황을 가차 없이 비판한다. 또한 그녀는 대외적으로 정치적·경제적·문화적 고립을 겪고 있는 일본의 상황을 묘사한다. 나아가 이 소설에서 오염된 바다와 대지는 자연파괴로 인한 인간의 생존위기를 보여주기도 한다. 그러나 다와다 요코는 이러한 디스토피아적인 상황을 묘사하면서도 동시에 피폭당한 사람을 구하기 위한 연구자들의 노력과 망령들의 이해하기 힘든 말이나 단편적 생각을 조합해서 이야기를 만드는 게임의 존재를 언급하면서, 절망적인 상황에서 분투하는 인간의 노력과 희망을 이야기한다.

---

23 헌등사(獻燈使)는 원래 일본이 당나라에 보낸 사절단을 일컫는 말인데, 다와다 요코가 '献灯使'라는 한자로 제목을 바꾸었다. 다와다 요코/최윤영, 「문학, 읽다 그리고 번역하다. 다와다 요코 인터뷰」, 『문학과사회』 32(2), 문학과지성사, 2019, 313쪽 참조.

「불사의 섬」이 방사능오염으로 외부세계와 단절된 일본의 고립 상황을 묘사한다면, 『헌등사献灯使』(2014)는 원전사고 이후 스스로 쇄국정책을 추구하는 일본의 상황을 다루고 있다. 또한 「불사의 섬」이 후쿠시마 원전사고 직후의 상황을 다루면서도 서술자는 일본과 멀리 떨어진 외국에 거주하며 관찰자의 시점에 머무는 것으로 묘사되는 반면, 『헌등사』는 훨씬 이후의 시기를 상정하며 디스토피아의 사회에서 살아가는 일본인의 현실을 서술하고 있다. 다른 한편 『헌등사』에서도 미래의 일본 사회에서 아이들이 방사능오염으로 심각한 질환에 시달리고 그 때문에 노인들이 육체적 노동을 도맡아 하는 왜곡된 모습의 사회가 등장한다는 점은 「불사의 섬」과 비슷하다. 다와다 요코는 『헌등사』에서 일본 정부의 엄격한 사회적 감시와 통제, 대외적인 고립정책을 비판하며 기존의 다른 작품에서 보기 힘든 직접적인 정치적 입장을 취한다. 그녀는 특히 환경오염 같은 재난이 한 국가 내에서가 아니라 국제적인 협력을 통해서만 극복될 수 있다는 메시지를 이 작품을 통해 전달하고 있다.

2016년 출간된 소설 『스쳐 지나가는 밤을 위한 발코니*Ein Balkonplatz für flüchtige Abende*』는 기존에 다루었던 주제들을 포괄적으로 다루고 있다. 특히 남자와 여자, 인간과 동물, 성인과 아이 등의 명확한 경계를 부수는 탈경계성이 이 소설에서 강조된다. 다른 한편 이 소설에서 유달리 강조되는 특징들도 있다. 첫째, 전통적인 결혼이나 가족제도에 대한 비판적 시선이다. 이 소설에 등장하는 서술자 나와 그녀의 친구인 엘자는 모두 남성과의 결혼을 거부한다. 또한 이 소설에서 가족관계 속에서 고통받는 엘자의 예를 통해 화목하고 삶의 울타리가 되어주는 가족에 대한 신화는 깨지며 새로운 가족의 형태에 대한 성찰이 나타난다. 그리하여 동성인 서술자 나와 엘자의 관계가 남녀의 연인관계를 대체하고, 이들과 숫고양이 한 마리가 가족을 이루는 모습을 보인다. 둘째, 이 소설에 등장하는 다양한 그림을 들 수 있다. 이 소설의 서술자 나는 미술대학에 입학하려는 계획을 갖고 있으며, 이에 따라 작품 곳곳에서 다양한 그림과 이와 관련된 그림담론이 등장한다. 형식 면에서 볼 때도 다와다 요코는 기존에 해왔던 실험적인 시도들을 이 작품에서 계속 수행한다. 작품 속표지에 등장하는 점자의 사용 외에도 소설이라는 장르에 어울리지 않는 시적인 문장 구성이 눈에 띈다. 나아가 기존의 자신의 에세이에서 빈번히 언급한 언어유희적인 실험들이 이 소설에서는 실제로 행해지고 있다는 점도 특이한 점이다. 이 소설의 상당 부분이 이러한 언어유희들로 점철되어 있는데, 이것은 다와다 요코가 형식적인 면에서도 내용에 상응하는 실험들을 좀 더 적극적으로 수행하기 시작했음을 보여준다.

2 에세이, 서한집, 강연집, 논문

1996년에 쓴 문학 에세이 『부적*Talisman*』에서는 언어, 번역, 귀신, 고향 등 다양한 주제가 다루어진다. 특히 제목인 '부적'에서 암시되듯이, 현대사회에서 귀신이 갖는 의미에 대한 성찰이 이루어진다. 작가로서 다와다 요코는 귀신과 소통하기를 원하는데, 여기서 귀신은 문자 그대로의 의미에서 귀신이라기보다는 프로이트적인 의미에서 원래 우리에게 친숙했지만 낯설어진 어떤 존재를 가리킨다. 우리는 보통 '비인간적'이라는 말을 비도덕적인 잔혹한 태도와 연결하며 부정적인 의미로 사용하곤 하지만, 다와다 요코는 오히려 인간의 잔혹함을 언급하며, 동물이나 귀신 같은 비인간적인 존재에 대한 기존의 가치평가를 전도시킨다. 그러면서 귀신을 두려움의 대상이 아니라 오히려 동경의 대상으로 묘사한다.

이러한 귀신은 언어적인 차원과 연결되기도 한다. 다와다 요코는 우리가 일상적인 소통에서 내용의 전달에 초점을 맞추지만, 사실은 목소리에 다양한 감정과 욕망이 공명하고 있음을 지적한다. 그녀는 "티베트의 승려들이 동시에 여섯 개의 다른 소리를 낼 수 있다"[1]고 말하면서, 우리가 기저음에 공명하는 배음倍音을 듣는 것

1 Y. Tawada, *Talisman*, Tübingen, 2015, 114쪽.

이 중요하다고 강조한다. 그녀는 이러한 배음을 귀신에 비유하며 "우리의 목소리에 잠시 머무르는 귀신"[2]에 관심을 기울일 것을 촉구한다. 다시 말해 다와다 요코는 현대 작가가 이러한 귀신의 목소리, 즉 배음에 귀 기울이고 동시에 그러한 다채로운 목소리를 낼 줄 아는 샤먼이 될 것을 요구하는 것이다.

또한 다와다 요코는 『부적』에서 '언어엄마Sprachmutter'라는 신조어를 만들어내며, 어머니의 몸과 언어에 대한 성찰을 시도한다. 그녀는 자신의 삶에서 중요한 역할을 한 것이 실제 어머니가 아니라 '계모Stiefmutter', '자궁Gebärmutter', '여자 박사지도교수Doktormutter' 등이라며, 이러한 각각의 Mutter들에 대해 설명한다.[3] 다와다 요코는 인간이 태어나기 전에 태아로 어머니의 몸속에 있을 때와 출생 후 세상에 나온 후는 완전히 다른 존재라며, 그래서 태어나서 '나'라고 불리고 난 후에 생긴 어머니는 태어나기 이전의 어머니와 전적으로 다른 계모일 수밖에 없다고 말한다. 다와다 요코는 인간이 아직 어머니와 공생관계를 유지하며 명확한 정체성을 갖기 이전의 상태, 즉 출생 전의 상태가 출생 후 자아의식을 갖고 언어라는 상징계에 들어선 이후에 완전히 사라지는 것이 아니라 무의식의 형태로 계속 남아 때로는 상징계의 질서를 교란하고 심지어 전복시키기까지 한다는 사실을 강조한다. 다와다 요코의 이러한 인식은 줄리아 크리스테바의 페미니즘적인 정신분석학 이론인 아브젝시옹 이론의

2 같은 책, 115쪽.

3 여기서 다와다 요코가 제시하는 일곱 개의 단어들이 '어머니'를 뜻하는 독일어 단어 'Mutter'를 내포하고는 있지만, 그 단어들이 모두 직접적으로 어머니를 뜻하는 것은 아니다.

영향을 받은 것이다.

또한 다와다 요코는 태아가 어머니와 공생관계를 이루는 장소인 자궁에 새겨진 문자를 아이가 출생 후에 잊어버리지만, 그것의 흔적에 대한 흐릿한 기억을 갖고 있다고 말한다. 그녀는 신체에 새겨지는 무의식의 문자로 간주될 수 있는 그러한 흔적을 기억하고 글로 옮기는 것이 작가의 임무라고 주장한다. 다와다 요코는 『부적』에서 자판이 달린 타자기를 문신한 신체에 비유하는데, 사실 그녀가 이를 통해 말하고자 하는 것은 알 수 없는 유령 같은 힘이 타자기처럼 작용해 신체에 보이지 않는 글자를 새겨놓는다는 것이다. 또한 그녀가 이러한 신체의 타자기를 '여성적인 타자기'로 지칭하고 이를 다시 '언어엄마'라고 부를 때,[4] 이는 우리가 의식적으로 말하기 전에 이미 우리의 몸에 새겨지는 문자가 아이가 엄마와 공생관계에 있는 자궁이라는 어둠의 세계, 즉 무의식의 세계에서 생겨나는 것임을 의미한다. 그러한 언어엄마는 경계긋기를 통해 생겨나는 개념적인 언어 이전의 언어 차원을 가리킨다.

다와다 요코는 우리가 흔히 가장 근원적이고 일차적인 언어로 간주하는 '모국어Muttersprache'라는 단어를 언어유희적으로 다룸으로써 그것에 대한 환상을 파괴한다. 이러한 해체로부터 생겨난 '언어엄마'라는 신조어는 근원적인 언어의 신체연관성과 생산성 내지 창조성을 잘 보여준다. 다와다 요코는 가부장적인 법의 질서인 동시에 언어질서이기도 한 라캉의 상징적 질서와 구분되는 또 다른

4 "내게 언어를 선물해준 이러한 여성적 기계를 나는 '언어엄마'라고 불렀다." 같은 책, 13쪽.

언어적 차원으로서 '언어엄마'를 언급하는데, 이러한 '언어엄마'는 단순히 외부세계를 지시하거나 재현하는 기호로서의 기능을 갖는 것이 아니라, 오히려 개념적 언어로 포착할 수 없는 다양한 감각적인 것들을 생성하고 창조하는 무의식적인 신체언어의 특성을 갖고 있다.

1998년 다와다 요코는 『유럽 문학에 나타난 장난감과 언어마술*Spielzeug und Sprachmagie in der europäischen Literatur*』이라는 논문으로 취리히 대학에서 박사학위를 받는다. 이 책의 서문에서 밝히고 있듯이, 다와다 요코는 문학연구에서 거의 주목받지 못했던 장난감이라는 테마에 주목하며, 벤야민적인 의미에서 사물언어의 독해를 시도한다. 그녀는 장난감이 원래는 단순히 오락이나 교육 목적에서 만들어진 것이 아니라 사악한 정령으로부터 자신을 지키거나 정령과 소통하기 위한 주술적 목적을 갖고 있었음을 강조한다. 물론 오늘날 장난감에 내포된 그러한 주술적 의미는 잊혔지만, 그녀는 그러한 주술적 기능이 완전히 사라진 것은 아니라고 말한다. 다와다 요코는 장난감의 주술적 모티브가 호프만이나 카프카 같은 작가의 작품에서 새롭게 해석되어 등장하고 있음에 주목하며, 장난감이 문학에서 특히 인간의 신체와 연관되어 무의식의 상징으로 사용되고 있음을 보여준다. 따라서 문학은 이성중심적인 근대사회에서 폄하되고 억압된 신체 및 무의식을 현대적인 제의를 통해 다시 불러내는 임무를 맡는다. 그러한 의미에서 장난감이라는 사물언어를 번역해내는 것이 문학의 과제가 된다.[5] 『유럽 문학에 나타난 장난감과

5 "장난감도 그 안에 사물언어를 갖고 있다. 하지만 그러한 언어는 인간에게 번

언어마술』은 단순히 다와다 요코의 문학연구서로 간주되어서는 안 된다. 오히려 이 책에서 그녀가 탐구한 테마는 그녀 자신의 문학창작과 긴밀한 연관을 갖고 있으며 그녀의 시학적 토대를 이룬다.

다와다 요코가 자신의 박사학위 논문에서 다룬 장난감과 놀이 모티브는 그녀의 초기 작품부터 후기 작품까지 지속적으로 등장하는 중요한 모티브다. 다와다 요코의 초기 작품인 「그림 없는 그림 수수께끼」에서는 클라이스트와 에테아 호프만의 영향을 받아 마리오네트 모티브가 등장할 뿐만 아니라, 인물의 이름을 가지고 하는 언어놀이나 텍스트의 형상성을 이용한 놀이가 나타나기도 한다. 1989년 발표된 『목욕탕』에서는 서술자 나와 그녀의 남자친구가 서로에게 각각 바이올린을 연주하는 금발 인형과 비단으로 만든 일본 인형을 선물한 후, 이를 이용해 3인칭 형식으로 복화술로 대화를 나누는 장면이 등장한다. 다와다 요코가 독일어로 쓴 첫 번째 소설인 「Europa가 시작되는 곳」에서는 러시아 인형 마트료시카가 원래 전형적인 러시아 인형이 아니라 일본 인형을 본따 만든 것이며, 그 유래가 어쩌면 기아 때문에 죽은 아이들을 기억하기 위해 만든 코케시라는 인형에서 비롯된 것일 수 있다고 이야기된다. 즉 여기서는 인형의 제의적 기능이 언급되고 있는 것이다. 『오비디우스를 위한 아편』에서도 팽이, 공, 인형 등 다양한 장난감 모티브가 등장하는데, 이는 자아를 잊고 자신을 무의식적인 신체의 흐름에 내

역을 통해서만 읽을 수 있게 된다. 가령 문학텍스트들이 그러한 번역작업을 수행할 수 있다. 문학텍스트들은 여기서 사물언어의 번역으로 읽히게 된다." Y. Tawada, *Spielzeug und Sprachmagie in der europäischen Literatur*, Tübingen, 2000, 16쪽.

맡기는 도취의 놀이와 연관된다. 「밤에 빛나는 두루미 가면」이라는 희곡에서는 가면을 쓴 사람이 그 가면이 지시하는 대상으로 변신하는, 로제 카이와가 일링크스의 놀이유형으로 분류한 현상이 나타나기도 한다. 2014년 출판된 『눈 속의 에튀드』에서는 서커스 공연에서 공을 가지고 노는 북극곰과 이에 열광하는 아이들의 반응이 서술된다. 여기서 공이라는 운동성을 지닌 장난감과 역시 운동성을 지닌 동물 간의 연관성 및 놀이와 아이의 관계가 눈에 띈다. 이처럼 다와다 요코는 장난감 모티브를 자신의 작품에서 부분적으로 사용하며 그것이 현대에 지닌 의미를 살펴보려고 시도한다.

그러나 놀이에 대한 그녀의 관심이 인형이나 가면, 공 같은 장난감에 국한된 것은 아니다. 그녀는 특히 언어놀이에 지대한 관심을 보였다. 1998년 출판된 시학강연집인 『변신』에서 다와다 요코는 아나그램의 원리에 따라 쓴 우니카 취른의 시를 예로 들며, 알파벳의 철자들이 그 조합에 따라 얼마나 다양하게 변신할 수 있는지 보여준다. 또한 2010년 발표된 『독일어 문법의 모험』이라는 시집에서는 구체시의 전통을 계승하여 문법적 규칙의 통제에서 벗어나 다양한 언어유희적 실험을 수행하기도 한다. 이러한 언어실험은 2016년 출간된 소설 『스쳐 지나가는 밤을 위한 발코니』에서도 이어지고 더욱 심화되는 경향을 보인다.

다와다 요코는 두 번에 걸쳐 시학강연을 한다. 첫 번째 시학강연은 1998년 튀빙겐에서, 두 번째 시학강연은 2012년 함부르크에서 열렸다. 1998년 발표된 다와다 요코의 튀빙겐 시학강연집 『변신』은 세 부분으로 구성되어 있다.

첫 번째 강연 제목은 '새의 목소리 또는 이방성의 문제'다. 다와다 요코는 여기서 특히 목소리의 문제를 집중적으로 다룬다. 우리는 흔히 말을 할 때 의미 전달에 집중하기 때문에 목소리의 물질성, 신체성을 간과하기 쉬운데, 그녀는 이러한 목소리의 신체연관성을 강조하며 특히 악센트를 통해 이를 부각시킨다. 모어에서는 잘 드러나지 않는 목소리의 신체성이 외국에서 낯선 언어를 말하면 악센트를 통해 드러나곤 한다는 것이다. 이처럼 낯선 언어와의 만남은 자신의 목소리의 신체성을 인식할 수 있는 계기가 된다. 하지만 사실은 모어 내에도 이러한 목소리의 신체성이 존재한다. 아직 사회적인 공동체 내에서 문법적인 체계를 통해 의미를 전달하는 의사소통을 하기 이전에 갓난아이는 어머니와 주로 소리의 높낮이와 장단, 강약 등을 통해 자신의 감정과 욕구를 표출한다. 아이는 또한 어머니의 목소리에 담긴 음색을 통해 소통한다. 물론 아이가 커가면서 이러한 목소리의 신체성이 의미 위주의 의사소통에 점점 밀려나 잘 드러나지 않지만, 그것은 사라지지 않고 잠재적인 차원에 남아 여전히 중요한 의미를 갖는다. 따라서 다와다 요코는 목소리가 단순히 자신의 생각을 전달하는 수단이 아니라 음색을 통해 자신의 정동과 감정을 표현하는 기능을 갖고 있음을 강조한다.

낯선 언어를 통해 목소리의 신체성을 인식하는 것은 동시에 자신의 모어에서 유아기에 활발했던 목소리의 신체성을 기억하게 만든다. 다와다 요코는 여기서 한 걸음 더 나아가 성인으로서의 인간이 이러한 신체적인 목소리에 다가가기 위해 새의 언어를 모방해야 하며, 그것은 꿈꾸는 자의 언어를 통해서만 가능함을 강조한다. "새의 언어는 동시에 새의 노래이기도 한데, 그래서 언어와 음악이 서로 일치하게 된다."[6] 특히 근대 이후 언어와 음악은 서로 다른 분야로 구분되며 각각 독자적인 발전을 해왔지만, 언어의 기원에서 언어는 노래와 근본적으로 구분되지 않는다. 왜냐하면 언어에 담긴 억양, 장단 등 음악적 요소가 아직 분절음을 통한 의미적 소통이 가능하지 않았던 시대에 중요한 역할을 했기 때문이다. 이러한 의미에서 독일 낭만주의에서 중요한 모티브로 등장하는 새의 언어는 근대의 이성적 인간이 소홀히 했던 소통의 정서적 측면을 부각시키는 역할을 한다. 그런데 아이들 역시 환상이나 꿈속에서 새처럼 날아다니며 새의 언어를 말할 수 있다. 이러한 꿈의 언어(내지 새의 언어)는 합리적이고 이성적인 언어에서 벗어난 무의식의 언어다. 그것은 일상에서 사용되는 의식적인 언어에서 억압된 것을 표현할 수 있다는 측면에서 자유로운 언어라고도 할 수 있다. 다와다 요코에게서 꿈의 언어로서 새의 언어는 추상적이고 이성중심적인 사고와 소통을 비판하고 새로운 언어의 가능성을 열어주는 시학적 언어로서의 의미를 지닌다.

두 번째 강연 제목은 '거북이의 문자 또는 번역의 문제'다. 제목에서처럼 이 강연에서는 문자와 번역의 문제를 중점적으로 다룬다. 우선 다와다 요코는 문자의 신체성에 주목한다. 문자는 단순히 소리를 기록하는 수단이 아니라 그 자체의 고유한 신체를 가지고 있는 매체다. 이러한 문자의 신체성은 특히 문자의 형상성을 통해 잘 드러난다. 우리가 흔히 모국어로 쓰인 글자를 읽을 때는 문자의 신체성을 간과하기 쉽고 그 안에서 목소리만을 듣기 쉽지만, 가령

6 Y. Tawada, *Verwandlungen*, Tübingen, 2018, 12쪽.

아랍어와 같이 읽을 수 없는 글자를 접할 때는 문자의 형상성에 주목하게 된다.

이러한 문자의 형상성에 대한 일반적인 성찰 이후에 다와다 요코는 표음문자와 표의문자의 특성을 하나하나 살펴본다. 우선 알파벳 문자 같은 표음문자, 가령 a나 b와 같은 철자는 그 자체로 어떤 의미를 갖고 있지 않고 어떤 형태도 모사하지 않으며, 다른 철자들과 결합해 무한히 새로운 의미를 만들어낼 수 있기 때문에 이러한 표음문자의 무한한 변신 가능성이 언급된다. 특히 아나그램 같은 시는 똑같은 철자들을 사용해 얼마나 다양한 의미를 만들어낼 수 있는지를 잘 보여준다. 이와 달리 표의문자는 의미하는 바를 보여주기 때문에 상대적으로 무의미에 빠져들 위험이 적지만, 그렇다고 그것이 완전히 해독 가능한 것은 아니다. 오히려 시대의 변화와 함께 의미도 달라지고 또 다양한 의미가 중첩되기 때문에 다와다 요코는 표의문자를 덧칠한 그림에 비유하기도 한다. 무엇보다 가령 중국 문자의 기원 신화에서 "첫 번째 표의문자를 발명한 사람이 새의 족적에 영감을 받았다"[7]고 할 때, 표의문자마저 완전한 해독이 불가능한 것으로 간주된다. 왜냐하면 우리가 그러한 문자의 근원을 거슬러올라갈 때 우리는 새의 발자국, 즉 '흔적'만을 발견할 수 있을 뿐 원상이 되는 것을 접할 수는 없기 때문이다.[8]

또 다른 한편 이 강의에서 다와다 요코는 번역의 문제를 다룬

7 같은 책, 28쪽.

8 정항균, 「문자의 변신과 제의적 글쓰기. 다와다 요코의 『변신』에 나타난 문자와 글쓰기 연구」, 『독어독문학』 150집(2019), 109-110쪽 참조.

다. 그녀는 단순히 문자의 의미 전달에 치중하는 의사소통적 번역의 불충분함을 넘어서는 문학적 번역의 필요성을 강조한다. 가령 클라이스트의 소설에서 아주 복잡하게 얽혀 있는 많은 부문장이 들어 있는 긴 문장이 등장하는데, 이러한 문장의 형태 자체가 소설에 등장하는 인물의 복잡한 가계도를 보여주고 있다고 말한다. 따라서 문학적 번역은 단순한 의미 전달에 만족해서는 안 되며, 이러한 문자텍스트의 신체, 즉 형상성을 고려하여 번역해야 한다는 것이다. 나아가 다와다 요코는 우리가 원본텍스트로 알고 있는 것이 마치 다른 텍스트의 번역인 것 같은 인상을 줄 때가 있다고 말하면서, 원본텍스트의 지위를 뒤흔들며 근본적으로 모든 텍스트가 '흔적'으로만 존재하는 원본텍스트의 번역임을 강조한다.

다와다 요코는 어떤 언어로 꿈을 꾸냐는 질문보다 어떤 문자로 꿈을 꾸냐는 질문이 더 적절하다며, 문자가 말보다 꿈을 꾸는 인간의 신체에 더 깊숙이 박혀 있다고 말한다. 이것은 꿈에서처럼 인간의 의식이 약화되고 무의식이 활발히 작용하는 곳에서 신체에 새겨지는 무의식의 문자가 우리가 접근할 수 없는 근원적인 흔적 문자의 지위를 갖고 있음을 의미하는데, 이를 어떻게 번역하는지가 작가의 과제가 된다. 따라서 신체문자를 옮겨쓰는 번역은 다와다 요코에게 근본적으로 시학 원칙으로서의 의미를 갖는다.

세 번째 강연 제목은 '물고기의 얼굴 또는 변신의 문제'다. 이 장에서 다와다 요코는 물고기가 얼굴을 지니는가라는 흥미로운 질문을 던지면서 얼굴을 인간의 얼굴로 정의하는 인간중심주의를 비판한다. 또한 그녀는 벤야민의 텍스트를 예로 들며 인간의 얼굴이 열정을 표현하는 것이 아니라, 열정이 그 사람에게서 자신의 얼굴을 드러낸다고 주장한다. 이러한 맥락에서 다와다 요코는 "얼굴을 가시적이 된 어떤 것"[9]으로 새롭게 정의한다. 이로써 얼굴은 포착할 수 없는 어떤 무의식적인 타자가 자신의 모습을 드러내는 장소로 여겨지기도 한다. 또한 그녀는 "얼굴은 그 자체로 모습을 드러내는 것이 아니라, 그것이 해독될 때 비로소 나타나는 것처럼 보인다"[10]라고 말하며 얼굴 읽기의 중요성을 강조한다. 그녀는 벤야민의 영향을 받아 도시나 건축물, 심지어 사물조차 얼굴을 가지고 있다고 주장하며, 그러한 것이 지닌 얼굴을 다층적인 텍스트로 읽어낼 것을 요구한다. 가령 도시나 사물은 결코 단순한 대상의 지위를 갖지 않으며, 인간의 지각 방식이나 습관에 스며들어 인간에게 무의식적인 영향을 미친다. 이처럼 사물이 인간에게 말을 걸고 영향을 미치며 자신의 '정신'을 표현하는 '사물언어'를 인간의 언어로 해독하고 번역하는 것이 필요한데, 이러한 해독과정을 통해 사물의 얼굴이 드러난다는 것이다.

흔히 얼굴은 한 인간의 개성이 드러나는, 개인의 정체성을 보증하는 장소로 간주된다. 그러나 다와다 요코는 이와 달리 얼굴을 한 개인의 완성된 성격이나 특성이 드러나는 장소로 간주하지 않으며 그것의 개방적 특성을 강조한다. 그녀에 따르면 자신이 알지 못하는 자신 속의 타자가 스스로를 드러내며 매번 새롭게 얼굴을 써나가는데, 여기서 한 개인의 얼굴이 들뢰즈와 가타리가 말한 다양체의 모습을 갖고 있음을 알 수 있다.

---

9 Y. Tawada, *Verwandlungen*, 42쪽.

10 같은 곳.

얼굴의 무한한 다양성에 대한 언급과 함께 다와다 요코는 이 장의 또 다른 중요한 테마인 변신으로 넘어간다. 다와다 요코는 서양의 기독교예술과 달리 동양의 불교예술에서는 온몸에 여러 개의 얼굴을 지닌 천수관음이 긍정적인 인물로 등장한다며, 이성중심적이고 인간중심적인 서양 역사에서 가해진 변신에 대한 억압을 지적한다. 특히 유럽문화권에서는 동물이 인간으로 변신하는 경우가 거의 나타나지 않는데, 그녀는 이를 자신을 동물과 구분하며 동물을 폄하하는 인간중심주의에서 비롯된 것으로 해석한다. 카프카는 「학술원에 드리는 보고」에서 원숭이가 인간으로 변하는 과정을 오히려 내적 억압으로 간주하며 인간에게 내재된 동물로의 변신에 대한 욕망을 언급한다. 다와다 요코도 "변신은 많은 예술가의 꿈"[11] 이라며, 작가가 글을 쓰며 스스로 동물-되기를 수행하고 동물로 변신할 수 있음을 강조한다. 개념적인 언어의 차원을 넘어 동물적인 강렬함을 발산하는 것이 바로 다와다 요코가 추구하는 동물-되기의 글쓰기인 것이다.

2002년 발표된 에세이집 『바다 너머 혀넙치의 혀들*Überseezungen*』은 한마디로 말하면 '혀의 춤'이라는 주제를 다룬다. 바다를 건너가면 혀가 촉촉하게 젖기 시작하며 신체의 변화가 준비된다. 말하자면 장소의 이동과 함께 일종의 정체성의 변신이 일어나는 것이다. 다와다 요코는 우리의 혀가 결코 모국어를 말하는 혀로 굳어져 있지 않으며 외국에 살면서 새로운 혀와 혀의 운동을 갖게 된다고 말한다. 또한 혀는 다양한 움직임의 춤을 추면서 쾌락을 느끼기

11 같은 책, 52쪽.

도 한다. “나의 몸은 오직 하나의 혀로 이루어져 있었다”[12]라든지 “나는 하나의 혀였다”[13]라는 말로 다와다 요코는 우리의 말하기가 사실은 단순히 정신적인 사고의 산물이 아니라 신체와 긴밀히 연결되어 있음을 강조한다. 그녀는 말하기보다 듣는 것이 더 중요하다며, 밖으로 발화되는 말과 그것의 의미를 넘어서 거기서 함께 공명하는 진동, 즉 신체적 정동을 듣는 것이 중요하다고 말한다. 그래서 그녀는 목소리를 신체와 분리시켜 기계에 저장하고 재생하는 기술적 발전이 상호 네트워크를 통해 친밀성을 가져오리라는 기대를 환상으로 간주하며, 목소리의 신체연관성이 갖는 의미를 역설한다. 또한 이 책은 제목이 연상시키는 것처럼 번역의 문제를 다루기도 한다. 그런데 이러한 번역은 출발어에서 도착어로의 단순한 이행의 형태를 띠기보다는, 오히려 번역 불가능성의 한계를 인식한 채 두 언어 사이에 놓여 있는 사잇공간에서 다양한 번역가능성을 시험해보는 것을 의미한다. 더 나아가 그것은 좁은 의미에서의 문자텍스트의 번역이라는 의미를 넘어서, 신체 자체에 새겨지는 무의식적인 신체문자의 소리에 귀 기울이며 그것을 옮겨 적는 번역을 의미하기도 한다.

2003년 출간된 에세이 『엑소포니エクソフォニー』는 다와다 요코가 세계 각 지역을 여행하며 언어에 대해 성찰한 글을 모은 책이다. 그녀는 아프리카, 아시아, 유럽, 아메리카 대륙을 돌아다니며 각종 심포지엄에 참석하거나 강연회를 가졌는데, 이를 통해 경험한 상

---

12 Y. Tawada, *Überseezungen*, Tübingen, 2017, 11쪽.

13 같은 곳.

이한 문화와 언어의 체험은 언어를 단순히 추상적 기호나 소통수단으로 간주하는 관점이나 모어에 대한 집착의 문제점을 인식하게 한다. 다와다 요코는 특히 이 책에서 "모어 바깥으로 나간 상태"[14]를 의미하는 엑소포니라는 개념을 제시하며, 자신을 이주민 작가가 아니라 엑소포니 작가로 이해한다. 소위 말하는 모어 바깥으로 떠나는 여행은 "언어에 잠재하지만 아직 누구도 보지 못한 모습을 끌어내 보이"[15]기 위한 것이다. 즉 그것은 외국인이 모국어 화자를 이상으로 삼아 그들의 언어를 모방하며 쓰고 말하는 법을 배우는 것이 아니라, 낯선 언어를 배움으로써 모어와 그 언어 사이의 경계지대에 들어서며 그러한 사잇공간에서 모어와 외국어 모두에서 새로운 잠재력을 끌어내는 것을 의미한다. 이러한 의미에서 엑소포니라는 여행은 "어떤 언어에서 다른 언어로 한번 이동하고 끝나는 운동이 아니라 끊임없이 이동할 수 있는 날개를 가진 정신을 뜻한다."[16] 그러나 다와다 요코는 일본이 과거에 식민지 시절 한국인에게 강요한 일본어 사용 같은 강요된 엑소포니의 상황이 지닌 억압성을 지적하는 것도 잊지 않는다. 나아가 다와다 요코는 오늘날 일본의 역사왜곡과 관련하여 엑소포니의 필요성을 강조하기도 한다. 왜냐하면 그 언어 밖으로 나가야 자국에서 얻을 수 없었던 다양한 정보와 견해를 접할 수 있기 때문이다.[17] 그 밖에도 이 에세이에서

---

14 다와다 요코, 『여행하는 말들』, 19쪽.

15 같은 책, 26쪽.

16 같은 책, 11쪽.

17 "예를 들면 일본에도 동아시아 역사를 일본 입맛대로 왜곡하고 해석하는 정치인이 있다. 또 그런 의견을 그대로 받아들여 동조하는 사람들도 있다. 그래서 일

다와다 요코는 언어의 신체연관성, 번역, 모어 안에 내재한 다중언어, 언어놀이, 배타적인 언어정책, (포스트)식민주의 등의 문제를 다룬다.

다와다 요코는 『언어경찰과 언어놀이사전』(2007)에서 문법적 규칙의 폭력성, 문자의 형상성, 번역 불가능성에 직면한 번역의 문제, 근원과 유토피아의 허구성, 사잇공간 등의 문제를 다룬다. 그녀는 오스트리아의 구체시인인 에른스트 얀들의 예를 들어 억압적인 문법적 규칙을 따르지 않고 언어를 유희적으로 사용함으로써 끊임없이 새로운 문장을 만들어낼 수 있음을 강조한다. 또한 첼란의 예에서는 문자의 형상성에 주목하며 의미 위주의 독서에서 벗어날 필요성을 언급하고, 클라이스트의 예에서도 이러한 형상성에 주목하는 번역의 필요성을 역설하기도 한다. 다와다 요코가 문법적인 규칙의 준수를 강조하며 다양한 실험을 금지하는 언어경찰을 비판할 때, 거기에는 그러한 규칙으로 인해 생기는 경계의 장벽이 갖는 억압성에 대한 암시가 내포되어 있다. 그래서 그녀는 이 에세이에서 아시아와 유럽, 전통과 현대 같은 이분법적 경계 설정의 문제를 비판하며 고유한 문화로서의 근원이라는 개념 대신 문화적인 혼종성 개념을 내세운다. 이러한 문화적 혼종성은 비단 한 국가의 차원뿐만이 아니라 한 개인의 차원에도 적용되며 순수한 정체성과 근원의 자리를 대신한다.[18] 그래서 그녀는 "동양과 서양이라는 이분

본인은 모어 바깥으로 나가 일본어 외의 언어로 쓴 역사책과 신문 기사를 읽을 필요가 있다. 그것이 엑소포니다." 같은 책, 10쪽.

18 Y. Tawada, *Sprachpolizei und Spielpolyglotte*, 116쪽: "불교가 도입되었을 때, 자연종교는 뿌리뽑히지 않았다. 그리고 유교의 도입이 불교를 위협하지 않았다.

법의 폭력에서 해방되기 위해 나는 러시아, 시베리아, 뉴욕 또는 다른 어딘가에서 다른 무대를 찾는다"[19]라고 말하는 것이다. 여기서 러시아, 시베리아, 뉴욕은 결코 '내'가 그곳에서 '나'의 새로운 정체성과 삶의 행복을 찾을 수 있는 유토피아적인 장소를 가리키는 것이 아니라, 사유의 놀이를 통해 새로운 것들이 생겨날 수 있는 텅 빈 공간을 가리킨다. 다와다 요코는 이러한 이분법적 경계의 틈, 즉 사잇공간으로서의 경계지역을 일굼으로써 새로운 것을 생성해낼 수 있다고 믿는다.

『경계에서 춤추다 ソウル-ベルリン 玉突き書簡 境界線上の對話』(2008)는 다와다 요코가 재일조선인 학자인 서경식과 주고받은 서한을 모아 발간한 책이다. 이 책은 집, 이름, 여행, 놀이, 빛, 목소리, 번역, 순교, 고향, 동물이라는 총 10가지 주제에 대해 다와다 요코와 서경식이 주고받은 생각을 담고 있다. 서경식은 다와다 요코와 함께 2006년 7월 쾰른에 있는 일본문화원에서 '디아스포라와 예술'이라는 주제로 강연과 대담을 한 후 베를린에 있는 그녀의 집을 방문한다. 그후 생긴 개인적인 친분이 서신교환으로 이어지고 그 결과 이 책이 탄생한 것이다.

유럽의 자연과학에 대한 열광이 나쁜 귀신에 대한 제의를 폐지하는 결과를 낳지도 않았다. 카토 슈이치는 다양한 종교와 이데올로기의 공존이라는 형식에서 현대세계에서 살아 남을 수 있는 기회를 발견한다. 예를 들면 이러한 방식으로 조만간 근본주의로 돌아갈 총체적인 서구화를 피할 수 있다는 것이다. 역사가 보여주듯이, '순수하지 못한 혼합형태'가 총체적인 '개혁'보다 낫다는 것이다. 어쩌면 이러한 혼합형태가 한 국가 내에서가 아니라 한 인간 내에서의 다양한 종교와 사고 방식의 공존을 의미하는 것이라고 덧붙여야 할지도 모른다."

19 같은 책, 102쪽.

이 책에서 다룬 열 가지 주제를 유사한 주제끼리 묶어 이에 대한 다와다 요코의 생각을 살펴볼 수 있을 것이다. 먼저 집, 고향, 여행을 묶어볼 수 있다. 다와다 요코는 자신이 집에 있는 것을 좋아하기는 하지만 자주 여행을 떠나기 때문에 집에 붙어 있는 시간이 별로 없다고 말한다. 무엇보다 그에게 있어 "'집'이란 가족도 건물도 아니고 문화와 친구들로 이루어진 공간"[20]이다. 그래서 집은 언제든지 옮겨갈 수 있는 곳이며 결코 고향의 감정을 불러일으키거나 귀환의 감정을 불러일으키는 곳이 아니다. 다와다 요코는 자신이 태어난 도쿄를 "공사현장"[21] 같은 곳으로 생각하며 그곳이 크게 변해 어릴 때 살던 곳을 알아보지 못해도 슬퍼하지 않는다. 또한 그녀는 나치 독일에 의해 악용된 '고향' 개념이 현재에도 외국인을 배척하는 수단으로 사용되는 데 대한 우려를 표한다. 특히 2차대전 후 동유럽지역에 살던 독일인들이 그곳에서 쫓겨나 독일에 살게 되지만 독일에서 이방인 취급을 받으며 양쪽에서 고향상실을 체험할 때, 이들이 다와다 요코 같은 이민자들에게 동병상련의 감정을 가질 수도 있지만 "오래된 이민자와 새로운 이민자"[22]의 대립구도 속에서 후자에게 배타적인 태도를 취할 수도 있다는 것이다. 고향이라는 관념에 대한 집착이 오히려 자아와 타자를 구분하며 배타적인 민족주의로 변할 수 있음을 경고하는 다와다 요코는 여행을 통한 언어적·문화적 혼종성의 경험을 그에 대한 대안으로 강조한다.

---

20 서경식/타와다 요오꼬, 『경계에서 춤추다』, 27쪽.

21 같은 책, 208쪽.

22 같은 책, 213쪽.

특히 열차여행은 신체의 이동을 수반하는데, 이러한 운동 자체와 이를 통한 새로운 것과의 접촉이 그녀에게 특별한 의미를 지닌다. 왜냐하면 그러한 여행은 언어적·신체적 변신을 수반하며 자아정체성의 유동성과 개방성에 대한 생각을 심어주기 때문이다.

이름, 놀이, 목소리, 번역이라는 주제들도 서로 연결될 수 있다. 다와다 요코는 일본어 '다마'가 영혼이나 탁구공을 모두 가리킬 수 있다며, 탁구공처럼 인간의 신체에서 자유롭게 빠져나와 이리저리 튈 수 있는 영혼의 의미를 강조한다. 나아가 그녀는 '언어놀이Sprachspiel'를 예상치 못한 언어적 조합에 의해 어디로 튈 줄 모르는 (공)놀이에 비유하기도 한다. 특히 그녀는 언어놀이를 의미 없는 말장난으로 간주하며 그러한 시도가 현실적인 어려움에 처한 사회적 약자에게 한가한 놀이로 느껴진다는 주장을 반박한다. 그녀는 일본어로 '폐를 끼친다'라는 말이 결국 사회적 잘못을 개인적 책임으로 전가하며 자살과 같은 극단적 행동을 하게 만드는 것을 예로 들며, 언어놀이를 통해 "'폐를 끼치다'로부터 '자살'로 이어져버리는 경직된 외길을 부수고 몇 갈래의 다른 길을 만들어 시야를 넓혀"[23]가는 것을 가능하게 한다. 목소리 장에서 다와다 요코는 특히 현대사회에서 기술의 발전으로 인해 목소리가 신체에서 분리되어 등장하는 상황이 점점 늘어나는 추세임을 지적한다. 가령 네비게이션에서는 목소리만 있고 신체는 부재한다. 그러나 그녀가 다른 책에서 목소리의 신체연관성을 강조하며 말의 의미 차원을 넘어서는 요소에 주목할 것을 요구하는 만큼, 기술공학에 의해 가능해진, 신

23 같은 책, 87쪽.

체와 분리된 목소리가 그녀에게 이상적인 상태를 의미하는 것처럼 보이지는 않는다. 마지막으로 번역 장에서는 서양에서 넘어온 의학적인 번역어가 환자의 다양한 신체적 감각을 무시하는 의사의 권위로 작용할 위험성과 이와 반대로 모국어에는 존재하지 않는 그러한 다양한 번역어의 도입을 통해 "중층적·입체적으로 우리 몸을 볼 수 있는 가능성"[24]이 동시에 존재함을 언급하며, 번역 불가능성의 상황에서 번역이 갖는 의미를 성찰한다.

'동물' 장에서도 다와다 요코는 언어 문제에 대한 성찰을 이어간다. 그녀는 동물이 언어의 외부에서 얼마나 많은 정보를 교환하는가에 주목할 뿐만 아니라, 반대로 인간이 언어로 표현할 수 없는 것들이 무수히 많다고 말하기도 한다. 따라서 언어를 통해 현실을 재현하려는 리얼리즘적 시도는 한계에 부딪힐 수밖에 없으며, 그래서 그녀는 '언어의 의미'를 뛰어넘는 곳까지 나아가야 할 필요성을 역설한다. 가령 빠른 속도로 달리는 표범을 언어로 묘사하고 재현하는 것보다는 "그 '말' 속의 '표범'을 추구"[25]하며 "언어 그 자체가 동물적으로 움직이는 순간에 충동적으로"[26] 써나가야 한다는 것이다. 그러한 동물적인 글쓰기는 언어적으로 재현할 수 없는 신체연관적인 정동을 표현하는 데 사용된다.

2012년 출판된 함부르크 시학강연집은 튀빙겐 시학강연집과 마찬가지로 세 부분으로 구성되어 있다.

24 같은 책, 170쪽.
25 같은 책, 223쪽.
26 같은 책, 224쪽.

첫 번째 시학강연은 16세기에 포르투갈인과 스페인인이 가고시마현의 남쪽에 있는 다네가시마섬種子島에 들어오는 것을 다룬다. 예수회 창립멤버 중 한 명인 프란시스코 드 사비에르 선교사는 1541년에 인도에서 일본인 야지로를 만난다. 야지로의 지식에 깊은 인상을 받은 사비에르는 야지로의 권유로 포르투갈의 배를 타고 일본으로 들어온다. 일본인들은 무기를 싣고온 그들의 거대한 배에 압도되며 처음으로 서양문명을 받아들인다. 물론 나중에 선교를 강요하는 포르투갈인들을 추방하기는 하지만 말이다.

다와다 요코는 이 첫 번째 시학강연에서 두 가지에 초점을 맞춘다. 하나는 동물이라는 주제이고 다른 하나는 번역이다. 사비에르는 우상숭배를 단호히 거부하고 기독교 교리에 따라 동물신을 받아들이지 않는다. 그러나 기독교가 일본에서 그리 오래 전파되지는 않았기 때문에 동물에 적대적인 기독교의 영향은 별로 남아 있지 않다. 다와다 요코는 개인의 해탈만 추구하는 소승불교와 달리 다른 사람의 구원까지 생각하는 대승불교에 있어 자비라는 개념이 중요한데, 자신은 특히 스스로를 혼자 힘으로 도울 수 없는 존재인 동물에 대해 무한한 자비를 가지고 있다고 말한다. 여기서 다와다 요코는 여러 차례 인간 역시 동물임을 강조하며 동물에 대한 사랑을 표현한다.

다와다 요코는 이 강연에서 성경을 비롯한 서양서적의 번역 문제도 다룬다. 그녀는 일본의 첫 번째 기독교도인 야지로가 복음서를 일본어로 번역했는데, 이러한 과정에서 기존에 없는 개념들을 번역하기 위해 불교 단어를 사용했다고 말한다. 그리하여 신부의 번역어로 僧을, 하느님의 번역어로 大日이라는 단어를 사용한다. 이러한 번역을 통해 당시 일본인에게 기독교는 "포르투갈에서 온 새로운 불교학파"[27]처럼 생각되었다는 것이다.

두 번째 시학강연은 17세기에서 19세기까지 네덜란드인이 나가사키의 데지마라는 작은 인공섬에 머무른 시기를 다룬다. 일본은 1587년에 기독교 선교를 금지한 후 포르투갈인과 스페인인을 내쫓고 순수하게 무역만을 추구하는 네덜란드인들의 거주만을 허용한다. 하지만 네덜란드 상인은 자유롭게 일본 전역을 돌아다닐 수 없었으며 데지마섬에 갇혀 있어야만 했다. 이처럼 일본은 이 시기에 고립정책을 취했지만, 유일하게 네덜란드인의 체류를 허용하며 외국문화를 선택적으로 수용했다.

다와다 요코는 17세기에 동인도회사들이 남아프리카와 일본의 항구에 많이 도착했다며, 우선 남아프리카 공화국에 네덜란드인이 체류하면서 남긴 아프리칸스어에 대해 이야기한다. 네덜란드어와 비슷하면서도 모국어와의 접촉을 잃고 독자적으로 발전한 아프리칸스어는 그녀에게 원래 언어에서 미끄러져나간 꿈의 언어 같은 인상을 준다. 이러한 언어는 한편으로 시적인 언어의 특성을 갖지만, 다른 한편 역사적인 맥락에서 언어의 순수성을 잃기도 한다. 왜냐하면 그것은 식민지 지배자인 네덜란드인의 언어로서 식민주의와 떼어놓고 생각할 수 없기 때문이다.

다와다 요코는 일본에 네덜란드인이 들어옴으로써 시작된 문화적·학문적 발전을 언급한다. 그녀는 네덜란드인이 영국인과 달

27 Y. Tawada, "Hamburger Poetikvorlesungen", *Yoko Tawada. Fremde Wasser*, Ortrud Gutjahr (Hrsg.), Tübingen, 2012, 68쪽.

리 화포를 앞세워 개방을 강요하지 않았고 오히려 비교적 자유롭게 다닐 수 있었던 나가사키현에 있는 히라도를 떠나 데지마섬에 갇혔음에도 불구하고 일본과 친교를 유지할 수 있었다고 말한다. 일본은 네덜란드와의 교류를 통해 특히 번역과 의학의 발전을 경험한다. 일본이 이전에 중국 책을 번역하며 문화적 발전을 이루었다면, 이 시기에는 네덜란드어로 쓰이거나 번역된 책을 다시 번역함으로써 기술 및 문화의 발전을 도모한다. 특히 해부학 책을 번역함으로써 기존의 중국의학과 구분되는 근대 서양의학을 접할 수 있는 계기를 마련한다. 다른 한편 다와다 요코는 데지마섬에서 일본 화가들이 네덜란드인의 삶을 엿보는 것이 허용되었는데, 특히 돼지도살 모티브가 자주 그림의 소재로 등장했음을 언급한다. 불교문화의 영향으로 공식적으로 육식을 하지 않던 일본인이 기회가 주어지면 고기를 먹기도 했다면서, 이러한 이방적 문화에 대한 묘사는 문화적 차이를 넘어 일본인의 육식에 대한 숨은 욕망을 드러내기도 한다고 말한다.[28]

세 번째 시학강연은 19세기 중반 미국의 검은 배들이 우라가항에 들어와 일본에 개방을 강요한 사건을 다룬다. 일본은 이전에 서양국가 중 네덜란드와만 교류하며 고립정책을 유지하고 있었는데, 1853년 미국의 군함 네 척이 우라가항에 들어오면서 고립정책이 막을 내린다. 막강한 군사력을 내세우며 미국은 1854년 일본과

28 같은 글, 89쪽: "따라서 이 그림들이 결코 다른 문화의 낯섦을 표현하는 것이 아니라 오히려 돼지고기나 어쩌면 돼지 같은 음란한 행동에 대한 자신의 억압된 욕망을 표현할지 모른다고 말할 수 있을 것이다. 게이샤와 네덜란드인 간의 야성적인 에로틱은 또 다른 인기 있는 모티브였다."

조약을 맺는데, 이로부터 일본의 근대화가 본격적으로 시작되며 마침내 1868년 메이지유신이 단행된다.

다와다 요코는 일본에 문호개방을 요구한 미국의 침략과 관련하여 미국인과 일본 게이샤 간의 관계를 다룬 두 개의 작품을 언급한다. 그중 하나가 푸치니의 오페라 〈나비부인〉이다.[29] 존 루터 롱의 원작을 데이비드 벨라스코가 희곡으로 만들었는데, 이를 보고 푸치니가 다시 오페라로 각색한 것이다. 이 작품의 줄거리는 다음과 같다. 미국인 장교 핑커톤이 열다섯 살의 어린 게이샤 초초상을 현지처로 얻어 결혼한다. 초초상은 기독교로 개종까지 하고 나중에 그가 미국으로 떠난 후에도 돌아올 것을 확신하며 3년 동안 매일 항구로 나가 그를 기다린다. 하지만 결국 그녀는 그의 결혼 사실을 전해 듣고 자살한다. 다와다 요코는 유럽인이 당시에 미국인과 자신들을 구분하며 흑백구도로 미국인과 일본인을 대립시키며 일본인을 영웅적인 희생자로 만들어냈음을 비판한다. 실제로 이 작품의 모델이 된 게이샤는 자살하지 않고 여러 차례 결혼했으며, 심지어 일본문화에 지대한 영향을 미친 필립 프란츠 폰 지볼트의 현지처인 게이샤 다키 역시 남편이 떠나고 나서도 자살하지 않았고, 그녀의 딸 이네는 혼혈아로 차별받으면서도 일본 최초로 유럽의학을 공부한 의사가 되었다. 다와다 요코는 유럽에서 오늘날 원전반대

29 또 다른 작품은 시모다항의 첫 번째 미국영사인 해리스가 병이 들어 게이샤인 오키치라는 여성의 간호를 받은 역사적 사실을 바탕으로 쓴 브레히트의 『시모다항의 유디트 *Die Judith von Shimoda*』다. 다와다 요코는 이 작품을 번역과 원본의 관계라는 관점에서 언급하고 있는데, 이에 대한 자세한 설명은 이 책 2부의 '번역'에 관한 장에 나온다.

운동을 하며 미국의 원자폭탄의 희생자가 된 일본을 희생자로만 그리려는 시각이 일본을 나비부인처럼 다루는 시각과 닮아 있음을 지적한다. 그러면서 일본은 2차대전 당시에 한국을 식민지로 삼았고 중국에서도 대량학살의 만행을 저지른 부끄러운 과거를 지닌 침략자임을 강조하면서 이러한 문제를 언급하지 않고 일본을 원자폭탄의 희생자로만 그려내는 것은 잘못이라고 말한다.

다와다 요코는 항구를 통해 들어오는 여러 위험을 언급하면서도 에도시대에서와 같은 고립주의 정책이 올바른 해결책은 아니라며 일본이 한국처럼 세계와 더 많이 소통해야 한다고 강조한다. 일본에는 도쿄에 머무르려는 사람들과 도쿄를 떠나는 사람들의 두 집단만이 있는데, 이를 넘어서 바닷물처럼 나갔다 다시 들어오고 또 다시 떠나는 제3의 집단, 소위 바닷물의 집단이 있어야 한다는 것이다.[30] 다와다 요코는 새로운 고립정책이 아니라 이러한 혼종성의 바다에서 해결책을 모색해야 한다고 주장한다.

2016년 출간된 문학에세이 『악센트 없이*akzentfrei*』는 크게 3부로 구성되어 있다.

1부 '새로운 나라'에서는 말놀이, 악센트, 문학적 언어의 특성 같은 언어 문제를 집중적으로 다룬다. 악센트의 문제와 관련해서 다와다 요코는 표준적 규범과 이로부터의 일탈이라는 기존의 관념을 비판하며, 모국어를 사용하는 사람조차 악센트가 있으며 악센트

30 같은 글, 20쪽: "그리고 내게는 세 번째 집단을 형성하고 싶은 소망이 있다. 계속해서 뒤로 물러났다가 매번 다시 돌아오는 바닷물의 집단, 파도의 집단을 말이다."

는 곧 다양성의 표현임을 강조한다. 그러면서 악센트가 사라진다면 세상의 언어가 다채로움을 잃고 경직되며 더 이상 흥미롭지 않게 될 것이라고 말한다. 또한 그녀는 언어를 일상적인 의사소통적 기능에서 해방시켜 서로 관련이 없는 듯한 언어를 연결하여 새로운 인식을 가져다줄 수 있기를 기대한다. 서로 관련이 없는 두 단어를 연결시켜 뇌에 일종의 전기를 만들어내는 이러한 창의적 글쓰기는 마약처럼 몸에서 쾌감을 만들어내는 것으로 간주된다.

2부 '흘러가지 않은 시간'에서는 다양한 이야기가 나오지만 그 중 눈물에 대한 역사적 고찰이 흥미롭다. 다와다 요코는 원래 과거의 일본 문헌을 살펴보면 사무라이가 자주 눈물을 흘렸으며, 눈물을 흘리는 행위가 결코 부정적인 맥락에서 다루어지지 않았음을 강조한다. 그런데 20세기 초에 이르러 이상적인 사무라이는 결코 눈물을 흘리지 않는다는 관념이 형성되었다는 것이다. 니토베 이나조는 자신의 저서 『무사도*Bushido: The Soul of Japan*』(1900)에서 사무라이의 무사도를 통해 일본인의 윤리의 근간과 그들의 정신 및 정체성의 뿌리를 찾으려 한다. 다와다 요코는 오늘날에도 니토베 이나조가 묘사한 사무라이 상이 서양인이 일본인에 대해 갖고 있는 이미지를 규정하고 있지만, 2011년 후쿠시마 원전사고라는 대재난에도 불구하고 눈물을 흘리지 않고 평온을 유지하는 일본인의 겉모습 뒤에 불안과 동요가 숨어 있음을 암시한다. 그리고 과거에 사무라이들이 자주 눈물을 흘렸고 그것이 결코 부끄러운 행위가 아니었다는 사실을 언급함으로써 사무라이 무사도에 기반을 둔 현대 일본인의 정체성이 허구에 지나지 않음을 지적한다. 나아가 다와다 요코는 만화영화에 나오는 로봇이나 운동선수들의 눈물, 실용주의적인 건강 담론에서 다루어지는 눈물을 주제로 다루면서 현대에도 여전히 눈물이 이데올로기적으로나 실용적인 차원에서 담론의 대상으로 등장하고 있음을 보여준다.

3부 '프랑스식 후식'에서는 프랑스의 포스트구조주의 철학자 롤랑 바르트와 구조주의 인류학자 레비스트로스에 관한 이야기가 등장한다. 다와다 요코는 바르트가 대중매체가 만들어내는 여러 가지 상을 일상의 신화로 읽어내며 우리가 자연으로 간주하는 것들이 사실은 이데올로기의 산물임을 폭로하고 있음에 주목한다. 바르트는 모든 것을 끊임없이 텍스트로 읽어낼 것을 요구하는데, 이를 통해 가령 자연적인 산물로 간주되는 민족적 정체성 역시 허구에 지나지 않는다는 사실이 드러난다. 또한 다와다 요코는 말년의 레비스트로스가 일본을 다섯 번이나 다녀가며 문명이 고도로 발달한 국가에서도 옛 신화가 살아남아 영향을 미치고 있다는 사실에 주목했음을 언급한다. 초기의 레비스트로스가 『슬픈 열대*Tristes Tropiques*』(1955)에서 문자가 없는 원시사회와 서양사회를 대립시켜 살펴보았다면, 말년의 레비스트로스는 일본사회를 통해 현대사회에서 살아남은 옛 가치들의 의미에 주목하고 있다는 것이다. 또한 다와다 요코는 레비스트로스를 통해 서로 다른 두 문화를 연결시킨다는 '교량' 메타포의 허구성을 지적하며, 바다 너머 강가에 위치한 확고한 정체성을 지닌 문화에 대한 관념을 비판한다. 오히려 그녀는 확고한 정체성을 지닌 두 문화 사이를 연결하는 교량 메타포 대신, 자신과 낯선 친구들이 함께 배를 타고 물 위를 여행하는 뱃사공 메타포를 제안한다. 이에 따르면 하나의 문화는 더는 다른 문화와 명확히 구분되는 정체성을 지니지 않으며, 상이한 요소가 뒤섞인 혼종성을 지니고 있을 뿐만 아니라 물 위를 여행하는 뱃사공 처럼 끊임없이 생성되고 변화하는 유동성을 지니고 있음을 알 수 있다.

2부 작품 분석

I 몸의 시학
II 사잇공간의 시학

I 몸의 시학

1 몸 담론과 마리오네트의 글쓰기
「그림 없는 그림 수수께끼」

장난감 모티브와 언어놀이 그리고 몸 담론

다와다 요코는 1998년 스위스 취리히 대학에서 『유럽 문학에 나타난 장난감과 언어마술』이라는 논문으로 박사학위를 받는다. 이 논문에서 다와다 요코는 하위징아, 카이와의 놀이이론과 비판적으로 대결하며 특히 장난감에 대한 진지한 학문적 연구가 부족하다는 점을 지적한다. 다른 한편 다와다 요코는 장난감에 대한 벤야민의 글이나 장난감 모티브를 다룬 에테아 호프만과 카프카의 소설을 통해 장난감이 지닌 의미를 현대적인 맥락에서 재해석한다. 특히 그녀는 장난감이 과거에는 주술적인 목적으로 사용되었고 오늘날과는 전혀 다른 의미를 지녔음을 강조하며, 귀신과 소통하거나 망자를 불러내는 장난감의 마술적 기능을 현대에 심리적으로 억압된 것들, 가령 무의식적 욕망을 불러내는 것과 연관시켜 새롭게 살펴볼 것을 요구한다.

다와다 요코는 놀이와 장난감 모티브를 자신의 여러 작품에서도 지속적으로 다루고 있다. 그런데 그녀의 관심은 인형이나 가면, 공 같은 장난감을 넘어 언어놀이로까지 확장된다. 이러한 장난감 모티브와 언어놀이의 경향이 함께 나타나는 대표적인 작품으로 다와다 요코의 초기 작품인 「그림 없는 그림 수수께끼」를 들 수 있다. 이 소설에서는 클라이스트와 호프만의 영향으로 자동인형 내지 마리오네트 모티브가 등장할 뿐만 아니라, 인물의 이름을 이용하는 언어유희나 텍스트의 물질적이고 신체적인 특성, 즉 형상성을 이용하는 놀이를 발견할 수 있다. 이 소설에서 인형 모티브는 다와다 요코의 여러 작품에서 다양한 주제와 결합하여 등장하는 몸이라는 주제와 긴밀한 연관을 맺고 있다.

다와다 요코는 「그림 없는 그림 수수께끼」에서 정신에 대한 몸의 우위를 주장하며 몸 담론을 펼친다. 나아가 그녀는 무의식이 지배하는 몸을 일종의 책으로 간주하며 몸의 문자를 읽어내고 그것을 텍스트로 전환하는 몸의 시학을 보여주기도 한다.

다와다 요코는 「그림 없는 그림 수수께끼」에서 크리스테바의 아브젝트와 아브젝시옹의 이론을 바탕으로 정결하고 단일한 유기적 몸이 아니라 더럽고 혐오스러운 파편화된 몸이 지닌 이질성의 의미에 주목한다. 이 소설에 등장하는 마리오네트는 정신적이고 이성적인 존재가 아니라 무의식을 구현하는 존재로 나타나고 있는데, 이러한 맥락에서 무의식적인 몸을 구현하는 자동기계와 동물의 내적 연관성을 살펴볼 필요가 있다. 또한 다와다 요코는 인간의 몸을 유기적인 몸이 아니라 갈기갈기 찢긴 파편화된 몸으로 간주하며 그것을 끊임없이 변신하는 기계론적 기계로 묘사한다. 이에 따라 그녀는 자신의 소설도 이러한 비유기적인 몸에 기초하여 상호텍스트성의 원칙에 따라 써나간다. 끝으로 다와다 요코는 단순히 인간의 무의식적인 몸을 구현하는 존재로서의 인형의 몸에만 관심을 갖고 있는 것이 아니라, 텍스트의 몸에도 관심을 갖는다. 따라서 그녀가 이 소설에서 이러한 텍스트의 몸을 어떻게 조직하고 있는지, 정확히 말하면 어떻게 갈기갈기 찢어 새롭게 배열하고 조합해내는지, 또한 그러한 실험의 의미가 무엇인지 밝혀내야 할 것이다.

아브젝트와 승화된 몸

「그림 없는 그림 수수께끼」는 두 개의 이야기가 서로 교차하는 방식으로 구성되어 있다. 먼저 현재[1]의 시간 차원에서 일본인 여성인 서술자 나는 기차를 타고 독일에 있는 R이라는 도시로 떠난다. 그녀는 그곳에서 열리는 아동도서전시회를 구경한 후 레스토랑에 가는데, 거기서 인형극 포스터를 보고 흥미를 느껴 자동인형 아네테에 관한 인형극을 관람한다. 이와 함께 인형극의 줄거리가 전개된다. 이러한 현재의 이야기가 펼쳐질 때마다 과거의 이야기가 뒤따라나와 교차하는 양상을 보인다. 과거에 서술자 나는 카페에서 열린 어느 낭독회에서 포도주를 마신 후 구토한다. 이때 그녀를 도와준 에바와 그녀의 오래된 친구인 K를 알게 되는데, 그 후 K와 사귀게 되지만 '나'의 무관심함에 화가 난 K가 '나'를 떠난다.[2] '나'는 K

1 물론 엄밀히 말하면 이것은 체험자아의 관점에서 현재일 뿐이며, 과거를 회상하며 서술하는 서술자의 관점에서 보면 과거에 해당할 것이다.

2 마츠나가 미호는 다와다 요코의 초기 작품에서 일본인 여성과 유럽인 남성이 연인으로 등장하며 다양한 갈등과 소통의 장애를 겪는 상황이 서술되곤 한다고 말한다. 가령 「그림 없는 그림 수수께끼」에서 독일인 남자친구인 K는 여성 서술자인 내가 그의 눈을 바라보지 않는다든지 그의 질문에 분명히 대답하지 않는다며 '나'의 냉정함을 비난하고 '나'와 헤어진다. "그에게는 발화된 말과 가시

와 이별한 후 에바와 헌책방에서 만나기로 하는데, 그곳에서 에바가 허공에서 꺼낸 책을 찢자 그와 동시에 '내' 피부에 상처가 나서 '나'는 실신한다. 작품 마지막에서는 이처럼 훼손된 서술자 나의 신체와 부서진 인형의 신체가 나란히 언급되며 두 개의 시간 차원 및 현실과 허구의 차원이 서로 뒤섞인다.

이러한 서로 다른 두 이야기에서 공통적인 모티브들이 나타나기도 하는데, 그 가운데 눈에 띄는 것이 아브젝트다. 먼저 이와 관련해 현재의 시간 차원을 살펴보면, 서술자 나가 기차를 타고 R시로 가는 도중에 마리아네라는 여성이 기차에 올라탄다. 그녀는 서술자 나에게 유기농 과자를 건네는데, 그것을 씹을 때 뭔가 낯선 느낌이 든다. 마리아네가 준 과자를 먹고 서술자가 뭔가 낯선 느낌을 갖게 될 때, 이러한 반응이 무엇을 의미하는지 좀 더 자세히 살펴볼 필요가 있다.

서술자 나는 밤기차를 타고 갈 때 낯선 남자가 말을 걸면 무섭지 않냐며 걱정하는 할머니에게 웃음을 지으며 그런 걱정을 일축하지만, "정말 '낯선', 그 배경이나 맥락을 전혀 모르는 어떤 사람이 말을 걸어오면, 게다가 그 사람이 남자가 아니라 여자일 때면, 사태가 그리 간단하지 않다"[3]고 생각한다. 그러한 낯선 여인이 바로 마리아네다.

적인 기호만이 중요하다. 그는 결국 그녀를 떠나는데, 그 이유는 그가 성공적인 소통을 위한 자신의 척도에 따라서는 그녀를 이해할 수 없기 때문이다." M. Matsunaga, "Ausländerin, einheimischer Mann, Confidente", 251쪽.

3 Y. Tawada, "Bilderrätsel ohne Bilder", *nur da wo du bist da ist nichts*, Tübingen, 2015, 15쪽.

마리아네는 시아추라는 일본의 전통적인 경락마사지를 배울 예정인데, 그 이유는 사람들이 머리를 지나치게 많이 사용해 그것에 부담을 주는 반면 정작 몸을 소홀히 하기 때문이다. 이처럼 마리아네는 정신보다 몸을 중시하는 인물로서, '나'로 등장하며 통일적인 자아정체성을 지닌 정신적 인물인 서술자와 대척점에 놓인다.

우선 마리아네가 서술자에게 과자를 건네기 전에 과자 포장지를 거칠게 뜯는 것이 그녀에게 불쾌감을 주며 "마치 심각한 범죄처럼"[4] 여겨진다. 과자라는 대상을 그것의 외부와 구분 짓는 경계처럼 나타나는 포장지가 거칠게 찢겨나갈 때, 이는 곧 행동규범으로서의 경계를 설정하는 법을 위반하는 행위, 즉 범죄와도 같은 것으로 묘사된다. 그리고 "과자 포장지가 이제 중간에 불안정하게 우리 사이를 떠다녔"[5]을 때, 낯선 여인과 서술자 나 사이의 경계도 허물어지고 어쩔 수 없이 '나'는 과자를 먹게 되며 두 사람 사이의 대화가 시작된다.

그 과자 포장지에는 화려한 색의 겉옷을 걸친 인도 여성의 모습이 등장하며 이국적인 느낌을 준다. 또한 마리아네라는 낯선 여인이 서술자에게 건넨 과자는 달지 않으며 익숙하지 않은 맛이 난다.

> 나는 혀 위에서 거의 달지 않은 곡물의 무게를 느꼈다. 그 과자를 씹었을 때 나는 마치 처음 단어를 말할 때처럼 아주 낯선 감정을 느꼈다. 무언가를 말할 때 사용하는 것과 같은 기관으로 무언가

---

4 같은 책, 13쪽.

5 같은 곳.

를 먹는다는 것은 이상한 습관이다.[6]

마리아네가 건넨 과자는 '유기농 과자Biokekse'다. 이 단어에는 '생명Bio'을 뜻하는 말이 들어 있는데, 이는 과자를 먹는 것과 동시에 정신적인 존재인 서술자에게 약동하는 동물적 생명력이 몸 안으로 들어옴을 암시한다. 이러한 과자는 그녀에게 이전에 느끼지 못했던 "아주 낯선 감정"을 불러일으킨다. 그러한 낯선 음식물은 서술자 나의 몸 안으로 들어오면서 단일한 정체성을 지닌 나의 몸을 교란하고 낯선 것과 '나' 사이의 경계를 허문다.

이러한 서술자 나의 반응은 크리스테바가 '아브젝시옹'이라고 부른 현상을 나타낸다. 크리스테바는 "적합한 주체와 사회성이 어떻게 부적합하고, 더럽고, 무질서한 것들을 배제시켰는가를 분석한다. 아브젝트가 더럽고 천한 역겨운 것을 의미하는 것이라면, 아브젝시옹은 아브젝트에 대한 주체의 반응을 의미한다. […] 아브젝트가 토할 것 같은 역겨운 것이라면, 아브젝시옹은 육체적이면서 상징적인 가장 강력한 느낌이다. 크리스테바의 말을 빌리면, 아브젝시옹은 거리 두기를 원하는, 외부의 위협에 대한 개인의 저항을 의미한다."[7] 즉 상징계 내에 있는 주체를 위협하는 것을 경계 밖으로 내던지며 그것과 분리되고자 하지만 분리될 수 없다는 느낌이 아

---

6 같은 책, 13-15쪽.

7 박주영, 「영원히 지워지지 않는 흔적: 줄리아 크리스테바의 모성적 육체」, 『비평과 이론』 9권(2004), 207-208쪽. 원문에서 '에브젝트'와 '에브젝시옹'으로 표기되어 있는 것을 프랑스어 표기에 따라 각각 '아브젝트'와 '아브젝시옹'으로 수정했다.

브젝시옹이라면, 그렇게 배제되고 내던져진 더럽고 혐오스러운 것이 아브젝트인 것이다.

앞에서 유기농 과자를 먹으면서 느끼게 되는 낯선 이질감과 거부감이 단일한 정체성을 지닌 서술자 나의 유기적인 몸을 뒤흔드는 의미를 갖는다는 점에서 크리스테바의 아브젝시옹 개념과 연결될 수 있다고 한다면, 다음의 예는 반대로 신체 내부에서 나오는 토사물을 통한 경계침해를 보여준다고 할 수 있다.

서술자는 포도주를 마시고 나서 음식을 토해낸 사건을 계기로 에바와 K를 알게 된다. 여기서 구토는 단순히 부정적 사건으로만 볼 수는 없는데, 왜냐하면 서술자는 이 사건을 계기로 K와 에바를 알게 되며 새로운 변화를 맞이하기 때문이다.

> 포도주는 내게 맞지 않았다. 나는 현기증이 나고 속이 메스꺼워졌다. 내가 화장실로 달려가 세면대 위에 몸을 숙였을 때, 뜨거운 뱀장어가 내 식도 위를 미끄러지며 오르락내리락하는 것처럼 느껴졌다. 그로 인해 고통스럽기는 했지만 토하지는 못했다. […] 갑자기 크게 벌린 내 입안에 낯선 두 개의 손가락이 들어왔다. 나는 구토했다. 그것은 흡사 고함치는 것 같았다. 내 몸처럼 따뜻한 온기를 지녔던 카오스가 갑자기 굉음을 내며 쏟아져나왔다. 나는 이상한 만족감을 느꼈다.[8]

'내' 몸은 낯선 포도주에 거부반응을 일으킨다. 그것은 내 몸에

8 Y. Tawada, "Bilderrätsel ohne Bilder", 23쪽.

단순히 통합되는 것이 아니라 오히려 내 몸 안으로 들어갔다가 다시 토해져 나옴으로써 몸의 경계를 넘나든다.[9] 이로써 단일하고 정결한 몸은 더럽혀지고 이질적인 것의 지배를 받게 된다. 더욱이 이러한 이질성은 내 목구멍 속으로 들어온 낯선 두 손가락, 즉 에바의 두 손가락을 통해 더욱 강조된다. 이것은 서술자 나의 몸이 사실은 인류의 어머니로 간주될 수 있는 에바, 즉 이브의 몸과 분리될 수 없이 서로 긴밀히 연결되어 있음을 보여준다.

에바가 서술자 나가 더는 알지 못하지만 이전에 공생관계를 이루던 어머니 내지 어머니의 몸을 의미한다는 것이 이 소설에서 몇 차례 암시된다.

> 나는 에바를 알지 못했다. 왜냐하면 세상은 목소리와 시선으로 가득 차서 그녀와 만날 수 있는 장소가 더는 남아 있지 않기 때문이다. 손가락을 집어넣을 수 있을 작은 틈이 보이기라도 하면, 그것은 우리의 침묵으로 인해 즉시 다시 사라지거나 아니면 우리의 말로 메워진다.[10]

사람들이 내는 목소리와 세상을 바라보는 시선은 라캉이 말하는 상징적인 질서 내에서 움직인다. 하지만 라캉은 그러한 상징적

---

9 줄리아 크리스테바, 『공포의 권력』, 서민원 옮김, 동문선, 2001, 165쪽: “입속으로 들어오는 음식물과 관련된 것과는 반대로, 모공이나 여러 구멍을 통해 몸 바깥으로 나가는 것은 고유한 육체의 무한함을 나타내고 아브젝시옹을 야기시킨다.”

10 Y. Tawada, “Bilderrätsel ohne Bilder”, 47쪽.

질서 내에 틈 내지 구멍이 벌어져 있다고 말하며, 이를 '실재'라고 부른다. 크리스테바의 이론과 관련지어 생각하면, 이러한 틈 내지 구멍은 아이가 어머니와 공생관계에 있는 자궁을 상징한다. 그것은 인간이 상징적 질서에 접어들기 이전에 어머니의 신체 속에 있는 무의식적인 상태와 연관된다. 그런데 서술자 나를 포함한 사람 대부분은 상징적 질서 내에 숨어 있는 틈 속에 손가락을 집어넣으며 그 안으로 들어가지 못하기 때문에, 다시 말해 출생과 함께 그러한 무의식적인 자궁의 공간에서 배제되어버리기 때문에, 어머니의 몸 내지 자궁을 지시하는 에바를 더는 알지 못하며 그녀와 만날 수 없는 것이다.

다와다 요코는 『부적』에서 모든 태어난 아이의 어머니는 계모일 수밖에 없다고 주장한다. "어머니의 배 속에 있었던 존재가 자신을 지금 '나'라고 부르는 존재일 수는 없을 것이다. 왜냐하면 그곳에는 이곳과 완전히 다른 세계가 있기 때문이다. 사람이 죽은 후에 똑같은 존재로 남을 수 없듯이, 출생 전과 출생 후에 똑같은 사람일 수는 없다. 따라서 태어나는 모든 아이는 가짜다. 한 아이가 태어나면서 사라지고, 다른 아이가 태어나는 셈이다. 그것이 바로 '나'다."[11] 다시 말해 '나'라는 정체성을 지닌 아이는 태어나기 전의 아이와 근본적으로 다르며, 출생 전에 공생관계에 있던 어머니와의 관계를 상실한, 아니 어머니를 상실한 아이이다. 그러나 '나'와 자신 간의 경계가 부재하던 어머니가 상징계의 질서에 들어선 '나'에게 완전히 사라진 것은 아니며, 일종의 무의식적인 흔적으로 남아

11 Y. Tawada, *Talisman*, 104쪽.

'나'의 타자를 이루며 지속적인 영향을 미친다.[12] 마치 에바가 서술자 나의 낯선 또 다른 자아이자 공생관계에 있는 어머니로서 그녀에게 등장하는 것처럼 말이다.

작품 마지막에 서술자 나가 존재하지 않는 헌책방에서 에바와 만나는 환상적인 장면이 있는데, 그 부분에서도 '텅 빈 곳Leere'이 등장한다. "에바는 신중히 자신의 머리 위의 허공에 손을 뻗어 책을 꺼내 펼쳤다. 그리고 종이를 뜯어내어 공중에 나부끼게 했다."[13] 서술자가 찾아간 헌책방에는 책은 없고 먼지만 보일 뿐이다. 그런데 에바는 허공, 즉 텅 빈 곳에서 책을 꺼내 종이를 뜯어내 공중에 뿌린다. 그리고 흩날리는 종이가 서술자 나의 신체에 닿자 그녀의 몸에 상처가 생기며 그녀는 실신한다. 여기서 찢어진 책과 찢긴 신체 사이의 연관성이 나타나며, 신체가 곧 글자가 새겨지는 책이라는 사실이 드러난다. 그렇다면 자궁을 연상시키는 텅 빈 공간은 신체에 무의식의 문자를 새기며 찢어진 비유기적인 텍스트로서의 책을 만들어낸다고 말할 수 있을 것이다.

그러나 앞에서 서술자 나가 자궁을 상징하는 틈 속으로 손가락을 집어넣지 못하며 어머니의 몸과 분리되어 있었다면, 여기서는 에바의 도움으로 어머니의 몸속으로 들어간다. "에바는 부드럽게 내 손에서 집게손가락을 잡아당겨 꽃병에 빠뜨렸다. 그러자 물

---

12 같은 곳: "자궁의 내벽에는 문자가 쓰여 있었다. 나는 태어났을 때 그것과 분리되어야만 했다. [⋯] 하지만 나는 가끔 내가 이 문자에 대한 막연한 기억을 갖고 있다고 착각하곤 한다."

13 Y. Tawada, "Bilderrätsel ohne Bilder", 53쪽.

의 표면에 작은 동심원의 물결들이 생겨났다."[14] 이 인용문에 나오는 물은 양수를 의미하는데, 이로써 서술자 나가 어머니의 신체 속으로 들어간다는 것을 알 수 있다. 이것은 외부세계와 분리되어 있으며 그 자체로 완결된 자신의 유기적인 신체가 찢기고 나서 서술자 나가 신체적 경계를 넘어 무의식의 세계를 상징하는 어머니의 자궁으로 다시 들어갔음을 의미한다.

라캉의 정신분석학 이론에서 아이는 어머니의 몸과 분리됨으로써 상징계에 진입하며 주체를 형성할 수 있다. "하지만 크리스테바가 역설하는 전-오이디푸스적[15] 어머니의 몸은 상징계 주변부에 거리로 존재하는 몸을 표상하지 않는다. 그녀의 견해에서 전-오이디푸스적 어머니의 몸은 주체와 분리된 후에도 주체의 무의식 속에 흔적으로 남아, 상징계 질서가 수립한 분리의 논리의 경계선을 침입하고 이탈하는 전복적인 힘을 지닌 몸이다. 다시 말해 크리스테바의 이론에서 어머니의 몸은 상징계에서 제외되어 전-오이디푸스적 영역에만 한정된 몸을 의미하는 것이 아니라, 상징계의 경계를 가로지르며 상징질서를 위협하는 공포의 힘을 상징한다."[16]

어머니는 출산할 때 자신의 '더러운' 몸에서 아이를 몸 안의 이물질과 함께 배출한다. 아이는 탄생과 함께 어머니의 몸에서 분리되고 이후 언어의 상징적 질서에 들어서면서 자신의 자아 및 고유하고 정결한 몸을 만들어내지만, 사실은 완전히 분리된 줄 알았던

---

14 같은 곳.

15 원문에는 '전-외디푸스적'으로 표기되어 있지만, 여기서는 '전-오이디푸스적'으로 수정했다.

16 박주영, 「영원히 지워지지 않는 흔적: 줄리아 크리스테바의 모성적 육체」, 207쪽.

어머니의 몸이 무의식으로서 아이의 몸에 남아 지속적으로 영향을 미치고 있는 것이다.

고유하고 정결한 몸과 통일적인 정체성의 질서에서 '나'를 몰아낼 어머니의 몸은 '내'게 공포를 주지만, 다른 한편 '나'를 유혹하는 힘을 갖기도 한다. 무의식을 구현하는 어머니의 낯선 몸이 지닌 이러한 양가성은 「그림 없는 그림 수수께끼」에도 나타난다. 이 소설에서 서술자 나는 구토한 후, '나'의 좁은 경계에서 벗어나며 한결 자유로워짐을 느낀다. "나는 토하고 나서 자유로워져 갑자기 이야기하기 시작했다. 이때 나는 거기서 이야기했던 것이 나라는 느낌을 받지 않았다. 내 몸은 점점 더 가벼워졌다."[17] '낯선' 손가락의 도움으로 서술자는 자신의 몸 안에 있던 음식물을 게워내고 몸이 가벼워지는 것을 느낀다. 그리고 그녀가 이야기할 때 더 이상 정신적인 주체로서의 '내'가 이야기하는 것이 아니라, '낯선 몸'이 이야기한다. 이러한 이야기를 작품 전체로 확대하면, 그것은 다와다 요코가 지향하는 몸의 시학[18]을 의미할 것이다. 이처럼 아브젝트는 단순히 '나'에게 혐오감을 주며 '나'를 내쫓는 신체적인 고통의 경험과 연관될 뿐만 아니라, 동시에 예술적인 승화 과정을 통해 내가 보유

---

17 Y. Tawada, "Bilderrätsel ohne Bilder", 25쪽.

18 다와다 요코는 글쓰기 방식과 글쓰기 대상의 차원 모두에서 몸의 시학을 추구한다. 그녀는 글쓰기 방식과 관련하여 텍스트를 정신의 산물로 여기며 이성적인 계획에 따라 목적지향적으로 글을 쓰기보다는 오히려 자신의 의식에 앞서 작동하는 몸의 요구를 따르는 충동적 글쓰기를 추구한다. 글쓰기 대상과 관련해서는 합리적인 정신에 의해 더럽고 혐오스러운 것으로 간주된 비천한 신체인 아브젝트를 서술대상으로 삼는다는 점에서 역시 몸의 시학을 추구한다.

할 수 있는 것이기도 하다.[19] "크리스테바는 어머니의 몸이 결코 의미영역 밖에 존재하는 것이 아니라, 의미가 창조되는 공간임을 강조한다. 주체의 무의식 속에 흔적으로 남아있는 어머니의 몸은 예술작품 안에서 재현되기 때문이다. 『공포의 힘들』에서 크리스테바는 문학, 시 그리고 예술은 아브젝트를 승화시키려는 시도를 포함한다고 지적한다."[20] 「그림 없는 그림 수수께끼」에서도 틈이나 텅 빈 공간으로 나타나는 어머니의 자궁은 헌책방 장면에서 드러나듯이 경계를 어지럽히는 아브젝트를 승화시켜 예술작품, 즉 신체적인 텍스트로 만들어낸다.

정신에 대한 몸의 우위: 자동인형과 동물

서술자 나가 아동도서전시회에 간 것은 그곳에서 흥미로운 책을 발굴해 번역하려는 목적에서다. 이와 달리 그녀가 인형극을 관람하게 된 것은 우연한 계기다. 그녀가 레스토랑에 붙어 있는 포스터를 보고 즉흥적으로 그곳으로 가기로 결정한 것인데, 그럼에도 "갑

19 "만약 아브젝트가 이미 원초적인 억압의 경계선에 위치한 비대상을 위한 기호의 미끼라면, 그것의 한 면은 육체적인 증상에, 다른 한 면은 승화 과정과 나란히 한다는 것을 이해할 수 있다. […] 무의식의 청취자는 길 잃은 주체가 웅크리고 있는 욕망의 오솔길 바깥에 있기 때문에 그러한 것들을 들을 수 없다. 반대로 승화 과정은 명명화되기 전의 것이나, 대상이 되기 전의 것에 이름을 붙일 수 있는 가능성에 다름 아니다. […] 증상 속에서라면 아브젝트는 나를 침입하고, 나는 아브젝트가 된다. 그러나 승화 과정을 통하면 내가 아브젝트를 보유할 수 있게 된다." 크리스테바, 『공포의 권력』, 35쪽.

20 박주영, 「영원히 지워지지 않는 흔적: 줄리아 크리스테바의 모성적 육체」, 220쪽.

자기 오로지 이 인형극을 보기 위해서 R시로 온 것처럼 생각되었다."[21]

이 인형극에서 재능 있는 시계공인 마리오는 자식이 없는 한 중년 여성을 위해 아네테라는 꼭두각시 인형을 만들어준다. 그리고 아네테가 나중에 진정한 사랑을 할 수 있게 되면 인간으로 변신할 수 있을 것이라고 말한다.

자동인형인 아네테는 어려서부터 다른 평범한 아이들과 구분된다. 그녀의 얼굴에는 표정이 없고, 코로 숨을 쉬지도 않으며, 눈에도 생기가 돌지 않는다. 또한 그녀가 어른인지 아이인지 분간하기도 쉽지 않다. 그녀의 이러한 비인간적인 속성, 즉 기계적인 속성은 그녀가 고속으로 승진하는 데 도움이 된다. "지칠 줄 모르는 신체적 에너지와 감정에 영향을 받지 않는 판단력 덕분에 아네테는 스물다섯 살의 나이로 정유회사 판매부서의 과장으로까지 승진할 수 있었다."[22] 이러한 묘사에서 우선은 자동인형으로서의 아네테가 지닌 비인간적 속성이 강조되며 부정적 측면만이 부각되는 것처럼 보인다.

그런데 흥미롭게도 자동인형인 아네테는 개구리와 친구가 되는데, 이는 언뜻 보기에 서로 대립관계에 있는 것처럼 보이는 기계와 동물이 사실은 내적으로 밀접한 연관성을 지니고 있음을 암시한다. 갑자기 어두워져 비가 내리던 어느 날 개구리 한 마리가 그녀 앞에 나타난다. 개구리는 그녀를 보더니, "나는 인간은 모두 같은 얼굴을 갖고 있다고 생각했는데, 너는 뭔가 규범 바깥에 있는 듯하

---

21 Y. Tawada, "Bilderrätsel ohne Bilder", 39쪽.

22 같은 글, 49쪽.

구나. 네 친구가 되고 싶어"[23]라고 말한다. 이에 "아네테는 난생 처음으로 미소를 지으며 개구리의 손을 잡았다."[24] 나중에 회사 사장이 개구리가 송유관에 알을 낳아 관이 막혔다며 독가스를 살포해 그것을 없애버리겠다고 하자, 아네테는 그것은 좀 잔인하지 않냐면서 자신이 그들과 직접 이야기해보겠다고 말한다. 여기서 자동인형인 아네테가 동물과 소통할 수 있다는 사실이 암시된다.

그렇다면 무생물인 자동인형이 어떻게 생명체인 동물과 서로 소통할 뿐만 아니라 더 나아가 그의 가까운 친구가 될 수 있는 것일까? 여기서 자동인형 아네테와 개구리 사이에 내적인 연관성이 있음을 추론할 수 있다. 우리는 보통 기계라고 하면 일정한 동력을 부여하면 항상 같은 방식으로 작동하는 기계학적 기계를 연상한다. 그러나 그것을 구성하는 요소들의 배치가 달라지면 매번 그에 따라 그것의 본성도 바뀌는 기계론적 기계도 존재한다. 이러한 기계론적 기계는 끊임없이 자신을 새롭게 생산하고 변형시키는 생명체의 속성을 띠고 있다.[25] 이로써 생명체로서의 동물과 자동인형으로서의 기계 사이의 단단한 경계가 허물어지게 된다.

---

23 같은 글, 45쪽.

24 같은 곳.

25 신승철, 『구성주의와 자율성』, 알렙, 2017, 81쪽 참조.
마투라나와 바렐라도 "스스로를 생성하고 조직하는 모든 것이 생물"이라고 말하는데, 그렇다면 일종의 기계론적 기계라고 할 수 있는 "사이버네틱스 기계도 생명체의 범주에 들어오게 된다. […] 하지만 이것이 사이버네틱스 기계와 자연적인 생명체가 곧 동일하다는 의미는 아니며, 양자의 차이를 결코 간과해서는 안 된다. 그러한 차이는 무엇보다 기술기계와 자연생명체가 갖는 물질적 차이에서 비롯"된다. 정항균, 『동물-되기: 비판적 동물학으로서의 인간학과 변신의 문학사』, 세창출판사, 2020, 180쪽.

무엇보다 이러한 자동인형 아네테와 동물인 개구리는 정유회사 사장으로 대변되는 인간과 대척점에 있다. 사업적인 목적과 이윤추구를 위해 가치 없는 생명을 말살해버리는 사장은 인간임에도 불구하고 냉혹한 비인간적 면모를 갖고 있다. 그러나 비인간적인 속성이 부정적인 측면만 갖는 것은 아니다. 특히 이 소설에서 일반적으로 인간의 특징으로 간주되는 합리적 이성이 비판되고 무의식적이고 동물적인 신체가 합리적인 정신보다 우위에 있는 것으로 묘사될 때, '비인간적인 면'의 긍정성이 드러난다. 들뢰즈와 가타리는 합리적으로 사유하는 정신적인 인간이 억압하는 감각적 차원의 중요성을 강조하며, 개념적으로 포착할 수 없는 신체적 차원으로 들어가는 것을 동물-되기[26]라는 말로 부른다. 문학작품에서 자동인형은 정신이 결여된 신체로서 무의식이 작동하는 몸을 가리키는 상징으로 빈번히 사용되곤 한다. 인간의 정신이 잠들어 있을 때 살아 움직이는 인형은 무의식적으로 작동하는 인간의 몸과 연결되는 것이다. 따라서 이러한 자동인형이 동물과 친구라는 사실은 곧 자동인형의 몸이 합리적인 이성의 지배에서 빠져나와 동물적인 강렬한 신체성을 발산하며 동물-되기를 수행할 수 있음을 의미한다.

그런데 아네테라는 자동인형과 개구리는 서술자인 나와 무관하지 않다. 서술자 나는 "어렸을 때 곤충을 공장의 마당에 있는 기계부품만큼이나 좋아했다."[27] '나' 역시 다른 사람들과 달리 기계와 동물에 모두 관심을 지녔으며 그것들을 좋아했던 것이다. 나아가

26 Gilles Deleuze & Félix Guattari, *Tausend Plateaus*, Berlin, 1992, 324쪽 참조.

27 Y. Tawada, "Bilderrätsel ohne Bilder", 29쪽.

'나'는 "로봇처럼 움직였던"[28] 메뚜기의 다리를 뜯어낸 다음 다시 붙이며 기계처럼 조립하곤 한다. 여기서 한편으로 생명체가 기계처럼 묘사되는 것도 눈에 띄지만, 다른 한편으로 서술자가 곤충의 신체를 갈기갈기 찢어내었다가 다시 조립한다는 사실도 눈에 띈다. 이로부터 통일성을 지닌 유기적인 신체에 대한 환상을 파괴하고 신체가 배치관계의 변화를 통해 새롭게 변신할 수 있음을 보여주려는 작가의 의도를 짐작할 수 있다.

그런데 앞의 인용문에 등장하는 "어렸을 때"라는 말이 암시하듯이, 동물과 기계를 좋아하고 그것의 신체를 자유롭게 해체하고 조립하며 변신시키던 서술자 나는 성인이 되면서 아마도 이러한 태도에서 점점 멀어졌을 것으로 추측할 수 있다. 하지만 에바와 만나면서 견고하던 단일한 자아와 유기적인 신체는 다시 흔들리게 되는데, 이러한 신체의 동요와 해체는 특히 작품 마지막에서 잘 나타난다. 서술자 나는 존재하지 않는 한 헌책방에서 에바와 만나기로 약속한다. 이러한 존재하지 않는 헌책방에 '내'가 들어가자 사다리 위에 서 있는 에바가 보인다.

> 에바는 신중히 자신의 머리 위의 허공에 손을 뻗어 책을 꺼내 펼쳤다. 그리고 종이를 뜯어내어 공중에 나부끼게 했다. 종이는 춤을 추듯 아래로 떨어지며 내 주위에서 하얀 종으로 변했고, 내 몸을 스치며 떨어져 바닥에 쌓였다. 그것은 내게 전혀 고통을 불러일으키지 않았지만, 내 피부의 곳곳에 상처를 남겼다. 나는 바닥

---

28 같은 곳.

에 쓰러져 실신했다. 그리고 다시 의식이 돌아왔다. 그런데 찢어진 것은 종이가 아니라 내 자신이었다.[29]

책의 페이지를 뜯은 것이 피부가 찢긴 것으로 전환된 것의 의미는 나중에 다시 살펴보겠지만, 일단은 위의 인용문에서 서술자 나의 몸이 갈기갈기 찢긴 것에 주목할 필요가 있다. 피부는 '나'와 외부세계를 구분하고 경계 짓는 장소다. 따라서 피부가 찢긴 것은 곧 '나'와 외부세계의 경계가 허물어진 것을 뜻한다. 그것은 유기적인 신체의 해체를 의미하는 동시에 '나'라는 통일적인 정체성의 해체를 의미하기도 한다. 그런데 이러한 해체가 조금도 고통을 불러일으키지 않았다는 사실은 여기서 신체의 파괴가 부정적인 의미를 띠기보다는 오히려 긍정적인 의미를 띠고 있음을 보여준다. 왜냐하면 그러한 해체는 새로운 다양한 생성과 변신을 위해 필요한 과정이기 때문이다.

이처럼 서술자 나의 몸이 찢기는 환상에 뒤이어 자동인형 아네테의 몸이 부서지는 장면이 등장한다. 서술자 나는 인형극을 끝까지 보지 않고 극장을 나온다. 왜냐하면 그녀는 인형극이 아네테가 개구리를 도와 인간으로 변신하는 장면으로 끝이 날 것이라고 생각하기 때문이다. 그런데 그녀가 극장 밖으로 나오자 정말로 풀밭에서 개구리들의 행렬이 보인다.

이 개구리들은 모두 부서진 인형의 신체 부위를 한 조각씩 입에

29 같은 글, 53쪽.

> 물고 있었다. 집게손가락, 눈꺼풀, 어금니, 귀, 유두, 톱니바퀴를. 아름다운 아네테는 인간이 되지 못했고 오히려 산산이 부서졌다. 어디선가 재능 있는 시계공이 그것들을 다시 조립하여 새로운 인형을 만들어낼 것이다.[30]

이처럼 자동인형 아네테는 전형적인 메르헨에서처럼 인간으로 변신하는 것이 아니라, 오히려 산산이 조각난 기계론적 기계가 되고 만다. 그녀의 최종 모습은 완벽하게 작동하는 톱니바퀴 같은 기계학적 기계가 아니라, 해체되고 새롭게 조립될 수 있는, 즉 끊임없이 변신할 수 있는 기계론적 기계다.

앞에서 서술자 나가 몸이 갈기갈기 찢기며 실신했다가 다시 의식이 돌아온 것처럼, 자동인형 아네테의 몸도 산산이 부서지지만 언젠가 다시 새롭게 조립되어 변신할 것이 예고된다. 이러한 두 장면이 별다른 설명 없이 나란히 서술될 때, 서술자 나의 몸과 자동인형 아네테의 몸이 서로 겹치며 서술자 나 역시 사실은 일종의 기계가 아닌가 하는 의구심을 갖게 한다. 그런데 이러한 기계로서의 인간은 외적인 동력의 자극을 받아 항상 같은 움직임을 보여주는 기계학적 기계가 아니라, 끊임없이 내적인 배치를 바꾸고 유동적인 모습을 보이며 변신하는 기계론적 기계로 간주할 수 있을 것이다. 여기서 자아의 내적 배치를 바꾸며 끊임없이 새롭게 운동하게 만드는 동력은 바로 무의식이라고 할 수 있다. 이러한 무의식의 동력을 받아 움직이는 신체는 견고한 배치를 통해 항상 동일한 방식으

30 같은 글, 55쪽.

로 작동하는 합리적인 정신을 뒤흔들며 자신의 우위를 입증한다.

몸이라는 책: 신체적 글쓰기와 신체적 독서

앞에서 살펴본 것처럼, 이 소설의 마지막 부분에서 에바가 책에서 종이를 뜯어내 찢을 때 서술자 나의 피부에 상처가 생긴다. 이는 서술자 나의 몸이 곧 책이라는 것을 보여준다. 몸이 책이라는 생각은 이미 서술자가 아동도서전시회를 방문했을 때 떠오른다. "몸을 의미하는 한자는 인간과 책을 지시하는 기호로 이루어져 있다. 이 말은 몸이 마치 인간인 척 행동하는 책이라는 뜻인가?"[31]

그렇다면 몸이 책이라는 말은 무슨 의미인가? 이는 몸에 글씨가 쓰여 있으며 우리가 그러한 글씨를 읽어낼 수 있음을 의미한다. 원시시대의 성인식에서 입문의례에 참가하는 젊은이들은 장작더미 위를 걷거나 쇠꼬챙이로 살을 찌르는 시련을 견뎌내야 했는데, 그 결과 몸에 온갖 상처를 입게 된다. 이러한 상처는 입문의례를 통과한 사람들이 성관계를 맺을 수 있는 자격을 갖춘 동시에 다른 사람들과 마찬가지로 자신의 공동체에 속해 있다는 것을 보여주는 기호로 작용한다. 따라서 여기서 몸에 남겨진 상처와 그 흔적은 일종의 신체문자로 간주될 수 있을 것이다.[32]

그러나 이러한 신체문자가 비단 과거에만 존재한 것은 아니다.

---

31 같은 글, 31-33쪽.

32 피에르 클라스트르, 『국가에 대항하는 사회』, 홍성흡 옮김, 이학사, 2013, 226-233쪽 참조.

다와다 요코는 『변신』에서 "나는 이미 오래전에 글을 쓰는 상태에 있으며 나중에야 알파벳 자모를 놓는다"[33]라는 말을 한 적이 있는데, 이 말은 곧 내가 실제로 글을 쓰기 전에 이미 내 몸에서 글쓰기가 일어나고 있음을 의미한다. 우리가 의도적으로 글을 쓰기 전에, 즉 우리가 명료하게 생각한 것을 글로 적기 오래전에, 사실은 우리 몸에서 우리가 의식하지 못한 것들이 감각적으로 작용하며 무의식적인 신체문자로 나타나는데, 어쩌면 글쓰기란 눈에 보이지 않는 이러한 신체문자를 번역한 것일지도 모른다. 이러한 맥락에서 다와다 요코는 문자 개념을 신체문자로까지 확장하며, 작가의 과제를 이러한 신체문자를 읽어내는 것으로 간주한다.

서술자 나는 아동도서전시회장에서 다양한 흥미로운 책들을 발견한다.

> 향기가 나는 그림책이라고? 나는 멈춰 섰다. 모든 페이지가 비닐로 싸여 있었다. 이 비닐을 열면, 개개의 이야기에 맞는 향이 흘러나온다는 것이다. [⋯] 향기가 나는 책이 있다면, 맛이 나는 책도 있어야 할 것이다. 매 페이지를 혀로 핥아 먹을 수 있는 그림책들이.[34]

향기가 나는 책은 단순히 책의 내용과 의미에만 집중하는 책

---

33 Y. Tawada, *Verwandlungen*, 35쪽(정항균: 「문자의 변신과 제의적 글쓰기」, 99쪽 재인용).

34 Y. Tawada, "Bilderrätsel ohne Bilder", 33쪽.

이 아니다. 오히려 이러한 책은 의미를 넘어서는 감각적 향유를 위한 책이다. 이러한 의미에서 향기가 나는 책은 신체연관적인 책이라고 할 수 있으며, 신체적인 감각을 발달시키는 데 기여할 수 있을 것이다. 나아가 서술자는 혀로 핥아 먹을 수 있는 책의 발명을 요구하기까지 하는데, 여기서 앞에서 언급한 맛보는 혀와 말하는 혀의 기능이 합쳐지며 신체적인 독서가 강조된다. 즉 책을 읽을 때 단순히 책의 의미만 읽는 것이 아니라 책의 물질성, 신체성을 읽어내는 것이 중요하다는 것이다.

앞에서 서술자가 “무언가를 말할 때 사용하는 것과 같은 기관으로 무언가를 먹는다는 것은 이상한 습관이다”[35]라고 말한 것을 인용한 바 있다. 이 인용문에서 언급되듯이, 우리는 가령 혀로 맛을 보지만 동시에 혀를 사용해 말하기도 한다. 미각에 사용되는 혀는 감각적인 쾌락의 중요한 기관으로 간주될 수 있으며, 맛과 관련된 개인의 취향과 판단을 내리는 데 사용된다. 그런데 독일어에서 Geschmack이라는 한 단어로 맛과 아름다움, 즉 味와 美를 모두 가리킬 수 있는 것처럼, 맛보기와 미적 판단은 긴밀히 연결되어 있다.[36] 다와다 요코는 『엑소포니』에서 언어 역시 단순히 의미를 전달하는 수단이 아니라, 감각적 향유의 중요한 수단이라며, 단어에 대한 자신의 개인적 취향과 감각을 발전시키는 것이 필요하다고 말한다.[37] 이러한 의미에서 다와다 요코는 언어의 신체성을 강조하며,

35 같은 글, 13-15쪽.

36 정항균, 「동물이야기. 카프카의 「자칼과 아랍인」에 나타난 동물과 동물-되기 연구」, 『카프카연구』 41집(2019), 26쪽.

37 “문학도 sinnvoll의 언어만 있고 sinnlich의 언어가 없다면 무미건조하다. 주인

추상적인 개념 밑에서 작용하는 감각적인 차원을 언어적으로 포착하려고 시도한다. 그 때문에 맛을 감별하고 맛에 대한 평가를 내리는 혀의 미적味的 판단은 동시에 아름다움에 대한 감각과 취향을 발전시키는 미적美的 판단과 연결될 수 있다.[38] 따라서 혀로 읽어내려가는 독서는 곧 추상적이고 개념적인 언어를 넘어 그것에 공명하는 감각적이고 신체적인 언어를 읽어내는 것을 의미한다.

이러한 맥락에서 책을 혀로 핥으며 읽는 독서를 좀 더 포괄적인 의미에서 이해할 수 있을 것이다. 즉 그것은 감각적·신체적 차원에 주목하는 독서다. 그래서 이러한 독서는 가령 꺼내도 그 안에 그것과 똑같은 형태의 더 작은 인형이 들어 있는 러시아 인형 마트료시카처럼 부문장들로 복잡하게 얽혀 있는 클라이스트의 문장을 보고, 혼외정사를 통해 복잡하게 얽혀 있는 가문의 족보를 읽어내는 식의 독서를 의미할 수 있을 것이다.[39] 즉 그것은 그 문장이 내용적으로 말하려는 것이 아니라, 그 문장의 시각적인 형상성을 통

공이 왜 친척 집에 갔는지에 대해서 설명하는 글은 아무리 줄거리를 알려주고 유의미하다고 해도 말에 쾌락이 없으면 소용이 없다. sinnvoll은 전달이고 sinnlich는 표현이라 말할 수 있을까. 말의 쾌락은 시의 과제지 소설은 필요 없다는 말은 당치도 않다. 소설도 말에 쾌락이 없으면 안 된다." 다와다 요코, 『여행하는 말들』, 223-224쪽.

38 이러한 맥락에서 안네로제 마이어는 이렇게 말한다. "입, 음식 섭취 그리고 미각의 신체적·감각적 경험을 (상호)문화적·지적·미학적 경험의 토대로 활성화했다는 점이 다와다 요코라는 작가의 큰 공적이다." Anne-Rose Meyer, "Zungenspiele und Gaumengenuss: Zeichen, Sprechen, Essen in Werken Yoko Tawadas", *Yoko Tawada. Fremde Wasser*, Ortrud Gutjahr (Hrsg.), Tübingen, 2012, 391쪽.

39 Y. Tawada, *Verwandlungen*, 31-32쪽 참조.

해 물질적·'언어신체Sprachkörper'적으로 표현한 것을 읽어내는 독서를 의미한다.

이 책의 제목인 '그림 없는 그림 수수께끼' 역시 이러한 맥락에서 이해할 수 있다. 서술자는 아직 책을 읽을 수 없는 아이들이 책장을 넘기는 데서 즐거움을 느낀다며 촉각적 독서의 의미에 대해서 이야기한다. "따라서 오로지 책장을 넘기는 것을 목적으로 삼는 그림책들도 존재해야만 할 것이다. 그림 없는 그림책, 이야기 없는 그림책. 책장을 넘기는 것 자체가 이야기가 되는 책 말이다."[40] 여기서 말하는 그림책은 어떤 대상을 시각적으로나 이야기로 재현하는 그림책, 즉 의미에 집중하는 그림책이 아니라, 책장을 넘기는 촉각적 경험에 집중하는 그림책이다.[41] 따라서 이러한 책은 신체적인 감각을 중요하게 여기는 신체적 독서를 요구하며, 나아가 이러한 독서체험은 후에 문자텍스트를 읽을 때도 문자의 물질성, 신체성에 주목할 수 있도록 도와줄 것이다. 그로 인해 독서는 더 이상 기호적인 의미의 해석과 이해에만 집중하지 않게 되며, 오히려 그로 인해 간과된 물질적·신체적인 텍스트의 수수께끼를 알아맞히는 '그림 수수께끼' 풀기로 변한다.

---

40 Y. Tawada, "Bilderrätsel ohne Bilder", 35쪽.

41 헌책방 장면에서 서술자 나가 쓰러진 후 에바가 취하는 행동은 인상적이다. "에바는 다정하게 내 귓불을 물어뜯어 그것을 장식용으로 벽에 걸린 그림액자 속에 걸어놓았다."(같은 글, 55쪽)
여기서 그림액자 속에 대상을 재현하는 그림 대신 신체의 일부가 들어 있다는 사실이 눈에 띈다. 바꿔 말하면, 이것은 우리가 그림 속에서 재현적인 그림 대신 감각적인 신체를 인지해내야 한다는 것을 의미한다.

이름의 언어유희와 마리오네트의 상호텍스트적 글쓰기

다와다 요코는 자신의 여러 책에서 인간의 언어사용을 검열하고 통제하는 의식 속의 언어경찰을 비판하며 언어놀이가 갖는 해방적 성격을 강조한다. 그런데 이러한 언어유희적 성향은 그녀의 초기 작품에서도 어느 정도 나타난다. 특히 「그림 없는 그림 수수께끼」에서는 이름을 가지고 벌이는 언어유희가 두드러진다.

현재의 시간 차원에서 서술자 나는 기차를 타고 R시로 가다가 '마리아네Marianne'라는 여성을 만난다. 서술자에게 유기농 과자를 건넨 마리아네는 또한 일본식 경락마사지라고 할 수 있는 시아추에 관심을 갖고 있기도 하다. 시아추는 근대 서양의 해부학과 다른 신체 관념을 보여준다. 시아추는 동양의학적인 관점에서 인체에 기氣라고 하는 에너지가 흐르고 있는데, 그러한 기의 흐름이 신체의 특정 부위에서 막힐 때 병적인 증상이 나타나는 것으로 간주한다. 따라서 시아추는 이러한 에너지들이 흐르는 라인인 경락에 압력을 가해 그러한 기의 흐름을 원활하게 만듦으로써 건강을 유지하게 만드는 마사지 방법이라고 할 수 있다. 마리아네는 우리가 너무 정신적인 삶에 치중하느라 신체를 등한시한다며 그래서 자신이 시아추를 배우고자 한다고 말한다. "우리는 지나치게 머리에 부담을 주고 있어요. 이 경우 몸이 소홀히 되지요. 나는 몸이 다시 자신의 권리를 얻을 수 있도록 뭔가 하려고 해요."[42] 이처럼 마리아네는 서술자에게 몸의 중요성을 일깨워주는 낯선 타자로 등장한다.

---

42 같은 글, 19쪽.

과거의 시간 차원에서 몸의 중요성이 부각되는 인물은 인형극에 등장하는 '아네테Annette'라는 자동인형이다. "다른 인형들은 모두 실에 매달려 있었지만, 아네테만 밑에서 막대기로 조종되었다."[43] 다른 인형들이 실에 매달린 채 위에서 조종된 반면, 아네테는 아래에서 막대기로 조종된다. 이는 아네테가 위로 상징되는 머리, 즉 정신의 지배를 받는 인형이 아니라, 아래로 상징되는 몸의 지배를 받는 인형임을 암시한다. 따라서 아네테는 무의식적으로 작용하는 몸을 대변하는 인형인 것이다. 나중에 서술자 나의 몸이 찢어지는 장면에 뒤이어 아네테의 몸이 부서질 때, 아네테 역시 마리아네와 마찬가지로 서술자 나의 또 다른 자아가 아닌가 추측하게 한다.

그런데 마리아네와 아네테의 이름을 합치면, Mariannette가 된다. 두 이름이 교묘히 겹쳐지는 것이다. 이 합쳐진 이름은 꼭두각시 인형을 뜻하는 독일어 단어 Marionette를 연상시킨다. 하지만 위의 합쳐진 이름에는 o 대신 a라는 철자가 들어있다. 왜 하필 O라는 철자가 빠져 있으며, 이 철자를 어디에서 발견할 수 있을 것인가? 나중에 상호텍스트성에 관한 부분에서 더 자세히 말하겠지만, 가령 소설 마지막에 나오는 헌책방 장면에서 서술자 나의 눈알이 뽑히는 장면은 호프만의 소설 『모래사나이*Der Sandmann*』(1816)에 등장하는 자동인형 '올림피아Oylimpia'의 눈알이 뽑히는 장면을 연상시키고, 서술자가 실신하며 쓰러지는 장면은 클라이스트의 「O... 후작부인Die Marquise von O...」(1808)에 등장하는 O... 후작 부인의 실신을

43 같은 글, 41쪽.

연상시킨다. 이때 두 인물의 이름 모두에서 O라는 철자가 등장한다는 사실에 주목할 필요가 있다. 나아가 자동인형 올림피아가 정신이 결여된 신체적인 존재라면, 실신했을 때의 O... 후작 부인 역시 정신을 잃은 신체적 존재가 된다. 나중에 정신이 돌아온 후 임신하게 되었을 때, 후작 부인의 머리는 임신 사실을 부인하지만 그녀의 몸은 더 현명하게 임신의 징후를 보여준다. 여기서 정신에 대한 몸의 우월성이 드러나고 있는 것이다.[44]

다와다 요코가 이 소설에서 O라는 철자를 '그림 수수께끼'처럼 감춰놓았다는 추측은 결코 근거 없는 것이 아니다. 왜냐하면 그녀는 자신의 다른 에세이에서 O라는 문자의 신체성이 갖는 의미에 대해 여러 차례 이야기한 바 있기 때문이다. 가령 다와다 요코는 『언어 경찰과 언어놀이사전』에서 클라이스트의 「O... 후작 부인」의 주인공인 후작 부인의 이름과 관련해 다음과 같은 해석을 내놓는다. "왜냐하면 O라는 철자는 내게 후작 부인의 의식이 부재했던 장소나 순간을 구현하는 것처럼 보였기 때문이다. O라는 철자는 부재를 구현하는 숫자 0과 닮았다."[45] 즉 후작 부인의 이름에 들어 있는 O

44 O... 후작 부인이 자신의 감각에 따라 자신의 임신을 추정하는 반면, 그녀의 어머니는 남자와 성관계를 결코 맺은 적이 없다고 주장하는 후작 부인의 의식을 더 신뢰한다. "의식이 이야기하는 바를 받아들일 것을 요구하는 어머니와 의식을 거스르는 감각을 더 신뢰하는 후작 부인의 대립은 곧 정신의 능력과 몸의 능력의 대립을 의미한다고 볼 수 있다. 그리고 결국 이 문제에서 어머니의 주장이 아니라 후작 부인의 주장이 진실로 드러나기 때문에, 이 대립 구도에서 몸의 능력인 감각은 정신의 능력인 의식을 압도하게 된다." 유하은, 「전복의 징후로서의 몸: 클라이스트의 「O...후작 부인」 연구」, 서울대학교 석사학위논문, 2019, 44쪽.

45 Y. Tawada, *Sprachpolizei und Spielpolyglotte*, 89쪽.

라는 철자는 의식이 부재한 상태, 바꿔 말하면 정신에 대해 무의식적인 몸이 승리를 거둔 상태를 나타내는 것으로 해석된다.

그러나 아라비아 숫자 0과도 비교되는 알파벳 O는 단순한 부재의 상태만을 의미하는 것이 아니다. 오히려 그것은 작가 다와다 요코 자신과 연결되면서 창조적인 잉태와 생성의 장소 내지 순간을 의미하는 것으로 해석되기도 한다.[46] 다와다 요코는 자신의 시학강연집 『변신』에서 한 강연에서 어느 청중의 질문을 통해 자신의 이름에도 두 개의 O가 들어있음을 깨닫게 되었다고 말한다. "내가 이 말을 들었을 때, 나는 내 몸에서 문자의 힘을 느꼈다. 내 몸은 O라는 철자로 막 변신하려는 듯했다. 두 개의 터널 입구가 텍스트를 지나 내 몸속으로까지 뚫고들어왔다."[47] 이처럼 O라는 철자는 다와다 요코의 몸에 뚫린 어두컴컴한 터널에 비유된다. 그러한 어두운 구멍은 자궁을 의미하기도 하는데, 따라서 의식이 부재한 이러한 몸이야말로 자궁처럼 어떤 새로운 것을 생성해내는 공간이 될 수 있는 것이다.

O가 이러한 시학적인 창작의 공간과 무관하지 않다는 것은 「그림 없는 그림 수수께끼」에서 '마리아네테'라는 이름의 합성에 빠져 있는 O자가 바로 아네테를 만들어낸 시계공 인형인 '마리오Mario'에

---

46 오르트루트 구트야와의 대담에서 다와다 요코는 「그림 없는 그림 수수께끼」가 실려 있는 『네가 있는 그곳에만 아무것도 없다』라는 작품의 제목과 관련해 다음과 같이 말한 바 있다. "이러한 텅 빔은 결코 부정적인 것이 아니며, 오히려 스스로를 변화시키는 자유를 의미한다. 공간은 열렸고 항상 같은 것이어야만 한다는 강박은 사라졌다." "In meinen Poetikvorlesungen werde ich viel über das Wasser sprechen, und der Tsunami kommt auch vor", 28쪽.

47 Y. Tawada, *Verwandlungen*, 29쪽.

게 들어있다는 사실에서 알 수 있다. 즉 O라는 철자는 아네테라는 인형을 만들어내는 예술가의 이름에 담겨 있는 것이다. 마치 Yoko 라는 이름에 두 개의 O가 들어있는 것처럼 말이다. 이처럼 마리아네, 마리오, 아네테의 이름이 합쳐져 꼭두각시 인형(마리오네트)을 뜻하는 '마리오네테Marionette'[48]가 완성된다. 그런데 이 '마리오네테' 라는 이름은 남성과 여성의 이름이 혼합해 이루어지기 때문에 궁극적으로 그것의 성정체성 역시 명확히 규정될 수 없다. 즉 마리오네트는 이분법적인 성적 정체성을 넘어서 있는 것이다. 이로써 다와다 요코가 남성과 여성의 이분법적인 성정체성의 규정에 거리를 둘 뿐만 아니라, 신체를 직접 성과 연결시키는 것에도 거리를 두고 있음을 알 수 있다.

또 한 가지 흥미로운 점은 아네테라는 인형을 만들어내는 마리오 자신이 인형이라는 사실이다. 그런데 앞에서 말한 것처럼 인형을 정신이 결여된(더 정확히 말하면 정신이 몸의 지배를 받는) 신체적 존재로 간주한다면, 이러한 존재를 만들어내는 예술의 창작원칙 역시 무의식적인 몸이라는 것을 알 수 있다. 그것은 앞에서 무의식적인 아브젝트를 예술로 승화시킬 것을 요구한 크리스테바의 예술관과도 일치한다.

그런데 시계공인 마리오를 인형제작자를 넘어 작가로도 간주할 수 있다면, 그의 (또는 그와 같은 시계제조공의) 작업 방식은 상호텍스트성의 원칙을 따르고 있다. 이러한 상호텍스트성의 원리에 따르면, 하나의 텍스트는 결코 독창적인 작가가 무無에서 만들어낸

48 '마리오네트'를 뜻하는 독일어 단어는 '마리오네테(Marionette)'로 쓴다.

창조물이 아니라, 이미 존재하고 있는 텍스트를 새로운 텍스트의 연결망에 결합시켜 만들어낸 창조물이라고 할 수 있다. 자동인형 아네테의 몸이 산산이 부서진 후 다음과 같은 문장으로 이 소설은 끝이 난다. "어디선가 재능 있는 시계공이 그것들을 다시 조립하여 새로운 인형을 만들어낼 것이다. 마치 한 이야기의 파편으로부터 새로운 이야기가 생겨나듯이."[49] 즉 마리오가 만들어낸 인형은 갈기갈기 찢겨나갔지만, 새로운 인형제작자가 나타나 그것의 파편을 새로운 방식으로 배열하고 조합해 새로운 이야기를 만들어낼 것이라는 것이다. 이러한 사유에 따르면, 어떤 텍스트도 유기적이거나 완결되어 있지 않으며, 미완성적인 텍스트의 성격을 지니는 것으로 간주된다. 그러한 텍스트의 파편이 새로운 배열과 조합을 통해 새로운 텍스트로 창조되는 것이다.

다와다 요코가 이러한 상호텍스트성의 저자로 마리오네트인 마리오를 내세운 것은 결코 우연이 아니다. 마리오는 에테아 호프만의 소설 『호두까기 인형과 생쥐왕*Nussknacker und Mausekönig*』(1816)에 등장하는 드로셀마이어와 유사한 면이 있다. 이 소설에 등장하는 '마리Marie'의 대부인 드로셀마이어는 고등법원 판사지만 시계를 직접 만들 줄도 알고 고치기도 하기 때문에 시계공의 면모도 갖고 있다. 더욱이 그가 마리에게 들려주는 이야기에서는 자신과 이름이 같은 시계공 드로셀마이어가 등장하기도 한다. 그가 마리에게 선물한 미니어처 성에는 여러 인형이 등장하는데 드로셀마이어의 모습을 한 인형도 있다. 즉 인간인 드로셀마이어가 여기서는 인

49 Y. Tawada, "Bilderrätsel ohne Bilder", 55쪽.

형으로 등장하며, 인간의 기계적인 면을 드러낸다. 이처럼 드로셀마이어가 인간이지만 동시에 인형으로 등장한다는 점, 그가 시계공이라는 점 그리고 그가 이야기에 등장하는 인물이지만 동시에 이야기를 들려주는 인물이라는 점에서 다와다 요코의 소설에 등장하는 어느 재능 있는 시계공 및 시계공 마리오와 공통점을 갖고 있다고 할 수 있다. 이는 다와다 요코가 위에서 어느 시계제조공에게 요구한 것처럼 이 소설에서 상호텍스트성에 따라 작업하며 호프만의 소설 『호두까기 인형과 생쥐왕』을 인용하고 있음을 보여준다.[50]

또한 『모래사나이』에서 코폴라가 올림피아의 눈알을 뽑고 스팔란차니 박사가 그것을 나타나엘에게 던지듯이, 「그림 없는 그림 수수께끼」에서도 에바가 서술자 나의 눈을 뽑아 하늘로 던지기도 한다. 나아가 K가 서술자 나의 무관심한 반응에 화가 나서 "네게는 심장이 없어"[51]라고 말한다든지 "내게는 네가 심장이 없는 것처럼 보여. 하지만 그럴 수는 없겠지"[52]라고 말할 때, 이는 『모래사나이』에서 나타나엘이 지나치게 이성적인 인물인 클라라에게 "너는 생명이 없는 저주 받은 자동인형이야"[53]라고 한 말을 연상시키기도

---

50 이러한 해석이 근거가 없지 않다는 것은 무엇보다 다와다 요코가 자신의 박사학위논문에서 『호두까기 인형과 생쥐왕』을 놀이 및 장난감이라는 주제와 관련해 자세히 분석한 바 있다는 사실에서 알 수 있다. 호프만의 『호두까기 인형과 생쥐왕』에 대한 다와다 요코의 분석은 다음을 참조하시오. Y. Tawada, *Spielzeug und Sprachmagie in der europäischen Literatur*, 24-60쪽.

51 Y. Tawada, "Bilderrätsel ohne Bilder", 29쪽.

52 같은 글, 31쪽.

53 E.T.A. Hoffmann, "Der Sandmann", *E.T.A. Hoffmann. Nachtstücke. Seltsame Leiden eines Theaterdirektors*, Berlin & Weimar, 1994, 31쪽.

한다.「그림 없는 그림 수수께끼」의 서술자 나는 아네테와 마찬가지로 우선은 냉정하고 감정이 없는 자동인형으로 비판받지만, 소설 마지막에 서술자와 아네테 모두 갈기갈기 찢긴 자동인형으로 묘사될 때는 오히려 그러한 자동인형이 유기적인 몸의 통일성을 파괴하고 새롭게 변신하며 생성되는 긍정적인 기계론적 기계로 나타나기도 한다. 이처럼 다와다 요코는 소설 곳곳에서 에테아 호프만의 소설을 연상시키는 구절을 숨겨두면서, 이 텍스트가 하나의 이야기의 파편들에서 생겨난 새로운 이야기임을 강조한다.

이 소설의 상호텍스트적인 또 다른 축은 클라이스트다.「그림 없는 그림 수수께끼」에 등장하는 마리오네트에 관한 이야기는 이 소설이 클라이스트의「인형극에 관하여Über das Marionettentheater」(1810)를 선행텍스트로 염두에 두고 있음을 보여준다. 또한 클라이스트는「인형극에 관하여」에서 인형(또는 기계)의 몸과 동물의 몸을 소위 말하는 정상적인 인간의 몸과 대비시키는데, 다와다 요코는 자신의 소설에서 이러한 동물과 자동인형(기계+인형)의 긴밀한 연관성을 더 세세하게 이야기로 풀어낸다. 또 서술자 나가 포도주를 마시고 현기증이 난다든지 작품 마지막에서 피부에 상처를 입고 실신할 때, 이러한 실신 모티브는 클라이스트의 O...후작 부인의 실신을 연상시킨다. 비록 다와다 요코에게서 그것이 강간 같은 파격적인 소재와는 관계가 없을지라도, 이러한 실신 이후 몸의 변화가 생겨나고 정신에 대한 몸의 우위가 나타나기 시작한다는 점에서는 어떤 연관성을 확인할 수 있다. 무엇보다 O라는 철자의 형상성에 대한 관심과 그것에 대한 의미부여의 측면에서 다와다 요코는 클라이스트의 글쓰기를 이어받고 있다고 말할 수 있을 것이다.[54]

이와 같이 다와다 요코는 클라이스트나 호프만의 텍스트를 인용하며 상호텍스트적인 관점에서 자신의 텍스트를 창작한다. 이러한 상호텍스트성은 이야기의 신체를 갈기갈기 찢고 절단한 후 이질적인 요소들을 새롭게 조합하고 배열하는 방식에 기반을 두고 있다. 이를 통해 다와다 요코는 혼종적이고 다성적인 텍스트를 만들어낼 수 있는 것이다.

텍스트 신체

「그림 없는 그림 수수께끼」는 서술자 나가 아동도서전시회를 구경하기 위해 R시로 가는 현재의 장면에서 시작한다. 서술자는 이전에 자신이 책에 엄청난 열정이 있었고 낯선 알파벳 문자들이 상상의 책들에 대한 눈을 열어주어 독일로 오게 되었다고 말한다. 그 후 R시로 기차를 타고 가면서 낯선 사람과 대화하거나 그들을 관찰하는데, 이러한 과정에서 과거가 연상되며 점점 현재의 이야기와 과거의 이야기가 뒤섞인다. 처음에는 현재의 이야기와 과거의 이야기 모두 현실의 이야기로 나타나지만, 현재의 차원에서 R시에서 인형극을 보면서 인형극의 환상적인 이야기가 펼쳐지게 된다. 그리

54 "『성 도밍고 섬에서의 약혼』에는 콩고 호앙고라는 인물이 등장하는데, 그의 이름에서는 『버려진 아이』의 안토니오, 니콜로, 콜리노처럼 O라는 철자가 두 번 반복된다. 「칠레에서의 지진」에서는 제로니모와 돈나 호세페가 그러하다. 클라이스트는 자신의 이야기를 이탈리아어를 사용하는 나라와 스페인어를 사용하는 나라에 위치시켰는데, 이는 이름에 O라는 철자가 두 번 반복해서 나올 수 있도록 하기 위해서였다." Y. Tawada, *Sprachpolizei und Spielpolyglotte*, 89쪽.

고 작품 마지막에 가서는 과거의 차원에서 서술자 나가 실제로 존재하지 않는 헌책방에서 에바를 만나 쓰러지며 피부가 찢기는 환상적 이야기가 나오는가 하면, 뒤이어 현재의 차원에서 서술자 나가 극장을 나온 후 인형극에서 등장했던 개구리들이 실제로 현실에 등장해 자동인형 아네테의 신체를 갈기갈기 뜯어 물고 있는 장면이 나온다. 여기서는 현실이 환상으로 바뀌기보다는 환상이 현실로 침투한 듯한 인상을 준다. 이처럼 이 소설은 과거와 현재의 이야기가 서로 교차하며 등장함으로써 선형적인 이야기 전개를 방해하는데, 이로 인해 소설의 유기적 구조가 깨진다.[55] 나아가 이 소설의 줄거리가 진행될수록 현실과 환상의 경계가 모호해지고 시간적 차원도 서로 뒤섞이면서 텍스트의 혼종성이 점점 강해진다.

이러한 혼종성은 이 소설의 텍스트 신체[56]를 통해서도 잘 드러난다. 이 소설은 앞뒤 구분이 명확하지 않다. 일반적인 의미에서의 앞쪽에서부터는 독일어 텍스트가 시작된다면, 뒤쪽에서는 일본어

55 이러한 의미에서 앞에서 언급한 시계제조공은 똑같은 시간적 간격으로 하나의 방향으로 흘러가는 일반적인 시계가 아니라, 순차적인 시간의 흐름에 종속되지 않은 채, 들뢰즈와 가타리가 말한 "각양각색의 속도를 지닌 시계"(G. Deleuze/F. Guattari, *Tausend Plateaus*, 369쪽)를 만드는 사람으로 간주될 수 있을 것이다.

56 '텍스트 신체'란 텍스트가 가시적인 문자의 특성으로 인해 형상성 내지 물질성을 띠고 있음을 의미한다. 가령 논문에서 제목은 머리 부분에 쓰이고 각주는 다리처럼 아래에 쓰인다. 몸통을 형성하는 본문 역시 문단이나 글자의 여백을 통해 조직되어 있다. 따라서 문자텍스트를 읽고 단순히 거기서 음성만 듣고 내용만 파악하는 것으로는 결코 충분하지 못하며, 이를 넘어서 이러한 문자텍스트가 어떻게 조직되어 있는지 시각적으로 파악하는 것이 중요하다. 왜냐하면 문자텍스트는 또한 그것의 매체적 특성을 이용해서도 또 다른 차원에서 의미를 전달할 수 있기 때문이다. 정항균, 『"typEmotion": 문자학의 정립을 위하여』, 문학동네, 2012, 126쪽 참조.

텍스트가 시작된다. 그러니까 엄밀히 말하면 앞뒤는 어떤 언어 텍스트를 기준으로 삼느냐에 따라 달라진다. 이에 따라 페이지 번호도 가령 「그림 없는 그림 수수께끼」에 등장하는 독일어 원문의 첫 페이지는 9/120으로 표시되어 있는데, 이는 앞에서부터 보면 9페이지지만, 뒤쪽에서 시작한 페이지부터 번호를 매기면 120페이지가 된다는 것을 의미한다. 「그림 없는 그림 수수께끼」가 수록되어 있는 『네가 있는 그곳에만 아무것도 없다』라는 책의 구성은 더욱 복잡하지만, 「그림 없는 그림 수수께끼」에만 국한하면 왼쪽 페이지에는 일본어, 오른쪽 페이지에는 독일어가 쓰여 있다. 그러니까 엄밀히 말하면, 독일어만 구사할 수 있는 독자에게 이 소설은 그들이 읽을 수 없는 이물질 같은 낯선 텍스트를 포함하고 있는 것이며 그러한 낯섦은 읽을 수 없는 낯선 문자를 통해 전달된다.

또한 설령 일본어와 독일어를 모두 구사하는 독자일지라도, 번역본인 독일어 텍스트의 시작 부분에 이미 일본어 원문의 결말이 나란히 쓰임으로써 결말의 관점에서 소설의 도입부를 읽게 되는 혼란을 겪게 된다. 나아가 이러한 텍스트 신체의 혼종성은 『네가 있는 그곳에만 아무것도 없다』에 군데군데 들어가 있는 분홍색 페이지에 의해 더욱 강화된다. 분홍색 페이지는 페이지 번호가 시작되기 전부터 시작되며, 즉 0페이지부터 시작되며 그 후에 가령 「그림 없는 그림 수수께끼」 내에 (32/97페이지와 33/96페이지 사이에) 한 번 등장할 때도 페이지 번호가 매겨지지 않는다. 이후에도 분홍색 페이지는 모음집에 가끔 등장하며 자신만의 이야기를 전개한다. 시각적으로 확연히 구분되는 이 부분에서 전개되는 또 다른 이야기가 다른 작품들과 맺고 있는 연관성을 여기서 다룰 수는 없겠지만,

텍스트 신체라는 관점에서 보면 그것이 「그림 없는 그림 수수께끼」라는 텍스트의 신체를 절단 내고 갈기갈기 찢고 있음을 알 수 있다. 이처럼 「그림 없는 그림 수수께끼」의 중간에 삽입된 분홍색 페이지는 일종의 사잇공간을 상징하고, 더욱이 페이지 번호가 매겨지지 않아 0페이지로 간주될 수도 있는데, 이는 그것이 앞에서 O라는 철자의 의미에 대해 살펴본 것처럼 새로운 창조와 생성을 위한 공간의 의미를 지니고 있음을 보여준다.[57] 이처럼 다와다 요코는 텍스트의 내용과 의미에만 몰두하는 것이 아니라, 텍스트 신체의 물질적 구성에도 신경을 쓰며 이를 통해 또 다른 차원에서 비유기적인 신체의 특성을 성찰하게 한다. 아울러 그러한 시도는 고유한 신체성을 지닌 문자텍스트의 매체적 특성에도 주목하게 만든다.

몸의 시학을 위하여

이전에는 메스를 든 외과 의사가 가장 인기 있는 의사이자 전형적인 의사로 간주되었다면, 지금은 성형외과 의사나 정신과 의사가 인기가 높다. 이러한 변화는 결코 우연한 것이 아니며, 이로부터 몸

57 페이지 번호가 매겨진 후 처음으로 나온 분홍색 페이지에서 독일어 텍스트가 위쪽에 실려 있다면, 두 번째 나온 분홍색 페이지에는 독일어 텍스트가 아래쪽에 실린다. 이러한 변화를 통해 텍스트의 위쪽이나 아래쪽에 생긴 여백이 더욱 부각된다. 이는 다와다 요코가 글자가 쓰인 텍스트 외에도 이러한 여백에 특별한 의미를 부여했음을 의미한다. 더욱이 외관상 「그림 없는 그림 수수께끼」와 무관한 듯한 분홍색 페이지의 텍스트가 이 소설과 연결되어 새로운 해석의 관점을 열어줄 수 있을 때, 분홍색 페이지는 생성적이고 창조적인 사잇공간으로 기능하게 된다.

에 대한 인식의 변화 양상을 추론해낼 수 있다. 외과 의사가 인간의 몸을 들여다보고 그것을 조직적으로 구분하는 해부학적 시선에 기초한 근대적인 의사의 전형을 나타낸다면, 이러한 명료한 시선과 분류의 이상은 시뮬라크르의 시대인 현대에는 더는 유효하지 않다. 신체의 내부를 들여다보며 본질을 인식할 수 있다는 생각이 점점 통용되지 않음으로써 인간의 시선은 표층만을 볼 수 있을 뿐이라는 관점과 신체 내부의 어둠에 주목하는 관점이 생겨난다. 전자의 관점이 성형외과 의사와 연결된다면, 후자의 관점은 정신과 의사와 연결된다.

다와다 요코의 소설에서는 헬스를 하거나 성형을 하면서 자신의 외모를 가꾸는 인물들이 빈번히 등장하곤 한다. 이러한 외모지상주의는 특히 대중매체를 통해 더욱 강화되며 많은 사람에게 보편적인 사고로 자리 잡는다. 하지만 다와다 요코는 이러한 매끄럽고 보기 좋은 몸의 표면에 숨겨진 어두운 검은 지점들에 주목하며 이성적인 인간의 시각으로 완전히 밝혀낼 수 없는 무의식적인 몸을 탐구한다. 오늘날 많은 현대인이 정신병에 시달리며 고통을 받고 있는데, 이러한 병은 합리성과 유용성의 요구에 따라 몸의 요구를 억압한 삶의 태도에 기인한다.

다와다 요코는 신체의 목소리를 듣지 않는 현대인의 삶과 사회적 풍토를 비판하며 자신의 소설에서 몸 담론을 전개해나간다. 그녀는 「그림 없는 그림 수수께끼」에서 특히 마리오네트 모티브를 도입하면서 정신에 대한 몸의 우위를 보여주고 유기적인 신체에 대한 환상을 파괴한다. 또한 그녀는 이러한 몸 담론을 자신의 글쓰기에 대한 성찰로 발전시켜나가며, 일종의 몸의 시학을 펼쳐나간다. 통일적인 정체성을 지닌 자아에 의해 더럽고 혐오스러운 것으로 간주된 아브젝트는 비체卑體/非體[58]로 간주되며 자신의 몸 밖으로 내던져지지만, 그것은 결코 완전히 사라지지 않으며 흔적으로 남아 갑자기 한순간 유기적이고 정결한 몸을 덮쳐 그것의 통일성을 뒤흔든다. 다와다 요코는 그러한 아브젝트를 배제하기보다는 오히려 승화시켜 자신의 시학원칙으로 삼는다. 즉 그녀는 의식적인 자아에 선행하는 이질적이고 무의식적인 몸의 목소리를 들으며 그것을 자신의 텍스트로 번역하는 몸의 시학을 추구한다.

58 박주영은 천하고 더러운 아브젝트의 속성에 따라 아브젝트를 한국어로 '비체(卑體)'로 번역할 수 있다고 말한다(박주영, 「영원히 지워지지 않는 흔적: 줄리아 크리스테바의 모성적 육체」, 207쪽). 하지만 아브젝트는 주체의 신체로 인정되지 않고 그것으로부터 배제된다는 점에서 '비체(非體)'로 번역될 수도 있을 것이다.

2 얼굴 읽기와 얼굴 쓰기

「손님」

얼굴 읽기의 다양한 시도와 다와다 요코의 얼굴 정의

얼굴에 대한 본격적인 성찰은 18세기 후반 관상학의 창시자인 스위스의 요한 카스파 라바터에게서 시작된다. 라비터는 『인간에 대한 지식과 인간애를 증진하기 위한 관상학적인 단장*Physiognomische Fragmente zur Beförderung der Menschenkenntnis und Menschenliebe*』(1775~1778)에서 인간의 얼굴과 신체를 유형화하고 그로부터 한 인간의 특성을 끌어낸다. 이처럼 얼굴에 특별한 의미를 부여하고 외적인 특성에서 그러한 외모의 소유자의 내적 특성을 도출해내려는 학문적 시도는 한편으로 신체에서 얼굴이 갖는 독특한 지위에 주목한다는 점에서 의미가 있으면서도, 다른 한편 과연 그러한 해석이 학문적인 객관성을 담보할 수 있을지에 대한 의구심을 불러일으키기도 한다.

철학자인 레비나스 역시 단순히 보이는 대상이 아니라 자신을 표현하는 얼굴이 갖는 독특한 지위를 강조한다. "얼굴은 사물과 근본적으로 구별되는 특징이 있다. 사물은 전체의 한 부분으로, 또는 전체 속의 한 기능으로 의미가 있지만 얼굴은 이렇게 규정될 수 있는 것이 아니다. […] 책상은 바라보지도 않고 호소하지도 않고 스스로 표현하지 않는다. 하지만 얼굴은 바라보고 호소하며 스스로를 표현한다. 얼굴과의 만남은 사물과는 전혀 다른 차원을 우리에게 열어준다."[1] 또한 레비나스는 라바터처럼 얼굴을 윤리적인 차원에서 바라보기도 한다. 그러나 라바터가 얼굴이라는 외적 특성이 그러한 얼굴을 지닌 사람의 내면과 그의 윤리적인 모습까지 보여줄 수 있다는 입장을 피력한 반면, 레비나스는 불행한 모습을 하고 있는 타인의 얼굴에서 그를 돕고 정의를 행할 것을 명령하는 한층 더 높은 심급으로서의 타자의 윤리적 요청을 발견한다.[2] 즉 얼굴에서 드러나는 것은 그 얼굴의 소유자인 자아의 도덕적 품성이 아니라 그 얼굴을 빌려 드러나는 타자의 윤리적 요구인 것이다.

현대 독일작가인 보토 슈트라우스 역시 인간의 신체에서 얼굴이 지닌 특별한 의미를 강조한다. 비록 슈트라우스가 라바터와 달리 인간의 얼굴을 유형화하며 그로부터 인간의 내적 본성을 알아낼 수 있다는 학문적 태도에 비판적 거리를 둘지라도, 가면이나 베일을 쓰지 않는 한 적나라하게 드러나는 유일한 신체 부분인 얼굴은 그에게 한 인간의 전부를 보여줄 수 있는 특별한 신체 부위로 강조된다. 하지만 이때 얼굴은 자신을 명확히 드러내기보다는 꿈과 같은 형태로 모호하게 나타난다. "따라서 우리가 상징적인 구조에 대한 지식 없이는 꿈의 진정한 의미를 거의 해명할 수 없듯이, 얼굴을 명확히 파악하고 해석하지는 못하지만, 얼굴에서 그 사람의 전

---

1 강영안, 「레비나스의 철학」, 엠마누엘 레비나스, 『시간과 타자』, 강영안 옮김, 문예출판사, 2012, 135쪽.

2 정항균, 『아비뇽의 여인들 또는 폭력의 두 얼굴』, 서울대학교출판문화원, 2017, 385-386쪽 참조.

체를 숨김없이 발견한다고 믿으며 그것을 가장 감각적인 형태로 체험한다. 따라서 영혼의 창이라고 할 수 있는 얼굴은 항상 수수께끼 같은 환영들의 베일이기도 하다."[3]

슈트라우스는 현대의 대중이 대중매체의 지배를 받아 같은 취향과 판단을 지니고 있으며 서로 구분될 수 없다고 비판한다. 거리를 바쁘게 지나가는 행인들로 표현된 대중은 낯선 얼굴을 지닌 것으로 묘사되며, 그들의 얼굴은 마모되어 해독될 수 없는 것으로 간주된다.[4] 이는 하이데거가 『존재와 시간 *Sein und Zeit*』에서 비본래적인 삶을 살아가는 평준화된 대중을 비판하는 것과 일맥상통한다.[5] 따라서 인간의 마모된 얼굴, 서로 구별되지 않는 균질적인 얼굴에 대한 책임은 현대의 대중매체와 대중사회에 있다.

그런데 앞에서 살펴본 라바터와 레비나스 그리고 슈트라우스의 얼굴에 대한 입장이나 관점이 서로 다를지라도 이들에게는 한 가지 공통점이 있다. 그것은 바로 그들이 모두 인간의 얼굴에서 출발하고 있다는 점이다. 즉 그들은 인간의 내면 또는 타자의 윤리적 요청을 표현하는 인간의 얼굴만을 성찰의 대상으로 삼고 있다. 이러한 태도에는 인간의 얼굴만이 윤리적인 측면을 지니며, 그것이 단순한 대상이 아니라 자기를 표현할 수 있는 능력을 갖고 있다는 생각이 전제되어 있다.

다와다 요코의 얼굴에 대한 성찰은 바로 이러한 인간중심적

3 Botho Strauß, *Paare, Passanten*, München, 2000, 66쪽.

4 같은 책, 65쪽 참조.

5 Martin Heidegger, *Sein und Zeit*, Tübingen, 2006, 126-127쪽 참조.

인 생각에 대한 비판에서 출발한다. 그녀는 『변신』에서 얼굴에 대한 사전적 정의가 인간의 얼굴만을 대상으로 하고 있음에 주목한다. ""얼굴"이라는 단어는 사전적 정의에 따르면 "턱에서 머리카락이 시작되는 부분에 이르는, 눈, 코, 입을 지닌 인간 머리의 전면"을 의미한다."[6] 하지만 그녀는 물고기는 인간처럼 얼굴은 갖고 있지만 전면이 없다는 점을 지적한다. 또한 그녀는 벤야민을 인용하며 "여기서 결코 수집가의 얼굴이 자신의 열정을 표현하는 것이 아니라, 정반대로 열정이 수집가에게서 자신의 얼굴을 드러내며, 이때 인간의 신체가 열정이 가시화될 수 있는 매체로 기능한다"[7]고 주장한다. 그녀는 벤야민이 어떤 대상이나 건축물 또는 도시나 꿈의 이미지 역시 얼굴을 지닐 수 있다고 생각하고, 그것을 텍스트로 간주하며 다층적으로 읽어낸다고 말한다.[8]

다와다 요코는 벤야민의 생각을 발전시켜 인간중심적인 얼굴 정의를 비판하며 얼굴에 대한 새로운 정의를 시도한다. 이에 따르면, "얼굴은 가시적이 된 어떤 것"[9]이다. 그러한 정의에서는 인간만이 얼굴을 갖는 것이 아니며, 심지어 사물조차 얼굴을 가질 수 있다. 가령 바람도 얼굴을 지닌다. "물이 웃을 때 생기는 주름을 보여주거나 얼굴을 찡그릴 때면, 나는 바람의 얼굴을 본다."[10] 이에 따라 인간이나 동물의 얼굴 외에 사물이나 도시도 얼굴을 지닐 수 있게

6 Y. Tawada, *Verwandlungen*, 41쪽.
7 같은 책, 42쪽.
8 같은 책, 43쪽 참조.
9 같은 책, 42쪽.
10 같은 책, 47쪽.

된다.

얼굴은 도처에 있지만 그것을 알아내기 힘든 경우도 많다. 그것은 어떤 흔적으로 존재하기 때문이다. 이러한 흔적으로서의 얼굴은 해석을 요구한다. 이때 얼굴은 일종의 텍스트가 된다. 그런데 가령 어떤 사물의 얼굴은 그 자체로 결정되기보다는 다른 사물과의 관계, 즉 배치를 통해 결정되며 이에 따라 끊임없이 그 의미의 변화를 겪는다. 따라서 텍스트로서의 얼굴을 읽을 때는 흔적뿐만 아니라 사물의 배치에도 주목해야 한다. 이 장에서는 흔적과 배치라는 키워드를 중심으로 다와다 요코의 소설 「손님」에 나타난 다양한 얼굴들을 읽어내고 그러한 얼굴 읽기가 지닌 의미를 밝히려고 시도할 것이다. 그러나 이 소설에서 얼굴 읽기만 시도되고 있는 것은 아니다. 작가는 단일한 자아정체성에 대한 의문을 제기하고 서술자 나를 통해 자아의 변신 가능성을 제시하며, '나'의 얼굴을 끊임없이 (바꿔)쓰기도 한다. 이러한 얼굴의 다원적인 해석 가능성과 무한한 바꿔 쓰기는 데리다나 들뢰즈와 가타리로 대표되는 포스트구조주의 사상과 맞닿아 있다. 따라서 이 장에서는 이러한 얼굴 읽기와 얼굴 쓰기를 중심으로 「손님」에 나타나는 포스트구조주의적인 측면을 보여주고자 한다.

얼굴 읽기

허구적인 민족학자로서의 작가

「손님」의 서술자는 일본인 여성으로 작가 다와다 요코를 연상시킨다. 그런데 흥미롭게도 이 여성은 자신을 소설가로 인식하지 않는다. 타자기가 없는 그녀는 이웃집 여성 마르티나에게 타자기를 빌리곤 하는데, 어느 날 마르티나가 타자기를 가져가 소설을 쓰라고 하자 그녀는 화를 내며 자신은 소설을 쓰지 않는다고 말한다.

그렇다면 그녀는 자기 자신과 자신의 글쓰기를 어떻게 인식하고 있는가? 그녀는 일본 여성잡지에 짧은 기고문을 쓰는데, 한 번은 독일에서의 축제에 관한 글을 써달라는 부탁을 받는다. 그녀는 자신은 '민족학자Ethnologe'[11]가 아니라며 거절하지만 경제적인 이유에서 그 일을 떠맡는다. 그러나 점차 그녀의 이러한 자기인식과 달리 그녀의 민족학자적 면모가 드러난다. 그녀가 로자라는 여성의 새 집을 방문했을 때 갖는 생각에서 이것이 잘 드러난다. "내가 민족학자처럼 관찰할 수 있는 사물에만 관심을 가질 수 있었다는 사실에는 비인간적인 측면이 담겨 있었다."[12]

특히 작품 마지막에 이르러 서술자가 자신의 타자기를 사서 새롭게 글쓰기를 시작할 때 그녀는 '민족학Ethnologie'이라는 말이 마음에 든다며 이렇게 말한다.

---

11 오제의 『비장소』를 번역한 이상길과 이윤영은 오제에 따라 민족학과 인류학을 다음과 같이 구분한다. "오제에 따르면 민족학은 지역적인 것에 기반을 두고 특정 사회체계를 최대한 상세하게 기술하는 민족지들을 구축하는 작업이라면, 인류학은 구체적인 민족지들을 연결하면서 일반성을 구성하고 거대한 인간학적 매개변수들에 관한 성찰을 심화시키는 작업이다."(마르크 오제, 『비장소』, 이상길·이윤영 옮김, 아카넷, 2017, 15쪽) 또한 이들은 근대의 민족국가가 성립되기 이전의 사회까지 Ethnologie의 대상이 되기 때문에 '종족학'이 '민족학'보다 더 적절한 번역어일 수 있지만, 인류학계의 정착된 용어를 존중해 그것을 민족학으로 번역하겠다고 말한다.(같은 곳 참조) 이 책에서도 이러한 입장에 따라 'Ethnologie'와 'Ethnologe'를 각각 '민족학'과 '민족학자'로 번역했다.

12 Y. Tawada, *Wo Europa anfängt & Ein Gast*, Tübingen, 2014, 130쪽.

> 내가 연애소설이나 모험소설에 아무런 관심이 없다는 사실에 더는 놀라지 않았다. 그 대신 나는 이 도시의 거주민에 관한 짧은 보고서를 쓰고자 했다.[13]

민족학에 대한 서술자의 이러한 인식은 마르크 오제가 『비장소*Non-Lieux*』(1992)에서 보여준, 민족학에 대한 변화된 인식을 반영한다. 흔히 민족학의 상위 개념인 인류학은 유럽인의 시각에서 멀리 떨어진 아프리카나 아시아처럼 원시적인 잔재가 남아 있거나 이국적인 곳의 삶과 문화를 연구하는 학문으로 간주되곤 했다. 이러한 민족학적 시선은 유럽과 다른 지역을 자아와 타자로 명확히 구분하며, 유럽중심적인 시선에서 이국적인 타자를 규정한다. 「손님」에 등장하는 독일인 의사도 일본인 여성인 서술자 나를 푸치니 오페라의 '나비부인'의 상에 맞춰 규정하려 한다. "다와다의 비판은 자신의 지각에 담긴 선입견이나 자신의 서술이 지닌 의도성에 대해 성찰하지 않은 채, 이방적인 것을 현실 그대로 재현할 수 있다고 주장하는 민속학에 향한다."[14] 즉 다와다 요코는 전통적인 유럽의 인류학이 타자를 대상화하고 그에 대한 자신의 선입견에 따라 고정된 이미지를 반복해서 생산해냈음을 비판한다. 그러면서 그녀는 이제 서술자로 하여금 유럽에 대한 민족지를 서술하게 함으로써 유럽인의 삶과 사고를 살펴볼 뿐만 아니라 그들을 바라보는 민

---

13 같은 책, 151쪽.

14 Sabine Fischer, "Durch die japanische Brille gesehen. Die fiktive Ehtnologie der Yoko Tawada", *Gegenwartsliteratur: ein germanistisches Jahrbuch*, Vol. 2 (2003), 64쪽.

족학자로서의 자신의 지각과 서술 자체에 대한 성찰을 시도한다.

오제는 '먼 곳'의 인류학이었던 기존의 인류학과 달리 "가까운 곳의 인류학"[15]도 존재한다며, 유럽인의 관점에서 인류학이 아프리카나 아시아뿐만 아니라 동시대의 유럽도 연구대상으로 다룰 수 있음을 강조한다. 그는 인류학을 이렇게 정의한다. "인류학은 항상 지금, 이곳의 인류학이었다. 실천적인 민족학자는 항상 어떤 장소(그가 현재 위치한 이곳)에서 그가 이 순간 보고 듣는 것을 묘사한다."[16]

다와다 요코의 소설에서도 동시대 유럽사회의 삶과 언어에 대한 관찰과 묘사가 중심에 놓인다. 그런 점에서 그것은 전통적인 민족학과 구분된다. 하지만 유럽사회는 또한 내부인으로서의 유럽인이 아닌 이방인의 관점에서 바라본 유럽이라는 점에서 특별하다. 「손님」의 서술자는 이러한 이방인의 시점에서 유럽인의 이성중심적 사고의 기저에 깔려 있는 이면들에 주목하게 하는 동시에 유럽인의 아시아인에 대한 선입견을 폭로한다.

전통적인 인류학은 기본적으로 얼굴의 구분에 기초한다. 즉 피부색의 차이에 따라 나와 이방인의 얼굴을 구분하는 시각적인 접근법이 인류학적 방법론의 기저를 이루었던 것이다. 다와다 요코는 이러한 시각적인 인류학적 방법론에 내재된 허구적인 특성을 지적하며 그것을 문제시한다. 다와다 요코처럼 이방인으로서 타 문화권에서 살게 될 때, 서로 다른 두 가지 시점이 충돌하게 된다. 이러한

15 Marc Augé, *Nicht-Orte*, München, 2014, 21쪽.

16 같은 책, 19쪽.

충돌은 지금까지 문제 삼지 않아왔던 자신의 시점과 그것의 정당성을 비판적으로 성찰하게 만든다. 다와다 요코가 추구하는 민족학의 목적은 고유한 것과 이방적인 것의 이분법을 뒤흔듦으로써, 궁극적으로 자아 속에 들어 있는 타자에 주목하게 하는 것이다.[17] 이 경우 이러한 민족학의 대상 자체가 사실은 관찰자의 욕망과 공포가 반영되는 허구적 성격을 띨 뿐만 아니라, 그러한 대상을 관찰하는 관찰자 (또는 그의 시점) 역시 허구적인 것으로 밝혀진다.

하지만 반대로 민족학자가 자신이 지닌 관점의 허구성을 인식하고 의도적으로 그러한 관점을 사용하여 민족학을 수행할 때, 그러한 허구적 민족학은 기존의 민족학보다 더 많은 것을 밝혀낼 수 있다. 가령 다와다 요코의 작품들에서 서술자는 유럽을 관찰할 때 '일본인 여성의 안경'을 끼지만, 그녀는 그러한 안경이 허구에 불과하다는 것을 알고 있다. 하지만 그러한 안경을 통해 두 가지 상이한 세계의 시점을 충돌시키며 이전에 알지 못한 새로운 것을 볼 수 있기 때문에, 그러한 안경 사용이 지닌 생산적·창조적 측면을 인정한다. 심지어 이러한 허구적 안경의 숫자는 서술자가 지닌 정체성의 분화와 증식을 통해 무한히 늘어날 수 있다.

> 상상해낸 민족을 묘사하려 할 때 더 많은 것을 알게 된다. 그들의 삶이 어떻게 보일까? 그들의 언어는 어떻게 기능할까? 마찬가지

---

17 유사한 맥락에서 만프레트 바인베르크는 다와다 요코의 『목욕탕』을 분석하면서 다음과 같이 썼다. "게다가 상이한 민족에 소속된 사람들 간의 문화적 차이는 서술자의 진술에서 시간화된 개인의 내적인 차이가 되며 이로써 그 차이는 상대화된다." M. Weinberg, "Von Spiegeln, Fotos und Worten", 228쪽.

로 흥미로운 것은 상상해낸 허구적인 문화권에서 온 관찰자 역할을 수행하는 것이다. 그가 '우리의' 세계를 어떻게 묘사할 것인가? 이것은 묘사된 것이 아닌 묘사하는 사람이 허구적이 되는 허구적 민족학의 시도다.[18]

"내국인도 이방인도 이전에는 자신의 지식에 의문을 갖지 않았다. 양측 모두 세계를 바라보는 자신의 시각은 지금까지 유일하게 존재하는 시각이었고, 그래서 다른 문화권의 사람들이 자기 자신처럼 상징을 인지하고 해석하는 것은 그들에게는 당연한 것이었다. 따라서 두 상이한 시점의 충돌은 양측에서 이러한 자신감을 심각하게 뒤흔들어놓을 수 있다. 다와다는 두 세계의 이러한 충돌을 반복해서 연출하며 그러한 충돌이 지닌 지각을 뒤흔들어놓는 잠재력을 표현한다."[19]

오제는 동시대 세계에 대해 증언하는 민족학자가 '타자'의 문제를 다룬다고 말한다. 이러한 타자는 '우리 서양인'과 구분되는 이국적 타자, 타자인 '그들'과의 관계에서 정의된 동질적 정체성을 지닌 민족으로서의 타자, 동일한 사회 내부의 타자, 개인을 형성하는 내부적 타자로 분류된다.[20] 다와다 요코의 관심은 이러한 네 가지 유형의 타자들을 다 건드리며, 유럽 대 이국적인 비유럽, 고유한 것 대 이방적인 것의 이분법에서 출발하되 그러한 이분법적 경계를 넘

18 Y. Tawada, *Talisman*, 25쪽.

19 S. Fischer, "Durch die japanische Brille gesehen", 72쪽.

20 M. Augé, *Nicht-Orte*, 28-29쪽 참조.

어서서, 궁극적으로 개인으로서의 자아 속에 들어 있는 내부적 타자에 주목하게 하는 데 있다. 다와다 요코의 허구적인 민족학에서는 관찰자인 자아와 관찰 대상인 종족, 즉 타자 사이의 경계가 분명하지 않다. 일본에서 태어났지만 독일에서 살고 있는 「손님」의 서술자 역시 자신에게 일본인 여성이라는 정체성만 부여하지는 않는다. 또한 이 서술자는 자아와 타자를 엄격히 구분하고 한 민족의 삶과 문화에 동질성을 부여하며 민족적 정체성을 만들어내려 하기보다는 오히려 그러한 것들을 새로운 시각에서 바라보며 문화적인 혼종성을 인식할 수 있도록 만든다. 나아가 그녀는 타자에 대한 민족지를 쓰는 자기 자신을 분석대상으로 삼으며 텍스트의 자기준거성을 드러낸다는 점에서 포스트모던 인류학[21]과 맞닿아 있기도 하다.

이러한 맥락에서 이 소설의 제목인 '손님'에 대해서 생각해볼 수 있을 것이다. 왜냐하면 여기서 손님은 서술자의 집에 초대된, 나와 구분되는 이방인, 즉 타인으로서의 손님뿐만 아니라, 어쩌면 서술자의 내면(또는 신체)에 숨겨진 또 다른 자아로서의 타자인 손님을 의미할 수도 있기 때문이다.[22] 이 작품에 직접 모습을 드러내지는 않지만 카세트테이프 속 목소리로 등장하는 여성 같은 비현실적인 인물을 (나의 또 다른 자아인) 타자로서의 손님으로 간주할 수

---

21 이에 대한 자세한 설명은 다음을 참조하시오. 같은 책, 43-46쪽.

22 데리다는 이방인과 (절대적) 타자를 '명명 가능성' 여부에 따라 서로 구분한다. 즉 이방인이 이름을 지닌 존재라면, 절대적 타자는 이름을 부여받지 못할 수도 있는 존재다. 자크 데리다, 『환대에 대하여』, 남수인 옮김, 동문선, 2004, 70쪽 참조.

있다면,[23] 서술자는 자신과 다른 문화권의 이방인을 '관찰'하고 기술하는 자아의 학문적인 민족학적 보고서를 쓰는 것이 아니라, 꿈에서처럼 현실과 환상을 오가고 타자를 자아의 신체 속으로 '집어삼킴으로써' 스스로 낯선 존재로 변해버리는 변신의 허구적인 민족학적 보고서를 쓰고 있는 것이다.[24] 바로 이러한 자아 속의 타자성에 대한 성찰을 통해 서술자는 독자에게 개인적 정체성과 긴밀히 얽혀 있는 집단적 정체성의 문제를 비판적으로 성찰하게 하며 민족학에 대한 완전히 새로운 시선을 열어줄 수 있다. 또한 이를 통해 타자(의 얼굴)를 거리를 두고 '관찰'하며 파악하는 대신, 자아 속에서 타자의 목소리를 느끼며 그러한 '목소리의 얼굴'을 서술할 수 있게 된다.

---

23 베아테 라우덴베르크는 초대받아 일시적으로 머무는 손님이 환대받는 손님이라면, 머무르는 손님은 'Gastarbeiter'처럼 적대감의 대상이 될 수도 있다고 말한다. 이 소설에서 서술자가 독일의 관습에 따라 마음에 내키지 않으면서도 친구들을 초대할 때, 이러한 손님들이 잠깐 머물렀다가 사라질 손님들이라면, 카세트테이프 속 목소리의 주인공은 그녀의 마음속에 타자로서 지속적으로 머무르는 초대받지 않은 손님이다. 하지만 오히려 서술자에게는 그 초대받지 않은 채 머무르는 목소리가 진정한 손님의 지위를 부여받는다. Beate Laudenberg, "Aspekte der deutschsprachigen Migrantenliteratur, dargestellt an Yoko Tawadas Roman "Ein Gast"", *Literatur im interkulturellen Dialog*, Manfred Durzak (Hrsg.), Bern u.a., 2000, 130쪽과 135쪽 참조.

24 다와다 요코는 유럽을 관찰하는, 거리를 둔 시선이 유럽에 대한 관찰자 자신의 환상을 재생산할 뿐이라는 점을 인식하며 비판한다. 이에 대한 대안으로 그녀는 직접 혀로 유럽을 맛보고 말하면서 관찰자와 대상 사이의 거리를 극복할 것을 제안한다. 이처럼 낯선 이방적인 것을 자신의 몸속에 끌어들임으로써 그 자신의 사고와 신체 자체가 낯선 것으로 변하게 되는데, 바로 이러한 혼종적 정체성이 소위 말하는 '본래적인' 정체성을 대신해야 할 뿐만 아니라 실제로도 그것에 우선해 있다는 것이다. S. Fischer, 같은 글, 78-79쪽 참조.

다와다 요코는 『변신』에서 얼굴을 바꿔 써나가는 변신이 허구인 것이 아니라, 개념적인 명료성을 추구하는 학문과 정의定義가 허구라고 말한다.[25] 우리는 우리 자신의 얼굴을 결코 볼 수 없다. 기껏해야 거울에 비친 자신의 모습만을 볼 수 있을 뿐이다. 반대로 우리는 자신의 얼굴에서 낯선 타자를 볼 수 있다. 다와다 요코는 얼굴을 뜻하는 독일어 단어 'Gesicht'를 ich라는 동사의 현재완료형 'gesicht'로 파악하며, '나'는 자신의 얼굴을 아직 보지도 못했고 또한 끝까지 쓰지도 못했다고 말한다.[26] 그러한 한계를 인식하고 자신의 얼굴에서 타자의 흔적을 읽어내며 자신의 얼굴을 계속 써가는 것이 다와다 요코가 말하는 허구적인 민족학자로서의 작가의 임무일 것이다.

흔적

작품 초반에 서술자 나는 벼룩시장이 열리는 터널 안을 걷는다. 다와다 요코의 작품에서 공간과 장소는 중요한 의미를 갖는데, 여기서 터널이라는 어두운 공간 역시 특별한 의미를 지닌다. 즉 그것은 한편으로 폐쇄적이며 그 자체로 완결된 의미를 지닌, 서술자가 사는 도시[27]와 대비되는 열린 공간의 의미를 지니고, 다른 한편으로

---

25 Y. Tawada, *Verwandlungen*, 50쪽: "하지만 『변신』이라는 책은 정의만이 허구라는 사실에 주목하게 한다."

26 같은 책, 46쪽 참조.

27 Y. Tawada, *Wo Europa anfängt & Ein Gast*, 102-104쪽: "나를 이미 한 번 치료했던 이 도시의 모든 다른 의사들과 마찬가지로, 그도 닫힌 문 뒤에서 나와 홀로 이야기하려고 했다. […] 나는 문지방 앞에 서서 한 발짝도 더 나갈 수 없었다. 비록 낯선 사람과 단둘이서 같은 공간에 있는데 좀 익숙해지긴 했어도 말이다. 왜냐하면 이 도시에서는 심지어 채소가게나 생선가게조차 길거리의 삶과

태양이 비치는 밝은 장소와 대비되는 어둠의 공간을 의미하기도 한다. 루프레히트는 다와다 요코의 소설에서 영화관이나 터널, 지하실 같은 어둠의 세계가 근대적인 이성의 가시성에서 벗어나 있으며 명확히 규정될 수 없는 유령의 세계, 즉 유령처럼 존재와 비존재 사이에 위치한 사잇공간으로 묘사된다고 말한다.[28] 특히 벼룩시장에서 물건을 사기 위해 서 있는 사람들이 "꿈에서 나온 것처럼"[29] 여겨질 때, 이러한 터널은 궁극적인 기의로 환원될 수 없는 신체로서의 자궁과 무의식의 세계로 해석될 수 있다. 의사가 중이염에 걸린 서술자의 귓속을 망원경처럼 보이는 기구로 비춰보고 '임신' 진단을 내릴 때, 어둠의 세계로서의 자궁과 귓속 세계가 서로 연결된다. 왜냐하면 귀의 내부 역시 햇빛은 물론, 인공조명을 사용하는 진찰기로도 비춰질 수 없는 것으로 간주되기 때문이다.

서술자가 찾아간 의사의 진료실에 있는 사물들은 아무런 목소리도 들려주지 않으며 그곳에서 치료받았던 환자들의 어떤 '흔적'도 남아 있지 않다. 그곳에서 얼굴은 지워져 있고 더 이상 해석을 요구하지 않는다. 햇빛이 비치는 책상에서 작업하는, 근대인을 상징하는 의사는 정형화된 패턴에 따라 사고하며 새로운 다양한 의미를 읽어내지 못한다. 그가 중이염 때문에 찾아온 서술자 나의 귀에 망원경을 깊숙이 집어넣어 본 것은 희생적인 사랑과 정절을 중요시하여 자살한, 푸치니의 오페라에 등장하는 '나비부인'이다. 즉

자신을 갈라놓는 문을 가지고 있기 때문이다."

28 Caroline Rupprecht, "Haunted Spaces: History and Architecture in Yoko Tawada", *South Central Review* 33.3(2016), 121쪽 참조.

29 Y. Tawada, *Wo Europa anfängt & Ein Gast*, 98쪽.

그는 서술자 나의 얼굴 자체를 읽어내려 한 것이 아니라 서양에서 만들어진 정형화된 일본인 여성상을 거기에 덧씌우려 한 것이다.[30] 이로써 그녀의 얼굴이 해독되기보다는 오히려 그가 씌운 가면에 의해 가려지게 되며 이와 함께 그녀의 얼굴에서 해석을 유발하는 흔적도 사라지게 된다.

이러한 의사의 방에서와 달리 어두운 터널에서 열린 벼룩시장에 진열된 물건들은 어떤 흔적을 가지고 있다. 예를 들면 그곳에 있는 옷은 옷 주인의 흔적을 담고 있는데, 서술자는 이러한 흔적, 즉 "내게 알려지지 않은 삶의 이야기에 대한 두려움"[31]을 가지고 있다. 여기서 옷은 어떤 사람의 생활사가 가시적으로 드러나는 매체, 즉 누군가의 얼굴이 된다. 심지어 그녀는 공장에서 만들어진 새 옷마저 결코 빈 종이가 아니라 그러한 삶의 이야기를 담고 있다고 말한다. 여기서 옷에 새겨진 흔적은 넓은 의미에서의 문자가 적혀 있는 텍스트와 비교된다.

서술자 나는 자신이 산 라디오에서 이상한 소리가 나서 그 안을 살펴보니 깨진 손톱이 들어 있음을 발견한다. 그녀는 이로부터 아마도 공장에서 작업을 하던 직공의 손톱이나 손가락이 잘려나갔

---

30 여기서 서술자는 낯선 이방인으로서의 일본인에 대한 편견뿐만 아니라 여성에 대한 편견도 비판하고 있다. 작가 다와다 요코 스스로 여성을 어머니, 연인, 누이 등 가정에서의 역할로 제한하며 정체성을 규정하려는 시도를 비판하며 자신의 소설 『오비디우스를 위한 아편』에서 오비디우스의 고전 『변신 이야기』를 페미니즘적 시각에서 다시 쓰고 있다. Bettina Brandt, "Ein Wort, ein Ort, or How Words Create Places: Interview with Yoko Tawada", *Women in German Yearbook* 21(2005), 12쪽 참조.

31 Y. Tawada, *Wo Europa anfängt & Ein Gast*, 99쪽.

을 것으로 추정한다. 여기서 라디오라는 사물은 이상한 소리와 깨진 손톱이라는 흔적을 담고 있으며, 서술자는 이를 텍스트로 해독하며 그 이전에 사고가 발생했을 것으로 추측한다. 그런데 이러한 흔적 읽기는 궁극적인 의미로 귀결되지 않으며 추측의 성격을 지닌다.

흔적과 관련해서는 두 가지 입장이 가능하다.

첫 번째는 어떤 근원적인 것의 존재를 인정하고 흔적으로부터 그 근원적인 것을 찾아내려는 입장이다. 프로이트는 기억과 망각을 대립적인 관계로 바라보지 않으며 '보존적 망각'의 입장을 취한다. 그래서 완전한 망각이란 없고, 기억의 흔적이 무의식의 어딘가에 보존되며, 정신분석학적인 방법으로 그것을 다시 의식의 표면으로 끌어올려 원상을 재현할 수 있다는 것이다.[32]

언뜻 보면 다와다 요코도 이런 입장을 취하는 것 같다. 왜냐하면 「손님」에 등장하는 지몬이라는 인물은 자신이 갖고 있는 책에

32 프로이트는 「신비로운 글쓰기 판에 관한 소고(Notiz über den Wunderblock)」에서 인간의 기억체계를 셀룰로이드 종이, 밀랍종이, 밀랍평판으로 구성된 신비로운 글쓰기 판에 비유한다. 셀룰로이드 종이는 철필에 의해 밀랍종이가 찢어지는 것을 막는 기능을 하는데 이는 외부로부터의 자극 강도를 낮추는 보호막에 상응한다. 밀랍종이는 철필의 자극을 받아들여 글자가 새겨지는 장소로, 인간의 지각-의식에 상응한다. 그런데 밀랍종이에 새겨진 글씨가 그 밀랍종이를 들어올리면 사라지듯이, 의식 속에 지각된 것 역시 일정한 시간이 지나면 잊힌다. 하지만 맨 아래에 위치한 밀랍평판에 특정한 조명을 비추면 밀랍종이에서 사라진 글씨들을 읽을 수 있듯이, 인간의 무의식 어딘가에 보존된 망각된 기억 역시 정신분석적 방법에 의해 의식의 표면으로 끌어올릴 수 있다. Sigmund Freud, "Notiz über den Wunderblock", *Gesammelte Werke*. Bd. 14, Anna Freud (Hrsg.), Frankfurt a.M., 1950, 6-7쪽 참조.

묻은 자신의 지문과 관련해서 과거에 있었던 사건을 명확히 지시하기 때문이다. 서술자 나는 벼룩시장에서 산 카세트테이프의 원본텍스트를 구하기 위해 신문광고를 낸다. 이를 보고 찾아온 지몬이라는 대학생은 이 책과 결부된 자신의 경험 때문에 이 책을 팔 수 없고 보여줄 수만 있다고 말한다. 그는 공장에서 일하다가 '가운뎃손가락'을 잘렸지만, 그 전에 그 소설을 읽어 책에 자신의 지문이 남아 있다고 말한다. 그 책은 "가운뎃손가락이 남긴 유일한 초상화",[33] 즉 흔적이자 얼굴인 셈이다. 하지만 이 지몬이라는 인물이 현실의 인물인지 상상의 인물인지 확실하지 않고 그와 서술자 나 사이의 구분이 명확하지 않을 때 그의 설명은 불완전한 것이 된다. 왜냐하면 지몬의 가운데 손가락, 즉 중지의 부상과 서술자의 중이염은 '병'과 '중간'이라는 공통점을 드러내며 두 인물 간의 긴밀한 연관성을 보여주기 때문이다. 또한 앞에서 서술자는 자신이 산 라디오에서 나온 이상한 소리가 깨진 손톱이나 잘려나간 손가락에서 비롯된 것이고 그것이 다시 라디오를 만들어내는 공장에서 일어난 사고에서 비롯된 것으로 추측했는데, 이러한 추측이 기이하게도 지몬이라는 인물에게서는 실제 사건으로 일어난다. 이것이 우연의 일치일 수도 있지만, 어쩌면 지몬이 서술자의 꿈 내지 상상 속 인물이기 때문에 그녀의 상상이 꿈속의 현실로 치환된 것으로 해석할 수도 있을 것이다. 이처럼 지몬이라는 인물이 현실에 속하는지 아니면 꿈의 세계에 속하는지, 그가 서술자 나와 같은 인물인지 아닌지가 분명하게 밝혀지지 않을 때, 다시 말해 그의 정체성이 분명하지

33 Y. Tawada, *Wo Europa anfängt & Ein Gast*, 134쪽.

않고 따라서 그의 설명 역시 단순히 하나의 최종적 기의로 환원될 수 없을 때, 흔적의 표층에 숨겨진 심층적인 원상은 더는 존재하지 않는다.

이로써 흔적과 관련된 두 번째 입장이 대두된다. 여기서 흔적은 원상에서 파생된 부차적인 지위를 갖는 것이 아니라, 오히려 끊임없이 차이를 만들어내는 역동적인 글쓰기의 운동으로서 일차적인 선험적 지위를 갖는다.[34] 그것은 데리다가 말한 '차연différance'을 의미한다. 데리다의 관점에서 우리가 최종 기의이자 목소리의 현전으로 해석한 것은 사실은 또 다른 기표에 지나지 않으며, 그런 의미에서 부재하는 것도 현전하는 것도 아닌 흔적이 끊임없는 의미화 작용을 발생시키는 한층 더 근원적인 지위를 갖고 있음을 알 수 있다.

다와다 요코는 짧은 산문 「얼굴Ges-ICH-ter」[35]에서 내가 내 자신의 얼굴을 밖에서 볼 수 없으며, 안에서 본 내 얼굴은 "늪이 있는 숲과 얼어붙은 두 개의 호수가 있는 그늘진 풍경"[36] 같다고 말한다. 이러한 풍경 속에 '내'가 들어가 길을 잃는 것으로 묘사될 때, 궁극적으로 '내' 내면의 얼굴을 재현하는 것이 불가능함을 알 수 있

34 Jacques Derrida, *Grammatologie*, Frankfurt a.M., 1983, 123쪽.

35 '얼굴'을 뜻하는 이 글의 제목에는 'Ich'라는 단어가 들어 있으며, 이로써 이 글이 얼굴과 정체성의 관계를 다루고 있음을 알 수 있다. 이러한 제목은 근본적으로 번역 불가능하기 때문에 여기서는 원래의 의미인 '얼굴'로 번역하되, 'Ich'를 강조하는 그러한 문자의 시각성 자체가 데리다의 '음성중심주의' 비판을 표현하고 있음을 언급하는 것으로 만족하고자 한다.

36 Y. Tawada, "Ges-ICH-ter", *Aber die Mandarinen müssen heute abend noch geraubt werden*, 45쪽.

다. 더욱이 "내가 그 여자의 얼굴을 안에서 볼 수 없다"[37]고 말할 때, '그 여자'는 「손님」에 등장하는 낯선 목소리의 여성을 연상시키기도 한다. 내 안의 절대적 타자로 묘사될 수 있는 이 여성의 얼굴을 읽어내기 위해 나는 '눈 먼' '바람'으로 변신해서 시각적으로가 아니라 촉각적인 방식으로 그 얼굴을 더듬어야 한다. "바람은 들판에 쓰인 점자를 읽는다."[38] 그런데 이러한 눈 먼 "바람은 어떤 장소에 속하지 않으며 갑자기 잠시 조용해지지만 다시 불기 시작한다."[39] 특정한 장소에 속해 있지 않은 유동적인 바람은 들뢰즈와 가타리가 말한 다양체와 비슷하다. 다와다 요코는 "이 바람이 이전에 분 바람과 다른 것인가?"[40]라고 물으면서 궁극적으로 바람의 통일성을 부정하며, 그것이 움직이게 만든 다른 사물들에서 그것의 얼굴, 즉 흔적을 볼 수 있을 뿐이라고 말한다. 그런 점에서 바람은 얼굴을 지니지만, 그러한 얼굴은 바람의 종류와 강도에 따라 늘 다른 모습을 띤다. 따라서 우리는 바람이 만들어낸 흔적으로서의 얼굴만을 볼 뿐, 바람 자체를 포착할 수는 없게 된다. 아니 단일한 정체성을 지닌 바람 자체가 우리가 만들어낸 환상에 지나지 않는다. 이와 마찬가지로 바람으로 변신한 '나' 역시 결코 단일한 정체성을 지닌 존재가 될 수 없는 것이다.

다와다 요코의 「손님」에서도 독자는 끊임없는 기표의 연쇄, 무한히 이어지는 차연의 운동으로서의 흔적만을 볼 뿐, 흔적의 심층

37 같은 곳.
38 같은 글, 46쪽.
39 같은 곳.
40 같은 곳.

에 위치한 원상을 발견하지 못한다. 아니 그러한 원상에 대한 기대가 차연의 운동으로서의 흔적에 의해 깨진다. 다와다 요코가 폐쇄적으로 구획된 장소들에 맞서 문지방 같은 사잇공간을 강조할 때, 이는 '부재'와 '현전' '사이'에 위치한 흔적의 공간을 지시하는 것이기도 하다. 이로써 독자는 도처에서 등장하는 얼굴들을 텍스트처럼 읽고 해석해야 하면서도 동시에 궁극적인 의미에 도달하지 못하며 흔적들의 운동을 쫓을 수밖에 없는 아포리아에 빠지게 된다. 그러나 달리 이해하면 그것은 의미의 동일성과 단일한 정체성을 파괴하고 다양한 의미의 가능성을 열어주며 자아 안에 있는 타자(손님)를 발견(하고 환대)하는 해방의 의미를 지닐 수도 있을 것이다.

배치

서술자가 벼룩시장을 구경하면서 사물에 담긴 흔적보다 더 관심을 갖는 것은 바로 그러한 사물들이 배열되어 있는 관계다. 쉽게 말해 대상들 간의 배치가 그녀의 관심사가 된다. 가령 그녀는 벼룩시장에서 다리미와 촛대가 나란히 있는 것을 발견하며 그것들 간의 이웃관계를 해독하려고 시도한다. "다리미는 열을, 촛대는 빛을 만들어낸다. 둘 다 보행자터널에서는 결코 볼 수 없는 태양을 대신한다."[41] 이처럼 사물들의 우연적인 조합과 배열은 예기치 않은 의미를 만들어낸다. 그것은 하나의 사물을 하나의 의미에 귀속시키는 습관적인 시선을 파괴함으로써 사물에 내포된 다양한 의미의 가능성을 열어준다.

---

41 Y. Tawada, *Wo Europa anfängt & Ein Gast*, 101쪽.

특히 꿈속에서는 일상적인 삶에서 서로 연관성이 없는 사물들이 결합하여 낯설면서도 새로운 의미를 만들어낼 수 있다. 이 작품 역시 논리적으로는 설명할 수 없는 꿈의 형식을 따라 구성되어 있는데, 이는 초현실주의를 떠올리게 한다. 실제로 작가가 초현실주의적인 낯선 배치에 의한 새로운 의미의 생산을 염두에 두었다는 증거가 이 작품에 등장한다. 서술자 나는 벼룩시장이 열리는 터널 끝에서 검은 우산과 페달이 달린 재봉틀 사이에 놓인 책 한 권을 발견한다. 그런데 이런 우산과 재봉틀은 초현실주의의 대표적인 인물인 로트레아몽의 언급에서도 등장한다. "해부용 탁자 위에서 이루어지는 재봉틀과 우산의 우연한 만남이 얼마나 멋진가!"[42] "여기에서 해부용 탁자는 침대를, 재봉틀은 여성의 성기, 우산은 남성의 성기를 각각 상징하며, 이로써 위의 비유는 남녀 간의 성행위에 대한 상징적 표현이 된다. 이처럼 논리적인 이성으로는 이해할 수 없는, 상이한 현실층위의 요소들의 충격적 결합은 우리에게 잊힌 채 무의식적인 흔적으로만 남아 있는 근원적 자연(욕망)에 대한 기억을 가능하게 한다."[43]

비록 이 작품이 꿈의 형식을 취하고 있다고 하더라도, 다와다 요코는 꿈의 해석이 일상적인 세계라는 표층 밑에 감춰진 무의식적인 욕망의 세계를 재현할 수 있다고 믿는 프로이트와 초현실주의의 또 다른 거대서사에 동조하지는 않는다. 초현실주의적인 꿈의

42 Silvia Kienberger, *Poesie, Revolte und Revolution. Peter Weiss und die Surrealisten*, Opladen, 1994, 136쪽 재인용(번역은 정항균, 『므네모시네의 부활』, 뿌리와이파리, 2005, 109쪽을 따름).

43 정항균, 같은 책, 109쪽.

세계에서 일상세계의 습관적 시선을 파괴하는 충격 효과와 해방적 가능성이 생겨나는 것은 사실이지만, 그녀는 그것을 본질주의로 환원시키지는 않는다. 이런 맥락에서 서술자가 재봉틀과 우산 사이에서 발견한 책, 정확히는 그 책을 녹음한 카세트테이프의 이야기를 지루해하지만, 그것을 낭독하는 목소리는 두려워하면서도 매혹적으로 생각하는 것을 이해할 수 있다. 이것은 서술자가 초현실주의가 재현하려는 욕망의 내용에 관심이 있는 것이 아니라, 일상적인 언어를 교란하며 작동하는 신체연관적인 언어와 그와 연관된 목소리 자체에 관심이 있음을 의미한다.

앞에서 서술자가 강조한 배치는 어떤 면에서는 들뢰즈와 가타리의 배치 개념의 맥락에서 파악하는 것이 더 적절할 것이다. 들뢰즈와 가타리는 사물을 그것의 특성이 아니라 쓰임새, 즉 용도와 관련시키며, '체body'를 가진 모든 것을 '기계'라는 개념으로 부른다. 가령 입은 눈이나 코, 귀와의 구분에 의해 정의되는 것이 아니라, 그것과 결합하는 다른 기계, 가령 또 다른 입-기계나 젖-기계와의 배치를 통해 각각 키스-기계(또는 구조-기계)나 젖을 빠는 기계가 된다.[44] 이처럼 하나의 사물은 다른 사물과의 배치를 통해 매번 새로운 의미를 획득할 수 있으며, 그 때문에 그것의 의미는 결코 확정되어 있지 않다.

지몬이 사라지고 이웃집 남자가 자신의 이름을 Z라고 말한 후, '나'는 부엌에서 커피를 끓인다. 이때 '나'는 부엌에 있는 물건들을

---

44 이정우, 『천 하나의 고원: 소수자 윤리학을 위하여』, 돌베개, 2013, 18쪽과 110쪽 참조.

잘 조합해 부엌에 대한 온전한 상을 만들어내려 하지만, 그런 물건들이 서로 연관성을 잃은 채 놓여 있어 혼란에 빠진다. 이때 '나'는 주전자와 벽지가 같은 문양임을 발견하고 같은 회사에서 생산되었다고 추론한다. 그러나 주전자의 이웃관계, 즉 배치가 바뀌면서 그것이 갖는 의미 역시 변한다. '나'는 만일 자신이 벼룩시장에서 그 주전자를 만년필 옆에서 발견했다면, 그것은 무언가가 들어갔다 나올 수 있는 입구와 출구가 각각 하나씩 있다는 공통점을 지닌 것으로 파악했으리라고 생각한다. 이처럼 주전자의 의미는 그것이 무엇과 연결되고 배치되느냐에 따라 달라지며, 이에 따라 그것의 정체성도 변하게 된다. 다시 말해 주전자의 얼굴은 끊임없이 바뀌며 무한히 변신한다.

다와다 요코의 작품에서도 꿈과 같은 현실에서 이루어지는 사물들의 결합은 일상에서의 관습적인 이웃관계, 즉 배치를 해체하고 새로운 연관을 형성하며 사물의 다양한 의미를 만들어낸다. 이로써 사물의 얼굴에 대한 새로운 해석이 가능해진다. 비단 사물뿐만 아니라 서술자인 나 역시 끊임없이 배치가 바뀜으로써 자신의 새로운 얼굴을 보여준다. 가령 Z가 목소리에 고통 받는 여성들의 치료를 위해 서술자를 옆에 눕혀둘 때, 그녀는 자신이 '돌'로 변신한다고 느낀다. 또 만일 이 작품에 묘사된 세계를 현실세계의 재현이 아니라 꿈의 법칙에 따라 형성된 세계로 이해한다면, 여기에 등장하는 이웃집 남자나 책을 빌려주러 온 지몬은 모두 서술자 나가 변신한 타자들로 해석할 수 있다. 서술자 나와 라디오(카세트레코더)의 결합이 공장에서 일하는 남자, 즉 지몬이라는 타자를 낳았다면, 서술자 나와 소금통의 결합은 이웃집 남자라는 타자를 낳는다. 왜냐하면 이전에 음식점에서 서술자 나에게 소금을 빌린 남자가 꿈 속의 현실에서 마찬가지로 소금을 빌리는 이웃집 남자로 변신하여 등장하는 것으로 볼 수 있기 때문이다. 이처럼 서술자 나는 결코 하나의 동일한 정체성에 머물지 않으며 무엇과 결합하고 배치되는가에 따라 자신의 모습을 바꾸는 변신의 놀이를 수행한다.

얼굴 쓰기

낯선 얼굴 쓰기

벼룩시장에서 책의 표지 글자가 왼쪽에서 오른쪽으로가 아니라 원을 그리며 쓰여 있어서, 서술자는 책 주인에게 그 문자가 어느 나라 글자인지 묻는다. 이에 책 주인은 자기 눈에는 서술자가 그 문자와 똑같아 보인다고 말한다. 그러자 서술자인 "나는 얼굴을 바꿔 쓰려는 듯이 왼쪽에서 오른쪽으로 이마를 문질렀다."[45] 이 문장에서 '나'는 자신의 얼굴을 바꿔 쓰려는 듯한 몸짓을 하는데, 이것은 단순한 몸짓 이상의 의미를 지닌다. 왜냐하면 실제로 꿈의 형식을 띤 이 작품에서 '나'는 자기 안의 다양한 타자를 불러내며 자신의 얼굴을 바꿔 쓰고 있기 때문이다.[46]

---

45 Y. Tawada, *Wo Europa anfängt & Ein Gast*, 102쪽.

46 이영남은 다와다 요코가 언어와 정체성의 관계와 관련하여 자아 속에 존재하는 타자의 존재를 지시하고 있음을 강조한다. 외국어의 체험은 단순히 익숙해진 모국어에서 벗어나서 낯선 차이에 관심을 갖게 할 뿐만 아니라 소위 모국어라고 불리는 언어 자체가 사실은 다양한 언어, 즉 차이들로 구성되어 있음을 인식할 수 있게 해준다는 것이다. 이를 통해 자아 역시 하나의 통일된 자아와 언어를 갖는 것이 아니라 여러 개의 자아와 언어를 갖고 있으며, 그래서 자아 안에

우선 앞에서 암시된 얼굴을 바꿔 쓰는 방향에 주목할 필요가 있다. 일본인 여성인 서술자 나가 얼굴을 왼쪽에서 오른쪽으로 쓴다는 것은 유럽식 알파벳 문자의 방향을 따른다는 것, 다시 말해 유럽인의 정체성을 획득한다는 암시로도 읽을 수 있다. 왜냐하면 일본어는 보통 위에서 아래로 쓰기 때문이다.

서술자는 자신이 벼룩시장에서 산 소설책의 제목과 작가 이름을 알고 있지만, 그것이 둘 다 분명하게 언급되지는 않는다. 다만 서술자가 책을 낭독한 카세트테이프의 목소리 주인공을 찾기 위해 그것을 녹음했을 것으로 추정되는 소설가의 이름을 전화번호부에서 찾아 열세 명의 동일한 이름을 발견한다. 이는 이 여성작가가 독일인임을 의미한다. 물론 서술자는 테이프의 목소리와 이 소설가가 동일인물인지 아닌지는 확실히 알 수 없다고 말하지만, 독자는 적어도 일본인인 서술자와 독일인인 그 소설가가 동일인은 아님을 짐작할 수 있다.

그러나 흥미롭게도 서술자와 이 소설가 간의 긴밀한 연관성을 암시하는 부분들이 발견된다. 가령 서술자 나는 부엌에 있는 전등에 비친 하얀 커피잔을 바라보다가, 그것이 그 소설가의 작품에 묘사된 장면과 유사함을 깨닫는다. 이러한 기시현상이 몇 차례 반복되는데, 이는 마치 이 소설가가 묘사한 장면이 서술자의 현실에서 실현되는 듯한 인상을 낳는다. 또한 이웃집 남자는 서술자 나에게 잠을 자면서 말을 하는지 묻는데, '나'는 이에 대해 "내가 그걸

항상 타자가 존재한다는 것이다. 이영남, 「언어의 몸성과 "의미의 열림으로"의 글쓰기. 요코 타와다의 예」, 『뷔히너와 현대문학』 48호(2017), 243쪽 참조.

어떻게 알겠어요? 여하튼 나는 아직까지 내 자신의 목소리 때문에 깬 적은 없고, 단지 다른 여자 목소리 때문에 깬 적만 있을 뿐이에요"[47]라고 대답한다. 이처럼 '나'를 잠에서 깨우고, 하지만 깨어 있으면서도 깨지 않은 '나'의 백일몽 상태에서 말하는 사람은 내가 아닌, 내 안의 타자, 즉 소설을 읽어주는 다른 여성이다.

물론 그 소설가와 그 소설을 읽어주는 여성이 반드시 같다고 할 수는 없다. 작가 다와다 요코는 이 둘의 동일성 여부를 밝히지 않는다. 서술자는 그 소설가가 쓴 소설내용이나 그녀가 붙인 소설이라는 장르 명칭에 대해서는 비판적이지만, 그 책을 읽는 여성 낭독자의 목소리에는 두려움을 느끼면서도 동시에 끌리기도 한다. 서술자는 자신의 타자로서의 유럽적인 정체성을 이 여성 소설가에 부여하며 자신에게 낯선 얼굴을 쓰기도 하지만 동시에 그것에 비판적 거리를 두기도 한다. 하지만 이보다 심층에 위치한 듯한, 소설을 읽어주는 목소리의 주인공은 접근이 불가능한 수수께끼 같은 존재다. 그녀는 타자로서 서술자의 신체를 통해서만 접할 수 있을 뿐, 인식될 수는 없는 존재인 것이다. 그것은 서술자 나에게 막대한 영향을 미치는 목소리로 존재하며 그녀의 글쓰기에 없어서는 안 될 요소가 된다.

하지만 서술자 나에게는 이 여성의 목소리 외에 또 다른 (자아 속) 타자들이 존재한다. 먼저 앞에서 말한 소설가의 책을 보관하는 지몬이라는 인물에 주목할 필요가 있다. 지몬은 비단 이 소설가의 책을 소유하고 있다는 점뿐만 아니라 그의 이름이 소설가와 마

47 Y. Tawada, *Wo Europa anfängt & Ein Gast*, 140쪽 이하.

찬가지로 독일 이름이라는 점에서도 그녀와 연관성을 지닌다. 또한 지몬은 앞에서 이야기한 것처럼, 라디오의 고장 원인을 추측하는 서술자 나의 상상이 현실화된 인물이라는 점에서 어쩌면 그녀의 상상 내지 꿈에서 나온 인물일 가능성도 있다. 물론 지몬은 서술자 나와 성이 다른 남성이지만, 이것을 남녀의 성적인 경계를 넘어서는 변신으로 이해할 수도 있다. 즉 서술자 나가 남성의 얼굴로 변신한 것이다.

다와다 요코는 『바다 너머 혀넙치의 혀들』에서 인간의 성정체성을 체감온도에 비유한다. "바람이 얼마나 강하게 부는지 또는 공기가 얼마나 습한지에 따라 동일한 온도가 더 높거나 더 낮게 느껴진다. 이와 마찬가지로 아마도 체감한 성性이라는 것이 있을지도 모른다. 바람이 부는 날에 태평양에 있었을 때의 내가 다른 때보다 더 남성적으로 느꼈다면, 반대로 무덥고 습한 8월 어느 날의 나는 두말할 나위 없는 소녀였던 것이다."[48] 이처럼 한 개인의 성정체성이 확고하지 않으며 그 경계를 넘어설 수 있다는 생각은 「손님」에서 이웃집 남자와 지몬, 지몬 및 이웃집 남자와 서술자 나의 관계에서도 나타난다. 서술자의 옆집에 이사 온 이웃집 남자는 여러 가지로 베일에 둘러싸인 인물이다. 서술자가 마르티나에게 새로 온 이웃집 남자에 대해 처음 물어보았을 때, 그녀는 그런 남자를 알지 못한다고 말한다. 마치 서술자만이 현실에 존재하지 않는 유령 같은 존재를 본 듯 말이다. 또한 이웃집 남자는 서술자의 집에 들어와 보지 않고 지몬의 존재를 알고 있기도 하고 서술자에 대해 모든 것을

48 Y. Tawada, *Überseezungen*, 57쪽.

알고 있다고 말하는 등 현실적인 인간의 인지 능력을 넘어선 모습을 보이기도 한다. 더욱이 그가 지몬이 그녀의 집을 곧 떠날 것이라는 사실을 알고 있다든지 지몬이 떠난 후 그를 대신해 그녀의 집을 방문하는 모습은 지몬과 그가 결코 서로 무관한 사이가 아님을 암시한다.

지몬이 가져온 책의 표지가 어두운 빨간색인 것처럼, 이웃집 남자가 입고 있는 셔츠 역시 이와 유사한 빨간색이다. 또한 그 책의 한 페이지에 그려진 시계에 3과 7이라는 숫자가 빠져 있는데, 이웃집 남자가 서술자 나에게 자신을 방문하라고 한 시간이 저녁 7시이고 그가 10(Zehn)의 첫 글자인 Z라고 자신을 부른 후 서술자의 집을 떠난 시간은 오후 3시다. 이는 마치 이웃집 남자가 지몬이 가져온 책에서 3과 7이라는 숫자를 빌려온 것처럼 보이게 한다. 더욱이 지몬이 대학생이었다면, 나중에 이웃집 남자가 의사로서 치료할 때 자신이 이전에 심리학을 공부하던 학생이었다며 이전의 지몬이 변신한 인물인 것처럼 암시하기도 한다. 이로써 지몬과 이웃집 남자, 그리고 이웃집 남자가 다시 변신한 Z는 서로 긴밀히 연결되며 끊임없이 변신하는 인물이 머무른 각각의 지점인 것처럼 보인다.

나아가 지몬과 이웃집 남자는 서술자 나가 변신한 자아일 가능성도 있다. 중이염에 시달리는 서술자와 가운데 손가락을 상실한 지몬은 어떤 공통점과 차이점이 있다. 그 공통점은 '중간'과 '병'이다. 차이점은 서술자의 병이 귀와 관련된 것이라면, 지몬의 병은 손가락과 관련된 것이라는 점이다. 즉 하나는 듣기와 관련된 것이고, 하나는 쓰기와 관련된 것이다. 그런데 '중이염Mittelohrentzündung'과 '중지Mittelfinger'의 상실은 사실은 긴밀히 연결되어 있는데, 왜냐하면 제대로 듣는 것이 제대로 쓰기 위한 전제조건이기 때문이다.[49] 시각중심적인 문화에 익숙해진 서술자는 제대로 듣지 못하는데,[50] 이는 중이염이라는 병을 통해 상징적으로 표현된다. 다와다 요코가 『부적』에서 "유럽은 중이염을 앓고 있었다"[51]라고 말한 것도 이러한 맥락에서다.

지몬의 방문 후 카세트 속 여성의 목소리는 점점 약해져 마침내 사라지고 서술자는 더 이상 한 글자도 쓰지 못하는 난관에 봉착한다. 앞의 여성의 목소리가 서술자에게 상투적인 일상적 대화에서 낯설어진 신체연관적 목소리를 주목하게 한다면, 지몬이 가져온 그 여성의 책과 그의 가운데 손가락 결핍은 서술자로 하여금 자신의 글쓰기에 대해 성찰하게 한다. 그것은 지금까지의 서술자 나의 습관적 글쓰기를 중단시키며 그녀로 하여금 새로운 글쓰기의 방향에 대해 생각하게 만든다. 따라서 지몬은 서술자가 자신에게 씌워진 가면을 벗고 자신의 얼굴을 새롭게 (바꿔) 쓰기 위해 맞닥뜨리는 자신의 또 다른 자아다.

이러한 맥락에서 이웃집 남자 역시 서술자 나의 또 다른 자아

49 Y. Tawada, *Talisman*, 27쪽: "이야기하기가 더는 귀 기울여 듣는 것을 대신하지 않았다. 오히려 이야기는 귀 기울여 듣는 것을 통해 생겨났다."

50 다와다 요코는 유럽인들이 정확한 관찰과 자유로운 결정을 근대적인 덕목으로 강조하는 반면, 귀 기울여 듣는 것은 수동적이고 종속적인 전근대적 태도로 간주하는 경향이 있다고 말한다. Y. Tawada, *Überseezungen*, 113쪽 참조. 그녀는 듣기를 중세적인 종속성의 의미에서 해방시키며, 정확한 귀 기울여 듣기가 자신에게 숨겨져 있는 무의식적이고 신체연관적인 다양한 타자를 경험하기 위한 필수조건임을 강조하며 그것을 포스트구조주의적인 맥락에서 이해한다.

51 Y. Tawada, *Talisman*, 50쪽.

일 가능성이 있다. 그는 자신이 이전에는 회사에서 일했지만 회사가 망한 후 지금은 실업자라고 말한다. 이는 때때로 잡지에 글을 쓰고 있지만, 근본적으로는 집에서 다른 여자의 목소리만 듣고 있는 서술자의 상태와 유사하다. 또한 그는 여자친구와 헤어진 후 전화기를 없애는데, 이 역시 전화기가 없는 서술자와 비슷하다. 나아가 그가 자신의 새로운 프로젝트, 즉 소음의 고통에 시달리는 여성들을 치료하는 작업을 위해 반드시 서술자를 필요로 하며 그녀와 한 팀을 이루어야 한다고 말할 때, 이 역시 이 둘이 서로 갈라놓을 수 없는 어떤 관계를 맺고 있음을 암시한다. 이들의 연관성을 암시하는 한 가지 사건이 있다. 서술자 나는 자신의 기억의 정확성을 강조하며 이웃집 남자가 실수로 차에 소금을 넣었다고 주장하는데, 사실 실수로 차에 소금을 넣어 개수대에 버린 것은 그녀 자신이다. 여기서 이웃집 남자가 서술자와 동일인물, 정확히는 그녀가 변신한 모습일 수 있다는 추측이 가능해진다.

이웃집 남자와 서술자 나는 말 그대로 이웃관계이지만, 이 둘의 경계는 모호하다. 그리고 이들의 이웃관계, 즉 배치가 변함에 따라 이들의 정체성도 변화를 겪는다. 가령 이웃집 남자는 지몬이 떠난 후 자신을 Z로 부르며 얼굴 모습뿐만이 아니라 취향이나 태도, 인간관계까지 달라진다. 또한 그의 이름이 Z라는 사실에 주목할 필요가 있다. 서술자 나가 이웃집 남자의 이름을 묻자 그는 Z라고 대답한다. 그녀는 그의 이름이 Z일리 없으며 그저 지금이 10시라서 Zehn을 줄여 Z라고 이야기한 것으로 생각한다. 그러면서 그렇게 이름을 말해서는 안 된다고 하자, 그는 "그럼 다른 이름이겠지요"라고 말하면서도 "다른 이름을 말하지는 않았다."[52] 이처럼 Z라는 이름은 이웃집 남자의 정체성을 명확히 규정하기보다는 매번 배치에 따라 정체성이 달라질 수 있는 흔적으로 남는다. 이런 의미에서 그의 얼굴은 무한히 변신할 수 있다.

물론 지몬과 이웃집 남자 그리고 Z 사이에 연결고리가 없는 것은 아니다. 이들 간의 차이에도 불구하고 이들이 서술자 나의 남성적 자아로 각각 등장할 수 있는 이유는 이들이 여성적인 '목소리'와 대비되는 남성적인 '글쓰기'와 연관되기 때문이다. Z 역시 자신을 문자 Z로 부르면서 글쓰기와의 연관성을 보여줄 뿐만 아니라, 서술자 역시 Z라는 글자를 썼다가 지웠다 하면서 그를 통해 자신의 글쓰기에 대해 성찰한다. 따라서 이들 남성 인물은 서술자 나의 글쓰기를 반추할 수 있게 해주는 자아 속 타자들이라고 할 수 있다.

지몬이 떠나고 난 후 이웃집 남자는 가부장적이고 이성적이며 경제적인 인간으로 변신한다. 지몬의 존재 의미를 깨닫지 못한 서술자 "나는 카세트에서 나오는 목소리를 글자의 창살 뒤에 가두어 두기 위해 책을 소유하려 했다."[53] 이러한 태도는 그녀에게 지몬의 손가락 부상이 자신에게 갖는 의미를 올바로 파악하지 못하게 한다. 그녀가 그것을 깨닫기 위해서는 또 다른 단계를 거쳐야 한다. 그것은 그녀가 자신이 극복해야 할 바로 그 인물의 정체성으로 직접 변신하는 것을 의미한다.

지몬의 뒤를 이어받은 Z는 좀 더 적극적인 역할을 한다. 이웃집 남자가 스스로를 Z라고 지칭한 후 그는 여러 면에서 달라진다.

---

52 Y. Tawada, *Wo Europa anfängt & Ein Gast*, 141쪽.

53 같은 책, 132쪽.

그의 얼굴이 달라지고 배가 나올 뿐만 아니라 눈 역시 분명한 형태를 띤다. 더 나아가 그는 이전과 달리 차를 마시지 않는다고 할 뿐만 아니라, 맞은편에 사는 마르티나를 갑자기 너무 잘 안다고 말하기도 한다. 이러한 갑작스러운 변화에 서술자는 자신이 어제 방문했을 때 본 이웃집 남자와 이 Z가 동일인물인지 의심하기까지 한다. 이러한 Z는 이제 이성적이고 경제적인 이윤을 생각하는 인물로 등장한다.

Z는 특히 명상치료를 통해 낯선 목소리 때문에 고통받는 여성들을 치료하는 의사 역할을 한다. 이 경우 서술자는 수동적인 자세로 그의 치료에 협조한다. 우선 그의 치료행위가 대단히 효과적인 것으로 보이며 치료를 받은 여성들도 이에 만족한다. 하지만 그의 치료행위로 여성들이 고통에서 벗어나 편안한 상태에 있는 것처럼 보일지라도, 서술자는 그것이 욕망을 억압하고 보이지 않는 또 다른 상처를 가져왔음을 인식한다. 가령 Z가 어떤 여성에게 들어 있는 어머니의 목소리를 없앰으로써 그녀를 해방시키려고 하지만, 서술자는 오히려 그러한 목소리와의 근친상간적인 동침을 주장하며 그것이 진정한 욕망의 해방이라고 주장한다. 또한 Z가 그녀가 내는 불협화음을 명상음악을 통해 없애버리는 시도 역시 비판적으로 서술된다. Z는 자신이 어떤 언어적 수단으로 목적에 도달할 수 있는지 정확히 알고 있다며, 그런 언어적 수단을 사용해 환자인 모든 여성에 대한 지배력을 얻는다. 그의 치료에는 남성중심적이고 이성적인 면모가 강하게 드러난다.

그녀(서술자, 필자 주)는 전적으로 괴로워하는 여성의 역할을 하며 "샤워하듯이" 치료사의 시선과 목소리를 즐기는 여성 환자들을 꼼짝 않고 관찰한다. "Z"는 그들을 낯선 목소리에서 해방시키고 그들이 습득한 안정된 목소리를 되돌려줌으로써 다시 일상생활을 할 수 있게 만든다. 하지만 그는 이렇게 함으로써 그들의 개성을 빼앗는다.[54]

물론 그렇다고 Z라는 인물의 이러한 치료를 모두 부정적으로만 볼 수는 없을 것이다. 왜냐하면 서술자는 Z를 통해 자신만의 고립된 위치에서 벗어나 여성운동가처럼 여성을 돕는 문제에 대해 처음으로 진지하게 생각하게 되기 때문이다. 그러나 다른 한편 그녀는 이러한 Z의 가부장적이고 이성중심적인 태도나 그의 치료행위에 깔려 있는 경제적 목적을 인식하고 그에게 비판적 거리를 둔다.[55] 또한 그녀는 역사적 인물인 파펜하임[56]과 달리 남녀의 성정

---

54 S. Fischer, ""Die Welt ist voller Stimmen und Blicke". Zu Yoko Tawadas Kurzroman "Ein Gast"", *Materialien Deutsch als Fremdsprache*, vol. 46(1997), 381쪽 이하.

55 크노트는 여기서 서술자 나와 의사로 등장하는 Z의 관계가 히스테리 환자인 베르타 파펜하임(프로이트의 글에서는 안나 오라는 가명으로 등장하는 여성)과 그녀의 의사였던 브로이어 및 프로이트의 관계와 유사하다는 점을 지적하며, 다와다 요코의 작품에 나타나는 상호텍스트성을 강조한다. 다만 다와다 요코의 소설은 서술자가 Z의 치료에 비판적 거리를 둠으로써 프로이트의 정신분석 같은 이성적인 메타서사를 거부하고 패러디하고 있다는 점에서 선행텍스트와 차이를 보인다. Suzuko Mousel Knott, "Yoko Tawada und das «F-Word»: Intertextuelle und intermediale Prozesse des Romans *Ein Gast* im feministischen Diskurs", *Études Germaniques*, vol. 259. Nr. 3(2010), 578쪽 참조.

56 파펜하임은 히스테리 증세가 치료된 후 평생 사회사업과 여성운동에 봉사하여 여성운동의 창시자로 간주되곤 한다.

체성 차이를 명확히 전제하는 초기 여성운동의 입장에 서 있지도 않다.

만일 앞에서 서술자가 자아분열을 통해 환자인 동시에 (자신처럼 고통받는 여성들을 돕는) 여성운동가인 파펜하임의 역할로 변신할 뿐만 아니라 의사 역할을 수행하는 Z라는 남성으로도 변신한 것으로 볼 수 있다면,[57] 이는 그녀가 일본인 여성에게 부여되는 정체성에서 독일인 남성에게 부여되는 정체성으로 옮겨가며 얼굴을 바꿔 쓴 것으로 해석할 수 있다. 이처럼 서술자가 동양 여성에서 서양 남성으로 정체성을 바꾸며 변신하는 것, 즉 왼쪽에서 오른쪽의 방향으로 얼굴을 바꿔 쓰는 것은 궁극적인 해결책이 아니지만, 이러한 변신을 통해서야 비로소 그녀는 자신이 추구해야 할 글쓰기 방향을 알 수 있게 된다.[58] 그녀는 이 Z라는 정체성과 비판적으로 대결

---

57 다와다 요코의 소설 『목욕탕』에서 서술자인 일본인 여성과 그녀의 남자친구인 '크산더(Xander)' 사이에 다음과 같은 대화 장면이 나온다. "내가 "당신은 일본인입니까"라는 질문을 받았을 때, 나는 "예, 당신은 일본인입니다"라고 대답했다."" (Y. Tawada, *Das Bad*, Tübingen, 2015, 83쪽) 여기서 서술자는 '당신(Sie)' 대신 '나(Ich)'라는 말로 답변을 시작해야 했지만 그렇게 하지 못함으로써 두 가지 중요한 사태를 발생시킨다. 하나는 남자친구인 크산더를 '일본여성'과 동일인물로 만들어버린 것이고, 다른 하나는 '나'라는 자아정체성을 근본적으로 뒤흔들어놓은 것이다. 크산더의 첫 글자인 X가 로마숫자 10과 같을 때, zehn의 첫 번째 글자를 나타내는 Z가 일본여성인 서술자의 또 다른 자아가 될 수 있을 가능성을 배제할 수 없다. 아울러 크산더 역시 Z와 마찬가지로 합리적이고 가부장적인 남자의 전형을 보여준다는 점도 간과해서는 안 될 것이다. 또한 크산더는 서술자가 처음에 독일에 도착했을 때 그녀에게 독일어를 가르쳐주며 그녀의 정체성 형성에 지대한 영향을 미친다. 즉 그는 그녀의 정체성의 중요한 한 축이 된다.

58 자비네 피셔는 다와다 요코가 이 소설에서 이성중심적인 사고뿐만 아니라 배타적인 민족주의에 대해서도 비판하고 있다고 말한다. 서술자 나가 독일인 여

한 후 그것을 버리고 새롭게 얼굴을 써나가야만 이전과 전적으로 다른 새로운 글쓰기를 시작할 수 있음을 깨닫는다.

> 나는 종이에 Z라는 글자를 열 번 쓴 후 그것을 찢어버렸다. 내가 두 번째 백지를 뚫어지게 쳐다보았을 때, 나는 이제 지금까지 내 삶에서 한 번도 쓴 적이 없는 어떤 것을 쓸 수 있다는 감정이 들었다.[59]

하지만 작품 마지막에서 서술자는 Z가 빠진 글자로 이루어진 단어들의 글쓰기를 시도하지 않는다. 오히려 그는 Z가 들어가 있지만 깨진 단어들을 쓰고는 만족해 한다. 즉 그는 "Schmut z ig, Wur z eln, Schwit z en"[60] 같은 단어를 쓰는 것이다. 이것은 Z로 상징되는 남성적 글쓰기와 대립되는 대척점에 있는 이상적인 글쓰기가 존재하는 것이 아니라, 오히려 그러한 글쓰기와 비판적으로 대결하며 그것을 비틂으로써만 새로운 글쓰기가 가능하다는 것을 보여준다. 따라서 서술자 나 역시 단순히 Z를 회피하고 그것과 거리를 두기보다는, 오히려 그것과 이웃관계를 맺고 스스로 Z로 변신하여 자신 속에 끌어들인 후 그것과 비판적으로 대결함으로써만 좀 더 해방적인 모습을 보여줄 수 있다. 이것은 유럽을 관찰하고 묘사하

성환자들과 달리 Z의 치료에 회의적이라는 것에서 그가 아웃사이더의 위치를 차지하고 있음을 알 수 있다. S. Fischer, "Die Welt ist voller Stimmen und Blicke", 382쪽 참조.

59 Y. Tawada, *Wo Europa anfängt & Ein Gast*, 151쪽 이하.

60 같은 책, 159쪽.

기 위해 다와다 요코가 유럽의 언어 및 유럽적 사고와 어떻게 대결해야 하는지에 대한 자아성찰을 담고 있는 것으로도 해석할 수 있다.[61]

이 작품에서 자아 속의 타자들은 끊임없이 자기의 위치를 바꾸며 옮겨지고 서술자 나는 그러한 타자들과 (비판적으로) 대결하면서 자신의 정체성을 더욱 개방해나간다. 그녀의 말대로 자신의 '얼굴'을 바꿔 쓴 것이다. 그러한 '바꿔 쓰기Umschrift'는 데리다가 말한 '차연'이나 '흔적'의 다른 이름이기도 하다.[62] 따라서 그러한 바꿔 쓰기는 결코 중단될 수 없으며 무한히 이어질 수밖에 없다.

목소리와 문자의 얼굴 쓰기

이 작품에서 글을 쓰는 것은 서술자 나만이 아니다. 의사인 메팅거도 책상에 놓여 있는 만년필로 종이에 글을 쓴다. 그런데 흥미로운 점은 자신의 어두운 진료실에 햇빛이 잘 들어오도록 책상을 정리하여, 반사된 햇빛으로 인해 서류에 쓰인 글자가 사라져버린다는 것이다. 햇빛으로 어둠을 몰아내는 그의 글쓰기는 의사라는 직업에

61 Y. Tawada, *Talisman*, 52쪽: "내가 지금 유럽에 대해 이야기할 때 사용하는 이 언어 역시 유럽의 언어다. 언어뿐만 아니라 어쩌면 논증문체나 어조도 내 것이 아니라 유럽적인 것인지도 모른다. 나는 유럽 안에서 유럽을 반복하고 있는 것이다. [⋯] 나는 유럽을 다루기 위한 다른 방법을 생각해내야 한다."

62 "흔적은 한곳에 머물러 있는 것이 아니라 끊임없이 이동한다. 그래서 선험적인 기의가 현전하는 것은 불가능하다. 흔적으로서의 차연은 '실재'로 존재하는 것이 아니라 '바꿔 쓰기(Umschrift)'의 운동으로서 끊임없이 그것과 구분되는 차이를 만들어내며 반복된다. 이러한 반복은 궁극적인 의미, 즉 기의의 포착이 지연되고 유예되기 때문에 이루어진다." 정항균, 『"typEmotion"』, 80쪽.

상응하는 이성적 글쓰기다.[63] 또한 그러한 이성적 글쓰기는 문자를 배열하며 의미를 만들어내지만, 정작 그러한 의미가 형상성을 지닌 문자라는 매체를 통해 매개된 의미라는 것을 간과한다. 햇빛에 반사된 책에서 글씨가 사라진다는 묘사는 문자의 매체성을 제거한다는 의미로도 이해할 수 있을 것이다.[64]

다와다 요코는 『변신』에서 꿈을 꾸는 이방인에게 '당신은 어떤 언어로 꿈을 꾸시나요'라는 질문보다는 "당신은 어떤 문자로 꿈을 꾸시나요?"[65]라는 질문이 더 적절할 것이라고 말한다. 그녀에게 문자의 형상성은 꿈에서 이미지로 변신하여 등장하며, 그 꿈을 꾸는 사람의 신체적인 무의식을 표현해줄 수 있는 것으로 여겨진다.

다와다 요코는 『변신』에서 하나의 알파벳을 음으로 바꾸어 문자의 형상성, 신체성을 사라지게 하지 않으면 그것이 환상 속 동물처럼 생동감 있게 변신할 수 있다고 말한다. 알파벳 B는 그것

63 한 인터뷰에서 다와다 요코는 자신이 햇빛만 나는 도시에서는 작품을 쓸 수 없다고 말한다. 그녀는 함부르크에 있는 엘베강을 보며 또한 비가 오는 날씨에 글을 썼다며, 이러한 환경이 주어지지 않았더라면 글을 쓰지 못했을 것이라고 말한다.(https://swrmediathek.de/player.htm?show=bb595b50-f461-11e7-a5ff-005056a12b4c, 2018. 2. 3) 참고. 여기서 그녀의 유동적인 글쓰기와 물의 연관성을 확인할 수 있다.

64 "많은 사람들은 문자의 기록이 지닌 형상적 측면을 간과하고 그것을 선형적으로 읽어내며 거기서 순수한 음성을 듣는다고 생각했다. 이로부터 또한 알파벳 문자가 진리를 포착하고 가치 있는 의미를 형성하며 역사적 진보를 낳을 수 있다는 형이상학적 믿음이 생겨났다. 이러한 믿음은 […] (알파벳)문자 자체가 지닌 형상적 특성을 파악할 때 이미 깨질 수 있다. […] 또한 문자텍스트의 시각성이 드러내는 문법적 질서와 사유의 질서를 파악함으로써 그것이 갖고 있는 억압적 성격과 그 한계를 이해할 수 있을 것이다." 정항균, 『"typEmotion"』, 103쪽.

65 Y. Tawada, *Verwandlungen*, 34쪽.

이 어떤 글자와 결합하느냐에 따라 '꽃Blume'이 될 수도 있지만 '폭탄Bombe'이 될 수도 있다. 그런 의미에서 알파벳 글자는 예측 불가능하며 무한히 변신할 수 있다.[66] 알파벳 문자는 그것이 지닌 형상성, 신체성으로 인해 무한히 자신의 얼굴을 변화시킬 수 있는 변신 능력을 갖고 있는 것이다.

「손님」의 서술자는 사춘기 때 모국어 화자로서 처음 30분 동안은 글자의 담장을 넘어서느라 힘들었지만, 그 시간을 극복하면 소설 안으로 들어가 소설 속의 이미지 풍경 안에서 자유롭게 움직일 수 있었다고 말한다. 그러나 이렇게 문자를 사라지게 하는 독서는 그녀가 외국인으로서 낯선 도시에서 낯선 문자로 쓰인 책을 읽으면서 중단된다. 이방인 작가로서 그녀는 책을 읽을 때 다시 문자의 형상성을 의식하지 않을 수 없는 것이다. 그런데 그 내용을 카세트테이프를 통해 목소리로 들을 때는 다시 그 장벽이 사라지며 소설 안으로 들어가는 것이 가능해질 거라고 생각한다. 하지만 카세트테이프 속 목소리는 그녀의 기대와 달리 소설에서 글자를 사라지게 하는 마법을 이끌어내지 못한다. 오히려 그 목소리는 서술자의 온몸을 쓰다듬고 감싼다. "밤이 되면 나는 그 목소리를 지각할 수 있을 신체 부위를 찾았다. 왜냐하면 그것을 일상적인 목소리처럼 고막에서 느꼈다는 생각이 들지 않았기 때문이다."[67]

다와다 요코는 어린아이가 엄마에게 신체적으로 의존하는 시기에 그녀의 말을 따라 할 때, 그녀의 정신적·신체적 특징이 아이

66 같은 책, 26-27쪽 참조.

67 Y. Tawada, *Wo Europa anfängt & Ein Gast*, 129쪽.

의 발화, 특히 음색에 영향을 준다고 말한다. 이러한 발화의 신체 결부성은 성인이 된 외국인 화자의 악센트를 통해서도 나타난다.[68] 이처럼 자신에게 낯선 말을 할 때 우리는 신체연관적인 언어, 촉각적인 혀의 언어로 말하게 되는데, 이 작품에서는 이와 마찬가지로 그러한 목소리가 단순히 귀를 통해 들려 어떤 이미지를 떠올리는 것이 아니라 신체 전체를 통해 지각되기도 한다는 점을 강조한다. 쉽게 말해 카세트테이프에서 나오는 목소리는 서술자의 신체에 반응을 야기하며 자신의 모습을 드러낸다. 다와다 요코는 『변신』에서 "목소리에도 얼굴이 있는가?"[69]라고 묻고 있는데, 「손님」에서 그녀는 그렇다고 답변하는 것이다.

서술자는 집에 친구들을 초대했을 때 그들의 대화에 끼어들지 못하여 소외된 채 있었는데, 로자만이 유일하게 그녀를 대화에 참여시키려고 한다. 이때 로자는 가정이나 학교에서 습득했을, 이 도시 특유의 자신감에 넘치는 어조로 말한다. 그러나 서술자는 그러한 목소리가 드러내는 얼굴에 거부감을 느끼며, 마치 잘못된 자리에 놓인 콤마처럼 돌이 되어 그 톤에 맞서 그것을 망가뜨리거나 그것의 다른 얼굴을 보여주려고 한다. 그러면서 그녀는 "하나의 톤이 여러 얼굴을 가지고 있는가?" "하나의 얼굴이 여러 톤을 가지고 있는가?"라고 자문하는데, 그에 대한 대답은 '그렇다'라고 할 수 있을 것이다.[70]

---

68 Y. Tawada, *Verwandlungen*, 9쪽 참조.

69 같은 책, 45쪽.

70 Y. Tawada, *Wo Europa anfängt & Ein Gast*, 128쪽.

다와다 요코가 「손님」에서 다루는 목소리는 데리다가 비판한 '음성중심주의'적인 형이상학적 목소리가 아니다. 즉 근원적인 진리를 보장하는 신의 목소리나 자아의 내면의 목소리 또는 자연의 목소리가 아니다.[71] 오히려 그 목소리는 신체연관적이며, 동시에 명확한 의미를 지닌 폐쇄적인 장소와 대비되는 열린 공간과 연관된다.[72] 스감바티도 「손님」에서 "자궁이 공명과 목소리를 받아들일 수 있는 동굴 같은 장소"[73]로 나타난다며, 이 둘의 긴밀한 연관성을 강조한다. 또한 두 공간 모두 통행로와 같은 성격을 띠고 있기도 하

---

71 "이처럼 영혼의 표현으로서 자신에게 현전하는 목소리는 로고스와 긴밀한 관계를 맺고 있다. 음성은 사물 또는 의미와 직접적인 자연적 관계를 맺고 있는 반면, 문자는 이러한 음성에서 파생된 것에 불과한 것으로 간주된다. 종교적인 세계관이 지배하는 시대에 이러한 음성이 신의 음성이요 말씀이라고 한다면, 주체성이 부각되는 17세기 합리주의적인 근대에는 음성으로 나타나는 현전의 대상이 창조주라는 로고스에서 주체(성)로 바뀐다. 즉 개인의 내면의 목소리가 그것을 대신하는 것이다." 정항균, 『"typEmotion"』, 75쪽.
키틀러에 따르면, 1800년대에는 자연이 그 자리를 차지하며 음성중심주의를 이어나간다. Friedrich Kittler, *Aufschreibesysteme 1800·1900*, München, 2003, 38-39쪽 참조.

72 이-푸 투안은 장소와 공간을 다음과 같이 구분한다. ""공간"은 "장소"보다 추상적이다. 무차별적인 공간에서 출발하여 우리가 공간을 더 잘 알게 되고 공간에 가치를 부여하게 됨에 따라 공간은 장소가 된다. [···] 나아가 우리가 공간을 움직임이 일어나는 곳이라 생각한다면 장소는 정지(멈춤)이다. 움직임 속에서 정지할 때마다 입지는 장소로 변할 수 있다."(이-푸 투안, 『공간과 장소』, 구동회/심승희 옮김, 대윤, 2011, 19-20쪽) 또한 "공간은 명확한 뜻과 의미를 획득함에 따라 장소로 전환된다."(같은 책, 219쪽) 간단히 말해 명확한 의미와 가치가 부여된 정지된 장소와 그와 대비되는 특성을 지닌 공간을 대립시킬 수 있을 것이다.

73 Gabriella Sgambati, "Stimme als Darstellung der Fremdheit. Das Sinnliche der Sprache in *Ein Gast*", *Am Scheideweg der Sprachen. Die poetischen Migrationen von Yoko Tawada*, Amelia Valtolina & Michael Braun (Hrsg.), Tübingen, 2016, 226쪽.

다.[74] 카세트테이프 속 목소리가 다시 서술자에게 돌아와 그녀가 그것을 지각할 때, 꿈속에 있는 듯한 그 목소리는 변신을 거듭하며 때로는(빨리 이야기할 때는) 자신의 공간을 축소하고 때로는(크게 이야기할 때는) 자신의 공간을 확장하는 모습을 보여준다. 바로 그러한 목소리의 공간은 그녀가 소망했던, 벽도 가구도 없는 탈경계적인 집의 모습과 닮아 있다.

코이란은 이 소설에서 암시되는 자궁과 귀의 연관성에 주목하며 다음과 같이 쓴다. "여성의 성기가 새로운 신체의 형성 장소로 채워질 수 있다면, 귀도 마찬가지로 목소리가 […] 머무는 장소로 나타난다."[75] "귀와 여성의 성기라는 두 신체의 장소들이 지니는 근본적인 특성은 그것들의 텅 빔이 바로 무언가가 생겨날 수 있기 위한 전제조건을 형성한다는 점이다."[76] 즉 생명을 창조하는 여성의 자궁과 마찬가지로 귀 역시 목소리를 듣고 새로운 무언가를 쓰기 위한 창조적 공간으로 간주된다.

끝으로 이 소설에서 문자의 얼굴 쓰기와 목소리의 얼굴 쓰기가 어떻게 만나는지 살펴보자. 서술자는 "글자 사이의 간격이 항상 똑같은 크기였지만, 타자기는 불규칙한 리듬으로 달그닥거리며 치는 소리를 내고 있다"[77]는 것을 알아차린다. 또한 일반적으로 인쇄

---

74 같은 곳 참조.

75 Linda Koiran, *Schreiben in fremder Sprache. Yoko Tawada und Galsan Tschinag. Studien zu den deutschsprachigen Werken von Autoren asiatischer Herkunft*, München, 2009, 305쪽.

76 같은 책, 306쪽.

77 Y. Tawada, *Wo Europa anfängt & Ein Gast*, 114쪽.

된 텍스트는 목소리의 음색과 어조, 호흡을 담아내려고 노력하지 않는다. "타자기 치는 소리의 음악은 나의 텍스트와 구분되는, 잘못 분철된 단어들과 걸려 넘어지는 리듬을 지닌 텍스트를 만들어낸다."[78]

로자의 목소리처럼 안정된 것으로 보이는 톤의 이면에는 억눌린 병든 목소리가 숨어 있다. Z가 이러한 병을 지닌 환자들을 치료하려 할 때, 서술자 나는 그 환자들 옆에서 돌멩이처럼 누워 있는데, 그녀는 항상 그런 돌멩이가 되고 싶었다고 말한다. 이러한 돌멩이로의 변신은 일상적인 문장의 리듬을 교란하는 콤마로의 변신이며, 그렇게 말하는 돌멩이가 됨으로써 목소리의 다른 얼굴을 보여주기도 한다.

다와다 요코는 에세이집 『부적』에서 티벳 승려들이 동시에 여섯 개의 서로 다른 음을 낼 수 있다며, 하나의 음에 사실은 여러 음이 담겨 있음을 언급한다.[79] 우리는 일상적으로 주된 톤에 가려져 있는 '배음Oberton'을 흘려듣는 경향이 있지만, 그녀는 이러한 목소리들을 귀 기울여 듣고 그러한 타자(의 목소리)들에 대해 이야기해야 한다고 말한다.[80] 이바노비치도 이러한 맥락에서 신체의 다중 음성성과 그로 인한 주체의 탈중심화를 언급한다.[81] 따라서 다와다 요

78 같은 곳.

79 Y. Tawada, *Talisman*, 114쪽 참조.

80 같은 책, 27쪽 참조.

81 Christine Ivanovic, "Exophonie, Echoponie. Resonanzkörper und polyphone Räume bei Yoko Tawada", *Gegenwartsliteratur: ein germanistisches Jahrbuch*, vol. 7(2008), 229쪽 참조.

코에게 글쓰기는 근대 서양의 시각중심적인 관찰이 아니라, 내 자신 속에서 유령처럼 떠돌고 있는 타자의 목소리들에 귀 기울이는 것에서 출발한다.

Z가 환자들을 명상기법으로 치료할 때, 옆에 돌처럼 누워 있는 서술자는 그들의 쓸모없는 목소리들이 배출되는 쓰레기통 같은 역할을 한다. 이때 Z는 그들이 완치되었다고 생각하지만, 서술자는 그들에게 작지만 결코 하찮지 않은 뼈가 부러져 있는 것을 본다. 그녀는 결코 침묵하는 돌이 아니라, 그러한 '부러진gebrochen' 뼈를 인식하고 그것을 말하는 돌이 되려고 한다. 그리고 이제 달가닥거리는 타자기 소리를 들으며 그것을 글로 쓴다. 그러나 그녀는 의미 있는 문장을 만들지 못하며 Kot zen처럼 파편화된 단어를 쓴다. 이렇게 "부서진 말Die gebrochene Worte을 쓰는 것, 이것이 나에게 위안을 주는 유일한 행위다."[82]

"여성의 신체언어를 문자로 전이시키는 것은 추가적으로 이성에 저항해야 할 현상을 이성이라는 수단으로 표현함으로써 새롭게 길들이는 위험을 내포한다."[83] 결국 여성의 신체에서 들리는 낯선 음성을 남성적인 심리치료사의 시선과 글쓰기로 제거하는 것은 여성을 다시 원래의 억압적인 위치로 가져다놓을 위험이 있다. 서술자 나는 앞에서 때로 목소리가 병처럼 생각되지만 그 병이 자신을 떠나기를 원치 않는다고 말한다. 이에 따라 서술자의 글쓰기 역시 그러한 질병을 완치하고 화해를 강요하는 것이 아니라, 보이지 않

82 Y. Tawada, *Wo Europa anfängt & Ein Gast*, 159쪽.

83 S. Fischer, "Die Welt ist voller Stimmen und Blicke", 377쪽.

는 부러진 작은 뼈들을 발견해내어 말하고 그것을 부서진 말들로 표현하는 글쓰기가 되어야 한다. 그렇게 서술자의 새로운 글쓰기는 자신이 사는 사회의 주도적인 목소리와 문자의 얼굴에 맞서 새로운 얼굴을 만들어내려고 한다. 목소리에 여러 개의 얼굴이 있기에, 하나의 문자가 여러 얼굴로 변신할 수 있기에 말이다.

마지막으로 하얀 종이 위에 쓰인 글자가 아니라 그 종이의 여백을 통해서 목소리와 글쓰기의 관계를 살펴보자. 새로 이사 온 이웃집 남자가 서술자 나에게서 소금을 빌리러 처음 찾아왔을 때, 이전에 레스토랑의 옆 테이블에 있던 한 남자가 그녀에게서 소금통을 빌린 에피소드가 언급된다. 첼로 케이스를 옆에 두고 있던 그 남자는 '나'에게서 빌린 소금을 '샐러드 잎Salatenblätter' 위에 뿌리는데, '나'는 그것이 떨어지는 소리를 듣는다. 여기서 '잎'을 의미하는 'Blatt'라는 단어는 동시에 '종이'를 뜻할 수도 있다. 그렇다면 여기에 뿌려지는 소금은 일종의 글을 쓰는 행위를 뜻하는데, 역설적이게도 서술자인 나는 그것을 읽기보다는 듣고 있다. 서술자 나와 반대되는 글쓰기를 하는 의사가 만년필을 사용해 검은 잉크로 글씨를 쓴다면, 이 옆 테이블 남자는 그와 반대로 하얀 소금 알갱이를 뿌리며 검은 글씨 옆의 여백을 만들어나간다. 의사의 검은 글씨는 하나의 의미만을 지시하며 하나의 얼굴만을 만들어낸다. 반면 하얀 소금 알갱이로 만들어진 여백은 (검은 글씨로) 쓰이지 않았지만 무한한 해석 가능성을 열어주는 생산적인 공간이다. 동시에 그것은 의도적인 글쓰기에 포함되지 않은, 즉 기록되지 않은 무의식적이고 신체연관적인 목소리로 표출되는 것들이 모여 있는 공간이기도 하다. 그래서 서술자 나는 첼로리스트의 연주처럼 그 남자가 뿌리는 소금 소리를 '듣고' 있는 것이다. 이처럼 하얀 여백을 늘려나가는 글쓰기[84]는 문자가 지시하는 바를 넘어서 여러 얼굴을 창조하는 글쓰기다. 왜냐하면 독자는 거기서 쓰여 있지 않은 목소리를 듣고 쓰이지 않은 글씨를 읽어낼 수 있기 때문이다.

얼굴 읽기/쓰기의 조건으로서의 선험적 실명과 항구로서의 얼굴

앞에서 사물의 흔적, 인간의 정체성, 매체의 문제를 다루었다. 이 주제들은 서로 아무런 연관성이 없는 독립된 주제들처럼 보이기도 하지만, 다와다 요코는 인간이나 동물을 넘어 심지어 사물이나 매체에 얼굴을 부여함으로써 이러한 상이한 주제들을 하나의 틀 속에서 바라볼 수 있는 연관성을 만들어낸다. 여기서 중요한 것은 이러한 얼굴이 '가시적으로 나타나는 어떤 것'을 의미하면서도 결코 완전히 해독될 수 없는 흔적의 특성을 보여준다는 것이다. 데리다는 『어느 눈먼 자의 회상*Mémoires d'aveugle*』(1990)에서 현전과 부재 사이의 흔적을 폐허라는 개념으로 설명한다. 왜냐하면 폐허 역시 현전과 부재 사이에 위치할 뿐만 아니라 흔적과 마찬가지로 파괴되기 이전의 상태를 상기시키며 그것을 복원할 것을 끊임없이 요구하기 때문이다. 하지만 데리다는 인간의 정체성과 관련해 자화상을 그리려는 시도가 궁극적으로 폐허로 귀결될 수밖에 없음을 보

84 앞에서 인용한 "Schmut z ig, Wur z eln, Schwit z en" 등의 단어에서도 z를 띄어씀으로써 앞뒤로 여백이 생긴다.

여주며 파괴된 전체의 흔적으로서 폐허의 근원성을 강조한다.[85]

다와다 요코는 「손님」에서 얼굴 읽기와 얼굴 쓰기의 문제를 다루면서 그것이 궁극적으로 확정되지 못한 채 끊임없이 미끄러질 수밖에 없는 차연의 역동성에 내맡겨져 있음을 보여준다. 이 경우 데리다가 말한 선험적인 실명은 얼굴 읽기와 얼굴 쓰기의 전제조건이 된다. 데리다는 소묘를 그릴 때 대상을 보면서 동시에 그리는 것이 불가능하다는 점을 지적하며, 볼 수 없음이 무력함을 의미하는 것이 아니라 오히려 보기 위한 선험적 조건임을 강조한다.[86] 이러한 맥락에서 「손님」의 서술자인 나의 남성적 타자들의 상태에 주목할 필요가 있다. 왜냐하면 옆 테이블에 있던 남자는 눈을 감고 소금을 샐러드 위로 뿌렸고, 이웃집 남자는 검은 선글라스를 쓰고 있었으며, 지몬은 '내'가 책을 읽는 동안 반쯤 눈을 감고 있었기 때문이다. 이들 모두 장님은 아니지만 눈을 감는다는 공통점이 있다. 이 인물들은 우리가 지닌 인식의 한계를 인정할 것을 요구하는 동시에 진리를 보기 위해서는 어두운 터널이나 접근 불가능한 귓속의 암흑을 함께 보아야 함을 암시한다. 즉 얼굴 읽기의 근원적인 조건으로서 인간의 선험적 실명을 강조한 것이다. 이러한 의미에서 얼굴 읽기는 흔적이라는 표면 아래 감추어진 심층적 진리를 찾는 작업이 아니라, 흔적의 근원적 지위를 인정하는 작업이다.

다른 한편 얼굴 쓰기 역시 선험적 실명을 전제조건으로 삼는

---

85 자화상과 폐허의 긴밀한 관계에 대해서는 다음을 참조하시오. J. Derrida, *Aufzeichnungen eines Blinden. Das Selbstporträt und andere Ruinen*, München, 1997, 72쪽.

86 같은 책, 49쪽 참조.

다.「손님」의 서술자는 글을 쓰기 위해 타자기를 사용한다. 그런데 초창기의 타자기는 타자를 치면서 동시에 글씨가 적힌 종이를 쳐다볼 수 없게끔 설계되어 있었고,[87] 언더우드 타자기 이후의 모델에서도 "바로 각각의 타이핑 되는 글자가 생겨나는 자리는 보이지 않는 유일한 장소"[88]가 된다. 따라서 타자기를 사용해 글을 쓰는 작가는 기본적으로 선험적인 실명을 경험할 수밖에 없다. 이러한 매체의 물질적인 조건 외에 정체성의 문제와 관련해서도 서술자 나의 얼굴 쓰기는 데리다가 말한 의미에서 폐허로서의 자화상 그리기가 될 수밖에 없다. 왜냐하면 그녀의 글쓰기를 유도하는 목소리의 주인공은 모습을 드러내지 않으며 촉각적으로만 접할 수 있을 뿐 결코 눈으로 직접 볼 수는 없기 때문이다. 그렇다고 그녀가 자신의 얼굴 쓰기를 포기하는 것은 아니다. 오히려 서술자는 안과의사가 자신에게 부여한 '나비부인'의 얼굴을 거부하고 다양한 남성적 자아로 변신하며 자신의 얼굴을 바꿔 써나간다. 그러한 암흑 속에 가려진 얼굴을 그려나가는, 아니 써나가는 글쓰기는 최종적으로 완결될 수 없으며, 썼다가 지웠다가를 반복하며 폐허의 얼굴을 만든다. 그것은 완전히 해체되지는 않았지만 통합성을 갖지는 않는 폐허의 얼굴이다.[89]

다와다 요코의 에세이집 『바다 너머 혀넙치의 혀들』의 표지에

---

87 F. Kittler, *Grammaphon, Film, Typewriter*, Berlin, 1986, 296-297쪽 참조.

88 Angelo Beyerlen, *Eine lustige Geschichte von Blinden usw. Schreibmaschinen-Zeitung,* Hamburg, Nr. 138, 1909(F. Kittler, *Grammophon, Film, Typewriter*, 298쪽 재인용).

89 J. Derrida, *Aufzeichnungen eines Blinden*, 72쪽 참조.

는 푸른 바다 속에 있는 듯한 젊은 여성(?)의 모습이 그려져 있다. 그런데 그 얼굴이 책의 앞표지와 뒤표지로 양분되어 나타날 때, 그 모습은 흡사 물고기의 얼굴과 닮아 있다. 이때 이러한 얼굴은 그것을 신체의 전면으로 규정하는 인간중심적 정의에서 벗어난다. 또한 이 여성의 피부가 흡사 비늘처럼 보일 때, 여기서 동물로 변신하는 인간의 얼굴 바꿔 쓰기를 확인할 수 있다. 위의 책에서 다와다 요코는 얼굴을 항구에 비교하고 있는데, 그 구절에 이 장의 핵심주제인 얼굴에 대한 그녀의 생각이 잘 표현되어 있다. "만일 모든 얼굴이 일종의 항구라면, 그곳에 이미 도착한 모든 것과 그곳에 앞으로 도착할 모든 것은 헤아릴 수 없을 정도로 많을 것이다."[90]

90 Y. Tawada, *Überseezungen*, 43쪽.

3 인간중심주의 비판과 인간의 동물-되기

『눈 속의 에튀드』

동물이야기의 현재성

다와다 요코의 소설 『눈 속의 에튀드*Etüden im Schnee*』[1]는 실제로 베를린 동물원에서 태어나 언론의 큰 관심과 대중의 많은 사랑을 받았던 크누트라는 북극곰의 이야기를 다루고 있다. 30년 만에 베를린 동물원에서 태어난 북극곰 크누트에 관한 내용 중 많은 부분이 실제 사실에 부합한다. 가령 크누트의 아버지와 어머니의 이름이 각각 라르스와 토스카라는 점, 토스카가 원래 캐나다 출생으로 동독의 국영서커스단에서 키워졌다는 점, 크누트를 둘러싸고 동물원 간의 이권 경쟁이 있었다는 점 등은 모두 사실이다. 또한 사육사의 이름이 실제 사육사인 토마스 되르프라인에서 소설 속 인물인 마티아스로 바뀌었지만, 크누트와 사육사의 각별한 관계 역시 사실을

---

1 제목에 들어 있는 Etüden이라는 단어는 '연습곡'이라는 의미와 '습작'이라는 의미를 갖고 있다. 이 소설에서 '에튀드'는 인간의 언어에 숨겨져 있는 음악적 측면을 가리키기도 하지만, 동시에 작가의 글쓰기와 관련되기도 한다. 따라서 여기서는 이 두 측면을 모두 포괄할 수 있는 '에튀드'라는 단어를 번역어로 사용할 것이다.

그대로 반영하고 있다.[2] 그 밖에 "우르줄라 뵈트허라는 동독에서 가장 유명한 맹수조련사가 토스카라는 곰과 함께 '죽음의 키스'라는 악명 높은 공연을 한"[3] 장면도 조련사 이름만 바바라로 바뀐 채 그대로 등장한다.

그러나 실제 사실에 부합하는 여러 가지 점들에도 불구하고 다와다 요코는 북극곰에 대한 자신의 소설을 단순히 다큐멘터리 형식으로 쓰지 않는다. 그녀는 자신의 작품에서 사실과 허구를 뒤섞을 뿐만 아니라, 동물서술자와 인간서술자를 번갈아 등장시키는 독특한 글쓰기를 수행한다. 또한 여기에 묘사되는 동물이야기는 동물과 인간의 관계 내지 생태계에 대한 인간의 책임 같은 관점에서만 다루어지지 않으며, 나아가 동물을 인간사회에 대한 비유로 해석하거나 인간 내면의 타자로 바라보는 관점도 보여준다. 특히 다와다 요코의 이전 작품들에 등장한 쥐, 물고기, 뱀, 새와 달리 여기서는 북극곰이 이야기의 중심에 놓인다는 것도 그 나름의 특별한 의미를 지닌다.[4]

다와다 요코는 크누트에 관한 짧은 에세이에서 이렇게 썼다.

---

2 https://de.wikipedia.org/wiki/Knut_(Eisb%C3%A4r) (2018년 10월 6일) 참조.

3 Lina Werry, "(Re)lectures. Der Mensch im Spiegel von 'Beerenaugen'. Yoko Tawadas Roman *Etüden im Schnee*", *Germanica*, 2017, 217쪽.

4 다와다 요코의 작품에서 동물은 빈번히 인물, 심지어 서술자로 등장하곤 한다. 또한 다와다 요코는 언어와 동물의 긴밀한 연관성을 강조하며 자신의 글쓰기에서 동물이 갖는 의미를 강조하기도 한다. M. Matsunaga, "Ein Eisbär, der Zeitung liest. Yoko Tawadas neuester Roman *Schneepraktikanten*", *Die Lücke im Sinn. Vergleichende Studien zu Yoko Tawada*, Sandra Vlasta (Hrsg.), Tübingen, 2015, 55쪽 참조.

"모든 아이들은 별 어려움 없이 새끼 곰에 감정이입할 수 있다. 전 세계적으로 곰이 주인공 역할을 하는 아동용 도서가 쓰이고 또 읽힌다. 자연이 인간의 머릿속에 이러한 호감을 프로그래밍한 데는 틀림없이 그 이유가 있을 것이다."[5] 여기서 흥미로운 것은 아이들이 동물에게 공감할 수 있는 주체로 언급된다는 사실이다. 이러한 진술은 성인이 되면서 인간이 그러한 공감 능력을 점점 상실한다는 의미로도 읽을 수 있다. 이 장에서는 위의 인용문에서 다와다 요코가 제시한 질문에 대한 답을 찾기 위해 인간과 동물(북극곰)의 관계를 동물의 다채로운 삶의 가능성과 인간의 동물-되기라는 두 가지 양상을 통해 설명하고자 한다. 이를 통해 인간과 동물을 명확히 구분하고 이로부터 인간중심주의를 발전시켜온 근대의 합리적 사고의 문제점을 보여줄 뿐만 아니라, 인간과 동물의 새로운 관계를 도모하려고 시도할 것이다. 아울러 인간 내부의 타자로 존재하는 야수성의 측면에 주목하고 동물-되기의 의미를 밝히는 동시에, 특히 이 작품의 주인공으로 등장하는 북극곰이 갖는 여러 가지 의미를 다층적으로 탐구할 것이다.

인간중심주의 비판과 동물의 다채로운 삶의 가능성

다와다 요코의 『눈 속의 에튀드』에서 동물은 동물 그 자체를 의미할 수도 있고 인간에 대한 비유의 의미를 지니기도 한다. 우선 이 장에서는 이 소설에 등장하는 동물을 동물 자체로 받아들이며, 이

5 Y. Tawada, *akzentfrei*, Tübingen, 2017, 121쪽 이하.

소설에서 동물과 인간의 관계가 어떻게 묘사되고 있는지 살펴보고자 한다.

이 소설은 크게 3부로 구성되어 있다. 1부는 이름 없이 '나'라는 서술자로 등장하는 북극곰(할머니 곰)의 시선에서 서술된다. 2부에서는 바바라라는 서커스단원이 1인칭 서술자의 시점에서 이 곰의 딸인 토스카와의 관계를 서술하다가 후반부에 가서는 토스카의 시점으로 전환된다. 마지막 3부에서는 손자에 해당하는 크누트가 서술자로 등장하여 자신의 조련사인 마티아스와의 관계에 대해 서술한다. 이 모든 이야기에 공통적인 것은 서커스단과 동물원을 중심으로 인간과 동물의 관계를 다루고 있다는 점이다.

1부에서 서술자로 등장하는 북극곰인 나는 책을 집필하는 지적인 곰으로 묘사된다. 그는 자신이 공연하는 서커스단에서 이루어지는 훈육과 통제를 고발하며 동물에게 어떤 권리도 부여하지 않는 인간의 횡포를 비판한다. 가령 조련사가 자신을 똑바로 서서 곡예를 하도록 만들기 위해 서커스 무대 밑에서 난로를 때 자신에게 신체적인 고통을 주었다는 것이다. 이러한 인식은 서술자인 북극곰이 무대 밑으로 내려와 무대의 이면을 바라볼 수 있는 관객의 지위를 얻게 되었을 때 비로소 가능해진다. 언제나 무대 위에서 공연함으로써 관찰 대상의 지위만 갖고 있던 북극곰은 나중에 연극무대의 관객석에 앉음으로써 비로소 관찰자의 시점을 획득한다. 이는 북극곰이 동물의 시점에서 서커스단을 비롯한 인간사회를 바라보게 되었음을 의미하는데, 이를 통해 인간이 미처 인식하지 못한 많은 문제점이 노출되고 비판받는다.

우선 이 소설에서 등장하는 북극곰들이 서커스단이나 동물원에 있다는 사실에 주목할 필요가 있다. 1부에서 서술자로 등장하는 북극곰은 자신이 배운 세발자전거 타기가 선택이 아니라 생존을 위한 것이었음을 강조한다. 즉 자신이 매를 맞지 않고 각설탕을 얻으면서 배운 세발자전거 기술은 인간사회에서 살아남기 위해 필요한 생존수단이었다는 것이다. 또한 서커스단이나 동물원에 있는 북극곰이 무더위에 힘들어하며 북극을 동경한다는 사실도 주목해야 한다. 로브 레이들로는 "동물 가운데 북극곰, 코끼리, 고래, 유인원은 특히 동물원 생활에 맞지 않다. 이 동물들은 살아가는 데 광대한 공간이 필요하고, 그들의 도전 정신을 자극하는 특별한 환경이 필요하기 때문이다"[6]라고 말한다. 특히 북극곰은 보통 겨울에 영하 40도, 여름에 영상 10도의 환경에서 생활하며, 두꺼운 털과 지방층으로 열을 밖으로 빼앗기지 않는 신체구조 때문에 영상 10도 이상이 되면 체온과다 현상에 시달린다.[7] 또한 먼 거리를 이동하는 북극곰이 동물원의 좁은 공간에 갇혀 있는 것도 이상 행동을 유발할 수 있다. 이 소설의 3부에 등장하는 크누트는 처음에 벽으로 둘러싸인 좁은 공간에 있다가 동물원을 산책할 수 있게 되었을 때 어떤 해방감을 느끼지만, 더 멀리 여행하고 싶은 욕망을 지니며 자신이 제대로 바깥세상에 나와 있은 적이 없다며 베를린의 무더위를 식혀줄 차가운 북극을 동경한다.

흥미로운 것은 1부의 서술자인 북극곰이 인간처럼 직립하도

6 로브 레이들로, 『동물원 동물은 행복할까?』, 박성실 옮김, 책공장더불어, 2018, 40쪽.

7 같은 책, 41쪽 참조.

록 훈련받는다는 점이다. 이것은 훈련을 통해 동물의 야수성을 없애고 동물이 인간과 유사한 특성을 지닐 수 있도록 조련하는 것을 의미하지만, 이러한 인간화는 어디까지나 모방에 그칠 뿐이다. 호미 바바가 말하듯이, 이러한 모방자는 모방을 통해 모방대상과 결코 같아질 수 없으며, 언제나 그보다 열등한 존재로 다시 차별받게 된다.[8]

무엇보다 동물은 서커스단에서 더 이상 쓸모없는 존재가 되었을 때 보통 사살된다는 점에서 생명체로서 어떤 존중도 받지 못함을 알 수 있다. 인간에게 적용되는 인권은 동물에게는 적용되지 않는다. 1부에 등장하는 북극곰도 인간만 생각하는 인간들이 인권을 만들어냈다며, 그것이 지닌 이면을 강조한다. 근대사회와 더불어 본격화된 휴머니즘은 그 이면에 잔혹한 면도 내포하고 있다. 왜냐하면 휴머니즘은 인간중심주의로 전도될 수 있으며, 이로써 모든 법적 제도에서 동물의 권리를 배제하기 때문이다. 헤겔은 『법철학 개요*Grundlinien der Philosophie des Rechts*』(1821)에서 동물에게 사유와 의지가 결여되어 있다며, 이를 인간이 동물을 지배하고 사유재산으로 삼으며 심지어 죽일 수 있는 근거로 내세운다.[9] 데리다는 이러

---

8 호미 바바에 따르면, 식민지지배층은 식민지피지배자들이 이상적인 모델인 자신들을 따를 것을 요구하며 이를 식민지 통치이데올로기로 내세우지만, 그러한 모방이 동일시로 이어져 피지배자들이 독립하는 일이 없도록 모방을 모방에 그치는 전략을 추구한다. 또한 그러한 모방 자체가 모방대상과 유사하면서도 완전히 같을 수는 없기 때문에 항상 차이가 날 수밖에 없는 한계를 내포하기도 한다. 따라서 모방은 그것이 추구하는 것의 현전과 항상 차이가 있을 수밖에 없다. Homi K. Bhabha, *Die Verortung der Kultur*, Tübingen, 2011, 132-133쪽 참조.

9 G.W.F. 헤겔, 『법철학』, 임석진 옮김, 한길사, 2014, 71쪽, 136쪽, 140쪽 참조.

한 측면에서 근대의 법이 오직 동물을 배제함으로써만 정립될 수 있었다고 지적한다. 즉 동물은 단순한 생명일 뿐 법적 주체가 아니며, 근대의 법은 오직 동물의 희생 위에서만 정초될 수 있다는 것이다.[10]

그런데 오늘날의 동물연구는 동물이 결코 인간과 명확히 구분되는 존재가 아니라는 사실을 강조한다. 많은 동물이 인간처럼 생각할 수 있고, 감정을 지니고 있으며, 의지도 있고, 도구도 사용할 수 있다.[11] 심지어 유희본능까지 지니고 있다. 이런 점에서 다나 해러웨이는 오늘날 인간과 동물을 구분해주는 근본적 차이를 발견하기 어렵다는 주장까지 한다. "20세기 후반의 미국의 학문문화에서 동물과 인간의 경계는 완전히 무너졌다. […] 언어, 도구사용, 사회적 행동, 정신, 인간과 동물의 분리선을 설득력 있게 규정할 수 있는 그 어떤 것도 더는 남아 있지 않다."[12] 그러나 인간은 가령 영장류를 인간사회의 가장 단순한 형태를 보여주는 하위존재로만 간주하며, 인간사회의 모델을 만들기 위한 목적에서 그들을 관찰한다. 그러한 관찰은 인간중심적인 목적에서 이루어짐으로써 동물 자체

---

10 데리다, 『법의 힘』, 진태원 옮김, 문학과지성사, 2012, 41쪽 참조.

11 버지니아 모렐은 인간과 유사한 동물의 특징을 보여주는 연구가 하루가 멀다 하고 등장하고 있다며 이를 다음과 같이 열거한다. ""고래에게 특유의 억양과 지역 사투리가 있다", "물고기가 도구를 사용한다", […] "꿀벌이 계획을 세운다", "양이 한번 본 얼굴을 잊지 않는다", "쥐가 고통에 서로 공감한다" 등." 버지니아 모렐, 『동물을 깨닫는다』, 곽성혜 옮김, 추수밭, 2015, 8쪽.

12 Donna Haraway, *Die Neuerfindung der Natur. Primaten, Cyborgs und Frauen*, Frankfurt a.M., 1995, 36쪽.

에 깊은 시선을 던지지 않는다.[13]

이전에 인간은 동물을 인간과 구분되는 본능적인 존재이며, 따라서 필연적인 자연의 법칙을 따를 뿐 자유의지를 갖지 않는다고 믿었다. 이러한 관점에 따르면, 동물은 불변의 존재이며 어떤 변화 가능성도 갖고 있지 않다. 그러나 이 소설의 2부에서 북극곰인 토스카는 "자연도 역사의 흐름 속에서 변한다"[14]고 말하며, 동물의 다채로운 변화 가능성을 인정한다. 이를 통해 이 소설의 중심무대인 서커스단에 대한 가치전도가 일어난다.

소위 자연적이라고 간주되는 것이 사실은 자연적이 아니며, 설령 그것이 자연적이라고 해도 불변인 것은 결코 아니다. 3부에서 사육사인 마티아스가 동물원을 떠난 후 등장하는 유령 같은 존재인 미하엘은 "인간은 자연적이지 않은 모든 것을 증오해. 그들은 곰은 곰으로 머물러 있어야만 한다고 생각하지"[15]라고 크누트에게 말하며 자연성에 집착하는 인간을 비판한다. "만일 그러하다면 동물원을 만들 필요가 없는데", "바로 그러한 모순성이야말로 역설적으로 인간의 유일한 본성", 즉 자연이라는 것이다.[16] 북극곰 크누트는 어미인 토스카가 그를 돌보지 않아 사육사인 마티아스의 손에 자란다. 그런데 사람들은 인간의 손에 자란 곰은 인격 장애가 있기 때문에 나중에 문제가 생길 수 있으며 그래서 안락사를 시켜야 한다

---

13 다나 J. 해러웨이, 『유인원, 사이보그, 그리고 여자: 자연의 재발명』, 민경숙 옮김, 동문선, 2002, 43쪽 참조.

14 Y. Tawada, *Etüden im Schnee*, Tübingen, 2014, 155쪽.

15 같은 책, 303쪽.

16 같은 책, 303쪽 이하.

고 주장하는데, 여기에는 곰은 늘 똑같은 곰일 수밖에 없다는, 즉 그것의 불변의 자연성을 강조하는 생각이 전제되어 있다. 그런데 크누트의 예는 소위 자연과 거의 관계하지 못했던 북극곰이 인간의 배려와 돌봄으로 살아남을 수 있으며, 동물이 결코 자연적으로 결정된 존재가 아니라 다채로운 변화 가능성을 지닌 존재임을 보여준다.

북극곰 크누트도 나중에 서커스를 단순히 인간의 오락과 경제적 이익을 위해 동물을 자연, 즉 자신의 본성에서 벗어나게 하는 억압적인 훈육기관으로만 보지 않는다. 오히려 크누트는 "모든 자연의 부당함"[17]에 저항하는 장소로서 서커스의 의미를 강조한다. 가령 인간이 원숭이로 태어나지 않아도 나뭇가지 사이를 뛰어다니듯, 불을 싫어하는 동물도 불타는 고리로 뛰어들 수 있다는 것이다. 크누트는 소설의 마지막에 이르러서 단순히 수동적으로 공연을 하는 것이 아니라, 어떻게 하면 좀 더 새로운 프로그램을 선보이며 관객에게 즐거움을 줄 수 있을지 생각하며 능동적인 모습을 보인다. 이로써 서커스는 동물과 관련된 자연의 신화를 허구로 폭로하는 긍정적 의미를 갖게 된다. 앞에서 서커스단에서 이루어지는 동물의 인간화가 강압적인 훈련을 통해 동물의 권리를 제한하고 불충분한 모방을 통해 인간과의 차별을 경험하는 장소로 설명되었다면, 이제 여기서는 오히려 그러한 인간화가 또 다른 의미에서 동물과 인간의 상호 교류와 공존이 이루어지는 토대로 설명된다.[18] 물론 다와다

17 같은 책, 283쪽.

18 미하엘도 자신이 어릴 때 춤과 노래를 배우도록 강요받았지만, 나중에는 그것에

요코가 서커스와 동물원을 자연에 서식하는 동물을 위한 이상적인 공간으로 설명하는 것은 아니며 오히려 자연에서 그들을 포획하여 그곳에 가둔 인간을 비판하고 있기는 하지만, 다른 한편 이러한 공간들은 동물이 단순히 자연적으로 결정된 존재가 아니라, 인간과 마찬가지로 다양한 삶의 가능성을 펼쳐나갈 수 있는 존재임을 보여주고 있음을 간과해서는 안 될 것이다.[19]

크누트는 출생 직후 어미인 토스카에게 버림받아 사육사인 마티아스의 손에 자란다. 마티아스의 동료 크리스티안이 말하듯이, 그는 크누트의 남자 어머니인 셈이다. 크누트에게 우유를 먹이고 키워준 양어머니의 역할을 남성이 한다는 데서 이미 성적인 역할 정체성의 경계가 무너지듯이, 인간과 동물 사이의 경계 역시 크누트와 마티아스의 관계에서는 더는 견고하지 않게 된다. 비록 크누트가 자신의 외모가 인간인 마티아스보다 다른 곰들과 더 닮았음을 인식할지라도, 그는 자신과 마티아스 사이에 더 큰 유사성이 존재한다고 확신한다. 왜냐하면 이 둘은 가족처럼 긴밀한 정서적 유

재미를 느끼며 도취되어 자발적으로 자신을 그렇게 하도록 강제했다고 말한다. 쉬크하우스도 서커스가 갖는 이러한 양가성에 대해 언급한다. "길들여진 타자성을 구경거리로 내놓는 것이면서도 궁극적으로 개성의 표현이기도 한 양가적인 모습의 서커스를 크누트는 외관상 자연스럽지 못한 것, 비정상적인 것, 낯선 것, 수용되지 못한 것이 자신의 마지막 은둔처를 발견한 장소로 이해한다." Tobias Akira Schickhaus, *Interkulturelle Literaturwissenschaft und Wissenssoziologie. Studien zu deutsch-und japanischsprachigen Texten von Yoko Tawada*, Bielfeld, 2017, 253쪽.

19 서경식과의 서신교환에서 다와다 요코는 다음과 같이 말한다: "동물에게 '자연'이라는 이미지를 투영하는 것이야말로 동물이 자연이 아니라는 증거겠지요." 서경식/타와다 요오꼬, 『경계에서 춤추다』, 223쪽.

대관계를 맺고 있으며, 서로의 특성을 자기 것으로 삼고 공통영역을 늘려나가기 때문이다. 2부에서 토스카의 사육사인 바바라 역시 비록 "우리가 인간과 곰이라는 서로 매우 다른 존재일지라도, 서로를 살해하지 않고 함께 일상생활을 훌륭히 해낼 수 있다면 그것만으로도 멋진 일일 거라는 결론에 도달했다"[20]며 위험한 곡예보다는 인간의 일상을 따라 하는 프로그램을 토스카와 함께 계획한다. 동물에 대한 이러한 생각을 지닌 그녀가 과거에 인간과 개는 근본적으로 다르며 그래서 인간이 개에게 사랑에 빠질 수는 없고 개는 단지 메타포에 불과하다고 말한 카를이라는 사내와 헤어진 것은 당연하다고 할 수 있겠다.

오늘날 동물의 행동을 관찰하는 많은 연구자가 개가 인간과의 일상적 교류를 통해 인간의 마음을 획득하게 되었음을 강조한다. 이런 의미에서 인간과 닮아가는 동물은 인간을 모방하고 재현하는 것이 아니라(그러한 시도는 물론 실현 불가능하기도 하지만), 오히려 인간과 상호관계를 맺으며 서로 소통하고 공존하는 법을 배우기 시작했다고 말할 수 있을 것이다. 다와도 요코도 이 소설에서 특히 같은 종인 포유동물 간의 이러한 긴밀한 정서적인 상호관계가 가능함을 보여주며, 인간과 동물의 새로운 관계 정립의 필요성을 역설한다. 나아가 그녀는 인간이 동물을 아무런 감정도 의식도 없는 기계가 아니라, 다채로운 삶의 가능성을 펼쳐나갈 수 있는 고유성을 지닌 존재로 간주할 것을 요구한다.

20 Y. Tawada, *Etüden im Schnee*, 196쪽.

먼 곳에 대한 동경과 동물-되기

2부에서 서술자 바바라가 토스카에게 어린 시절을 회상하는 것이 의미가 없다고 말하자, 토스카는 자신의 어머니도 그들이 유년기 이전의 시기에 도달해야 한다고 말했다고 맞장구친다. 그렇다면 도대체 왜 유년기가 아니라 유년기 '이전'의 시기에 도달해야 하는 것일까? 이는 정체성의 문제와 긴밀히 연관되어 있다.

흔히 고향을 테마로 다루는 소설에서 자신의 고향을 떠나 있는 주인공이 과거 유년기를 회상하며 현재의 상황을 반추하는 장면이 자주 등장하곤 한다. 여기서 고향이 나와 타자를 구분하며 나의 정체성의 뿌리가 되는 장소라고 한다면, 유년기를 보낸 고향에 대한 기억은 타지에서 상실되거나 위협받는 나의 정체성의 위기를 극복하고 새롭게 정체성을 확고히 하려는 의도와 관련이 있다. 즉 유년기에 대한 의도적인 회상은 고향과 타지, 나와 타자의 이분법적 구분에 기반을 둔 정체성 형성과 긴밀히 연결되어 있는 것이다.

그렇다면 유년기 이전은 어떤 시간을 의미하는 것일까? 이 소설에서 그것은 "시간이 재깍거리며 흐르지 않았던"[21] 시기를 가리키는 것으로 묘사된다. 즉 그것은 인간이 아직 태어나기 이전의 시기로 어머니와 아이가 공생관계에 있는 자궁 속의 시기를 가리킨다. 이러한 시기에 태아는 자신을 대상과 구분되는 주체로 인식하지 못하며 주체와 대상의 경계가 모호한 상태에 있다. 쉽게 말해 이 시기에 그는 통일적인 정체성을 갖고 있지 않은 것이다. 페미니즘

21 같은 책, 34쪽.

적인 정신분석학을 대변하는 줄리아 크리스테바에 따르면, 인간은 태어나면서 이 시기를 잊게 되지만 이 시기에 체험한 어머니(의 신체)와의 공생관계는 언어와 법의 질서가 지배하는 상징계에 진입하고 나서도 결코 사라지지 않으며 갑자기 출몰하여 상징계의 질서를 교란시키고 확고한 듯 보이는 경계를 침범할 수 있다.[22] 그러한 의미에서 유년기 이전의 시기로 돌아간다는 것은 단순한 퇴행을 의미하기보다는 오히려 확고한 의미 질서와 단일한 정체성의 경계를 허물어뜨리는 전복적 의미를 지닌다고 할 수 있다.

아직 의식적인 기억이 도달하지 못하던 삶의 시기를 가리키는 바로 이러한 '유년기 이전'은 또한 장소적으로 멀리 떨어진 곳을 가리키기도 한다. 1부에서 사육사 이반이 음악을 연주할 때, 서술자인 북극곰은 내면의 깊은 곳이 건드려짐을 느끼며 아직 가본 적이 없는 "먼 곳에 대한 동경Fernweh"[23]을 갖는다. 아직 가보지 못한 '먼 곳에 대한 동경'은 유년기를 보낸 고향에 대한 동경인 '향수Heimweh'와 대비되는 감정이다. 그러한 먼 곳은 '내'게 낯선 장소이며, 그래서 자아의 정체성을 확립하는 장소가 아니라 '내'가 낯선 타자와 접촉하는 장소다.

그러나 이러한 타자는 단순히 '나'와 대립관계에 있는 외부의 타자가 아니라, '내' 안에 들어 있는 내부의 타자를 가리킨다. 이러한 타자성은 1부에서 서술자인 북극곰이 읽기도 한, 카프카의 단편

---

22 박주영, "영원히 지워지지 않는 흔적: 줄리아 크리스테바의 모성적 육체", 207쪽 참조.

23 Y. Tawada, *Etüden im Schnee*, 15쪽.

소설 「학술원에 드리는 보고」에 나오는 한 장면을 연상시킨다. 이 소설에서 원숭이 빨간 페터는 살아남기 위해 인간을 흉내내며 인간사회에 동화되려고 하지만, 차가운 바람이 가끔씩 불어와 그의 발꿈치를 간질거릴 때면 잊었던 시절이 생각나곤 한다. 사람들은 자신에게 내재해 있는 원숭이의 속성을 이미 극복했다고 믿고 있지만, 그러한 속성은 사실은 여전히 그들 안에 존재하며 그래서 차가운 바람이 인간의 아킬레스건을 건드리면 그러한 사실이 상기될 수 있다.

이러한 차가운 바람이 불어오는 곳, 즉 북쪽은 바로 자아 속의 타자가 살고 있는 곳이며, 그 때문에 1부에 등장하는 서술자 북극곰은 자신이 가본 적이 없는 추운 북극을 동경한다. 그러나 그것은 고향에 대한 동경이 아니라 자신과 관련되어 있지만 자신에게 낯설어진 어떤 것에 대한 동경을 의미한다. 또한 다와다 요코의 소설 『눈 속의 에튀드』에서는 카프카의 소설에서 나타나는 무더운 노동세계와 차가운 이상세계의 대립구도가 나타나기도 한다. 카프카의 소설 『소송*Der Proceß*』(1914~1915)에서 후덥지근한 법정이 요제프 카를 숨 막히게 하는 노동세계를 상징한다면, 그와 달리 「자칼과 아랍인Schakale und Araber」(1917)에서 자칼 무리가 자신들의 구원자가 추운 북쪽에서 오기를 기다릴 때 차가운 세계는 그와 상반되는 이상적 장소를 가리킨다.[24] 『눈 속의 에튀드』에서 1부의 서술자도 10년간 쉬지 않고 겨울이 없는 무더위 속에서 여직공처럼 서커스단에서 일했다고 말하며, 인간의 자유를 속박하는 숨 막힐 듯한

24 정항균, 『동물이야기』, 22-23쪽 참조.

노동세계와 그와 상반되는 차가운 공기의 자유로운 세계를 대립시킨다.

더욱이 그러한 이상적인 차가운 세계는 빌헬름 엠리히가 지적했듯이 항상 하늘에서 내려오는 음악과 관련이 있다.

> 언어적 표현은 모두 현혹될 정도로 많은 해석과 서로 모순적인 해석들에 내맡겨진 부분적 측면만을 나타낼 뿐이다. 올바르고 신뢰할 만한 유일한 것은 말 없는 음악이며, 모든 관리의 무수한 목소리들이다.[25]

이러한 음악은 동물 내지 동물적 상태와 긴밀한 연관이 있다.

> 동물은 다채로운 음악과 색채의 향연 속에서 살아간다. 예를 들어 돌고래는 인간의 언어보다 훨씬 많은 음악을 통해 소통하는데, 먼 곳에 있는 돌고래에게 자신이 만든 음악을 전달해줌으로써 모든 바다의 돌고래 집단에게 유행가처럼 퍼지기도 한다. 새들의 경우에는 다채로운 화음을 통해 자신의 영토를 알리고 구애의례를 하기도 하며 적의 등장을 알리기도 한다. 이렇듯 동물은 대부분 화려한 음악의 세계에 사는 데 반해, 인간의 언어는 음악적 선율을 잃어버린 채 단조로운 음색으로 이루어져 있다. [⋯] 동물에게는 언어가 아닌 다른 기호를 통해서도 풍부하게 살아갈 수 있는 능력이 있다 [⋯] 그러나 우리 자신은 다채로운 기호를

25 Wilhelm Emrich, *Franz Kafka*, Königstein/Ts., 1981, 154쪽 이하.

발산하는 능력을 거세당한 채 무미건조하게 상대에게 말을 건넨다. 그러한 대화의 방식은 우리 안의 야성성과 자율성을 사라지게 하는 삶의 방식이다.[26]

반대로 이해하면, 인간은 쳇바퀴 돌듯 반복되는 일상에서 빠져나와 야생적 생명력을 되찾고 나서야 자신의 감성을 더 다채롭게 표현할 수 있다. 그래서 카프카의 『변신』에서 벌레로 변한 그레고르는 차가운 북구를 연상시키는 모피를 입은 여성 사진이 있는 액자에 달라붙을 뿐만 아니라, 평소 일하느라 바쁠 때는 관심도 없던 음악, 즉 누이의 바이올린 소리에 귀를 기울이기도 하는 것이다.

다와다 요코의 소설에서도 소설 제목인 '눈 속의 에튀드'는 바로 이러한 추위와 음악의 긴밀한 연관성을 잘 보여준다. 추위와 음악은 모두 인간을 속박하는 질식할 듯 단조롭고 규격화된 노동세계와 대비되는, 자유로운 타자의 세계를 상징하는 것으로 등장한다. 그러나 이 소설의 1부에서 작가로 등장하는 북극곰이 서커스의 사무실에서 일한 것이나, 2부의 서술자인 바바라가 공무원이면서도 서커스 공연을 하고 글을 쓰는 인물로 등장하는 것에서 노동세계와 예술세계가 전적으로 다른 것이 아니라 서로 긴밀히 연결되어 있음이 드러난다. 이러한 노동세계에서 음악(목소리)에 귀를 기울이고 신체에서 추위를 감지하는 것은 자아 속의 야생적인 타자와 만나거나 그것을 인식하는 것을 의미한다. 3부에서 사육사 마

26 신승철, 『갈라파고스로 간 철학자』, 서해문집, 2013, 119-121쪽.

티아스가 악기를 신성시한다든지 크누트가 새의 노래[27]와 마티아스의 기타 연주를 좋아하는 것도 이러한 음악의 의미를 잘 드러낸다. 그러나 크누트가 교회의 종소리를 싫어하자, 또 다른 사육사 크리스티안은 크누트가 이단이라고 말하고 원래 곰은 게르만인의 찬양 대상이었다며 "오늘날에도 교회종소리가 우리의 심장에서 내면의 곰을 몰아내려 한다"[28]고 말한다. 즉 그것은 인간에게 들어 있는 야생성을 몰아내는 작용을 하는 것이다. 다른 한편 이처럼 이단적인 음악, 즉 타자성의 음악에 귀 기울이는 크누트의 마지막 소원은 항상 추운 겨울인 눈 덮인 북극에 가는 것이다. 이로써 추위와 음악이 만나게 된다. 그런데 이 소설의 제목이 '눈 속의 에튀드(연습곡, 습작)'인 것은 이 소설이 인간에게 내재된 야생성을 지각하고 펼쳐나가기 위한 '시도적' 의미를 지닌다는 것을 의미한다. 그리고 이를 위해 인간의 언어는 좀 더 충동적이 되어야 한다고 다와다 요코는 말한다. 그녀는 동물이 언어의 외부에서 수많은 정보를 교환해나가고 있음을 강조하며 인간 언어의 한계를 지적한다. 다른 한편 인간이 언어에 의지해 살아갈 수밖에 없는 존재라면, 그러한 언어는 사

27 다와다 요코는 시학강연집 『변신』에서 새의 노래가 지닌 의미에 대해 설명한다. 그녀는 이미 낭만주의 문학에서 새의 언어를 이해하는 사람은 세상의 비밀을 아는 사람이었다며, 새의 노래(또는 언어)가 지닌 특별한 의미를 강조한다. 이러한 새의 노래는 음계나 박자의 규칙체계를 따르는 음악으로 작곡될 수 없는 진동들이며, 따라서 의미화 과정 이전의 차원에서 작동하는 정동적인 것, 강도적인 것을 가리킨다. 그래서 새의 언어는 꿈에서 새처럼 날아갈 수 있는 사람만이 이해할 수 있으며, 따라서 꿈꾸는 사람의 언어와 비슷하다고 할 수 있다. Y. Tawada, *Verwandlungen*, 12쪽과 18-19쪽 참조.

28 Y. Tawada, *Etüden im Schnee*, 225쪽.

고 이전에 몸으로 감지하는 것을 표현할 수 있도록 좀 더 충동적이고 신체연관적이 되어야 한다는 것이다.[29]

1부의 서술자인 북극곰은 프리드리히라는 주인이 운영하는 서점에 들르곤 한다. 프리드리히는 인간이 지금의 모습이 된 것이 스스로 원해서가 아니라 생존하기 위해 어쩔 수 없이 그렇게 된 것이라고 말한다. 그러자 마침 그때 등장한 그의 동생이 다윈의 자연선택 이론이 현대사회에서 대성공을 거두며 모든 것을 정당화하는 이론으로 통용되고 있다고 비판한다.[30] 가령 남자가 전쟁하는 이유, 여자가 화장하는 이유를 모두 이러한 자연선택에 따른 진화론으로 설명하며 정당화한다는 것이다. 비록 그가 더 자세한 설명을 하지는 않을지라도, 진화론에 대한 그러한 희화는 앞에서 말한 자연의 신화와 자아 속의 타자에 대한 생각과 같은 맥락에서 설명될 수 있다.

다윈의 진화론에 따르면, 인간을 비롯한 피조물은 신에 의해 창조된 것이 아니라, 다른 생명체에서 발전되어 나온 것이다. 이러한 진화는 한 동물에서 다른 동물로의 변이를 의미하며, 그러한 변이는 자연선택이라는 말에서 드러나듯이 어느 정도는 자연에 의해 부과된 것이다. 물론 생물의 진화가 환경에 의해 일방적으로 규정

29 서경식/타와다 요오꼬, 『경계에서 춤추다』, 220-224쪽 참조.

30 크리스티안 일리에스도 현대의 진화론이 자연선택 개념을 만능키처럼 생각하며 자연현상뿐만 아니라 문화적 현상까지 이러한 개념으로 인과론적으로 설명하려고 시도하지만, 많은 경우 그러한 설명이 근거 없는 추측에 지나지 않는다며 이러한 이론의 무분별한 적용을 경고한다. Christian Illies, *Philosophische Anthropologie im biologischen Zeitalter. Zur Konvergenz von Moral und Natur*, Frankfurt a.M., 2015, 109-115쪽 참조.

되는 것은 아니지만, 생명체는 환경에 자신을 맞추며 적응해야 하는 것으로 여겨진다. 이러한 진화는 자연적인 법칙성을 띠게 되며 생명체에게는 어떤 자율적 선택의 가능성도 남겨놓지 않는다. 그러나 구성주의 생물학자인 마투라나와 바렐라는 다윈의 진화론을 반박하며, 환경이 생물의 구조에 영향을 미칠 수는 있지만 그것을 결정할 수는 없음을 강조한다.[31] 나아가 다윈의 진화론이 상정하는 변이는 인간과 다른 동물의 명확한 구분, 즉 확고한 정체성들과 그것 간의 경계에 기반을 두고 있다. 이러한 변이는 비록 원칙상 무한히 전개될 수 있지만, 그것은 언제나 하나의 동물에서 다른 동물로의 변이라는 형태로만 전개된다.

이에 반해 다와다 요코는 이 소설에서 인간과 동물 사이의 확고한 정체성의 경계를 허물며, 인간에게 잠재해 있는 야수성의 발현을 형상화한다. 여기서 야수성은 결코 인간의 외부에 있는 타자가 아니라, 인간 내부에 존재하지만 낯설어진 타자로 등장한다. 이러한 입장에서 보면, 인간은 근본적으로 쥐, 새, 곰 등 모든 동물로 변신할 수 있다. 이러한 맥락에서 1부의 서술자도 이렇게 말한다. "개의 이야기의 저자(카프카, 필자 주) 역시 자서전을 쓰지 않았다.

31 "생물과 환경이 구조적으로 서로 어울리면서 상호작용할 때, 생물에게 무슨 일이 일어날지를 결정하는 것은 환경의 섭동작용이 아니다. 섭동작용을 통해 생물에게 어떤 변화가 생길지를 결정하는 것은 그 생물의 구조다. 이런 상호작용은 결과를 결정하거나 '명령'하지 않는다. 이런 의미에서 우리는 결과가 '유발'된다고 말한다. 다시 말해 생물이 환경과 상호작용을 주고받아 생긴 변화는 섭동작용을 준 개체로부터 유발되지만, 섭동작용을 받은 체계의 구조에 따라 결정된다." 움베르또 마뚜라나/프란시스코 바렐라, 『앎의 나무. 인간 인지능력의 생물학적 뿌리』, 최호영 옮김, 갈무리, 2015, 113쪽.

그 대신 그는 때로는 원숭이, 때로는 쥐가 되는 것을 즐겼다."[32] 낮에 회사에서 일하던 카프카는 밤에 글을 쓰면서 이러한 동물-되기를 실현하며, 자신에게 억눌려 있던 타자성의 욕망을 방출한다.

이러한 인간의 동물-되기에 대한 작가의 생각은 특히 2부의 서술자인 바바라에게서 가장 명확히 나타난다. '바바라Babara'의 어머니는 바바라를 장난으로 '바Bar'라고 부르곤 했는데, 바바라가 어머니에게 자신의 이름 속에 '곰Bär'이 들어 있다고 말하자 어머니는 자식에게 동물이름을 지어주는 부모가 어디 있겠냐며 이를 부정한다. 그러나 어머니의 이러한 부인과 달리, 이 작품에서 바바라와 북극곰 토스카 사이의 관계는 매우 긴밀하며 이들 간의 정체성의 경계가 종종 허물어지는 모습이 나타나곤 한다.

바바라는 북극곰 토스카에 관한 이야기를 쓰려고 하지만, 우선 그 준비 작업으로 자신에 대해 이야기한다. 그녀는 어릴 적부터 서커스단에서 일하고 싶은 욕망이 있었지만, 결국 공무원이 되어 전신국에서 일한다. 하지만 어느 날 전신국이 문을 닫아 직장을 잃고 우여곡절 끝에 유랑서커스단에 들어간다. 그러나 통일 전 동독에 있던 이 유랑극단은 국가의 통제로부터 완전히 자유롭지 못하다. 여기서 서커스단에서 바바라의 활동이 갖는 양면적 성격이 잘 드러난다. 즉 그녀는 자신의 자유로운 욕망과 국가의 엄격한 검열과 통제의 모순 속에서 살아가며, 그러한 두 측면이 고스란히 그녀 자신을 구성하고 있다고 할 수 있다.

낮에 바바라는 토스카가 무슨 말을 하는지 정확히 이해할 수

32 Y. Tawada, *Etüden im Schnee*, 81쪽.

없다. 하지만 밤이 되면 꿈속에서 그녀는 토스카와 자유롭게 이야기를 나눈다. 그녀가 토스카의 이야기를 쓰기 위해 우선 자신의 이야기를 써야 한다고 하자, 토스카는 괜찮다고 말하며 그렇게 하면 자연스럽게 자신에 관해 글을 쓸 공간이 생겨날 거라고 격려한다. 이에 바바라가 토스카에게 "혹시 내 안으로 들어오려고 하니?"[33]라고 묻자 토스카는 그렇다고 대답한다. 실제로 바바라가 토스카의 이야기를 1인칭으로 쓸 때, 그녀는 북극곰 토스카가 되어야 하며, 이로써 자신의 이름에 들어 있는 'Bär'를 발현시킨다. 특히 그녀는 종이 부족으로 서커스단의 서류 뒷면에 토스카의 전기를 기록하는데, 관료적인 국가체제로 대변되는 억압적인 심급 이면에 숨어 있는 타자에 대한 욕망이 이러한 글쓰기를 통해 실현되고 있음을 알 수 있다. 2장 마지막에서는 토스카가 서커스단에서 해고된 바바라의 일생을 기록하는 것을 자신의 과제로 삼겠다고 다짐한다. 토스카는 이것이 공연에서 바바라의 입속에 놓인 각설탕을 자신이 꺼내먹는 퍼포먼스, 일명 '죽음의 키스'를 통해 바바라의 영혼이 자신 안으로 들어왔기 때문에 가능하다고 말한다. 이처럼 북극곰과 인간 사이의 정체성의 경계는 허물어지며, 각자 안에 상대방을 내포하는 것이 가능해진다.

인간의 동물-되기는 토테미즘 사회에서도 찾아볼 수 있다. 엘리아스 카네티는 『군중과 권력*Masse und Macht*』(1960)에서 인간과 유충의 상호변신을 이야기하는, 오스트레일리아 북부 아란다족의 신화를 들려준다. 이 신화에서 유충과 인간은 조상이 같으며, 그러한

33 같은 책, 172쪽.

유충이 변해 인간이 된다. 비록 인간이 유충을 잡아먹을지라도, 인간은 가끔 유충이 되고 싶은 욕망을 갖게 되어 유충으로 변했다가 다시 인간의 모습으로 돌아온다.[34] 여기서 인간의 동물-되기는 인간의 근원이 토템동물임을 지시할 뿐만 아니라, 변신을 통해 죽은 유충을 되살리며 유충 및 그것과 밀접히 연결된 인간 자신을 증식시키는 기능을 갖기도 한다. 비단 토템 신화에서만 인간의 동물로의 변신 이야기가 등장하는 것이 아니라, 토템 제의에서도 토템동물로 변장해 변신하는 의식이 벌어지곤 한다. 즉 원시사회에서 동물-되기는 사회적으로 중요한 의미를 지니고 있었으며 긍정적으로 평가되었던 것이다.

『눈 속의 에튀드』에서 바바라가 토스카를 자기 안으로 불러들이는 것을 이름처럼 바바라가 자기 내면의 곰을 불러내며 곰-되기를 수행하는 것으로 해석할 수 있다면, 즉 들뢰즈와 가타리가 말한 의미에서 인간의 동물-되기로 해석한다면, 인간과 동물은 더 이상 명확한 경계를 통해 서로 구분되는 것이 아니라 상호적인 비식별 지역으로 들어서면서 자기 안에서 상대방을 발산시킬 수 있는 잠재력을 갖고 있는 것으로 간주될 수 있다.

> 동물-되기가 이루어지는 방식은 꿈도 환영도 아니다. 그것은 전적으로 실재적이다. […] 만일 동물-되기의 본질이 동물을 연기하거나 동물을 흉내내는 것이 아니라면, 인간이 '실제로' 동물로 변할 수 없거나 동물이 '실제로' 다른 무언가로 변할 수 없다는 것

34 Elias Canetti, *Masse und Macht*, Frankfurt a.M., 2017, 413-414쪽 참조.

도 분명하기 때문이다.[35]

따라서 동물-되기란 인간이 다른 동물로 이행하며 하나의 존재로 변신해가는 실체적 변신이 아니라, 다양체로서의 인간이 자신 내의 특이성을 이루는 한 지점으로서의 동물과 연결접속하며 그러한 동물성을 분자적으로 발산시키는 강도적 변신이라고 할 수 있다. 이처럼 인간과 동물의 전통적 구분을 허물어뜨리는 탈경계적인 동물-되기는 더 나아가 산 자와 죽은 자의 경계를 넘어서는 탈경계 행위로도 발전할 수 있다. 그것은 '내' 안에 들어 있지만 망각된 다양한 망자 내지 유령을 불러내 그들과 소통하며, '내' 속의 타자성을 인식하는 행위가 된다.

이와 관련해 3장 마지막에서 크누트를 돌보던 마티아스가 떠난 후 갑자기 등장한 미하엘[36]이라는 인물에 주목할 필요가 있다. 어느 날 시장이 초대한 파티에서 크누트는 처음으로 미하엘이라는 남자를 알게 되는데, 그는 다음날 밤 크누트의 방에 있는 컴퓨터 화면에 등장한다. 특징적인 것은 이 미하엘이라는 남자가 "손목시계도 차고 있지 않았고, 머리에서 발끝까지 흑표범처럼 매끈하고 우아했다는 것이다."[37] 무엇보다 그는 밤에 기온이 떨어지면, 즉 추

---

35 G. Deleuze & F. Guattari, *Tausend Plateaus*, 324쪽.

36 "미하엘. 이 이름을 러시아 애칭인 미샤와 연결시키면, 이것이 곰과 동의어라는 사실이 드러난다." L. Werry, "(Re)lectures", 220쪽.
따라서 마티아스의 유령이자 그의 타자라고 할 수 있는 미하엘이 곰이라면, 이는 곧 북극곰 크누트가 마티아스와 맺고 있는 관계가 자아 속 타자의 관계임을 의미한다.

37 Y. Tawada, *Etüden im Schnee*, 306쪽 이하.

워지면 크누트를 찾아온다. 이처럼 차가운 밤이 찾아와 이성적이고 합리적인 낮의 노동세계를 중단시킬 때, 일상의 시계는 멈추고 죽은 자는 산 자를 찾아오며 인간은 동물-되기를 수행한다. 그러한 자유의 순간은 '내' 속에 숨어 있는 타자성이 발현되는 순간이며, 단일한 정체성이 파괴되고 '내'가 다양체로 변신하는 순간이다.

북극곰-되기의 의미

앞 절에서 동물-되기의 의미를 살펴보았다면, 이번 절에서는 다와다 요코가 이 소설에서 주요 등장인물로 그 많은 동물 가운데 하필 북극곰을 선택한 이유가 무엇인지 살펴보고자 한다. 다와다 요코는 자신의 여러 소설에서 동물을 등장시키곤 한다. 가령 『목욕탕』에는 쥐, 박쥐, 물고기가 등장한다. 서술자이자 주인공인 일본인 여성의 또 다른 자아인 화상 입은 여성의 집에는 쥐들이 득실거린다. 여기에 등장하는 쥐는, 서술자가 어린 시절에 살던 집에 있었지만 지금은 죽고 새장에 뼈만 남은 쥐를 연상시키기도 한다. 쥐의 특성이 엄청난 번식력과 그로 인해 소멸할 염려가 없는 것이라고 한다면, 이러한 증식의 특성은 들뢰즈와 가타리가 말한 자아의 다양체적 특성과 연결된다. 또한 이 소설에서 쥐가 나중에 박쥐가 되어 썰매를 끌고 갈 때, 이는 구획되고 경계가 그어진 대지에서 벗어나는 새의 자유를 상징적으로 보여준다.[38] 그 밖에 물고기는 유동적인 물의 속

38 정항균, 「투명한 관, 유령의 집: 다와다 요코의 『목욕탕』에 나타난 장소와 정체성의 관계」, 『뷔히너와 현대문학』 51권(2018), 258쪽 참조.

성 및 매끄럽지 않은 비늘로 인해 매끄러운 단일한 정체성을 부정하는 상징적 의미를 갖는다.

그런데 다와다 요코는 『눈 속의 에튀드』에서 위에서 언급한 동물들 대신 북극곰을 주인공으로 등장시킨다. 거기에는 특별한 작가의 의도가 숨어 있으며, 그러한 의도를 밝혀냄으로써 동물-되기의 다양한 의미가 좀 더 잘 드러날 수 있다.

3부에서 크누트는 동물원에서 사육사와 함께 아침 산책을 하며 다른 동물들을 만난다. 이때 크누트는 자신과 다른 동물들을 비교하며 자신에게 없는 특징을 발견한다. 가령 크누트는 날개 달린 새와 자신의 차이를 인식하며, 쥐나 인간 또는 자신과 같은 북극곰에게 왜 날개가 없는 것일까 생각한다. 그러면서 그런 날개가 있었더라면 창가로 날아가 바깥세상을 볼 수 있었을 거라고 생각하며, 넓은 바깥세상을 보지 못하며 갇혀 있는 자신의 상태를 안타까워한다. 여기서 크누트뿐만 아니라 인간에게 결여된 특성, 즉 지상에 발을 디디지 않고 자유롭게 공중을 비행하는 새의 자유로움이 언급된다. 다른 한편 크누트는 무리를 지어 다니는 늑대와 단독자인 북극곰을 비교하기도 한다. 나아가 멸종할 위험이 있는 판다곰이 귀여운 모습으로 인간의 보호본능을 불러일으켜 멸종을 피하려 하는 반면, 무한히 증식하는 쥐의 무리는 그럴 필요가 없어 귀여운 모습을 띨 필요가 없다고 말한다. 여기서 항상 떼를 이루는 쥐라는 동물의 특성이 부각되는 반면, 북극곰은 이와 달리 멸종의 위기에 처한 단독자의 모습으로 등장한다.

그러나 이러한 쥐가 이 작품의 주인공은 아니다. 바바라가 이전의 집에 살던 쥐와 헤어지기 싫어 이사하고 싶지 않다고 하자, 어머니는 새로운 장소가 새로운 동물을 가져다준다며 그녀를 달랜다. 실제로 그녀는 새집과 얼마 떨어지지 않은 곳에 위치한 서커스단을 발견하며, 이로써 새로운 동물, 북극곰을 만나게 된다. 그것은 마치 다와다 요코가 이전의 소설인 『목욕탕』에서 쥐라는 동물을 내세운 데 반해, 이 소설에서는 북극곰을 내세운 것과 유사하다. 새가 지닌 자유(대지로부터의 벗어남)와 쥐라는 동물이 갖는 무리적 본성(다양체로의 특성)이 결여된 북극곰이 어떻게 『눈 속의 에튀드』의 동물주인공으로 등장할 수 있었을까?

첫 번째 이유로 이 작품에서 언급되는 북극곰의 특성인 겨울잠을 들 수 있다. 1부에 서술자로 등장하는 북극곰은 자신의 "글쓰기가 겨울잠과 별반 다르지 않았다"[39]고 말한다. 실제로 이 작품에 등장하는 서술자들은 자서전이나 전기를 쓰려고 하지만, 그 중간중간에 현실과 환상을 뒤섞어놓는 몽환적인 이야기들이 등장한다. 이러한 이야기들은 인간 서술자가 북극곰으로 변신하며 겨울잠을 자는 것처럼 글을 씀으로써 가능하다. 특히 '겨울'잠의 글쓰기는 숨통을 조이는 무더운 노동세계에서 벗어나 자유롭게 상상하며 탈경계적으로 행동하는 것을 가능하게 하는 전복적인 기능도 지닌다.

또한 곰의 겨울잠은 장기간 지속되는 특성을 지닌다. 1부의 서술자인 북극곰은 노동의 세계에서 너무 바쁘게 살아가느라 잠을 충분히 자지 못한다. 그는 자신의 조상들은 불면증에 시달리는 법이 없었다며 부러워하기도 한다. 3부에서 크누트가 만난 어느 인도산 입술곰은 무위의 용기에 대해서 이야기하는데, 이는 프로테스탄

39 Y. Tawada, *Etüden im Schnee*, 21쪽.

트적인 윤리에 따라 노동이 찬미되는 사회에서 무언가를 하지 않으려면 특별한 용기가 필요하다는 뜻으로도 해석이 가능하다. 이런 점에서 겨울잠은 그러한 노동세계로부터의 일탈 내지 그러한 세계에 대한 저항의 의미를 지닌다고 말할 수 있을 것이다.

앞에서 말한 특징과 연결되는 북극곰의 두 번째 특징은 혹한의 추위에서 산다는 것이다. 이 작품에서 여러 번 더위 때문에 괴로워하는 북극곰의 모습이 등장한다. 1부에 서술자로 등장하는 북극곰도 캐나다 같은 추운 곳으로 이민하고 싶어 하고, 3부의 크누트 역시 더운 베를린을 떠나 언젠가 추운 북극으로 갈 수 있기를 소망한다. 여기서 더위가 카프카에게서와 마찬가지로 사람을 질식시키는 노동세계를 의미한다면, 겨울잠을 요구하는 혹한의 추위는 그에 맞선 무위, 나아가 자유의 세계와 연결된다. 1부의 북극곰은 자신이 추위를 얻기 위해 모든 희생을 감수할 수 있다며, 그것이 지닌 다양한 의미를 열거한다.[40]

여기서 열거되지 않은 또 한 가지의 의미가 있다면, 그것은 카프카의 작품에도 등장하는 모피외투를 입은 여성이 상징하는 모계적인 법과 추위의 연관성이다. 소설에 묘사된 서커스단 내의 훈육이나 서커스단에 대한 국가의 검열에서 드러나듯이, 관료주의적인 국가는 근대가 내세우는 자유의 이면을 보여준다.[41] 가부장적인 사

---

40 같은 책, 59쪽: "얼음처럼 차가운 진리. 발이 시릴 정도의 용감한 곡예. 모든 경쟁자들을 창백하게 하고 추워서 벌벌 떨게 만드는 재능. 고드름처럼 예리하게 벼려진 이성. 추위는 넓은 스펙트럼을 지닌다."

41 키틀러는 전통적인 학문에 대항하며 학문적 자유를 추구하면서도 메피스토와의 계약을 통해 새롭게 관료주의적인 국가에 예속되는 파우스트를 통해 근대의

회와 그러한 법질서는 근대 이후 유럽사회를 여전히 지배하는 것으로 묘사된다. 그러한 관료주의적 통제와 억압은 서커스단에서 채찍으로 동물을 조련하는 것으로 비유되기도 한다.

그런데 이러한 사회에서 억압되는, 인간 속의 타자로서의 야수성은 때로는 오히려 서커스단에서 역설적으로 발현되기도 한다. 1미터 58센티미터의 조그만 체격을 지닌 바바라가 바닥에 채찍을 내리치며 무대 위의 북극곰을 연기시킬 때, 관객들은 그러한 채찍이 그녀에게 북극곰을 통제할 수 있는 힘을 제공한다고 믿는다. 하지만 실제로 그러한 채찍은 오케스트라 지휘자의 지휘봉처럼 동물들의 공연을 조율하는 기능을 할 뿐이다.

> 내가 채찍을 내리치자 호랑이가 조용해졌다. 호랑이는 처음부터 나를 위협할 생각이 없었다. 그는 이 시점에 한 번 크게 으르렁거리면 작은 고기완자를 얻으리라는 것을 알고 있었다. 하지만 관객들은 내가 채찍질을 함으로써 맹수 간의 까다로운 관계를 다시 통제했다고 믿었고 그래서 내게 우레와 같은 박수갈채를 보냈다.[42]

여기서 채찍질은 위협을 통한 통제를 의미하는 것이 아니라, 마조히즘에서 모피외투를 입은 여성이 채찍질을 할 때처럼 일종의 계약을 통해 추후의 욕망충족을 약속하는 기능을 갖는다. 마조히즘

모순성을 지적한다. F. Kittler, *Aufschreibesysteme 1800·1900*, 31쪽 참조.

42 Y. Tawada, *Etüden im Schnee*, 194쪽.

의 계약에서 선한 어머니상을 구현하는, 북구에서 온 모피 입은 여성이 초자아를 상징하는 남성을 채찍질하며 가부장적인 법을 파괴하고 추후에 생겨날 쾌락을 약속하듯이,[43] 여기서도 바바라라는 여성이 바닥을 내리치는 채찍질은 동물적 욕망을 억압하는 가부장적인 법질서를 상징한다기보다는 오히려 동물적 욕망의 충족을 약속하는 기능을 갖는다. 그러나 이 소설에 등장하는 북극곰들이 하는 공연은 모두 그들에게는 여전히 더운 도시들에서 행해지는 공연이고, 바바라도 모피를 입은 여성이 아니라 수영복을 입은 여성으로 등장하기 때문에, 그러한 공연은 진정한 자유와 해방을 가져다줄 수 없다. 1부에 등장하는 북극곰의 "꿈은 살을 에는 추위에 무대에서 새로운 공연을 준비해 관객의 우레와 같은 박수갈채를 받는 것이었"[44]는데, 이는 욕망과 법이 서로 충돌하지 않을 새로운 모계적인 법질서가 아직 현실에서는 실현되지 못한 꿈으로 남아 있음을 암시한다.

세 번째 특징은 곰이 노래와 춤을 통해 유령이나 망자와 소통한다는 것이다. 1장에서 서술자인 북극곰은 중세에 기사나 수공업

---

43 "(그러므로 채찍질은 처벌이나 성적 흥분을 방지하는 것이 아니라 오히려 그것을 자극하며 보장해준다). 이것은 법의 불합리성을 드러내는 논증이다. 마조히스트는 법을 처벌과정으로 간주하며, 그러므로 스스로에게 처벌을 요구한다. 그러나 처벌이 끝나면 지금까지 법이 금지해왔던 쾌락을 경험할 자격이 주어진 것처럼 느낀다. 마조히즘에서 유머의 본질은 바로 이것이다. 처벌이라는 위협을 통해 욕망의 충족을 금지하던 법이 처벌 후에는 당연히 욕망의 충족이 뒤따라야 한다고 주장하는 법으로 변하는 것이다." 질 들뢰즈, 『매저키즘』, 이강훈 옮김, 인간사랑, 2007, 106쪽(번역문 중 매저키스트는 마조히스트로, 매저키즘은 마조히즘으로 바꿔 번역).

44 Y. Tawada, *Etüden im Schnee*, 61쪽.

자가 곰을 생포해 길거리에서 춤추게 하며 그를 조롱하고 경멸했지만, 곰 자신은 그러한 춤을 통해 전혀 다른 것을 의도했다고 말한다. "그는 군중과 함께 황홀경에 빠지거나 또는 춤과 음악을 통해 유령 및 망자와 소통하려 했던 것이다."[45] 즉 곰의 춤은 망자를 불러내는 의미를 지니는 것으로 간주된다. 이 작품에서 여러 차례 자신을 신의 지위에 올려놓는 호모 사피엔스의 오만함이 북극곰의 시각에서 희화되는 반면, 곰을 신으로 숭배하는 소수민족들이 북쪽에 있었다는 사실이 언급된다. 여기서 이미 곰을 숭배하는 원시적인 제의의 중요성이 암시된다. 원시적인 제의에서 인간이 곰으로 변장하여 춤을 추며 죽은 곰을 되살려내고 인간과 곰의 상징적 교환을 가능하게 했듯이, 이 작품에서도 북극곰-되기는 유령이나 망자와 소통하는 기능을 갖는다. 왜냐하면 소설인물들의 또 다른 자아로 등장하는 북극곰으로의 변신은 나아가 그들 안에서 유령처럼 떠도는 타자에 주목하게 하며 그것을 인식할 수 있도록 만들기 때문이다.

네 번째 특징으로 곰의 후각 발달을 들 수 있다. 곰은 개보다도 훨씬 후각이 발달해 몇 킬로미터 밖의 냄새도 맡을 수 있다. 곰의 이러한 탁월한 후각 능력은 이 소설에서도 여러 차례 강조된다. 1부에 등장하는 북극곰은 자신의 후각 능력을 사무실 업무에 활용하여 냄새로 중요한 계산과 그렇지 않은 계산을 구분해내기도 한다.

후각은 내게 오감 중 가장 믿을만한 감각이었고 지금까지도 그런

45 같은 책, 37쪽.

> 것으로 남아 있었다. 내가 어떤 목소리를 들을 때, 그 목소리를 지닌 사람이 그 자리에 있다는 것을 항상 의미하지는 않는다. 축음기나 라디오도 목소리를 재현할 수 있다. 나는 내 시각기관도 믿을 수 없다. 박제한 갈매기나 곰 가죽으로 변장한 사람: 그것들은 내 눈을 속이려는 껍데기에 지나지 않는다. 하지만 나는 냄새에는 쉽게 속아 넘어가지 않는다. 나는 어떤 사람이 담배를 피우는지, 양파를 즐겨 먹는지, 새로운 가죽구두를 신고 있는지, 월경을 하는지를 냄새 맡을 수 있다. 향수의 향기로는 땀 냄새와 겨드랑이 냄새, 마늘 냄새를 감출 수 없다.[46]

이처럼 이 소설에 등장하는 북극곰은 눈이 어두워 시각적으로 무언가를 제대로 인식하지는 못하지만, 그러한 결함을 뛰어난 후각으로 만회한다. 그런데 이러한 후각적 능력은 인간에게는 동물적 특성을 보여주는 것으로 간주되며 평가절하되곤 한다. 반면 인간은 특히 근대 이후 시각문화를 발달시키면서 스스로 관찰자가 되고 인간 외의 모든 존재를 관찰대상으로 삼으며 인간중심적인 문화를 발전시켜왔다. 특히 이러한 시각문화는 관찰을 통해 법칙을 추론해내며 합리적 사고를 발달시켜 이성적인 특성과 연결되기도 한다. 그러나 쥐스킨트는 『향수*Das Parfum*』(1985)에서 시각문화로 대변되는 합리적 이성의 한계를 지적하고 개념어로 포착할 수 없는 것들을 간파해내는 후각을 통해 로고스 비판을 수행한다. 이 소설에서도 다와다 요코는 북극곰의 발달된 후각 능력을 통해 시각에 기반

46 같은 책, 38쪽.

을 둔 인간이성의 한계를 드러낸다.

마지막으로 다섯 번째 특징은 물과 유빙 사이를 오가는 북극곰의 특성이다. 1부에 등장하는 북극곰은 꿈속에서 일각수로 변신한다. 그는 물속에서 안전하다고 느끼며 편안하게 헤엄치지만, 빙하의 끝부분과 부딪혀 뿔이 깨져 균형을 잡을 수 없게 되자 익사 위기에 처한다. 일각수의 뿔이 기독교에서 인간을 위한 구원의 뿔로 간주된다면, 그러한 뿔의 상실은 구원의 위기를 나타낸다. 물속에서 영원히 헤엄칠 수 없는 일각수가 뿔을 상실하여 익사할 위기에 처했다는 것은 상상이 아닌 현실의 세계에서 우리가 아무런 경계도 없이 무한히 유동적인 상태로 살 수 없음을 의미한다. 나중에 북극곰은 자신이 물고기가 아니어서 영원히 물속에 있을 수만은 없어서 유빙을 찾아 결국 발견하지만, 신체의 온기로 유빙이 녹아 자신이 서 있을 수 있는 유빙이 줄어들었음을 한탄한다. 이는 한편으로 환경오염으로 인한 온난화 현상에 대한 비판으로 읽을 수도 있지만, 다른 한편으로 이성적으로 포착될 수 없는, 북극곰으로 대변되는 야수성이 오직 그와 상반되는 구획된 세계에서만 나타날 수 있음을 의미하기도 한다. 그러나 그러한 땅은 질서정연한 정주의 세계가 아니라 물로 뒤덮인 유빙의 차가운 세계이며, 이로써 언제든지 유동적인 탈경계성으로 전환될 수 있다.

위에서 살펴본 북극곰의 특징을 통해 이 소설에서 북극곰-되기의 의미를 추론할 수 있다. 그것은 억압적인 가부장적 질서와 훈육적인 노동세계의 질서가 지배하는 이성중심적 세계에서 유령처럼 떠도는 억압된 타자로서의 야수성을 분출시키는 것을 의미한다. 비록 인간이 모든 경계와 질서가 사라진 세계에서 살 수 없을지라도, 그로부터 일순간 벗어나는 탈경계적인 움직임은 반드시 필요하다. 다와다 요코는 유빙과 물 사이를 오가는 북극곰이라는 존재를 통해 이를 보여준다.

4 문자의 변신과 제의적 글쓰기

『변신』

문자에 대한 성찰과 제의적 글쓰기

다와다 요코는 튀빙엔 시학강연집 『변신』에서 목소리, 문자, 얼굴이라는 세 가지 주제를 중심으로 자신의 시학에 대해 이야기한다. 언뜻 보기에 그녀는 이 책에서 자신의 문학작품에서와 달리 자신의 글쓰기에 대해 직접적으로 설명하고 있는 듯한 인상을 준다. 독자 역시 이 책을 읽으면서 매체로서의 문학텍스트나 정체성과 관련된 변신이라는 주제에 대해 그녀가 지닌 생각을 직접적으로 알아낼 수 있기를 기대하게 된다. 그런데 흥미로운 것은 다와다 요코가 이 책을 통해 세계와 자기 자신에 대한 이해를 가능하게 하는 동시에 또 다른 비밀을 만들어내고 있다는 사실이다. 엄밀히 말해 이 책은 수수께끼를 해명하는 책이 아니라 수수께끼를 만들어내는 책이다. 그런 의미에서 이 책은 다와다 요코의 시학에 관한 책일 뿐만 아니라, 어떤 의미에서는 일종의 문학작품의 성격도 띠고 있다고 할 수 있다.[1] 컴퓨터로 일본어 음절문자인 히라가나를 쳐서 그것을 표의

---

1 겔처도 다와다 요코의 이론이나 시학을 그녀의 작품과 분리해 생각할 수 없

문자인 간지로 바꾸려고 하다가 예기치 못한 엉뚱한 단어가 찾아진 것을 보고, 다와다 요코는 마치 컴퓨터가 자신에게 글쓰기가 비밀을 만들어낸다고 말하려는 것 같다고 말한다.[2] 이처럼 비밀을 만들어내는 글쓰기는 신비로운 제의적인 글쓰기이기도 하다.

다와다 요코 연구자들은 지금까지 그녀의 제의적 글쓰기에 크게 주목하지 않았다. 예외적으로 그녀의 제의적 글쓰기에 주목한 사람으로 그녀를 대학시절에 가르쳤던 지크리트 바이겔을 들 수 있다. 바이겔은 『변신』에 들어 있는 '일본유령을 위한 이메일E-MAIL FÜR JAPANISCHE GESPENSTER'이라는 글을 "다와다 요코의 글쓰기의 핵심텍스트"[3]로 간주한다.

> 이처럼 기억된 제의적인 배경하에서 다와다의 글쓰기가 전적으로 초혼의 문제를 다루고 있다는 것이 분명해진다. 그녀는 그렇게 함으로써 과거시대의 사라진 문자의 형상성을 독일어에서 다시 부활시키려고 한다.[4]

이와 같이 바이겔은 다와다 요코의 글쓰기가 지닌 제의적 특성을 올바로 지적하면서도, 이것이 과연 구체적으로 어떤 의미를 갖고

을 정도로 둘이 서로 긴밀하게 얽혀 있다는 사실을 언급한다. Florian Gelzer, ""Wenn ich spreche, bin ich nicht da." Fremdwahrnehmung und Sprachprogrammatik bei Yoko Tawada", *Recherches Germaniques* 29(1999), 67쪽 참조.

2 Y. Tawada, *Verwandlungen*, 28쪽 참조.

3 S. Weigel, "Suche nach dem E-Mail für japanische Geister", 139쪽.

4 같은 글, 140쪽.

있는지 분석하지 않고 단지 그것을 언급하는 수준에 그치고 만다.

몇몇 다와다 요코 연구자가 『변신』에서 다루는 문자매체를 성찰하며 그것의 형상성을 강조한 것은 올바른 시도로 보이지만, 이들은 몇 가지 점을 놓치고 있다. 첫 번째는 다와다 요코가 문자매체의 형상성을 넘어서 그것의 공간적 특성을 강조하고 있다는 사실이다. 그녀는 우리가 단순히 글을 쓰는 것이 아니라 종이나 화면에 문자를 '놓는' 행위를 하고 있다고 말하면서, 공간에 문자를 배열하며 문자텍스트를 조직하는 행위를 강조한다. 이러한 문자텍스트가 제의적 글쓰기라는 맥락에서 어떤 의미를 지니는지 밝혀야 한다. 두 번째로 다와다 요코 연구자들은 화면에 비친 시각적인 문자매체에만 초점을 맞출 뿐, 글 쓰는 사람의 신체 내부에 새겨지는 문자에 대해서는 거의 언급하지 않는다. 그러나 다와다 요코에게서는 이러한 신체 내부적 글쓰기와 신체 외부적 글쓰기가 서로 분리되어 있는 것이 아니라 긴밀히 연관되어 있기 때문에, 이러한 연관관계를 제의적 글쓰기와 연결시켜 살펴볼 필요가 있다. 세 번째는 문자의 변신 능력 및 그것과 동물의 연관성이다. 알파벳[5] 문자의 변신 능력 자체는 『변신』에서 명확하게 언급되고 있고, 많은 연구자가 그러한 측면을 강조하고도 있지만, 정작 이와 함께 다루어지는 문자와 동물의 관계에 대해서는 깊이 있게 다루지 않고 있다.

5 표음문자는 크게 음절문자와 알파벳 문자로 구분된다. 자음과 모음이 분리되는 서양의 알파벳이나 한글이 알파벳 문자의 범주에 포함된다면, 일본어처럼 자음과 모음이 따로 분리되지 않는 문자는 음절문자에 속한다. 여기서는 서양의 알파벳 문자와 일본의 표의문자(간지)를 비교하는 다와다 요코의 논의를 좇고 있기 때문에, 알파벳 문자라는 말로 서양의 알파벳을 지칭함을 밝혀둔다.

여기서는 문자의 동물-되기와 동물의 문자-되기라는 개념으로 양자의 긴밀한 관계를 설명할 것이다. 마지막으로 문자가 단순히 말의 기록이 아니라 그 외의 여러 기능을 가지고 있다고 한다면, 여기서는 특히 제의적 맥락에서 망각된 망자를 기억하고 불러내는 초혼의 글쓰기에 초점을 맞추고자 한다. 물론 기존의 연구에서 과거 표의문자가 지닌 형상성이 표음문자의 시대에 잊히고 있으며 다와다 요코가 이를 상기시키려 한다는 점이 언급되고 있지만, 여기서는 이러한 점을 유령 및 죽음과 관련해 살펴보며 제의적 글쓰기와 연결시킬 것이다.

다와다 요코는 이처럼 문자에 대한 다양하고 심도 있는 성찰을 통해 표음문자의 전통에 갇혀 있는 현대인에게 문자에 대한 새로운 인식을 열어준다. 그러나 이러한 문자에 대한 성찰은 매체적인 이해의 차원을 넘어 다와다 요코의 시학에 대한 통찰을 가능하게 해주기도 한다. 이 장에서는 그녀의 제의적 글쓰기가 과거의 전통을 부분적으로 이어받으면서도 그것의 형이상학적 맥락에서 벗어나 새로운 의미를 부여받으며 비판적 기능을 수행하고 있음을 보여줄 것이다.

타자기의 신화: 문자(텍스트)의 공간성 및 신체성

다와다 요코는 자신이 글을 쓰기 전에 일종의 의례 같은 것을 한다고 말한다. 그녀는 곧장 글쓰기에 들어갈 수 없으며, 그 전에 “우선 향을 피워야 한다. […] 그리고 작업실에 있는 왼쪽의 위쪽 창문을 열어야 한다. 그다음에 자리에 앉아 필기구를 정돈하고 박수를 두 번 쳐야 한다."[6] 마치 차를 마시기 전에 다도를 하듯이, 다와다 요코는 글쓰기 전에 이러한 의식을 행하는 것이다.

그렇다면 이러한 의식은 왜 필요한가? 이에 대해 다와다 요코는 이렇게 설명한다. "글쓰기 전에 나를 붙잡아두는 이러한 제의적 행위들은 일상적인 상태로부터 다른 상태, 즉 글쓰기로 넘어가기 위해 반드시 필요한 것처럼 보인다."[7] 전통사회에서 제의란 사람들이 일상적 삶에서 빠져나와 망자를 불러내고 신과 접촉할 수 있도록 만드는 기능을 갖는다. 마찬가지로 다와다 요코에게 글쓰기가 일상적인 상태와 전적으로 다른 어떤 상태를 지시한다면, 그것을 위해 역시 일종의 제의가 필요한 것이다.

> 근대 유럽에서 살아 있는 자의 의식 속에서 망자의 세계는 개인적 기억은 물론 문화적 기억에서도 독자적인 장소를 갖고 있지 않다. 죽음은 오직 주체의 부정으로 생각될 뿐이다. 장 보드리야르는 망자가 삶에서 배제되는 것을 근대의 가장 눈에 띄는 현상들 중 하나로 간주한다.[8]

다와다 요코는 자신의 박사학위논문인 『유럽문학에 나타난 장난감과 언어마술』에서 원시사회에서는 살아 있는 인간과 망자의 소통이 자유로웠고 삶과 죽음이 서로 교환될 수 있었던 데 반해, 근

6 Y. Tawada, *Verwandlungen*, 35쪽.

7 같은 곳.

8 Y. Tawada, *Spielzeug und Sprachmagie in der europäischen Literatur*, 208쪽.

대 이후로 망자가 삶에서 추방되었고 삶과 죽음의 경계가 확고하게 세워졌다고 말한다. 이러한 상황에서 다와다 요코는 문학의 과제가 다시 언어마술을 도입함으로써 망자들을 불러내고 그들의 귀환을 서술하는 것에 있다고 주장한다.

이러한 의미에서 글을 쓰기 전에 일종의 의식으로서 제의가 필요할 뿐만 아니라, 더 나아가 글쓰기 자체가 일종의 제의가 되어야 한다. 그런데 그녀는 "나는 글을 쓰는 동안, 알파벳 자모를 놓는다"[9]라고 말한다. 이때 "알파벳 자모를 놓는 행위는 결국 일종의 제의일 수 있는데, 왜냐하면 그것을 통해 글 쓰는 상태에 도달해야 하기 때문이다."[10] 그런데 여기서 알파벳 자모를 놓는다는 것은 무엇을 의미하는가? 보통 신문과 같은 활판 인쇄에서 판에 활자를 놓는 사람을 식자공이라고 부른다. 이러한 식자공은 인쇄판에 활자들을 배열하여 조판을 한 후 윤전기를 돌려 신문을 찍어낸다. 그런데 다와다 요코는 왜 식자공이 아닌 작가가 알파벳을 놓는다는 말을 하는 것일까?

이를 이해하기 위해서는 문자와 말의 차이, 즉 문자텍스트의 매체적 특수성을 이해해야 한다. 우리는 보통 문자를 말을 기록하는 것이라고 생각한다. 즉 문자는 시간적으로 흘러가는 말의 흐름을 그대로 기록하며, 그래서 가령 왼쪽에서 오른쪽으로 진행되는 어떤 방향성, 플루서의 말을 빌리자면 역사성을 지니게 된다.[11] 그

9 Y. Tawada, *Verwandlungen*, 34쪽.

10 같은 책, 35쪽.

11 플루서는 그림을 현실과 구분되지만 여전히 공간적인 특성을 지닌 2차원적인 것으로 간주하는 반면, 2차원적인 장면을 이야기하는 문자텍스트는 선형적

래서 문자를 사용하는 인간은 역사적 의식을 발전시킬 수 있다는 것이다. 그런데 이처럼 문자를 단순히 말의 기록으로 이해할 경우, 문자는 말에 대해 종속적이고 부차적인 지위를 갖게 되며 그 고유의 매체성을 상실해버린다. 그런데 정말 문자에는 그런 단순 기록의 기능밖에 없는 것일까?

여기서 알파벳 자모를 '놓는' 행위에 주목할 필요가 있다. 우리는 글을 쓸 때, 단순히 그것을 직선적으로 써나가는 것이 아니다. 오히려 우리는 자모를 특정한 공간에 배치하여 놓는다. 가령 제목은 가장 위에 배치하고 그것의 글자를 크고 진하게 쓰며, 그로부터 몇 칸 띄우고 본문을 시작한다. 각주는 항상 페이지의 마지막 하단부에 위치시키고 작은 글씨로 본문과 구분하며 각주번호를 통해 그것이 본문에 종속된 것임을 표시한다. 다시 말해 우리는 알파벳 자모를 공간적으로 배치하며,[12] 일종의 지도를 제작하듯이 글을 쓰

인 역사성을 지닌 것으로 간주한다. Vilém Flusser, *Kommunikologie*, Frankfurt a.M., 2003, 88-89쪽 참조.

12 다와다 요코는 매년 3월 소녀의 날에 일본의 가정에서 전시되는 히나닌교라는 인형들의 배치와 관련해 인형문자의 공간성에 대해 이야기한다. "그것들은 명백히 문자의 특성을 보여준다. 적어도 15개의 인형들로 이루어진 완전한 인형 그룹이 그것을 위해 마련된 계단 위에 세워진다. 인형들은 모두 정확히 숙고된 서열에 따라 배치되며, 그 결과 전체 그림은 '위계질서'를 나타낸다. 가장 위 계단에는 왕과 왕비를 나타내는 두 개의 인형이 앉아 있다. 바로 밑에는 궁정의 고위관리들, 판서들, 궁녀들과 음악가들이 앉아 있다. 하녀들과 하인들은 가장 아래 계단에 있다. 인형들은 수직적인 위계질서라는 사회적 규범을 포착하고 있다. […] 위계질서를 모사하는 히나닌교의 기능은 틀림없이 중세에 사라지려고 한 사회적 구조를 인형문자로 붙잡아두려는 욕망에서 생겨났을 것이다." Y. Tawada, *Spielzeug und Sprachmagie in der europäischen Literatur*, 99쪽 이하.
위의 인용문에서 눈에 띄는 것은 다와다 요코가 문자를 종이나 화면이라는 2차

는 것이다. 또한 우리는 타자기로 글자를 칠 때도 이러한 문자(텍스트)의 공간성을 쉽게 인식할 수 있다. 왜냐하면 타자기의 자판 위에서 문자는 공간적으로 배열되어 있으며, 우리는 각각의 알파벳 자모가 놓여 있는 그러한 공간을 찾아 자판을 누르며 글씨를 쓰기 때문이다. 다와다 요코도 『변신』에서 타자를 치는 손가락이 개울 위의 돌다리를 건너는 사람의 다리와 비슷하다면서, 타자를 잘못 치는 것을 돌다리를 건너다가 균형을 잃고 물에 빠지는 것에 비유한다.[13] 여기서 다와다 요코는 타자 치는 행위를 비유를 통해 공간적 이미지로 전환하고 있다. 이것은 문자가 말과 달리 시각적일 뿐만 아니라 공간적인 속성을 지니고 있음을 의미한다.[14] 바로 이러한 시각성, 나아가 공간성이 말과 구분되는 문자(텍스트)의 매체적 특성 중 하나인 것이다.[15]

원의 공간에 쓰인 것에 국한시키지 않고 3차원의 공간에 있는 사물까지 포함할 수 있는 개념으로 확장해서 사용하고 있다는 점이다. 또한 여기서 언급되고 있는 인형문자들이 계단이라는 장소에 특정한 질서에 따라 배열됨으로써 문자의 공간적 특성이 더욱 두드러지게 나타난다.

13 Y. Tawada, *Verwandlungen*, 27쪽 참조.

14 가령 점자는 맹인에게는 보이지 않으므로, 이 경우 문자는 시각성 내지 형상성을 띤다고 하기는 어렵지만, 여전히 공간성은 갖고 있다. 문자텍스트가 지닌 공간적 성격, 지도제작술과의 연관성은 다음의 글을 참조하시오. Sybille Krämer, ""Schriftbildlichkeit" oder: Über eine (fast) vergessene Dimension der Schrift", *Bild-Schrift-Zahl*, S. Krämer & Horst Bredekamp (Hrsg.), München, 2009, 165-166쪽.

15 그런데 크레머는 목소리를 단순히 시간적인 현상으로만 간주하는 것을 그것이 전달하는 의미내용에만 초점을 맞춤으로써 생긴 오류로 간주하며, 목소리가 특정한 분위기 내지 분위기의 공간을 만들어내는 공간 형성적 기능이 있음을 지적한다. S. Krämer, "Die ›Rehabilitierung der Stimme‹. Über die Oralität hinaus", *Stimme*, Doris Kolesch & S. Krämer (Hrsg.), Frankfurt a.M., 2006, 281쪽 참조.

이처럼 우리가 알파벳을 단순히 선형적으로 쓰는 것이 아니라 공간적으로 배치하고 '놓는' 것으로 인식을 전환함으로써 문자텍스트를 완전히 다른 방식으로 이해할 수 있게 된다. 왜냐하면 우리는 문자텍스트에서 검은 글자뿐만 아니라 그 사이의 하얀 여백, 즉 사잇공간[16]에도 주목할 수 있게 되기 때문이다. 바로 이러한 사잇공간은 다와다 요코에게 중요한 의미를 갖는다. 사잇공간은 우리가 일상에서 미처 인지하지 못한 어떤 것을 인식하며 새롭게 이해하는 공간이다. 마치 제의를 통해 세계의 비밀을 알게 되고 죽은 조상이나 신과 접할 수 있게 되듯이, 이러한 알파벳 자모 놓기, 즉 공간적 배치를 통해 우리는 비밀을 만들어내는 동시에 그러한 공간에서 일상에서 미처 인식하지 못한 것, 즉 일상과 완전히 다른 어떤 것을 인식할 수 있게 된다.

다와다 요코는 문자가 지닌 낯선 얼굴을 이야기하며, 글쓰기가 우리를 일상에서 벗어난 낯선 곳으로 데려갈 수 있음을 강조한다.

> 모든 알파벳 자모는 한 사람의 등과 같다. 그것은 언제나 등을 돌릴 수 있다. 자신이 쓴 텍스트를 마지막 글자 하나까지 다 알고 있다고 믿는 작가는 착각하고 있는 것이다. 알파벳 자모가 몸을 돌

이 말은 타당하지만, 그러한 공간성은 문자매체의 '시각적' 공간성과는 다른 것임을 강조할 필요가 있다.

16 조금 다른 맥락이기는 하지만 본문에서 사용된 사잇공간 개념과 완전히 무관하지는 않은 의미에서, 타치바나는 번역 및 상호문화성의 문제를 중심으로 로고스중심주의와 민족중심주의를 비판하면서 사잇공간의 의미를 강조한다. Reiko Tachibana, "Tawada Yoko: Writing from "Zwischenraum"", *Yoko Tawada. Poetik der Transformation*, C. Ivanovic (Hrsg.), 277-282쪽 참조.

리면, 낯선 얼굴이 드러난다.[17]

이와 관련해 다와다 요코는 귀신이야기를 하나 들려준다. 한 남자가 인적이 드문 길을 가다가 눈도 코도 입도 없는 여인을 만난 후 도망치며 어떤 간이식당을 지나치는데, 거기서 만난, 등을 돌리고 요리하던 늙은 요리사가 몸을 돌렸을 때 그의 얼굴 역시 그 여인의 얼굴처럼 "아무것도 쓰이지 않은 백지 같았던"[18] 것이다. 앞에서 알파벳 자모를 등에 비유하고 그 자모가 몸을 돌리면 낯선 얼굴이 드러난 것처럼, 귀신처럼 보이는 이 노인도 등을 돌리니 백지 같이 하얀 얼굴이 드러난 것이다.

그렇다면 이러한 낯선 얼굴, 백지 같은 얼굴은 무엇을 의미하는가? 우리는 보통 텍스트를 읽을 때 종이나 화면에 쓰인 검은 글자에만 주목한다. 그리고 그러한 검은 글자들이 현실에 있는 어떤 사물이나 사태를 지시하며 재현하고 있다고 믿는다. 그것이 의미, 나아가 진리를 담보한다고 생각하는 것이다. 그런데 우리가 실제로 글을 쓰는 과정을 생각해보면, 그것은 결코 그렇게 단순하지 않다. 우리는 글을 쓸 때 자기검열도 하고 문법적 규칙에 맞는지 확인하기도 한다. 또한 우리는 어떤 내용을 썼다가 자신이 없어 다른 내용으로 대체하기도 한다. 우리가 말하는 소위 최종 버전은 결코 완전하지 않으며, 무수히 많은 삭제된 버전이 그 뒤에 숨어 있다. 그러한 삭제된 글자들 또는 미처 쓰이지 못하고 억압된 글자들이 백색

17 Y. Tawada, *Verwandlungen*, 39쪽.

18 같은 책, 39쪽.

소음으로 하얀 종이라는 사잇공간에 숨어 있는 것이다. 이러한 이유에서 백지라는 사잇공간은 검은 글자의 타자이며, 의식화된 글쓰기의 피안에 있는 무의식을 나타낸다고 할 수 있다. 다와다 요코는 우리가 단순히 선형적으로 글을 쓰는 의식적 글쓰기에서 벗어나 사잇공간의 의미를 의식하며 알파벳 자모를 하얀 백지의 공간에 놓는, 즉 배치시키는 제의적 글쓰기를 할 때, 일상에서 의식하지 못하는 새로운 타자의 공간에 들어설 수 있음을 강조한다.

이러한 타자의 공간이 무엇인지를 알기 위해 다와다 요코의 다음과 같은 문장을 살펴보자.

> 나는 내가 쓰고자 하는 것이 무엇인지 아직 정확히 모른다. 하지만 알파벳 자모를 놓으면서 이미 텍스트를 시작하고 있다. 하지만 가끔은 정반대이기도 하다. 나는 이미 오래전에 글을 쓰는 상태에 있으며 나중에야 알파벳 자모를 놓는다.[19]

이 인용문에서 다와다 요코는 우선 글을 쓰는 사람이 스스로 무엇을 쓰는지도 모르는 상태에서 글을 쓰고 있다고 말한다. 이 말은 우리가 일반적으로 글을 쓰기 전에 특정한 의도를 가지고 있고 먼저 생각한 것을 나중에 그대로 글로 옮길 뿐이라는 상식을 뒤엎는다. 그러나 조금만 더 생각해보면, 우리가 실제로 글을 쓸 때, 가령 컴퓨터 화면 앞에 앉아 아직 대략적인 생각을 갖고는 있지만 정확히 무엇을 쓸 것인지 알지 못한 채 글을 쓰는 경우가 있음을 알

19 같은 책, 35쪽.

수 있다. 그리고 글을 써나가면서 자신도 미처 의식하지 못했던 생각이 전개되는 경우가 빈번하며, 이를 통해 글을 쓰는 것이 인식을 형성하는 기능을 갖고 있음을 확인할 수 있다.[20] 다와다 요코는 글쓰기의 이러한 인식 형성적 관점에서 한 걸음 더 나아가 글쓰기가 때로는 이해할 수 없는, 유령적인 형상들을 불러내는 경향도 있다고 말한다.

> 알파벳 자모가 생각에 영향을 미친다. 글을 쓰면서 단지 머릿속으로만 생각한 것과 완전히 다른 요소들이 텍스트 안으로 흘러들어온다. 내가 머릿속에서 내 제2의 자아와 이야기를 하는 동안, 언어는 소통적이고 논리적이며 명확한 것으로 남아 있다. 하지만 내가 알파벳 자모를 쓸 때면, 그것은 부분적으로 이해할 수 없는, 유령 같거나 꿈과 유사한 형상들로 변신한다.[21]

즉 글을 쓰는 행위 자체가 명료하게 논리적으로 사유할 때 드러나지 않는 유령 같은 요소들을 불러내어 텍스트 안으로 끌어들인다. 그리하여 그렇게 쓴 글이 원래의 내 생각에 부합하는지 그렇지 않은지 구별하기 어렵게 되며, 그 때문에 작가는 명료한 생각의 전달과 그것을 방해하는 유령적 형상 사이에서 부유하다가 때로는 예기치 않은 유령적 형상에 빠져들게 된다는 것이다.

---

20 S. Krämer, "'Operationsraum Schrift': Über einen Perspektivenwechsel in der Betrachtung der Schrift", *Schrift*, Gernot Grube & Werner Kogge & S. Krämer (Hrsg.), München, 2005, 42쪽 참조.

21 Y. Tawada, *Verwandlungen*, 36쪽.

그렇다면 "나는 이미 오래전에 글을 쓰는 상태에 있으며, 나중에야 알파벳 자모를 놓는다"라는 문장은 어떻게 이해해야 할까? 이 문장은 언뜻 보기에 모순처럼 보인다. 왜냐하면 '나'는 이미 글을 쓰고 있는 중인데, 또 나중에 글을 쓴다고 말하고 있기 때문이다. 이 문장을 이해하기 위해서는 우리가 글을 쓰는 것이 오직 종이나 화면뿐이라는 생각에서 벗어나야 한다.

우리가 시선을 먼 과거로 돌리면, 인간은 다양한 것들을 글을 쓰기 위한 재료로 삼았음을 알 수 있다. 가령 과거에는 돌에 글자를 새기기도 했고, 양피지에 글을 쓰기도 했다. 심지어 인간의 몸에 글을 쓰기도 했다. 후자는 특히 원시사회의 성인식에서 잘 드러난다. 성인이 되기 위해 소년, 소녀들은 장작더미 위를 지나가거나 쇠꼬챙이로 몸을 찌르는 등 고문에 가까운 고통을 견뎌야 했다. 이러한 고통의 의식을 거친 자만이 성인이 되며 성적인 행위를 할 수 있는 자격을 취득하게 된다. 이러한 과정에서 몸에 새겨진 고통의 흔적들은 일종의 문자로 기능하며, 이러한 의식을 거친 사람들을 하나의 공동체로 묶어줄 뿐만 아니라 불문법으로서 어떤 사회적 규약의 기능을 갖기도 한다.[22]

이처럼 과거의 제의에서 문자가 신체에 새겨졌다면, 다와다 요코는 자신의 제의적 글쓰기에서도 신체에 새겨지는 문자의 의미에 대해 강조한다. 이때 우리는 타이핑을 종이나 화면에 글자를 쓰는

22 "나는 모든 법이 쓰여진 것이라고 말했다. 여기에서 이미 인정한 신체, 쓰기, 법이라는 삼자의 연대가 일정한 방식으로 재구성되고 있다. 몸에 남겨진 흉터는 원시적 법이 새겨진 텍스트이며 그런 의미에서 몸에 대한 쓰기다." 클라스트르, 『국가에 대항하는 사회』, 232쪽.

행위로 생각하기보다는, 우리의 신체 내부에서 이루어지는 행위로 이해해야 한다. 즉 우리도 모르게 우리 신체 내부에서 마치 고문하듯 우리의 몸을 꼭꼭 찌르며 자극하는, 즉 타자기 바늘처럼 신체를 찌르는 타자기의 형상을 떠올려야 한다. 이와 관련해 키틀러가 니체의 『도덕의 계보학*Zur Genealogie der Moral*』(1887)에 나오는 디티람보스[23]와 연관시켜 타자기의 신화를 이야기한 것을 언급할 필요가 있다. 여기에 등장하는 아리아드네는 보이지 않는 수수께끼 같은 존재에 의해 타자기 바늘에 찔리듯 고문당하며 말을 한다. 그러나 그녀로 하여금 말하게끔 하는 타자의 욕망은 발화되지 않는다. 즉 "형상이 없는 것 속에 가려진 디오니소스는 찌르기만 할 뿐, 말하지는 않는다. 그의 글쓰기는 눈 먼 각인이며, 그의 문체는 고문, 오직 고문일 뿐이다."[24] 어둠의 심연, 타자로서의 디오니소스는 보이지 않은 채 아리아드네의 몸을 찌르며 그녀로 하여금 말하게 한다. 그것은 모든 글쓰기에 선행하며, 말하고 글쓰기 전에 이미 신체 내부에서 글을 쓰고 있는 것이다.

다와다 요코의 『변신』의 세 번째 장인 '얼굴' 장에서도 신체에 쓰이는 심층적인 문자의 특성이 시적으로 서술된다.

> 나는 그 여인의 얼굴을 내부에서 볼 수 없다. 그래서 나는 바람이 되어 그녀의 얼굴표면을 쓰다듬는다. 그녀의 얼굴은 인적이 없는 풍경이다. 바람이 들판에 쓰인 점자를 읽는다. […] 눈먼 바람

23 고대 그리스에서 포도주의 신 디오니소스를 기리며 부른 찬가를 의미한다.

24 F. Kittler, *Aufschreibesysteme 1800·1900*, 239쪽.

> 이 불어오는 종유석 동굴에는 불그스름하고 촉촉한 피부를 지닌 벌거벗은 괴물이 살고 있다. […] 하지만 그 동물이 움직이면, 신음하는 바람이 생겨난다. 그러한 바람은 동굴을 날아서 빠져나와 단어들로 변신한다.[25]

위의 인용문에서 작가인 다와다 요코는 자신의 내면에 있는 타자를 '그 여자'로 부르며 그녀를 신체 내부에서는 볼 수 없다고 말한다. 그래서 그녀는 '바람'으로 변신하여 그 여자의 얼굴을 쓰다듬으며 촉각적으로 그 모습을 알아내려 시도한다. 즉 '눈먼 바람'은 눈으로 볼 수 없는 '점자'를 촉각적으로 읽어내려고 하는 것이다. 여기서 점자는 시각적으로 읽을 수 있는 일반적인 문자와 구별되는, 신체 안에 쓰인 무의식의 문자를 가리킨다. 그 뒤에 나오는 "불그스름하고 촉촉한 피부를 지닌 벌거벗은 괴물"이 그녀의 혀를 지시한다면, 그로부터 생겨난 바람은 신체 내부의 문자를 읽어낸 후 동굴, 즉 입 안을 빠져나와 단어, 즉 말로 변신한다. 여기서 기존의 말과 문자의 위계관계, 즉 신체 내부의 말과 신체 외부의 문자라는 위계적 관계가 전도됨을 알 수 있다. 왜냐하면 다와다 요코의 글에서는 오히려 문자가 신체 내부에 깊숙이 새겨진 심층적 차원에 위치해 있으며, 그것을 읽어내는 바람이 변신하여 발화된 것이 표층적인 차원의 단어와 말이기 때문이다.

이러한 신체 내적인 글쓰기는 다와다 요코의 소설 『목욕탕』에서도 암시된다. 그런데 이번에는 밖으로 발화되는 목소리와 구분되

25 Y. Tawada, *Verwandlungen*, 46쪽.

는, 몸안의 타자의 목소리[26]가 글쓰기를 작동시키는 실질적인 주체로 등장한다.

서술자이자 주인공인 나는 자신이 사실은 타이피스트라고 말한다. 그런데 실질적으로 그에게 타이핑을 치도록 지시하는 존재는 '내' 안의 타자인 유령이다.

> 그러고 나서 자정이 되면 내 눈은 더 이상 보이지 않았다. 나는 장님처럼 계속 타자를 쳤다. 나는 점점 더 일감을 많이 받았는데, 그 이유는 유령의 목소리를 알파벳으로 전환시키는 타이피스트들이 최근에 점점 줄어들고 있었기 때문이었다.[27]

그런데 서술자인 나의 몸속 깊숙한 곳에 존재하는 타자의 목소리는 진동의 형식으로 '나'를 찌르며 신체 내적인 글쓰기를 한다. 서술자는 이처럼 명확한 의식으로 파악할 수 없는 유령의 목소리를 문자텍스트로 전환시키는, 즉 망자의 유령과 소통하며 망자를 표현하는 제의적 글쓰기를 수행해야 한다.

서술자의 꿈속에서 공장에서 일하는 여성이 붓으로 변한 머리카락으로 편지를 쓰는데, 잠옷을 입은 경찰이 그 편지가 완성되면 가져가 버린다. 머리카락이 붓이 되어 편지를 쓸 때, 이러한 글쓰기는 이성적인 사유의 글쓰기가 아니라, 정동적인 신체적 글쓰기임을

26 이것은 청각적으로 들을 수 있는 소리가 아니라, 신체적(촉각적)으로 지각할 수 있는 진동으로서의 소리를 의미한다.

27 Y. Tawada, *Das Bad*, 141쪽.

알 수 있다. 검열의 심급인 경찰이 잠옷을 입은 데서 알 수 있듯이, 이제 자유로운 무의식적 글쓰기를 통제하는 이성의 작용은 더 이상 일어나지 않는다. 그러고 나서 경찰이 그 여자의 머리에 총을 발사한다. "매번 그 여자의 머리에 새로운 구멍이 뚫렸다. 그러나 그녀는 쓰러지지 않는다. 마치 타자기인양."[28] 이 꿈에서 잠옷을 입은 경찰의 역할은 전도되며, 따라서 경찰은 검열하는 대신 그 여자의 몸에 구멍을 내며 신체 내의 글쓰기를 수행한다. 즉 그녀의 몸 내부에서 타자기가 작동하며 그녀의 머리에 구멍을 내고 있는 것이다. 이로써 꿈속의 그녀는 들뢰즈와 가타리적인 개념을 사용하자면 타자기-되기를 수행한다.

신체의 내부에서 이루어지는 타이핑은 종이 위의 글자로 새겨지는, 즉 의식화되고 의미화 과정을 거친 생각들과 구분된다. 그것은 아직 개념화되기 이전의 무의식적이고 정동적인 자극들, 강도적인 것을 나타낸다. 이것은 앞에서 말한 것처럼 말과 문자를 내부와 외부의 관계로 설정한 전통적인 생각을 전복시킨다.[29] 일반적으로 말은 목소리와 연관되고 목소리는 신체에서 나오기 때문에 말은 인간의 내부와 관련되는 반면, 문자는 인간의 신체 외부에 놓여 있는 것으로 간주된다. 이로부터 안과 밖의 이분법이 생겨나며, 문자는 말에 비해 표면적이고 외부적인 것, 즉 이차적인 것으로 간주

28 같은 책, 151쪽 이하.

29 이미 플라톤이 『파이드로스』에서 영혼의 내면적 목소리와 표면적인 문자를 대립시키며 전자의 우월성을 강조했으며(플라톤, 『파이드로스』, 조대호 옮김, 문예출판사, 2008, 144쪽), 이러한 생각은 그 이후에도 루소를 거쳐 1800년대까지 계속 이어져온다.

된다. 그런데 다와다 요코는 인간의 신체 내부에서 이루어지는 타이핑을 강조함으로써 문자가 신체와 긴밀한 연관성을 지니며 내부적 특성을 갖고 있음을 지적한다. 원시사회에서 신체적 문자가 신체 외부에서 가해진 자극에 의해 쓰인 것인 반면, 다와다 요코에게서 강조되는 신체적 문자는 신체 내부의 자극에 의해 쓰인 것이다. 이로써 원시사회의 제의에서 강조된 문자의 신체성이 다와다 요코의 제의적 글쓰기에서 현대적으로 재해석되어 다시 부활하고 있음을 알 수 있다.

다와다 요코는 또 다른 곳에서 문자의 신체연관성[30]을 강조한다. 그녀는 우리가 보통 외국에서 살면 모국어가 아닌 외국어로 꿈을 꾸게 되는 경우가 있기 때문에 어떤 언어로 꿈을 꾸는지 묻곤 한다고 말한다. 그런데 그녀는 이때 "발화된 말이 재빨리 입으로 미끄러져 들어갔다가 다시 거기서 튀어나올 수 있다[31]며 "하나의 언어를 꿈에서 사용하기 위해 그것을 자신의 몸에 동화시킬 필요는 없다"[32]고 말한다. 여기서 일반적인 통념과 달리 말과 신체의 긴밀한 연관성이 깨지게 된다. 이에 반해 그녀는 자신의 꿈에서 알파벳

---

30 홀덴리트는 다와다 요코의 시학의 핵심개념을 열거하면서, "기호로서의 얼굴"(Michaela Holdenried, "Eine Poetik der Interkulturalität? Zur Transgression von Grenzen am Beispiel von Yoko Tawadas Schreibverfahren und Sprachprogrammatik", *Yoko Tawada. Fremde Wasser*, Ortrud Gutjahr (Hrsg.), 175쪽)과 "신체/자연으로서의 문자"(같은 곳)도 언급한다. 하지만 이러한 언급은 문자와 신체의 연관성을 피상적으로 지적하는 것에 그치며, 이 문제를 심도 있게 다루는 것으로 나아가지 못하고 있다.

31 Y. Tawada, Verwandlungen, 33쪽.

32 같은 곳.

이 이미지로 변형되어 등장하는 예들을 언급하며, 그런 이미지로 각인된 문자의 형상성 및 신체연관성을 강조한다. 가령 이마에 있는 점은 움라우트를, 언덕은 나란히 놓인 두 개의 m을 나타내는 식이다. 반대로 설명하면, 이는 어떤 형상적 이미지가 글로 쓰일 때는 알파벳으로 나타남을 의미한다. 나중에 다시 설명하겠지만, 다와다 요코가 알파벳 문자의 이면에 형상적인 표의문자가 숨어 있다고 말하는 것도 이러한 맥락에서 이해할 수 있다. 그녀가 이처럼 꿈을 꿀 때 사용되는 말과 문자를 비교하며, "이에 반해 문자는 신체에 자리를 잡기까지 오랜 시간을 필요로 한다. 그것은 더 깊이 놓여 있어, 거의 읽을 수가 없을 정도다"[33]라고 말할 때, 문자의 신체연관성이 다시 한번 강조되며 그것이 오히려 발화된 말보다 더 심층적인 차원에 놓이는 것을 알 수 있다.

무의식은 흔히 발화되는 말로 포착할 수 없는 어떤 이미지적인 특성으로 강조되곤 한다. 그러한 무의식은 또한 정신과 육체를 이분법적으로 구분하는 데카르트적인 구분법에서와 달리 몸 자체에 새겨져 있으므로, 데카르트적인 이분법을 무화하기도 한다. 앞에서 다와다 요코가 "나는 이미 오래전에 글을 쓰는 상태에 있으며, 나중에야 알파벳 자모를 놓는다"라고 말했을 때, 이는 무의식적으로 신체에 각인되는 문자가 이후에 알파벳 자모로 변형되어 종이나 화면에 기록되는 과정을 의미한다고 해석할 수 있을 것이다.

일반적으로 종이나 화면에 기록된 검은 글자는 다와다 요코가 보기에는 표면적인 것에 지나지 않는다. 독자는 그곳에 기록되지

33 같은 곳.

못한 채 유령의 하얀 얼굴처럼 쓰이지 않은 백지로 남아 있는 사잇 공간에서 인간의 신체에 각인된 무의식의 문자를 찾아내야 한다. 왜냐하면 그곳이 더 심층에 위치한 본래적인 문자이기 때문이다. 비록 그것이 완전히 읽어낼 수는 없는 문자일지라도, 다와다 요코는 자신의 제의적 글쓰기를 통해 일상적인 글 속에 억압되고 배제된 타자로서의 신체 문자를 불러내려고 시도한다.

비밀 생산의 글쓰기: 문자의 동물-되기, 동물의 문자-되기

앞에서 다와다 요코가 독자에게 수수께끼 같은 문장을 제시하며 독자 스스로 그 해답을 찾도록 유도하고 있음을 강조했다. 이러한 서술 방식은 다음의 예에서도 확인된다. 그녀는 우니카 취른의 다음과 같은 시를 아나그램의 예로 제시한다.

> 아이들이 노는 것은 엄격히 금지되었다네,
> 장난꾸러기 정령은 싫증이 나, 조끼를 입고 뱅뱅 도는 것에
> 　　싫증이 나,
> 어두운 빛속으로 배회하네. 그는 바이올린을 연주하며
> 정원을 쳐다본다네. 장난꾸러기 정령은 호랑이의 키스를 허락했지.
> 얘들아, 도약을 구해내렴! '쌀, 모래…'라고 나지막이 말하렴.
> 별의 정령들은 내버려둬! 길 잃은 시간이 하소연하네.
> 아이들이 노는 것은 엄격히 금지되었다네.[34]

34 같은 책, 26쪽.

한국 독자라면 습관적으로 우선 이 시를 우리말로 번역하려고 할 것이고, 독일 독자라면 이러한 시가 의미하는 바를 해석하려 할 것이다. 그러나 이러한 두 가지 시도는 여기서 아무런 의미가 없거나 아니면 기껏해야 부차적인 의미밖에 지니지 못한다. 왜냐하면 여기서 중요한 것은 이 시가 매 행마다 특정 알파벳을 똑같은 빈도수로 사용하고 있으며, 단지 그것의 조합만을 바꿈으로써 새로운 의미창출에 성공하고 있다는 사실이기 때문이다. 정확히 말하면, 이 시에서는 A2, D3, E6, G2, I3, K1, L1, N4, P1, R4, S5, T4, U1(알파벳 뒤의 숫자는 그 알파벳이 매 행마다 등장하는 빈도수를 가리킴)이 매 행마다 사용되고 있다.

이러한 아나그램이 시를 만들어내는 생성 기제 내지 원칙으로 간주될 때, 여기에는 다음과 같은 생각이 전제되어 있다. 키틀러가 말한 1800년대 기록시스템의 기본전제인 최소기의,[35] 즉 자연의 목소리란 존재하지 않는다는 생각말이다. 그런 최소기의가 확장되고 유기적으로 연결되어 인간 언어의 의미체계를 형성한다는 생각은 아나그램의 원칙에 의해 희화될 뿐이다. 오히려 의미를 발생시키는 기제로서의 아나그램은 소위 의미를 나타내는 단어와 문장이 이러

"Das Spielen der Kinder ist streng untersagt.
Satt irrt der Spassgeist in den Dunkelregen,
satt des Kreisens in Polunder. Geigend starrt
er in den Garten. Der Spass litt den Tigerkuss.
Kinder, rettet den Sprung! Sagt leis: Reis, Sand...
Spart die Genien des Sterns! Irrstunde klagt.
Das Spielen der Kinder ist streng untersagt."

35 F. Kittler, *Aufschreibesysteme 1800 · 1900*, 55-56쪽 참조.

한 알파벳 자모의 우연적 결합에 의해 생겨날 뿐임을 드러낸다. 그러한 알파벳 자모의 결합은 때로는 우리가 상상하지 못한 방향으로 흘러가 완전히 새로운 의미를 낳을 수도 있고 때로는 무의미, 즉 쓰레기를 양산할 수도 있다.

그런데 다와다 요코가 이러한 아나그램의 생성 기제를 통해 강조하려는 것은 최소기의의 부정과 이에 따른 기표의 무한한 연쇄라는 부정적 상황만이 아니다. 즉 우리가 어떤 기표가 지시하는 것을 기의로 간주하지만, 그것을 포착할 수 없고 그러한 의미의 포착이 무한히 지연될 수밖에 없는 상황만을 강조하려는 것이 아니다. 오히려 그보다는 이러한 아나그램의 기제가 갖고 있는 생성적 기능, 즉 알파벳의 무한한 변신 능력이라는 긍정적 속성을 강조하려고 한다.

> 알파벳의 자모는 포착할 수 없는 환상의 동물들이다. 개별 존재로서 알파벳 자모는 모든 의미에서 자유롭기 때문에 예측할 수가 없다. 오직 알파벳의 조합에 의해서만 단어가 생겨난다. 하나의 표의문자는 떼어낼 수 없는 반면, 알파벳으로 쓴 단어는 즉시 분해해 새롭게 조합할 수 있다. 이러한 표면적·기술적 작업에 의해서만 한 문장 전체의 의미를 파괴할 수 있다. 알파벳 자모를 달리 배열하면, 완전히 다른 의미가 생겨난다. 아나그램 기술의 근저에는 알파벳의 마술이 깔려 있다.[36]

언뜻 보기에 다와다 요코가 알파벳 문자의 주술적 성격을 강

36 Y. Tawada, *Verwandlungen*, 26쪽.

조하는 것은 이상하게 보일 수 있다. 왜냐하면 알파벳 문자는 제한된 수의 문자로 엄청난 의미를 발생시킬 수 있는 경제적이고 합리적인 특성을 지닌 것으로 간주되기 때문이다. 또한 문자는 그 발생에 있어 계산적 속성을 지니고 있기도 하다. 항해를 하는 뱃사람들을 위한 페니키아 문자 이전에 이미 그림문자가 가축을 세기 위한 기능을 갖고 있었다. 즉 양치기가 양과 염소를 몇 마리 키우고 있는지 세기 위해 그림문자를 사용했으며, 그래서 그 흔적이 오늘날에도 erzählen이라는 단어에 남아 있는 것이다. 나아가 그림 속의 요소들을 하나하나 뜯어내어 '열거auf-zählen'하며 '다 세는 것er-zählen'이 문자로 배열된 이야기의 시초였다. 따라서 문자는 그 발생에 있어 계산적 속성을 지니고 있다.[37] 비단 이러한 과거뿐만 아니라 사실은 오늘날의 문자 역시 연산적 속성을 지니고 있다. 왜냐하면 우리가 어떤 문자로 이루어진 단어들을 사용해 문장을 만들려면, 각 단어들을 문법규칙을 고려해 배치하고 변화시켜야 할 뿐만 아니라, 의미론적으로는 계열체와 통합체의 맥락에서 적절성을 검토하여 선택해야 하며 나아가 화용론적 맥락까지 고려해야 하는데, 이러한 과정은 수학에서 해를 구하기 위한 연산과정에 상응하기 때문이다. 이처럼 알파벳 문자는 연산적인 문자로서 최소의 기호로 최대의 의미를 생산할 수 있는 가장 효율적이고 합리적인 문자라고 할 수 있다.

그런데 다와다 요코는 위에서 이러한 합리적이고 경제적인 알

37 V. Flusser, *Kommunikologie weiter denken*, Frankfurt a.M., 2009, 104-105쪽과 115쪽 참조.

파벳 문자에 주술성을 부여한다. 이러한 행위는 언뜻 보기에 이해가 가지 않지만, 좀 더 면밀히 살펴보면 그것이 단순히 원시사회의 주술성으로 회귀하는 것이 아니라, 오히려 그러한 주술성을 현대적인 의미에서 재해석하는 것임을 알 수 있다. 그녀는 알파벳 문자에서 목소리, 즉 선험적 기의만을 들으며 그것의 의미를 파악할 수 있다고 믿는 음성중심주의 내지 로고스중심주의를 비판한다. 왜냐하면 그녀가 보기에 개별 알파벳 문자는 그 자체로는 어떤 의미를 지시하지 않으며 그것이 다른 알파벳 문자와의 우연적 결합에 의해 매번 상이한 의미를 발생시키며 변신할 수 있기 때문이다. 따라서 어떤 단어는 각각의 알파벳의 우연적 결합의 산물일 뿐이며 결코 어떤 근원적이고 선험적인 최소기의로부터 유기적으로 확대되어 발생한 것이 아니다. 또한 다와다 요코에 따르면 각각의 알파벳 문자의 정체성이란 사실 존재하지 않으며, 그것이 다른 알파벳과 어떻게 결합하고 배치되느냐에 따라 그것의 의미가 매번 달라진다. 가령 B는 Blume가 될 수도 있지만 Bombe가 될 수도 있다. 즉 각각의 알파벳은 다른 알파벳과 어떻게 결합하느냐에 따라 처음 단어와 정반대의 의미로 변할 수도 있는 것이다.

이러한 다와다 요코의 문자관은 들뢰즈와 가타리의 포스트구조주의적 관점과 연결된다. 왜냐하면 각각의 알파벳은 어떤 것도 지시하지 않고 따라서 의미가 없기 때문에 자신의 정체성을 갖고 있지 않으며, 항상 다른 알파벳과 연결되어 변화하며 자신의 의미를 만들어내는 생성적 특성을 지니기 때문이다. 그래서 그것은 그 자체로는 포착(이해)할 수 없는 유동적인 것이 된다. 이러한 알파벳 문자의 변신 능력과 생성적 특성은 들뢰즈와 가타리 철학의 근간을 이루는 역동적인 생명력과 연결될 수 있다. 그것은 동시에 구획되고 질서를 지닌, 즉 영토화된 인간 이전의 강도적인 세계, 즉 야수성을 가리키기도 한다. 이를 통해 다와다 요코가 알파벳 문자를 환상의 동물과 연결시킨 것을 이해할 수 있다.

흔히 알파벳 문자 또는 문자 일반은 말과 달리 생명력이 결여된 것으로 간주된다. 왜냐하면 앞 장에서 이야기했듯이 말은 신체에서 나오는 목소리와 연결되어 생명력을 띠지만, 문자는 신체 외부에 존재하는 사물적 지위만을 지니며 그래서 죽은 것으로 간주되기 때문이다. 그런데 다와다 요코는 인간의 신체에 각인되어 쓰이는 문자의 차원을 언급할 뿐만 아니라, 신체 외부에서 쓰이는 알파벳 문자마저도 물질성(시각적·공간적 형상)을 지니고 역동적으로 변화하고 생성됨을 강조함으로써 그것이 신체적 특성을 지니고 있음을 보여주기도 한다. 이러한 맥락에서 문자의 시각적 형상은 '문자의 신체'이고, 그것의 생성과 변신 능력은 동물적인 생명력을 의미한다.

이처럼 문자가 환상적인 동물로 변신하는 문자의 동물-되기[38]는 제의적인 맥락과도 연결된다. 원시사회에서 인간은 동물신을 섬기며 제의를 통해 자신에게 식량과 가죽을 제공해주는 동물을 사냥한 것에 대해 속죄하는 동시에 식량으로서의 동물을 보내준 것

38 고대에는 알파벳 이니셜을 동물적 형상으로 표현하곤 했는데, 중세에 들어오면서 문자의 이러한 시각적 형상화는 점점 배척받고 억압되기 시작한다. Esther Kilchmann, "Verwandlungen des ABCs. Yoko Tawada und die Kulturgeschichte des abendländischen Buchstabens", *Yoko Tawada. Fremde Wasser*, Ortrud Gutjahr (Hrsg.), 358-359쪽 참조.

에 대한 감사를 표현한다. 이러한 제의에서 원시부족사회의 구성원들은 스스로 동물의 머리 가죽을 쓰고 동물의 털가죽을 걸치며 동물로 변신하면서 인간과 동물의 경계를 넘어선다. 이러한 제의에서 이루어지는 동물-되기는 일상적인 인간의 영역에서 신성한 신적인 세계로 이행하는 과정이기도 하다.

마찬가지로 아나그램의 원칙에 따라 무한한 변신을 낳는 알파벳 문자의 마술에 주목하는 주술적·제의적 글쓰기는 알파벳 문자로 이루어진 단어들의 일상적 의미에서 우리를 벗어나게 하며 그것의 우연적·임의적 성격을 인식시켜준다. 나아가 그러한 글쓰기는 알파벳 문자로 쓰인 문장들의 행간에 숨어 있는 백색소음에 주목하게 하며, 우리의 '지적인' 몸과 결부되어 있는 낯선 야수성, 즉 타자성의 세계로 우리를 이끈다.

다와다 요코는 그러한 제의적 글쓰기를 하는 사람 스스로 동물로 변신할 필요성을 역설하기도 한다. 다와다 요코는 새의 노래소리를 피아노 건반으로 연주할 수 없다며, 음계와 박자 체계를 벗어나 있는 진동의 차원으로서의 새의 언어를 강조한다. 이때 그러한 소리를 음악으로 재현할 수 없는 한계를 인식하면서도 그것을 꿈처럼 집중해서 모방하며 "낯선 혀로 말하는 사람은 조류학자인 동시에 새"[39]가 된다고 말한다. 낭만주의 문학에서 새는 종종 세계의 비밀을 알고 있는 존재로 간주되는데, 작가가 새로 변신하는 것은 이러한 비밀을 알 수는 없지만 적어도 그러한 차원과 맞닿아 있을 수 있도록 만든다.

---

39 Y. Tawada, *Verwandlungen*, 20쪽.

알파벳 문자가 환상의 동물로 변신한다고 한다면, 표의문자 역시 동물과 연관이 있는 것으로 설명된다. 다와다 요코는 처음에는 표의문자가 알파벳 문자와 달리 수수께끼 같은 성격을 띠지 않으며 "그것이 의미하는 바를 보여준다"[40]라고 말한다. "비록 표의문자가 대개는 역사의 흐름 속에서 그 안에 축적된 여러 의미를 갖고 있을지라도 무의미로 추락할 위험은 없다는 것이다."[41] 이처럼 표의문자의 글자 모양과 그것이 지시하는 의미 사이에 상대적으로 견고한 관계가 존재한다고 할지라도, 근본적으로는 표의문자 역시 알파벳 문자와 마찬가지로 신비스러운 성격을 지닌다. 왜냐하면 기원신화에 따르면, "첫 번째 표의문자를 발명한 사람은 새의 족적에 영감을 받았다고 전해지기"[42] 때문이다.

플루서는 그리스어 typos의 어원을 설명하며, 이 단어가 새의 족적에서 유래했음을 밝힌다.

> 그리스어인 'typos'는 우선 흔적을 의미한다. 이런 의미에서 예를 들면 새발이 해변에 남긴 흔적이 'typoi'다. 그러고 나서 이 단어는 이러한 흔적들이 이곳을 지나간 새들을 분류하기 위한 모델로 사용될 수 있음을 의미한다. 끝으로 이 단어는 내가 다양한 새의 종류를 서로 비교하고 구분할 수 있기 위해서 그러한 새의 족적을 모래에 그릴 수 있음을 의미한다. 따라서 'typos'는 모든 새발에

40 같은 책, 25쪽.
41 같은 곳.
42 같은 책, 28쪽.

공통적인 것('전형적인 것 das Typische')을 의미하며, 모든 특징적인 것과 개성적인 것 '뒤'에 숨어 있는 보편적인 것을 의미한다.[43]

여기서 새의 족적은 어떤 전형적인 것, 보편적인 것을 의미하며, 그러한 전형적인 것을 읽고 쓰는 것에 대한 기원적 모델 역할을 한다.

그런데 이러한 새의 족적이 다와다 요코에게서는 전혀 다른 맥락으로 옮겨져 신비하고 수수께끼 같은 특성을 띠게 된다. 그녀에게서 표의문자를 낳은 '새의 족적'은 두 가지 의미에서 중요하다. 첫 번째로 표의문자는 결국 새라는 동물이 변신한 것이며 그 때문에 표면상의 명확성에도 불구하고 언제나 신비한 성격을 지닌다. 다와다 요코가 낭만주의 문학을 이야기하면서, 새에게 세상의 비밀을 알고 있는 특별한 능력을 부여할 때, 표의문자의 근원이 새와 연관된다는 것 역시 인간이 접근하기 어려운 그것의 신비스럽고 수수께끼 같은 성격을 암시한다. 두 번째로 표의문자의 기원이 새의 '족적', 즉 발자국이라는 '흔적'과 관련이 있다는 점에 주목해야 한다. 우리는 표의문자에서 새 자체를 접하는 것이 아니라 오직 그것의 흔적만을 발견할 수 있을 뿐이다. 그러나 이제 그러한 흔적은 그 흔적을 남긴 새의 종류를 확인하고 분류하는 전형적 특성을 지니기보다는 오히려 풀 수 없는 수수께끼 같은 특성을 나타낸다. 예를 들면 하나의 표의문자는 시간이 흐르면서 여러 개의 의미를 갖게 되는데, 다와다 요코는 이를 덧칠한 그림에 비유한다. 그러한 그림 중

43 V. Flusser, *Die Schrift. Hat Schreiben Zukunft?* Göttingen, 2002, 48쪽.

어떤 것이 표의문자의 진정한 의미인지는 알 수 없으며, 그 때문에 표의문자는 다양한 해석 가능성을 열어두는 흔적으로만 기능한다. 그래서 다와다 요코는 표의문자를 보면 그것의 지속성에 어떤 신뢰성을 느끼면서도 동시에 다음과 같은 감정도 갖게 되는 것이다.

> 다른 한편 나는 계속해서 새의 족적을 생각하지 않을 수 없다. 그러한 새의 족적은 인간의 사유에서 유래하지 않으며 그래서 영원히 인간에게 접근 불가능한 것으로 남는다.[44]

인간에게 어떤 근본적 기의, 본질을 포착하는 것은 불가능하며, 오직 그것에 대한 흔적만이 접근 가능한데, 이는 근원문자를 흔적으로 간주하는 데리다의 사고와 맞닿아 있다. 다시 말해 끊임없이 차이를 만들어내는 생성적이고 역동적인 문자를 근원적 지위로 끌어올리는 데리다의 생각은 우리가 근원적인 기의를 발견할 수 없고 그러한 기의는 끊임없이 미끄러지며 유예되는 것으로 간주하게 만든다. 그리하여 흔적은 이제 본질적인 것의 흔적으로서 이차적인 특성을 지니는 것이 아니라, 일차적이고 근원적인 특성을 띠게 된다.[45]

만일 작가가 이상적인 글을 쓰기 위해 새로 변신해야 한다면, 그의 글쓰기는 새의 족적을 떠올리는, 즉 완전히 그 의미를 포착할 수 없는 비밀스러운 글쓰기가 되어야 할 것이다. 이런 의미에서 다

44 Y. Tawada, *Verwandlungen*, 28쪽.
45 정항균, 『"typEmotion"』, 79-80쪽 참조.

와다 요코가 컴퓨터에서 일본어 표의문자를 찾기 위해 알파벳을 입력했을 때 생긴 에피소드에 대한 설명은 흥미롭다. 그녀는 비밀이라는 한자어를 찾기 위해 'kakushigoto'라는 단어를 입력했는데, 컴퓨터가 잘못 전환시켜 kaku(schreiben (글을) 쓰다)와 shigoto(arbeiten 일)가 되었다는 것이다. 그러면서 다와다 요코는 이러한 우연한 오류를 다음과 같이 해석한다.

> 어쩌면 컴퓨터는 이를 통해 내게 글쓰기가 비밀을 만들어낸다고 말하려는 것인지도 모른다. 왜냐하면 글쓰기는 우선 알파벳 자모를 놓고 이로써 알파벳의 신체를 세계에 놓는 것을 의미하는데, 이 경우 그것의 무한한 변신 능력을 생각하지 않기 때문이다.[46]

보통 우리는 글쓰기를 통해 세계의 비밀을 알아내거나 적어도 그것에 한 걸음 더 다가갈 수 있다고 믿는다. 그러나 다와다 요코에게 글쓰기는 그와 정반대되는 의미를 갖는다. 그녀에게 글쓰기는 알파벳의 무한한 변신을 낳으며 비밀을 만들어내는 글쓰기다. 그 때문에 그러한 글쓰기는 제의적 글쓰기의 신비로운 특성을 지닌다.

초혼의 글쓰기

고대 이집트의 상형문자인 히에로글리프는 그 형상이 어떤 구체적인 이미지를 떠올리기보다는 그와는 다른 어떤 것을 연상시킨다.

---

46 Y. Tawada, *Verwandlungen*, 28쪽.

그것은 특히 "망자의 법적 권한과 요구를 기록하는, 예를 들면 장례를 관장하고 이를 통해 합법적으로 유산상속자로 정해진 사람을 확인"[47]하는 과제를 갖는다. 이처럼 고대 이집트에서 문자는 단순히 어떤 말의 기록에 그치는 것이 아니라, 망자와 관련된 제의적인 기능을 갖고 있었다. 이로써 문자는 망자를 기억하고 후세에게 그에 대한 책임을 강조한다.

다와다 요코는 이처럼 망자를 불러내는 초혼의 글쓰기를 현대에도 여전히 요구한다. 물론 이것이 시대착오적으로 귀신을 믿으며 전근대로 회귀하려는 시도는 결코 아니다.[48] 그렇다면 현대에 유령으로서의 망자를 불러내는 글쓰기는 과연 어떤 의미를 갖는 것일까?

다와다 요코는 알파벳 자모를 놓는 것, 즉 글을 쓰는 것이 단순히 생각을 기록하고 전달하는 것 이상의 의미를 지닌다고 말한다. 즉 그것은 단순한 의사소통적 전달 기능 이상을 지니며, 의식적으로 생각하지 못한 어떤 것을 텍스트 안으로 침투시킨다. "내가 알파벳 자모를 쓸 때면, 그것은 부분적으로 이해할 수 없는, 유령 같거

47 같은 책, 25쪽.

48 "누군가가 내게 유령의 존재를 믿느냐고 묻는다면, 아마 나는 아니라고 대답할 것이다. 하지만 내가 이 말로 의미하는 것을 어찌 달리 표현하겠는가? 'Geist'라는 다의적인 독일어는 이러한 중요한 존재를 지칭할 만했다. […] 왜냐하면 사람들은 또한 '정신과학(유령학, Geisteswissenschaft)'이라고 말하기도 하기 때문이다. 따라서 우리가 유령이라고 부를 수 있는 무언가가 있다는 전제에서 출발해보자. 그러한 유령은 특히 공기 중의 진동으로 모습을 드러내며, 우리는 그것을 음악을 통해 수신할 수 있다." Y. Tawada, *Talisman*, 116쪽.

나 꿈과 유사한 형상들로 변신한다."[49] 이 인용문에서 주목할 부분은 "유령 같거나 꿈과 유사한"이라는 말이다. '-하거나oder'로 연결된 위의 두 말은 등가적이기 때문에, 결국 '유령 같다'는 것은 '꿈과 유사하다'는 말로 해석할 수 있다. 그런데 작가가 글을 쓸 때 의사소통적인 의미전달을 넘어서 뭔가 예기치 않은 것이 글 속으로 들어온다면, 이것은 꿈과 유사한 어떤 것을 의미한다고 말할 수 있을 것이다. 매끄러운 글쓰기를 "방해하는 유령"[50]과 닮은, 꿈과 유사한 것들은 무엇을 의미하는가?

꿈은 말과 달리 이미지적이고 흘러가는 유동적 속성을 지닌다. 프로이트 같은 정신분석가는 꿈을 언어로 치환하며 해석하려 하지만, 그러한 매체전환은 의미의 변환을 낳으며 결코 원래 꿈의 의미를 포착할 수 없다. 다와다 요코가 글쓰기에 꿈과 유사한 것들이 섞여 들어온다고 말할 때, 이러한 꿈의 요소들 역시 언급된다. 그녀는 "유령은 내가 명확히 이해할 수 있는 독일어 텍스트를 쓰기 위해 억눌러야만 했던 이미지, 리듬, 운동 방식을 구현했다"[51]라고 말하면서, 논리적이고 명확한 의미를 전달하는 소통적 글쓰기에 의해 억압되는 꿈과 유사한 유령적 요소들을 강조한다.

앞에서 이미지적인 '꿈의 문자'의 운동성을 강조했을 때, 이는 알파벳 문자의 순환성을 강조한 랑시에르의 견해를 떠오르게 한다. 다와다 요코가 자유롭게 결합했다가 다시 해체될 수 있는 알파

49 Y. Tawada, *Verwandlungen*, 36쪽.
50 같은 곳.
51 같은 책, 38쪽.

벳의 우연적인 조합원칙에 대해 이야기한 것처럼, 랑시에르 역시 자유롭게 떠돌아다니며 여행하는 알파벳 문자의 순환에 대해 말한다.[52] 다와다 요코가 똑같은 알파벳 문자도 민족국가의 경계를 넘어서면 전혀 다른 의미를 지닌다며 알파벳의 탈영토화가 가져올 의미의 해체와 새로운 생산을 암시할 때, 이러한 언급은 알파벳 문자의 운동성 내지 유동성을 부각시킨다.

다와다 요코는 특히 알파벳 문자의 이면에 숨어 있는 "무수히 많은 표의문자의 유령"[53]들을 언급한다. 그녀가 처음 독일어로 쓴 작품인 「Europa가 시작되는 곳」에서는 시베리아 횡단열차를 타고 유럽에 처음 도착했던 그녀의 자전적 경험이 서술된다. 여기서 유럽에의 도착은 동시에 알파벳이라는 새로운 문자체계로의 이행을 의미하기도 하는데, 이때 알파벳의 첫 글자인 A는 창세기에 등장하는 원죄 이야기와 관련해 'Apfel'과 연결된다. 따라서 여기서 알파벳 문자의 창조는 성서의 창세기, 나아가서는 인간의 원죄와 연결되는 셈인데, 그러한 원죄는 벤야민이 「언어일반과 인간의 언어에 대하여Über Sprache überhaupt und über die Sprache des Menschen」에서 언급했던, 언어가 언어 바깥에 있는 무언가를 전달하는 소통적 기능으로 전락하게 된 사건을 의미한다.[54]

다와다 요코는 그 이전의 표의문자로 거슬러 올라가 표음문자의 음성중심주의에 대한 환상을 비판하고 문자의 형상성을 보

52 E. Kilchmann, "Verwandlungen des ABCs", 353-354쪽 참조.
53 Y. Tawada, *Verwandlungen*, 38쪽.
54 E. Kilchmann, "Verwandlungen des ABCs", 350-351쪽 참조.

여줌으로써, 이러한 알파벳 문자의 소통적 기능 밑에 숨겨진, 아니 억압된 측면들을 다시 환기시키려고 한다. 그녀는 컴퓨터에서 알파벳 자모를 입력하여 일본어 표의문자를 찾을 때 생기는 오류들과 관련하여 알파벳 문자 밑에 숨어 있는 표의문자의 유령을 암시한다. 가령 그는 일자리에 해당하는 일본어 표의문자를 찾기 위해 shigotoba(shigoto(Arbeit) + ba(Platz))라는 글자를 입력한다. 그런데 컴퓨터는 이 알파벳 자모를 잘못 끊어 shigo(nach dem Tod) + toba(Vogellfeder)라는 이상한 말이 생겨난다. 즉 이제 일자리라는 단어 대신 '죽은 후의 새의 깃털Nach dem Tod Vogelfeder'이라는 이상한 단어가 탄생한 것이다. 이로써 일자리라는 일상적이고 의식적인 세계의 이면에서 갑자기 예기치 못한 죽음과 새라는 비밀의 세계로 이행하게 되는 것이다.

보통 음성중심주의적인(또는 로고스중심주의적인) 생각에 따르면, 문자는 단순히 말을 기록하는 표면적인 것에 지나지 않는다. 따라서 문자를 읽는 사람은 문자의 매체성을 없애고 오직 그 안에 들어 있는 음성을 들음으로써 진리(로고스)를 접할 수 있게 된다. 그런데 위의 예에서는 표음문자 속에서 이러한 진리의 '목소리'를 듣게 되는 것이 아니라, 그 안에 숨어 사는 표의문자라는 유령의 '이미지'를 만나게 된다. 앞에서 모든 알파벳 자모가 사람의 등과 유사하며 그래서 그것이 몸을 돌릴 때 낯선 얼굴을 드러낸다는 다와다 요코의 말을 인용한 바 있다. 여기서 알파벳 자모의 이면으로 존재하는 낯선 얼굴은 바로 표의문자라는 유령이다. 오늘날 현대인, 특히 알파벳을 사용하는 민족은 대부분 이러한 문자의 근원이 표의문자임을 잊고 있다. 이집트 히에로글리프가 망자를 상기시키며 문자의 제의적 역할을 강조한 것처럼, 다와다 요코 역시 표음문자의 지배하에서 잊힌 표의문자적 전통과 의미를 상기시키려 한다. 그것은 음성중심주의(로고스중심주의)를 비판하며, 그러한 생각의 타자로서 신체연관적이고 동물적인 문자의 의미를 강조한다.

다와다 요코는 알파벳 자모를 표의문자로 전환시킬 때 생긴 또 다른 에피소드를 설명하는데, 이때도 유령이 문제가 된다. 침대칸Schlafwagen을 의미하는 shindaisha는 역시 잘못 나누어져서 '죽은 의사toter Arzt'라는 의미가 되어버린다. 갑자기 컴퓨터에 '죽은 의사'가 등장하여, 컴퓨터 화면은 그가 매장되어 있는 공동묘지로 변해버린다. 이러한 에피소드는 무슨 의미를 갖는 것일까? 우리가 컴퓨터 앞에 앉아 글을 쓸 때 처음부터 끝까지 쓸 내용을 다 머릿속에 가지고 있는 것은 아니다. 오히려 우리는 막연히 쓸 방향 정도만 지닌 상태에서 글을 쓰며, 자신도 모르는 힘에 이끌려 글을 써나간다. 물론 그러는 와중에 다시 이성적 통제의 끈을 놓지 않고 글을 완성해나가기도 한다. 이 과정에서 우리는 무수히 많은 단어와 문장을 지우고 다시 쓰기를 반복한다. 그러나 그렇게 해서 완성한 문장이 결코 완전한 최종버전이라고 할 수는 없을 것이다. 그 화면의 글씨에 반영되지 못한 채 삭제된 많은 단어와 문장은 화면의 대양 속에 가라앉아 숨겨져 있지만, 갑자기 유령처럼 다시 튀어나올 수도 있다. 화면이라는 공동묘지에 묻혀 있는 이러한 타자로서의 표의문자의 유령들은 기록되어 있는 표음문자들 사이의 공간, 즉 사잇공간에서 출몰하기만을 기다리고 있다.[55] 그것은 컴퓨터 프로그램이 오

55 다와다 요코는 카프카의 한 텍스트를 분석하면서 카프카 자신은 의식하지 못했

작동하는 순간, 즉 우리가 지닌 이성의 통제가 느슨해지고 꿈과 같은 상태에 빠지는 순간 출몰한다. 그러한 표의문자의 유령은 결코 현존하지는 않지만 그렇다고 부재하지도 않는, 흔적의 존재들이다. 화면에 글자로 기록되어 있는 표음문자들이 사실은 최종버전이 아니라 임시적인 버전에 지나지 않는다면, 결국 근본적인 것은 흔적으로서의 유령이 될 것이다.

다와다 요코는 컴퓨터가 '침대칸'을 '죽은 의사'라는 잘못된 표의문자로 전환시킨 사건 이후 과거에 자신이 꾼 꿈을 기억해낸다. 그것은 기차의 침대칸에서 자기 밑에 누워 있던 하얀 가운을 입은 남자가 죽은 채로 발견되는 꿈이다. 컴퓨터 자판을 침으로써 이러한 잊힌 꿈을 떠올릴 수 있을 때, 여기서 글쓰기는 앞에서 말한 '유령 같거나 꿈과 유사한' 어떤 것을 불러내고 기억하는 작업임을 알 수 있다. 유령들의 죽은 원혼은 풀리지 않는다. 그 때문에 그것은 자신을 불러내 원한을 풀어줄 사람을 필요로 한다. 바로 그 사람이 글을 쓰는 사람, 즉 작가다. 그러나 그러한 유령들은 결코 전근대의 미신과 관련된 유령들이 아니다. 현대의 유령은 "섬뜩한 알파벳 자모"[56]의 유령이다. 그것은 우리에게 원래는 친숙한 것이었지만 낯설어져버린 존재로서 표의문자의 유령을 자신 안에 간직하고 있다. 표음문자와 표의문자는 동전의 양면과도 같은 것이다. 표음문자 속에 감춰진 표의문자의 유령, 즉 "억압된 생각"[57]으로서의 그러한 유

겠지만 그가 묘사할 때 사용한 독일어 단어들이 한자로 모두 '日'(Sonne)이라는 단어를 포함하고 있었다며, 표음문자의 이면에 숨어 있는 표의문자의 차원을 지시한다. Y. Tawada, *Verwandlungen*, 32-33쪽 참조.

56 같은 책, 40쪽.

령들을 불러낼 때, 컴퓨터는 '제단'으로 변하고 작가의 글쓰기는 '제의'가 되는 것이다.

현대적 제의로서의 다와다 요코의 글쓰기

다와다 요코는 '민족학적인 문학ethnologische Literatur'의 작가이자 이방인으로서 유럽문화를 바라보며, 근대의 합리적인 사고로 인해 잊힌 과거의 유산을 상기시킨다. 그녀는 특히 『변신』에서 표음문자 및 그와 연관된 음성(로고스)중심적인 사고에 익숙해진 유럽인을 그러한 문자의 근원으로 데려가 문자의 형상성, 나아가 공간연관성에 주목하게 한다. 이 과정에서 문자는 단순히 음성의 기록이 아니라, 자체의 물질성과 매체성을 지닌 고유한 성격을 드러낸다. 또한 다와다 요코는 문자를 음성을 기록하고 의사소통에 사용되는 일상적 기능에서 끌어내어 주술적인 맥락에 집어넣음으로써 알파벳 문자에 내포된 동물성 내지 신체성에 주목하게 하고 그것이 환상의 동물로 변신할 수 있음을 강조한다.

나아가 문자에 대한 다와다 요코의 성찰로부터 그녀의 시학 원칙을 이끌어낼 수도 있을 것이다. 이러한 맥락에서 킬히만의 다음과 같은 언급은 타당하다.

> 동시에 다와다의 텍스트들은 문자의 이러한 자유로운 발산에 의해 문학적 글쓰기가 생성된다는 것을 보여준다. 이 경우 문자의

---

57 같은 곳.

기원, 독서학습의 역사와 유아의 알파벳놀이의 역사 및 알파벳의 마술적·신비적 수행에 대한 기억이 함께 전수된다.[58]

현대의 유럽문화를 규정하고 있는 알파벳 문자문화의 지배 밑에 숨겨진 표의문자적 기원은 개념적으로 포착할 수 없지만 동물적인 생명력으로 꿈틀거리며 요동치고 있다. 인간의 신체 외부에 위치하는 것으로 여겨지는 단순한 대상으로서의 알파벳 문자는 생명력이 없는 죽은 문자로 간주되지만, 그럼에도 그것은 완전히 죽은 것은 아니며 그 속에서 표의문자의 유령이 떠돌아다니며 언제든지 출몰할 준비를 하고 있다. 하지만 다와다 요코는 그러한 유령을 전근대적인 제의 방식으로 불러내는 것이 아니라, 컴퓨터의 타이핑이라는 현대적인 제의 방식으로 불러낸다. 이러한 현대적인 제의로서의 다와다 요코의 글쓰기는 하얀 화면의 사잇공간에 파묻혀 있는 백색소음을 들으며, 표의문자의 유령을 불러낸다. 다시 말해 그것은 억압된 생각으로서의 '이미지, 리듬, 운동'을 불러내는데, 이는 형이상학적이고 근원적인 것과 거리가 먼 흔적들이다. 따라서 새의 족적으로서의 흔적을 불러내는 현대의 제의적 글쓰기는 전근대의 주술적 성격을 이어받으면서도 동시에 그로부터 탈피하고 있다고 말할 수 있다. 이로써 다와다 요코의 제의적 글쓰기는 흔적을 근원문자로 간주하며 흔적의 끊임없는 변신을 시도하는, 역동적이고도 생성적인 현대적 글쓰기가 된다.

58 E. Kilchmann, "Verwandlungen des ABCs", 363쪽.

II 사잇공간의 시학

1 투명한 관, 유령의 집

『목욕탕』

장소에 관한 이론적 성찰과 소설에서의 장소의 의미

근대에 뉴턴이 무한하고 텅 빈 동질적인 공간 개념을 제시하고, 데카르트가 공간을 연장이라는 범주로 파악하며 측량의 대상으로 삼으면서, 장소는 공간 속의 위치로 전락하고 그 안에 있는 인간과의 어떤 연관성도 상실하게 된다. 하이데거는 장소를 인간의 관찰대상으로 간주하는 관점이 장소에 대한 인간의 체험과 감정을 빼앗고 소외를 낳는다고 비판하며, 장소와 현존재로서의 인간의 긴밀한 상호연관성을 지시한다. 더 나아가 푸코는 오늘날 '배치'라는 개념이 '연장' 개념을 대체하고 있다며, 지점이나 요소 간의 인접관계에 의해 형성되는 배치로서의 장소 개념을 강조한다. 그는 '신성한 공간'과 '세속화된 공간'의 대립 같은 이전의 신화적이고 종교적인 공간적 대립이 사라졌지만, '사적인 공간'과 '공적인 공간', '여가 공간'과 '노동 공간'의 대립 같은 은밀한 신성화가 여전히 존재한다며, 배치로서의 공간 개념을 통해 이러한 대립의 허구성을 드러내려고 한다.[1] 즉 동일한 장소가 사실은 그것이 어떤 요소적 배치를 통해 구성되느냐에 따라 그 의미가 달라지며, 때로는 현실적인 장소였다가 때로는 현실에 저항하는 비현실적 장소가 되기도 한다는 것이다.

이-푸 투안은 장소를 명확한 의미가 부여된 공간으로 규정한다.[2] 다시 말해 장소는 아직까지 불확정적이고 의미가 부여되지 않은 열린 공간과 달리 특정한 의미를 지닌 닫힌 공간이라고 할 수 있다. 특히 소설에서는 장소들이 단순히 공간 속에 위치를 점하고 있는 머무를 수 있는 곳이 아니라, 특정한 요소적 배치를 통해 '상징적' 의미를 부여받은 곳으로 등장한다. 즉 그것은 마치 원시사회에서의 장소들처럼 일종의 텍스트로 기능하며 상징적 의미를 갖고 있는 것이다. 따라서 소설 속 장소들에 대한 분석은 곧 소설 전체의 의미연관성을 이해하는 데 직접적인 도움이 된다.

다와다 요코의 소설 『목욕탕』에서도 장소는 특정한 의미를 지닌다. 그런데 다와다 요코는 자신의 작품에서 일반적으로 이해되는 장소의 의미를 새로운 요소적 배치를 통해 변화시키거나 심지어 전복시키곤 한다. 특히 그녀는 자아와 타자의 이분법적 구분에

---

1 미셸 푸코, 「다른 공간들」, 푸코, 『헤테로토피아』, 이상길 옮김, 문학과지성사, 2017, 43-45쪽 참조.

2 투안, 『공간과 장소』, 219쪽 참조.
이-푸 투안은 공간과 장소의 관계를 다음과 같이 규정한다. "경험적으로 공간의 의미는 종종 장소의 의미와 융합된다. "공간"은 "장소"보다 추상적이다. 무차별적인 공간에서 출발하여 우리가 공간을 더 잘 알게 되고 공간에 가치를 부여하게 됨에 따라 공간은 장소가 된다. […] "공간"과 "장소"의 개념을 정의하려면 서로를 필요로 한다. 우리는 장소의 안전, 안정과 구분되는 공간의 개방성, 자유, 위협을 알고 있으며 그 역 또한 알고 있다. 나아가 우리가 공간을 움직임이 일어나는 곳이라 생각한다면 장소는 정지(멈춤)다. 움직임 속에서 정지할 때마다 입지는 장소로 변할 수 있다." 같은 책, 19-20쪽.

따라 자아정체성을 규정하고 소속감을 부여하는 장소인 집이나 '나'를 지금, 이곳에 매어두는 현실적인 장소로서의 신체를 모두 '장소 없는 장소'로서의 유토피아적 장소로 변형시킨다. 이 장에서는 다와다 요코의 『목욕탕』에 나타나는 장소들의 분석을 통해 현실적 장소에 있는 인물들이 어떻게 동시에 그들에게 낯선 절대적인 다른 장소로 옮겨지는지, 그럼으로써 이러한 장소들이 어떻게 혼종적인 의미를 갖게 되는지 살펴볼 것이다.

호텔

업무와 휴식의 혼합공간으로서 호텔

소설 『목욕탕』의 서술자이자 주인공인 일본인 여성 '나'는 어느 날 통역 일로 호텔 레스토랑에 간다. 일본의 한 생선통조림 회사와 독일 파트너 회사의 미팅에서 독일어를 일본어로 통역하기 위해 그곳에 간 것이다. 레스토랑은 식사를 하며 즐기기 위한 장소이지만, 이곳에서 사업에 관한 대화들이 오가기 때문에 단순히 향유의 장소라고만 보기는 어렵다.

여기서 호텔이라는 공간은 독특한 이중적 성격을 지닌다. 한편으로 호텔은 여러 비즈니스 파트너들이 사업에 관해 논의하기 위해 방문하는 장소다. 즉 그것은 일과 관련된 장소다. 하지만 호텔은 숙박, 즉 잠을 자기 위한 장소이기도 하다. 이런 측면에서 보면 호텔에는 집의 기능도 있다. 이처럼 호텔은 사무실과 집이라는 두 가지 상반되는 영역을 내포한 독특한 공간으로 등장한다.

또한 호텔은 한 공간에서 다른 공간으로의 변신이 일어나기에도 적합한 장소다. 호텔의 화려한 외관 뒤에는 지저분하고 혐오스러운 흔적이 곳곳에 숨겨져 있다. 따라서 서술자 나가 일상적인 환경에서 벗어나서 혐오스러운 것으로 간주하며 억눌러온 자신 속의 타자와 만나는 변신을 경험하는 장소가 호텔인 것은 결코 우연이 아니다. '나'는 호텔에서 회사직원들의 입에서 '쓰레기'처럼 쏟아져나오는 말들을 소화시켜 다시 번역하느라고 고초를 겪는다. 또한 이곳에서 여성의 몸에 비유되는 생선 비늘이 주방장의 칼에 의해 벗겨지며 그것의 혀가 잘려 나갈 때, 그러한 생선에 비유될 수 있는 '나'는 언어를 잃고 자아정체성의 죽음을 경험한다.[3] 그리고 이와 함께 자아 속 낯선 타자와의 만남이 시작된다.

로비와 화장실: 전면과 후면의 공간

통역을 하던 '나'는 쓰레기 같은 말을 번역하는 데 어려움을 겪으며 점차 말을 더듬는다. 그러나 오히려 그렇게 말을 더듬는 것이 그녀의 기분을 좋게 하고 사람들도 그녀의 '변화'를 감지한다. 그녀는 화장실에 가야겠다며 레스토랑을 빠져나오는데, 그러다가 호텔의 미로에서 길을 잃더니 눈을 감고 한없이 깊은 골짜기 속으로 추락한다. 여기서 눈을 감거나 끝 모를 '깊은' 골짜기로 추락하는 것은

---

3 그러나 이러한 혀의 상실이 부정적인 측면만 갖는 것은 아니다. 어떤 낯선 여인이 서술자 나의 혀를 빼앗아가고 나중에 돌려주겠다고 말할 때, 혀의 상실, 즉 낯선 타자의 언어인 독일어의 상실은 긍정적 측면을 지니기도 한다. 왜냐하면 이러한 과정을 통해 서술자 나는 새로운 언어 차원, 즉 꿈의 언어적 차원에 들어서며 낯선 여인의 목소리를 이해할 수 있기 때문이다. L. Koiran, *Schreiben in fremder Sprache*, 297쪽 참조.

인간의 심층에 있는 무의식의 세계로의 진입을 암시한다.

'내'가 다시 깨어났을 때 '내' 머리맡에는 얼굴의 반을 화상 입은 40대 여인이 앉아 있다. 그녀는 '나'를 화장실에서 발견했다고 말한다. 이 호텔종업원은 청소가 일과 중 가장 재미 있지만 로비 청소는 싫다고 말한다. 호텔 로비는 가장 깨끗하고 화려한 공간이다. 그곳은 호텔의 얼굴이라고 할 수 있으며, 깨끗이 씻은 인간의 피부와도 같다. 앞에서 주방장이 생선의 비늘을 벗겨냈다고 했을 때, 그러한 작업은 매일 아침 목욕탕에서 비늘을 벗겨내는, 다시 말해 씻고 화장하는 서술자 나의 행동과 유사하다. 즉 호텔 로비는 우리를 밖으로 드러내는 잘 정돈된 정체성을 상징한다. 그러나 호텔여종업원은 사실 로비의 구석구석에 사람들이 구토하곤 한다며 그러한 깨끗한 로비의 이면에 숨겨진 혐오스러운 면을 지적한다. 그녀는 사람들이 너무 오래 사무실에 앉아 있기 때문에 그렇게 토사물을 내뱉곤 한다며, 자신도 이전에 사무실에서 일한 적이 있다고 말한다. 또한 사무실과 달리 화장실은 지위가 높은 남자나 단정한 비서가 자신의 걱정거리와 실제 모습을 적나라하게 드러내는 장소로서 의식의 이면을 드러낸다.

이 낯선 여성이 자신의 집으로 가자고 말하며 '나'를 호텔 밖으로 이끌 때, 그녀는 호텔의 뒷문을 이용한다. 앞쪽과 뒤쪽은 흔히 사회적 신분을 표시하는 공간으로 구분된다. 이-푸 투안은 인간의 신체가 세계의 중심으로 간주되며 그것을 중심으로 주위 공간을 분화하고 조직한다고 말한다.[4] "많은 건물은 전방 지역과 후방

---

4 투안, 『공간과 장소』, 72쪽 참조.

지역을 명확하게 분리했다. 사람들은 같은 건물에서 일하면서도 서로 다른 세계를 경험한다. 왜냐하면 그들의 불평등한 지위가 그들을 서로 다른 순환과정과 작업 지역으로 내몰기 때문이다. 정비원들과 수위들은 후방에 있는 서비스 문으로 들어와서 건물의 "좁은 길"을 따라 이동한다. 반면 간부들과 그 비서들은 정문을 통해 들어와 넓은 로비와 휘황찬란한 통로를 지나 밝게 설비된 사무실로 간다."[5] 호텔여종업원인 낯선 여인 역시 호텔 뒷문을 통해 퇴근하는데, 그녀의 지위는 호텔 근처에 있는 그녀의 반지하 집에서도 잘 드러난다. 이는 또한 다른 사람을 대신해 임시로 통역 일을 하러 온 '나' 역시 안정된 직장이 없어 경제적 어려움을 겪고 있다는 점을 상기시킨다.

다른 한편 호텔의 '뒷문'은 배후의 어두운 공간으로, 일상적이고 의식적인 세계를 대변하는 호텔의 전면인 로비와 대비되는 무의식의 심층세계를 상징하기도 한다. 따라서 서술자 나와 호텔여종업원인 그녀가 함께 호텔 뒷문을 지나 그녀의 집으로 간 것은 곧 '내' 안에 있는 무의식의 심층세계로 들어간 것으로 해석할 수 있을 것이다.

집

목욕탕

'나'는 아침에 매일 목욕탕에 있는 거울 앞에서 자신의 모습을 바라본다. 거울 속에 비친 '나'의 모습은 매일 달라지며 그곳에 걸린 사

5 같은 책, 73쪽.

진 속 자신의 모습과 차이를 보인다. 사진은 단순히 객관적인 현실을 반영하지 않는다. 서술자의 남자친구인 크산더는 그녀를 모델로 삼아 광고사진을 찍는데, 그녀에게서 기대했던 전형적인 일본인 여성의 모습이 나오지 않았다고 불평한다. 즉 그는 자신의 기대에 맞춰 그녀의 모습을 포착하려 시도하는 것이다. 그는 카메라가 총이 아니라며 두려워하지 말라고 말하지만, 사실 카메라는 총처럼 한 사람의 다양한 욕망과 모습을 살해하며 그의 정체성을 하나로 고정시킨다.

목욕탕에서 '내'가 목욕을 하며 나의 피부를 덮고 있는 '비늘'을 벗겨내는 행위도 '카메라를 쏘는 행위'와 유사한 의미를 갖는다. 마치 물고기를 연상시키는 이 비늘을 뜨거운 목욕물로 불린 후 밀어내는 행위는 매끈한 정체성을 만들어내는 것을 의미한다. 화장 역시 거울 속 모습과 사진 속 모습의 차이를 없애기 위한 작업이다. 이처럼 목욕탕에 걸려 있는 '내' 사진은 거울 속에 비친 '나'의 끊임없이 변하는 얼굴을 통제하는 이상적인 정체성의 기준이 된다.

'나'의 집에 있는 목욕탕이 이처럼 호텔의 로비처럼 매끄러운 얼굴, 즉 잘 정돈된 통일적인 정체성을 만들어내기 위한 장소라면, 호텔여종업원인 그녀의 집에 있는 나무욕조는 정반대의 의미를 지닌다. 그녀의 집에는 따로 목욕탕이 없으며, 그래서 그녀는 커다란 나무통에서 목욕한다. 특이한 것은 그녀가 뜨거운 물에 몸을 불려 비늘, 즉 때를 밀어내는 것이 아니라, 차가운 물로 목욕을 한다는 것이다. 그것은 "샤워라기보다는 뱀의 허물벗기처럼 보였다."[6] 여

6 Y. Tawada, *Das Bad*, 67쪽.

기서 목욕은 일종의 변태, 아니 변신과정이라고 할 수 있다. 서술자는 소설 첫 부분에서 "인간의 몸의 80퍼센트가 물로 이루어져 있다고 한다"[7]며 피부 밑에서 일어나는 물의 유동성 때문에 인간의 얼굴이 변할 수밖에 없다고 말하는데, 이러한 언급은 변신이 인간 존재의 근본조건임을 나타낸다.

'나'는 그 낯선 여성을 만나고 집으로 돌아온 후 머리카락에서 이상한 냄새가 나서 머리를 감는다. 그런데 '나'는 욕조가 관처럼 보여서 개수대에서 머리를 감는다. 여기서 욕조가 관처럼 보였다는 말은 '내' 집 목욕탕의 의미에 변화가 생겼음을 의미한다. 즉 그 곳은 더 이상 화장을 하거나 피부의 비늘을 밀어내며 매끄러운 정체성을 만들어내는 곳이 아니라, 단일한 정체성을 해체하고 다원적 정체성을 열어주는 곳으로 탈바꿈한다. 목욕탕 거울이 뒤집혀 화장을 할 수 없었다는 말 역시 거울에서 만들어지는 상상적 자아의 허구성을 드러낼 뿐만 아니라, 목욕탕이 매끄러운 통일적 정체성을 만들어내는 기능을 상실했음을 보여준다. 이로써 목욕탕은 끊임없이 정체성의 변신이 이루어지는 열린 공간이 된다.

침대

독일어 선생이자 목수이기도 한 크산더는 '내'가 잘 때 굴러떨어지지 않도록 발꿈치에 대못을 박아 의자에 고정시킨다. 그 때문에 '나'는 피로에 시달리며 토하기도 한다. 그런 '나'를 불쌍히 여긴 그는 침대를 하나 만들어주었는데, 그 침대는 '내' 몸 크기만 하며 뚜

7 같은 책, 7쪽.

껑이 있어 닫을 수도 있다. 그래서 그는 '내'가 방해받지 않고 잘 잘 수 있도록 뚜껑에 못을 박는다. "다음날 나의 나무상자는 관이라는 이름을 지닌, 네 개의 다리가 달린 비늘새가 되었다."[8] 처음에 그 새는 네 개의 다리 때문에 관 속에서 비틀거리며 움직이다가 마침내 하늘로 날아올라 저승을 향해 날아간다.

그런데 다와다 요코는 인간이 새처럼 날 수 없으며 그러한 비상은 오직 꿈에서만 가능하다고 말한다. 이것은 위에서의 서술이 현실보다는 꿈과 관련이 있음을 보여준다. 하지만 그러한 새의 비상과 관련된 상징적 의미에 주목할 필요가 있다.

주인공 나는 호텔여종업원의 손에 이끌려 그녀의 집에 간다. 그녀는 침실로 나를 데려가는데, 그곳은 춥고 너무 어두워 사물의 윤곽도 알아보기 힘들다. 그녀는 '나'를 자신의 이불 속에 눕게 하고는 눈을 감으라고 말한다. 그리고는 나의 가슴을 쓰다듬고 혀를 애무한다. 그런데 그녀가 이러한 행동을 하기 전에 죽음을 동경한다고 말했기 때문에, 이러한 애무에는 에로스와 타나토스가 공존한다고 볼 수 있다. 이때 "침대는 검은 쥐들이 사막으로 끌고 가는 썰매로 변신했다."[9]

쥐는 엄청난 번식력을 자랑하는 동물이다. 들뢰즈와 가타리는 동물을 일차적으로 무리로 파악하며 이를 다양체라는 개념과 연결시키는데,[10] 이러한 맥락에서 쥐의 번식은 나의 단일한 정체성을 뒤

8 같은 책, 145쪽.

9 같은 책, 75쪽.

10 G. Deleuze & F. Guattari, *Tausend Plateaus*, 326쪽 참조.

흔드는 현상으로 해석할 수 있다. 이 소설에서 경찰이 검은 쥐를 쏘아 죽이는 장면이 등장할 때, 이러한 설명은 설득력을 얻는다. 왜냐하면 경찰은 무의식과 내 속의 타자[11]를 검열하고 통제하는 심급의 비유로 등장하기 때문이다. 더욱이 이 쥐들에게서 날개가 자라나 박쥐가 되어 날아갈 때, 이는 다원적인 정체성을 띤 자아가 경계구분적인 대지에서 벗어나 탈경계적이 됨을 암시한다. 게다가 박쥐가 흡혈귀를 연상시킬 때, 그것의 혼종적인 정체성이 더욱 부각된다. 그리고 '나'는 이러한 박쥐들이 끌고 날아가는 침대에서 죽음의 편안함을 느끼며 이에 놀라워한다. 그러나 여기서 죽음은 물질적 의미에서의 죽음보다는 들뢰즈가 말한 '통일적인 자아정체성의 죽음'을 의미한다. 그리고 이러한 비인격적인 죽음에서 앞에서 언급한 바 있는 에로스와 타나토스의 결합이 이루어진다.[12] 앞에서 침대가 관으로 묘사될 때, 이는 곧 변신의 공간인 침대가 자아의 죽음을 선포하는 관과 동일한 의미를 지니고 있음을 보여준다.

---

11 서술자인 내가 쥐들을 내리치려 할 때, 그 쥐의 모습이 불에 타 죽은 여자의 얼굴임이 밝혀진다. 이것은 '나'의 정체성의 증식을 의미하는 쥐들이 '내' 속의 절대적 타자인 죽은 여자와 동일함을 의미한다. 다시 말해 쥐는 '내' 속에 숨겨진 타자인 것이다.

12 "프로이트는 죽음을 물질적인 죽음으로만 이해함으로써 에로스와 타나토스를 대립시켰다. 이에 반해 들뢰즈는 자아와 관련된 인격적인 죽음 외에 나와 관련되지 않은 비인격적인 죽음도 상정한다. 개인이 사라진다는 의미에서 죽음이 자아가 나타내는 차이의 사라짐을 의미한다면, 비인격적 죽음에서는 나 자신의 일관성과 통일성, 동일성 일체가 없어짐(죽게 됨)으로써 자유로운 차이들이 펼쳐질 수 있게 된다. 이로써 타나토스는 에로스와 더 이상 대립되지 않는다."(정항균, 『시시포스와 그의 형제들: 현대 문학과 철학에 나타난 '반복' 모티브』, 을유문화사, 2009, 248쪽) 왜냐하면 타나토스는 새로운 차이를 생성하는 에로스적 기능을 갖게 되기 때문이다.

호텔여종업원의 침실에서 꾼, 썰매를 끌고 가는 쥐에 대한 꿈은 어린 시절 주인공이 데리고 있던 쥐들과 관련이 있다. 그녀가 일본의 어머니 집을 방문했을 때 새장 안에 흩어져 있는 쥐들의 뼈를 발견한다. 이러한 쥐의 죽음은 주인공이 자신의 또 다른 자아를 억누르고 살아왔음을 보여준다. 여기서 흥미로운 것은 새장 안에 쥐의 뼈가 들어 있다는 사실인데, 이로부터 이미 새장에 갇혀 있던 쥐가 나중에 박쥐로 변해 날아오를 것이 암시된다.

작품 마지막에서는 '내'가 아닌 그녀가 '나'의 침실을 매일 밤 방문한다. 그녀가 '나'의 피부 속으로 들어와 세상을 방문할 때, 그녀가 바로 '내' 안에 숨어 있는 '나'의 또 다른 자아임을 알 수 있다. 이처럼 '내'가 '나'의 타자를 만나게 됨으로써 '나'의 모습은 더 이상 사진의 모습과 같지 않게 되며 "투명한 관"[13]으로 변한다. 더는 닫혀 있지 않는 투명한 관 속의 '나'는 통일적인 자아정체성의 죽음으로 인해 해방된 자아를 표상한다. 침실은 그러한 자아가 나와 타자를 구분하는 좁은 경계를 뚫고 나와 자유롭게 하늘로 비상하는 새로 변신하는 꿈의 공간이다.

유령의 집과 손님으로서의 타자

> 그 여자의 집은 호텔에서 멀리 떨어져 있지 않았다. 낡은 잿빛 건물의 지하방 창문은 감옥창문처럼 창살이 쳐져 있었다. 그 여자는 나보다 앞서 깜깜한 계단을 내려갔다. […] 문은 닫혀 있지 않

13 Y. Tawada, *Das Bad*, 165쪽.

았다. 안에서 내게 친숙한 냄새가 풍겨나왔다. 그러나 어디서 그 냄새를 맡았는지는 알 수 없었다.[14]

함부르크에 살고있는 '내'가 방문한 그녀의 집은 어두운 반지하 집이다. 빛이 들어오지 않는 차가운 집은 현실적으로는 호텔여종업원의 어려운 경제적 상황을 반영한다. 하지만 이 반지하 집은 역사적인 맥락과도 연결시켜 살펴볼 수 있다. 특히 그 집에 사는 여자가 화상을 입었고, 나중에 그 여자가 사라지고 없는 집을 서술자 나가 방문했을 때 이웃주민은 거기 살던 여자가 불에 타 죽었다고 말한다. 이는 연합군의 폭격으로 불바다가 된 독일도시와 그 안에서 죽은 사람들을 연상시킨다.[15] 이러한 파괴된 집은 그 밑에 묻혀있는 유령들을 불러내며 그들에 대한 기억을 촉구한다.

하지만 심층적으로 '나'의 타자로서의 그녀의 집은 다른 의미를 지닌다. 즉 아래로 내려가야 하는 어두운 집의 공간은 무의식의 심층을 지시한다. 거기에 쳐 있는 창살은 의식에 의해 억눌리고 통제되고 있는 무의식의 상태를 시각적으로 보여준다. 나아가 친숙한

14 같은 책, 61-63쪽.

15 루프레히트는 함부르크에서 살았던 다와다 요코가 『목욕탕』에서 역시 함부르크에 사는 여성서술자를 등장시키고 있을 뿐만 아니라, 불에 탄 집과 신체를 언급함으로써 역사적 차원을 암시하고 있다고 말한다. 이때 그것은 1943년 연합군에 의한 함부르크 도시의 공습뿐만 아니라 1945년 히로시마 폭격 사건도 암시하고 있다는 것이다. C. Rupprecht, "Haunted Spaces", 117쪽 참조.
실제로 이 작품에서 서술자 나의 어머니는 2차대전 중 공습에 의한 도쿄 대폭격을 이야기하고 있고, 서술자의 환상이 펼쳐지는 9장에서도 2차대전 중 폭탄을 투하한 전투기에 대한 묘사가 등장한다.

냄새를 풍기지만 그것의 원천을 알 수 없는 집은 나에게 '친숙했지만 낯설어진unheimlich' 무의식의 공간을 가리킨다.

하지만 이러한 집은 성인이 된 '나'의 의식 속에 감추어진 유아기의 장소를 의미하기도 한다. 그녀가 목욕할 때 드러난 가슴은 '내'게 "갓난아이의 엉덩이를 연상시켰다."[16] 그러한 무의식의 세계는 주인공 나의 과거 유아기의 세계를 의미할 수도 있다.

그 여자의 집에서 돌아다니는 쥐들은 '내'게 어릴 때 기르던 쥐를 떠오르게 한다. 방 안의 익숙한 냄새는 바로 그 쥐들의 냄새였던 것이다. 내가 어릴 때 키우던 쥐의 이름이 '쿠마'(곰을 의미)였는데, 그 여자의 집에 있던 쥐 이름도 그것과 밀접한 관계가 있는 '곰'이었던 것이다. 그 여자의 집에서 '내'가 어린 시절을 떠올릴 때, 또 그 매개체가 바로 자아의 도플갱어적 증식을 의미하는 쥐라고 할 때, 그 여자의 집은 성인이 된 '나'의 집에서 사라진 이 쥐들, 즉 다양한 타자를 떠올리는 계기가 된다. 또한 나중에 '내'가 쥐들을 내리쳐 죽이려 할 때 거기서 불에 타 죽은 그 여자의 얼굴을 발견한다. 그리고 '내' 집 목욕탕의 거울에서 자신의 모습을 비출 때도 그 여자의 모습을 본다. 이는 곧 서술자 나의 타자가 죽었다가 유령처럼 되살아난 쥐인 동시에 역시 죽었다가 되살아난 그 여자임을 의미한다.

그런데 쥐에게서 나타나는 증식은 유령의 본질적 특징이기도 하다. 서술자 나는 자신의 타자인 그 여자에게서 자신의 증식 또는 도플갱어를 발견한다. 신체의 3분의 1 이상이 화상을 입으면 살 수 없다고 하지만 그보다 더 심한 상처를 입은 그 여자는 서술자 나에

---

16 Y. Tawada, *Das Bad*, 65쪽.

게 살아 있는 듯 나타난다. 하지만 엄밀히 말해 그녀는 산 것도 죽은 것도 아니고, 존재하면서도 존재하지 않는 유령 같은 존재다.

이웃집 여성은 완전히 전소된 반지하 집에 살던 여성이 자살했다고 말한다. 여기서 '자살'은 서술자인 '내'가 자신의 고정된 정체성을 파괴하며 단일한 자아를 살해한 '사건'으로 해석할 수도 있다. 그렇다면 유령으로 등장하는 여성은 다름 아닌 서술자인 나 자신인 것이다. 실제로 그 여자를 만난 다음날 '내'가 다시 그녀의 집을 찾아가 그녀의 환영을 만난 후 홀로 그녀의 침대에 누워 있었을 때, 그 집 안으로 들어온 두 남자는 '내'가 유령처럼 보인다고 말하고 '나'를 피난민으로 간주한다. 여기서 다시 한번 2차대전의 공습으로 파괴된 보금자리에서 쫓겨난 피난민의 지위가 암시되지만, 동시에 그러한 부정적 맥락을 넘어서 단일한 정체성을 살해함으로써 생겨나는 사건으로서의 '유령'적 지위의 긍정성이 드러나기도 한다.

소설 마지막에 그 여자의 환영이 매일 밤 '내' 집을 방문해 '내' 피부 속으로 들어온다. 데리다에 따르면 우리가 유령을 발견하기 전에 유령이 항상 우리를 주시하고 있다가 갑작스럽게 우리에게 출몰하는데, 이러한 유령의 반복적 출몰은 통일된 자아를 해체시키는 사건의 의미를 지닌다.[17] 이러한 유령의 방문으로 '나'의 집은 유령의 집으로 변한다. 왜냐하면 그 여자는 단순히 '내' 집을 잠깐 방문한 손님이 아니라, '내' 피부 속으로 들어와 '내' 신체를 유령적인 것으로 만들며 '나'를 형성하기 때문이다. "그러나 이러한 자아, 이러한 살아 있는 개인은 자신의 유령에 사로잡히며, 그 유령에 거주

---

17 데리다, 『마르크스의 유령들』, 진태원 옮김, 그린비, 2014, 202-203쪽 참조.

당한다. 그것은 자기 스스로 유령들의 숙주가 되며, 귀신 들린 단 하나의 신체의 공동체 속으로 유령들을 모아서, 그 자신 그 유령들로 구성된다. 자아=환영. 따라서 "나는 있다"는 "나는 신들려 있다"는 것을 의미하는 셈이다."[18] 이곳과 저곳, 이 세계와 저 세계를 나누는 경계막인 서술자 나의 피부는 특수화장을 통해 투명해지는데, 이러한 투명한 피부는 유령이 된 그녀의 '신체 없는 신체'를 의미하기도 한다. "그러나 이때 신체 없는 신체는 생명 없는 신체나 시체를 의미하는 게 아니라, 개인적인 생명이 없고 개별적인 속성/고유성이 없는 신체를 말한다."[19] 이러한 개성의 상실 및 유령으로의 변신과 함께 나와 타자, 내 집과 네 집의 구분은 사라진다.

이 소설에 등장하는 '유령의 집'은 "이곳과 저곳, 죽음과 삶, 안과 밖이라는 범주를 분리하는 경계선이 허물어지는"[20] 공간이다. 이러한 사잇공간에서 개인의 확고한 정체성은 해체되며 내 (집) 안에 도사리고 있던 타자의 유령들이 출몰한다. 비록 이러한 유령의 출현이 섬뜩한 감정을 일으키며 두렵게 느껴질지라도, 다와다 요코는 자신의 또 다른 소설 제목인 '손님'처럼 이러한 타자의 유령을 아무런 조건 없이 환대하며 맞이할 것을 요구한다. 이방인이 나와 너, 고유한 것과 낯선 것의 이분법적 구분에 따라 이름 붙여진 존재라면, 이에 반해 절대적 타자는 이러한 이분법적 구분을 넘어 내 안에 존재하는 이름 없는 (비)존재다.[21] 데리다는 특정한 계약과 법 아

18 같은 책, 259쪽.

19 같은 책, 96쪽.

20 C. Rupprecht, "Haunted Spaces", 113쪽.

21 데리다, 『환대에 대하여』, 70쪽: "그런데 우리가 이미 암시했다시피 이방인과 절

래에서 이방인을 받아들이는 조건부 환대와 달리 타자에 대해서는 무조건적인 절대적 환대를 요구한다. "절대적 환대는 내가 나의-집을 개방하고, 이방인(성을 가진, 이방인이라는 사회적 위상 등을 가진 이방인)에게만이 아니라 이름 없는 미지의 절대적 타자에게도 줄 것을, 그리고 그에게 장소를 줄 것을, 그를 오게 내버려둘 것을, 도래하게 두고 내가 그에게 제공하는 장소 내에 장소를 가지게 둘 것을, 그러면서도 그에게 상호성(계약에 들어오기)을 요구하지도 말고, 그의 이름조차 묻지 말 것을 필수적으로 내세운다."[22] 이 소설의 서술자인 나 역시 그 미지의 여인에게 이름도 묻지 않고 그녀가 자신을 찾아오게 내버려둘 뿐만 아니라 그녀에게 자신의 집을 내주고 공유할 수 있도록 허용한다. 그녀가 이처럼 자신의 절대적 타자를 인정하고 받아들임으로써 그녀의 집은 더 이상 타자를 몰아내고 배척하는 억압적 공간이 아니라 절대적인 환대의 공간, 자아해방의 공간으로 탈바꿈할 수 있는 것이다.

신체

열린 장소로서의 피부: 빛의 유희작용으로서의 피부색

장소란 무엇인가? 만일 공간 속에 위치한 사물 중 그것에 머무를 수 있으며 의미가 부여된 곳을 장소라고 한다면, 신체는 언뜻 보아

대적 타자 사이의 차이는, 때로 포착하기 어려운 미묘한 차이들 중 하나는 절대적 타자가 이름이나 성을 가지지 못할 수 있다는 점이다."

22 같은 책, 70-71쪽.

장소에 속하지 않는 것처럼 보인다. 그러나 많은 사회에서 인간의 신체에 여러 가지 상징적 의미를 부여했고, "신체는 외부로부터 점유될 수 있는 위계적으로 구조화된 구성된 공간"[23]으로 여겨졌다. "우리가 영토를 인간 신체의 이미지에 따라 사유한 예들을 알고 있는 반면, 신체도 거의 일반적으로 영토로 사유되고 있다."[24] 원시사회는 신체의 특정 부분을 조상이 머무는 장소로 간주했고 제의적인 숭배대상으로 삼곤 했다.[25] 푸코는 절대군주제에서 시행되는 스펙터클한 폭력과 공개처형에서 수형자의 신체를 절대군주의 권력이 드러나는 장소로 간주했다. 즉 수형자의 몸에 더 많은 심각한 상흔이 남을수록, 군주의 막강한 권력이 더 잘 드러난다는 것이다. 왜냐하면 수형자란 군주의 법에 도전한 자이며, 그 때문에 그에게 가하는 약한 신체형은 권력의 빈약함을 드러낼 것이기 때문이다.[26] 이처럼 신체는 보이지 않는 권력이 가시화되는 장소로서 정치적 의미를 띠기도 한다. 또한 오늘날에도 한 나라의 '수도首都'나 '중앙역Hauptbahnhof' 같은 표현에서 알 수 있듯이, 신체가 지리적·사회정치적 의미를 지니는 메타포로 여전히 중요한 의미를 지닌다.

다와다 요코의 소설 『목욕탕』에서는 인간의 신체 중 특히 피부가 중요한 의미를 갖는다.[27] 피부는 인간 신체의 외부와 내부를 표

23 M. Augé: *Nicht-Orte*, 66쪽.

24 같은 곳.

25 같은 책, 67쪽 참조.

26 M. Foucault, *Überwachen und Strafen. Die Geburt des Gefängnisses*, Frankfurt a.M., 1994, 63-65쪽 참조.

27 최윤영은 자신의 논문에서 다와다 요코의 소설에 등장하는, 매체로서의 신체의 중요성을 강조하며, 『목욕탕』에 나타나는 혀와 비늘 모티브를 분석한다(최윤영,

시하는 경계로서 특별한 지위를 차지하는 장소다. 또한 "피부는 궁극적으로 그 밑에 놓여 있는 진정한 본질을 숨기고 있는 방어막으로 이해될 수 있다."[28] 하지만 다와다 요코의 작품에서는 피부의 심층에 놓여 있는 이러한 진정한 본질이 허상으로 폭로되고 유동적이고 끊임없이 변화하는 물의 이미지로 대체된다. 이 소설의 주인공인 나는 지구의 70퍼센트가 바다이기 때문에 지구의 표면이 매일 바뀌며 다른 모습을 보여준다고 말한다. 그렇기 때문에 지도상에서 유동적인 물의 움직임이 정지된 채 세계가 정적으로 조직되어 있는 것은 사실에 부합하지 않는다는 것이다. 이러한 관점에서 그녀는 지구의 실제 모습이 일종의 화장술로 지도의 모습을 띠게 된다고 말한다. 마찬가지로 그녀는 인간 신체의 80퍼센트를 구성하고 있는 물에 의해 인간의 얼굴이 매일 달라지지만, 화장이 그러한 차이를 없애며 동일한 모습을 보여주게 만든다고 말한다.

주인공은 이처럼 지리적인 요소와 신체적인 요소를 비교함으로써 신체의 장소적 특성을 강조한다. 특히 피부로서의 얼굴이 한 개인의 정체성을 보여주는 장소로 등장하는데, 우리는 물처럼 유동적이고 변화무쌍한 인간의 정체성을 화장을 통해 지워버리고 매끄러운 하나의 정체성으로 포장해낸다는 것이다. 여기서 화장의 인위적인 특성은 정체성을 만들어내는 사회문화적인 기술을 지시하며,

---

「매체로서의 언어, 매체로서의 몸. 요코 타와다의 『목욕탕』과 『벌거벗은 눈』을 중심으로」, 『독일문학』 99집(2006), 98쪽 참조). 이 책에서는 앞의 논문에서 다루지 않은 피부와 신체 전체의 문제를 장소라는 주제와 연결시켜 다루고자 한다.

28 Jeremy Redlich, "Reading Skin Signs: Decoding Skin as the Fluid Boundary between Self and Other in Yoko Tawada", *Critical Studies* 33(2010), 75쪽.

정체성의 형성이 특정한 사회, 문화, 역사적 맥락과 떨어져서 생각될 수 없음을 암시한다.

이러한 방식의 얼굴 만들기는 민족적·인종적 정체성 형성에도 사용된다. 주인공의 남자친구인 크산더(알렉산더의 약자로, X-ander라는 말에는 '타자der Andere'라는 의미가 들어 있다[29])는 '나'의 사진을 찍고 나서 '내' 모습이 충분히 일본인처럼 나오지 않았다고 불만을 표한다. 그는 여자친구의 모습을 자신이 갖고 있는 아시아 여성의 상에 끼워 맞추려 하는 것이다. "얼굴과 살은 '타자의 응시'에 의해 반복적으로 쓰이고 형성된 재록양피지로 묘사된다. 그러한 응시는 어쩔 수 없이 여행보고서처럼 읽힐 수 있을 문화적·사회적·역사적 코드 및 의미와 연결되어 있다."[30] 현실재현의 가장 정확한 수단으로 간주되는 사진이 사실은 현실, 여기서는 인종적 정체성을 만들어내는 허구성의 매체로 폭로되는 것이다.

주인공이 크산더의 이러한 태도를 못마땅해 하며 그에게 피부에 색이 있다고 믿는지 묻자, 그는 그러면 살에서 색이 생겨나느냐고 반문한다. '내'가 피부가 색이 있는 것이 아니라 빛의 유희로 인해 색이 생겨난다고 하자, 그는 그렇더라도 결국 그 빛의 유희가 자신의 피부와 그녀의 피부에서 다르게 나타나지 않느냐고 다시 반박한다. 이에 대해 그녀는 "빛은 모든 피부에서 다르게 유희해. 모든 인간, 매달, 매일 다르게 말이야"[31]라고 대답한다. 사람들은 보통

29 같은 책, 79쪽 참조.

30 같은 곳.

31 Y. Tawada, *Das Bad*, 33쪽.

피부색에 따라 인종을 구분하지만, 사실은 피부색은 피부 위에서의 빛의 유희작용에 불과하며, 그러한 작용은 매 순간 달라지기 때문에 궁극적으로 한 사람의 피부색 역시 명확히 특정한 색이라고 규정할 수 없다는 것이다. 이로써 피부는 형태나 모습뿐만 아니라 색깔도 매 순간 달라지는 유동적인 모습을 띠게 된다.

여기서 피부를 정체성의 형성 장소로 생각한다면, 매일 피부에서 다르게 나타나는 빛의 유희작용은 단일한 정체성이란 존재하지 않으며 인간의 정체성이란 결코 규정될 수 없는, 들뢰즈와 가타리가 말한 의미에서 다양체임을 보여준다. 이로써 피부는 특정한 완결된 의미가 주어져 있는 폐쇄적인 장소가 아니라, 그 의미가 끊임없이 변화하고 생성되는 열린 장소임을 알 수 있다.

투명한 관으로서의 신체

'나'의 타자인 그 여자는 '관'이라는 이름을 지닌 비늘새로 등장한다. 물고기를 나타내는 '비늘'과 하늘을 나는 '새'가 결합할 때, 대지에 다리를 딛고 서 있는 인간의 정주성과 비늘새의 유동성의 대조가 두드러지게 나타난다. 영토의 구분에 기초한 대지에서 벗어나 있는 물고기와 새 모두 유동적이고 탈경계적인 속성을 지니기 때문이다.

그런데 공장의 매연과 잿빛 비로 인해 고통을 받고 있는 비늘새를 위해 크산더는 '나'에게 우산을 씌워줄 것을 요구한다. 또한 그는 그 여자가 자유로워질 수 있도록 갑옷을 벗겨내야 한다며 서술자에게 칼로 비늘 속을 찌를 것을 요구한다. 일견 설득력 있는 듯한 그의 말에 '나'는 동감하며 칼로 비늘 속을 찌른다. 하지만 비늘새가 죽은 후 칼이 저절로 춤을 추며 '나'의 오른쪽 눈을 찔러 피가 쏟아진다. 이는 오이디푸스왕이 자신의 눈을 찌른 것을 연상시키는데, 마치 그가 장님이 된 후 진정으로 세계와 자신에 대한 올바른 통찰력을 얻게 되듯이, '나' 역시 그러한 변화를 경험한다. 즉 후견인 역할을 자처하는 크산더의 말을 좇아 유동적 정체성을 의미하는 비늘을 찔러 파괴한 것이 잘못된 행동임을 인식하게 된 것이다. 그러면서 '나'는 이제 경계막으로 작용하는 피부를 투명하게 만드는 화장을 하며 마침내 경계적인 사고를 극복한다.

> 피부는 이 세계와 저 세계를 갈라놓는 경계막이다. 나는 피부가 투명해질 때까지 특수한 화장품을 바른다. [⋯] 피부가 마침내 투명해졌을 때, 그 뒤에 그 죽은 여자의 모습이 나타난다. 나는 항상 자러 가기 전에 화장한다.[32]

이전까지 피부가 경계선으로서의 의미를 지니고 있었고 피부에 화장품을 바르는 것이 하나의 단일한 정체성을 가장하는 기능이 있었다면, 이제 '나'는 아침이 아니라 밤에 화장하고, 게다가 자신의 다양한 정체성을 감추는 것이 아니라 오히려 드러내는 '투명한' 화장을 한다. 즉 여기서 화장은 일반적인 의미의 화장과는 완전히 다른 기능을 갖는다. 이러한 화장은 피부 밑을 흐르는 물의 흐름을 보여주며 내 안에 있는 그 여자를 밖으로 드러낸다. 그렇게 해서 "매일 저녁 그 여자는 내 피부를 뚫고나와 이 세상을 방

32 같은 책, 161쪽.

문한다."[33]

또는 그 여자의 이러한 방문은 달리 해석하면 '내'가 앞에서 그 여자의 집을 방문한 것처럼 현실에 존재하지 않는 절대적인 다른 세계와의 접속을 통해 그곳으로 옮겨진다는 것을 의미하기도 한다. 이러한 맥락에서 '유토피아적 신체'에 대한 푸코의 언급을 살펴볼 필요가 있다. 푸코는 한편으로 신체가 "어쩔 수 없이 항상 여기에 있으며 결코 다른 곳에 있지 않다"[34]며 "나의 신체는 정확히 유토피아와 정반대되는 것이다"[35]라고 말한다. 즉 나의 신체는 내 마음대로 거기서 벗어날 수 없는 저주받은 장소로 모든 현실의 장소들의 피안에 있는 유토피아적 장소와 대비를 이룬다. 하지만 푸코는 달리 생각하면 신체가 그렇게 간단히 현실의 장소에 매어 있는 것으로 해석할 수 없고 그 안에 어두운 심연이 있으며 그곳에서 환상이 펼쳐질 수 있다며, 가면이나 화장, 타투를 통해 신체가 나를 완전히 현실과 동떨어진 다른 장소로 옮겨놓을 수도 있다고 말한다.[36] 더 나아가 푸코는 "실제로 나의 신체는 항상 다른 곳에 있고, 세계의 모든 '다른 곳들'과 연결되어 있으며, 세계 내에서와 다른 곳에 있다"[37]라고 주장하기까지 한다. 즉 내게 알려지지 않은 심연 속의 신체는 현실에 존재하지 않는 '무장소의 장소', 유토피아의 장소인 것이다.

---

33 같은 곳.

34 M. Foucault, "Der utopische Körper", 25쪽.

35 같은 곳.

36 같은 곳, 31쪽 참조.

37 같은 곳, 34쪽.

『목욕탕』의 서술자인 '나'는 유토피아의 장소에 있는 그녀를 볼 수도 들을 수도 없다. 단지 뼈의 떨림을 느낄 수 있을 뿐인데, 그것은 "음"[38]이 아니라 "진동"[39]일 뿐이다. 도, 레, 미, 파 같은 음가音價들이 각자 자신의 정체성을 지니며 다른 음들과 구분된다면, 진동은 이러한 개념적 구분으로 포착될 수 없는, 들뢰즈적인 의미에서 '강도'[40]인 것이다. 인간의 정체성은 결코 각각의 음가처럼 하나의 개념으로 포착될 수 없으며 끊임없이 변화하고 생성되는 다양한 진동, 즉 강도들의 열린 집합체다. 다와다 요코는 『부적』에서 '내'가 완전한 문장을 말하더라도 어쩌면 그러한 문장은 아무런 의미를 갖지 않으며 단지 음들의 우연적인 결합일 수도 있다고 말한다. 그러면서 그러한 음들을 만들어낸 심층의 진동들을 언급하며, 그것들이 유령에 의해 생겨난 것인지도 모른다고 말한다.[41] 여기서 유령은 앞에서 이야기한 것처럼 자아 안에 도사리고 있는 타자를 가리킨다. 바로 이러한 타자가 하나의 음에 공명하는 배음들을 만들어내는 다성성의 주인공이다. 강도들의 열린 집합체 또는 다성성의 열린 집합체로서의 '자아'는 타자와의 차이를 통해 규정되는 것이 아니라 그 자체로 규정될 수 없는 '차이 자체', 즉 '다양체'라고 할 수 있다. 그 때문에 개개인에게는 그 자신에게 미지의 것으로 남아 있

38 Y. Tawada, *Das Bad*, 163쪽.

39 같은 곳.

40 "양 개념이 본성이 바뀌지 않는 나눔의 운동을 전제하고 질 개념이 본성의 변화 때문에 나눔의 운동을 부정하는 것과 달리, 강도는 나눔의 운동은 가능하지만 언제나 본성의 변화를 동반한 채로만 가능함을 강조하는 개념이다." 진은영, 『니체, 영원회귀와 차이의 철학』, 그린비, 2007, 182쪽.

41 Y. Tawada, *Talisman*, 118쪽 참조.

는 다양체의 잠재적인 가능성들, 즉 타자들과 마주하고 그것들을 펼쳐나가는 것이 중요하다. 그러기 위해서 통일적인 자아는 '죽어야' 하며 자신을 폐쇄하지 않고 투명하게 열어두어야 한다. 그래서 소설 마지막에 '투명한 관'이 등장하는 것이다.

소설 마지막에서 서술자 나는 이전에 자신이 취한 정체성들, 즉 통역자 내지 번역가, 사진모델, 타이피스트 같은 정체성을 다시 한번 거론한 후 그것들을 모두 거부한다. 그러고 나서 소설 마지막 문장을 "나는 투명한 관이다"[42]라는 말로 끝맺는다. 그러한 투명한 관은 만프레트 바인베르크의 말처럼, 물질과 정신, 남자와 여자, 가능성과 현실, 안과 밖의 경계가 모호해지는 제3의 공간의 특성을 지니지만,[43] 특히 정체성의 문제와 관련해서는 (단일한) 자아를 '죽게' 하고 자아와 타자의 경계를 '투명'하게 만드는 특성을 지니기도 한다. 그런 의미에서 '투명한 관'으로서의 나의 신체는 무수한 잠재적인 다양성을 내포하고 있는 열린 장소라고 할 수 있다.

장소의 비장소화와 자아정체성의 해체

인류학자인 오제는 장소를 의미가 기입된 상징화된 공간으로 정의한다.[44] 그리고 인간은 유기적으로 조직된 이러한 장소와 특별한 관계를 맺으며 자신의 개인적·집단적 정체성을 형성한다. 이 경우

---

42 Y. Tawada, *Das Bad*, 165쪽.

43 M. Weinberg, "Von Spiegeln, Fotos und Worten", 232쪽 참조.

44 M. Augé, *Nicht-Orte*, 86쪽 참조.

내가 속한 장소와 남이 속한 장소, 즉 내부와 외부의 구분이 생겨나고 이러한 장소적 구분과 정체성의 형성이 긴밀히 얽혀 있게 된다. 다른 한편 세르토는 여행자처럼 장소이동을 하면서, 즉 그의 개념으로는 공간을 실천하면서 고정된 의미의 장소를 열린 공간으로 전환하고 장소 안에서 타자인 비장소로 이행할 수 있다고 말한다.[45]

일본 출신의 다와다 요코는 독일로 이주하여 작가활동을 하면서 그리고 다양한 나라를 여행하면서 자신의 작품에서 세르토의 의미에서 장소를 공간, 즉 비장소로 전환시킨다. 특히 그녀는 개인의 정체성을 규정하는 집이라는 장소에 실체를 규정할 수 없는 유령을 끌어들임으로써 내부와 외부의 경계를 해체하고 장소를 열린 공간으로 변형시킨다. 나아가 들뢰즈와 가타리의 말처럼 진정한 유목민은 낙타 등에 탄 채 움직이지 않고도 움직일 수 있는 인간이므로, 물리적인 의미에서 여행을 하지 않고도 한순간 강렬한 체험을 통해 정신적 여행을 함으로써 세계의 모든 지점과 연결될 수 있다.[46] 그것은 오제가 말한 '초현대성Übermoderne'의 시대에 교통수단의 가속화와 매체의 발달로 인해 지구의 축소와 공간의 과잉현상이 나타남으로써만이 아니라,[47] 의식적인 변화(또는 더 정확히는 의식으로부터의 이탈)를 통해서도 나타날 수 있다. 즉 다와다 요코의 소설『목욕탕』의 서술자처럼 자신의 이성적인 의식에서 일순간 이탈하여 무의식적인 심층의 세계와 연결되어 자신의 타자와 만나게

45 같은 책, 88쪽 참조.
46 G. Deleuze & F. Guattari, *Tausend Plateaus*, 524쪽 참조.
47 M. Augé, *Nicht-Orte*, 39-40쪽 참조.

될 때, 그녀는 침대에 누워 있으면서도 동시에 문자 그대로 유토피아(비-장소)적으로 세계의 모든 곳에 가 있을 수 있다. 또한 이러한 장소의 비장소화는 자아정체성의 해체를 의미하기도 한다. 이제 집이 '내'가 속한 내부적 공간이 아니라, 자아와 타자들이 공유할 수 있는 열린 공간으로 변신하면서 그곳은 타자들의 공간, 즉 유령의 집이 된다. 그러나 이러한 유령의 집은 프로이트가 말한 의미에서의 단순히 섬뜩함을 낳기보다는 오히려 '친숙한 낯섦'의 비장소로서 비고향에 대한 '동경(보고자 하는 욕망)Sehnsucht', 아니 "듣고자 하는 욕망Hörsucht"[48]을 낳는다. 그러한 멀고도 가까운 비장소에서 유령의 중얼거림을 듣는 것[49]은 다와다 요코에게는 공포가 아닌 소망처럼 나타난다.

---

48 Y. Tawada, *Talisman*, 117쪽.

49 이러한 듣기는 전통적인 의미에서 언어의 의미를 이해하려는 시도가 아니라 일종의 침묵의 목소리를 듣는 탈중심화된 듣기다. 즉 그것은 하나의 음에서 공명하는 배음을 듣는 다원적인 듣기라고 할 수 있다. C. Ivanovic, "Exophonie, Echoponie", 235쪽 참조.

2 원전 없는 번역으로서의 글쓰기

번역이론의 발전과정과 다와다 요코의 번역론

다와다 요코가 1987년 독일에서 발표한 첫 번째 작품인 『네가 있는 그곳에만 아무것도 없다』는 일본어로 쓰였고 페터 푀르트너에 의해 번역되었다. "마츠나가 미호는 다와다 요코가 자신의 출생지에서 인정을 받기 전에 '번역된 작가'로 독일에서 성공적으로 문학계에 데뷔했으며, 그녀 자신이 적어도 두 개의 언어로 그리고 두 개의 언어 사이에서 작업하기 때문에 번역하는 작가로 활동하고 있음을 강조한다."[1] "두 개의 언어를 구사하는 작가로서 그녀 자신의 활동에는 번역을 통해 그녀 자신의 글쓰기를 풍부하게 만드는 많은 요소가 들어 있다고 한다. 튀빙엔 시학강연에 따르면 그녀의 문학적 모토는 심지어 '글쓰기는 원전 없는 번역처럼 되어야 한다'는 것이다."[2] 이처럼 다와다 요코에게 번역은 처음부터 대단히 중요한 의

1 L. Koiran, *Schreiben fremder Sprache*, 307쪽.

2 C. Ivanovic & M. Matsunaga, "Tawada von zwei Seiten. Eine Dialektüre in Stichworten", *Yoko Tawada. Text + Kritik*, Heinz Ludwig Arnold (Hrsg.), München, 2011, 115쪽.

미를 지녔으며 창작의 핵심원칙으로 간주되었다.

독일 계몽주의 시대에 게오르크 벤츠키는 체계적인 번역이론을 제시했는데, 이에 따르면 번역은 원전의 문장을 다른 언어로 충실하게 재현하는 것을 목표로 해야 한다. 다시 말해 모방원칙이 핵심적인 번역원칙으로 간주되고 있는 것이다.[3] 반면 낭만주의 시대에는 번역이 단순히 원전의 모방에 그치는 것이 아니라 일종의 창작의 지위로까지 올라선다. "노발리스의 명제에 따르면 번역은 여전히 원 텍스트 속에 내재된 미지의 것, 비밀스러운 것, 낯선 것을 향해 무한히 접근해감을 의미한다."[4] 프리드리히 슐레겔도 "번역은 한 번으로 끝나는 것이 아니라 무한한 시적 성찰을 계속하기 때문에, 원전의 생명력은 오히려 번역에 의존하고 있음을 역설한다."[5] 다만 낭만주의자들은 번역을 해석학적 관점에서 바라보며 원전의 해석에 집중하기 때문에, 번역이 번역어 자체에 미치는 영향에는 크게 비중을 두지 않는다.

번역에 대한 다와다 요코의 입장에 가장 큰 영향을 준 사람은 발터 벤야민이다. 벤야민은 번역이 원전의 내용을 있는 그대로 모사하고 전달하는 것을 목표로 하는 것이 아니라는 점을 강조한다. 더 나아가 그는 루돌프 판비츠를 인용하며 번역자가 원전의 언어를 자신의 언어에 맞추기보다 "외국어를 통해 자신의 언어를 확대하고 심화해야 한다"[6]고 말한다. 그는 다양한 개별언어들이 서로

3 안미현, 『경계횡단으로서의 번역』, Huine, 2017, 38쪽 참조.

4 같은 책, 108쪽.

5 같은 책, 108-109쪽.

6 Walter Benjamin, "Die Aufgabe des Übersetzers", W. Benjamin, *Gesammelte*

다르면서도 근친성을 지니고 있는데, 이는 그것들이 자신의 불완전성에도 불구하고 "서로를 보충하는 의도들의 총체성"[7]을 지니고 있으며 이를 통해 서로에게 똑같이 의도되어 있는 것, 즉 "순수언어"[8]를 지향하고 있음을 강조한다. 쉽게 말해 번역은 원전을 모방하고 그것의 내용을 그대로 재현하려는 것이 아니라, 오히려 그러한 시도의 재현 불가능성을 인식하는 동시에 원전의 낯선 언어를 수단으로 자신의 언어를 새로운 시각에서 살펴보고 그것에 내재된 잠재성을 끌어내며 개별적 언어의 한계를 넘어서 총체적이고 이상적인 순수한 언어를 지향한다는 것이다.

번역 불가능성과 가능성에 대한 벤야민의 이러한 사유는 다와다 요코에게 많은 영향을 미치며, 그녀에게 일본인의 시선에서 독일어를 바라보며 독일어의 잠재성을 시험하고, 반대로 독일어의 시선에서 일본어를 바라보며 자신의 언어에 대한 새로운 시선을 열어주기도 한다. 다른 한편 벤야민이 "문학작품의 의도는 결코 언어 자체, 즉 언어의 총체성을 지향하는 것이 아니라 단지 서로 연관되어 있는 특정한 언어적 내용만을 직접적으로 지향하기 때문"[9]에 문학창작과 번역을 구분하는 것과 달리, 다와다 요코는 신체연관적인 글쓰기를 지향하고 인간의 신체언어를 문자로 옮겨놓는 것 역시 번역으로 간주함으로써 문학창작과 번역의 경계를 넘어선다는 차이를 보이기도 한다. 이로써 다와다 요코에게는 번역이 창작원칙으

Schriften, Bd. IV.1., Frankfurt a.M., 2018, 20쪽.

7 같은 글, 13쪽.

8 같은 곳.

9 같은 글, 16쪽.

로 발전한다.

다와다 요코는 함부르크 대학에서 한 시학강연에서 브레히트의 『시모다항의 유디트』라는 연극작품의 생성사를 살펴보면서 원본 없는 번역의 문제를 다룬다. 브레히트는 나비부인 이야기를 다룬 야마모토 유조의 연극 영어본을 다시 독일어로 번역하게 한다. 여기서 착상을 얻은 브레히트는 이 극을 쓰지만 극의 일부만이 전해질 뿐이다. 하지만 브레히트가 핀란드에서 망명 중에 쓴 이 작품을 핀란드 여류작가 헬라 보울리요키가 번역했는데, 나중에 이 번역본으로 보완된 텍스트가 독일 주어캄프출판사에서 출간된다.

이 브레히트의 원본은 이중적인 의미에서 번역본이다. 우선 그것은 보울리요키의 핀란드어 번역본을 독일어로 번역한 번역본인 동시에 일본작가 야마모토 유조의 극을 새롭게 각색한 번역본이기도 하다. 다와다 요코는 "자신이 브레히트의 전형적 문장이라고 느낀 것이 이미 야마모토에게서 쓰여 있었"[10]음을 지적한다.

다와다 요코가 여기서 언급한 브레히트의 경우는 번역본이 원본이 되는 예외적인 상황을 지시하는 것이 아니다. 오히려 그녀는 브레히트의 예에서 극단적인 형태로 나타나는, 번역본이 원본이 되는 상황이 사실은 문학작품 전반에 해당하며, 궁극적으로 번역이 문학창작의 원칙임을 보여주려 한 것이다.

이러한 예를 다와다 요코 자신이 보여주기도 한다. 다와다 요코는 2015년 카프카의 소설 『변신』을 일본어로 번역했다. 그녀는 여기서 가령 'Ungeziefer'라는 독일어 단어가 어원적으로 '불순한

10 Y. Tawada, "Hamburger Poetikvorlesungen", 107쪽.

동물'을 의미했다는 점에 주목하며, 이러한 혼종성을 살려 원래 일본어에는 없는 '충수虫獸'라는 단어로 번역한다. 이러한 번역은 그레고르가 "벌레와 포유동물 사이의 혼성적인 존재"[11]임을 보여준다. 다와다 요코는 나중에 카프카의 소설 『변신』을 일본 에도시대의 강제적인 개국 상황과 연결시키는 「카프카 카이코쿠」라는 연극작품을 쓰기도 한다. "다와다 요코의 이 연극작품은 카프카의 『변신』을 일본어로 번역한 일본어 텍스트의 독일어 번역처럼 읽히기도 한다."[12] 여기에서 번역이 문학창작의 원칙으로 작용하고 있음을 알 수 있는데, 이러한 맥락에서 다와다 요코의 시학을 '번역의 시학'이라고 말할 수 있을 것이다.[13]

번역에 대한 다와다 요코의 생각은 특히 『바다 너머 혀넙치의 혀들』이라는 에세이에 잘 나타나 있는데, 여기서 이 책의 제목인 'Überseezungen'을 빨리 발음하면 번역을 의미하는 'Übersetzungen'과 같아진다. 발음은 똑같지만 의미는 다른 두 단어의 관계는 데리다가 만든 신조어인 '차연differánce'과 '차이difference'의 관계와 유사하다. 이로써 다와다 요코는 데리다와 마찬가지로 문자가 말을 단순히 표기하는 기능에 국한된다는 생각에 거리를 두고, 문자에 대한 말의 우위를 강조하는 음성중심주의적인 전통을 비판하며, 문자의 물질성 내지 신체성을 강조한다. 다른 한편 그녀는 데리

---

11 C. Ivanovic, "Wie wäre es, mit der Übersetzung zu beginnen?", 630쪽.

12 같은 글, 640쪽.

13 다와다 요코는 최윤영과의 인터뷰에서도 번역과 문학창작의 긴밀한 연관성을 강조한 바 있다. "저는 조금 극단적인 번역 개념을 가지고 있어요. 번역은 문학 자체라고 생각합니다." 다와다 요코/최윤영, 「문학, 읽다 그리고 번역하다」, 319쪽.

다와 달리 듣기의 의미를 강조하는데, 특히 말의 내용전달 차원을 넘어서 말 속에 공명하는 정동의 차원에 주목한다. 이를 통해 그녀는 음향신체의 차원을 지적한다.

'Überseezungen'이라는 제목에 '혀Zunge'라는 단어가 담겨 있듯이, 다와다 요코는 우선 자신의 책에서 번역에 내포된 신체성의 문제를 언급한다. 그녀는 특히 언어관습과 규칙에 묶여 있는 혀를 자유롭게 춤출 수 있도록 해주는 '혀 댄스Zungentanz'의 필요성을 역설한다. 다와다 요코는 문자를 신체문자까지 포함하는 광범위한 의미에서 이해하며, 보이지 않는 신체문자를 번역하는 것을 자신의 과제로 삼는다. 이때 신체문자의 번역이란 원본 없는 번역을 의미한다. 나아가 그녀는 신체문자와 음향문자를 언급하며, 시각적인 문자의 신체와 감정을 표현하는 음향의 신체를 완전히 번역해낼 수 없지만, 오히려 그러한 번역 불가능성으로부터 다양한 창조적 번역 가능성이 열림을 강조한다.

다른 한편 위의 책 제목에는 '바다 너머Übersee'와 '혀 넙치See-zunge'라는 단어도 들어 있는데, 이는 번역이 공간 및 동물과 맺고 있는 관계를 암시한다.

번역은 흔히 출발언어와 도착언어 사이에 놓여 있는 장애물을 극복하여 출발언어에서 도착언어로 넘어가는 과정으로 생각되지만, 다와다 요코는 이러한 다리를 넘어가는 것이 중요한 것이 아니라, 그 다리 사이에 있는 틈들, 사잇공간으로서의 바다에 주목하는 태도가 중요하다고 말한다. 완전한 번역이란 불가능하다고 한다면, 번역가는 비단 출발언어를 번역하는 도착언어에 내재한 다양한 잠재성뿐만 아니라, 도착언어의 관점에서 출발언어 자체에 내재한 다양한 잠재성도 고려하며 번역이라는 문제를 성찰해야 한다.

나아가 신체문자를 번역할 때 작가는 스스로 새나 물고기 같은 동물로 변신해야 한다. 왜냐하면 언어로 포착할 수 없는 다양한 정동이나 감정을 포착하여 문자로 바꿔놓기 위해서는 그러한 동물적인 것을 강렬하게 느낄 수 있는 상태로의 변신이 필요하기 때문이다. 또한 문자텍스트를 번역할 때도 다양한 잠재적 번역 가능성을 탐색하기 위해서는 자유롭게 놀이하는 아이로의 변신이 필요하다. 이로써 변신은 번역을 위해 필수불가결한 요소가 된다.

신체와 번역의 관계

신체문자와 언어적 소통의 신체적 차원

데리다는 『문자학*De la grammatologie*』(1967)에서 문자 개념을 우리가 일상적으로 사용하는 좁은 의미의 문자 개념[14]을 넘어서는 한층 더 포괄적인 의미에서 사용한다.[15] 흔히 사람들은 말이 문자에 선행하고 문자는 말의 단순한 기록에 불과하다고 생각한다. 데리다는 표

14 그루베와 코게는 좁은 의미에서의 문자를 "'지시성', '감각적 지각의 현전' 그리고 '연산성'의 개념을 통해" 정의한다. 이에 대한 자세한 설명은 다음을 참조하시오. 정항균, 『"typEmotion"』, 90-93쪽.

15 데리다는 물질적인 기호로서의 문자를 넘어서서 인간의 신체에 새겨지는 무의식적인 쓰기까지 포함하는 모든 종류의 쓰기를 문자로 간주한다. "그는 구술언어와 문자의 일반적인 구분에 선행하는 근원문자를 설정하며 후자를 전자의 공통된 근원으로 간주한다. 물론 여기서 근원문자는 우리가 일반적으로 이해하는 매체로서의 문자 개념과는 차이가 있지만, 어쨌든 여기서 우리는 문자가 언어를 포괄하는 것으로 간주하며 문자의 관점에서 (구술)언어를 이해하려는 데리다의 시도를 확인할 수 있다." 같은 책, 86쪽.

음문자적인 사고에 기대어 말과 목소리를 근원적인 지위에 올려놓는 음성중심주의적인 전통을 비판하며, 인간의 몸에 새겨지는 보다 근원적인 문자인 신체문자에 주목한다. 이러한 신체문자는 우리의 무의식 속에서 쓰이기 때문에 우리가 그것을 완전히 읽어내는 것은 불가능하다.

다와다 요코가 이러한 신체문자에 주목하며 그것의 번역에 관심을 갖고 있다는 사실은 그녀의 텍스트 곳곳에서 드러난다. 『바다 너머 혀넙치의 혀들』에서 다와다 요코는 특히 꿈속에서 우리의 몸에 새겨지는 신체문자에 주목한다.

> 꿈에서 나는 길거리에서 촐탄을 만나 그에게 차를 함께 마시자고 초대한다. 날이 어두워진다. 네온등 불빛 아래 그의 얼굴이 창백한 모습으로 나타난다. 무슨 일이야? 그의 피부는 반투명해졌고, 그 아래에는 붉고 푸른 실핏줄들이 글씨처럼 보인다. 그의 허벅지 안쪽의 드러난 부분에서 나는 'n'이라는 글자를 본다.[16]

우리가 의식적으로 어떤 말을 하거나 글을 쓰기 전에 이미 우리의 신체는 자신의 욕망을 표출하며 무언가를 쓰고 있다. 따라서 말이나 글은 사실은 이러한 신체문자의 번역에 불과하다. 이로써 문자에 대해 말이 가지고 있던 일차적인 지위는 흔들리며, 말은 신체문자의 번역으로서 이차적인 지위를 갖게 된다. 이러한 신체문자는 시각적으로 지각할 수 있는 일반적인 문자와 달리 눈에 보이지

16 Y. Tawada, *Überseezungen*, 15쪽.

않는다. 위의 인용문에서 '내'가 촐탄의 반투명한 피부에서 n이라는 글자를 읽어낼 수 있었던 것은 꿈이었기 때문에 가능한 것이다. 신체문자는 엄밀히 말해 보이기보다는 느껴지는 것이며, 따라서 촉각적으로 지각되는 점자와 유사하다고 할 수 있다.

재일교포 학자인 서경식과 주고받은 편지를 모은 책 『경계에서 춤추다』에 나오는 번역을 다룬 장에서 다와다 요코는 의사의 언어가 신체문자를 억압하며 폭력이 될 수 있는 위험에 대해 경고한다. "병원에 가는 건 불안한 일입니다. 큰 병이면 어쩌나 하는 불안 이전에 자신의 몸이 의사의 언어로 읽혀버리고 낯선 텍스트로 바뀌어버린다는 것에 불안함이 있는 건지도 모릅니다."[17] 아무리 아파도 병원에서 병으로 진단받지 못한 병은 병이 아니며, 그래서 진단서를 받지 못해 직장에서 불이익을 당할 수도 있다. 만일 의사의 번역어에 절대적 권위를 부여하며 그것으로 환자의 신체문자를 완전히 번역할 수 있다고 믿는다면, 그것은 신체에 가해지는 언어폭력이 될 수 있음을 다와다 요코는 경고한다.[18] 그러나 다와다 요코는 이것이 신체문자를 언어로 번역하는 것 자체가 폭력임을 의미하는 것은 아니라고 말한다.

> 저는 번역어가 폭력이라고 말하는 것이 아닙니다. 번역어나 그렇지 않은 말이나 폭력이 될 수도 있고 영양제가 될 수도 있다고 생각하는 것이죠. 예를 들어 번역어는 중층적·입체적으로 우리 몸

17 서경식/타와다 요오꼬, 『경계에서 춤추다』, 162쪽.
18 같은 책, 170쪽 참조.

> 을 볼 수 있는 가능성을 부여해줍니다. 배만으로는 해결할 수 없는 문제가 현대사회엔 얼마든지 있습니다. 만약 배라는 말 하나뿐인 일원문화 속에 억지로 자신을 가둬놓았다간, 마지막엔 바로 그 배를 가르고 사무라이처럼 죽을 수밖에 없을지도 모르죠. 그렇지 않고 십이지장이니 맹장이니 하는 재미있는 이름의 번역 내장들이 배 안에 그득 담겨 있으니 해결법 역시 얼마든지 있으리라고 생각할 수 있는 것 아니겠습니까?[19]

다시 말해 번역어가 복합적이고 입체적인 몸의 다양한 해석 가능성을 제한하고 억압하는 것이 아니라 오히려 그러한 특성에 주목하게 만든다면, 비록 번역어가 신체문자를 완전히 읽어내는 것은 불가능하겠지만 그럼에도 그것은 의미 있는 좋은 번역이 될 수 있다는 것이다.

모든 문학은 신체문자 텍스트를 옮겨놓은 것이며 그것에 직접적으로 접근할 수 없기 때문에 그 자체로 번역본의 지위에 머무를 수밖에 없다. “그 때문에 작가는 그 자신으로서가 아니라, 세계의 족쇄를 풀고 언어와 문자를 해방시키며 그것들이 숨어 있는 곳에서 그것들을 가시적으로 만드는 매체로서 글을 쓴다. 이에 따라 어떤 문학도 원전으로 간주해서는 안 된다. 어떤 텍스트를 문자로 붙잡아놓는다는 것은 아직 존재하지 않는 근원텍스트를 옮겨놓는 행위다. 그러한 근원텍스트라는 원전은 작가가 도달할 수 없는 곳

19 같은 책, 170-171쪽.

에 숨겨져 있다."[20] 이처럼 사라진 원전에도 불구하고 그곳에 생긴 구멍을 오히려 생산적인 창조의 가능성으로 받아들이며 글을 쓰는 사람이 작가인 것이다.

더 나아가 다와다 요코에게서 이러한 신체문자는 목소리와 대치되는 것이 아니다. 왜냐하면 목소리는 신체 밖으로 발화되는 분절음으로서의 말만을 의미하는 것이 아니라 신체에서 울려나오는 진동을 의미하기도 하기 때문이다. 그 때문에 신체문자를 읽으려면 자신의 신체 안의 목소리, 즉 몸 안에서부터 울려퍼지는 분절되지 않은 진동을 느끼고 들을 수 있어야 한다. 이처럼 목소리의 촉각적인 특성이 강조됨으로써 목소리와 문자는 신체 내에서 서로 만난다. "나는 글을 쓸 때 몸에서 이야기를 들으려고 시도한다. 내가 그러한 이야기에 귀를 기울이면, 내 세포들이 내게 얼마나 낯선지를 깨닫게 된다."[21] '나'의 신체에 있는 세포들 내지 방들에서 들리는 이야기들은 '내'게 너무 낯선 것이어서 그것을 그대로 재현하며 옮기는 것은 불가능하다. 그래서 이러한 신체언어를 번역하는 것은 곧 원전 없는 번역이라고 할 수 있다.[22]

또한 다른 사람이 말하는 것을 들을 때에도 언어가 전달하는 추상적인 메시지를 넘어 신체연관적인 진동, 가령 리듬, 악센트, 거

---

20 Michiko Tanigawa, "Performative Über-setzungen / über-setzende Performance. Zur Topologie der Sprache von Yoko Tawada", *Yoko Tawada. Poetik der Transformation*, C. Ivanovic (Hrsg.), 356쪽.

21 Y. Tawada, *Talisman*, 19쪽.

22 같은 곳: "인간의 신체에는 번역작업이 이루어지는 많은 방이 있다. 나는 그곳에서 원전 없는 번역이 이루어지고 있다고 추측한다."

기서 공명하는 감정 등을 같이 들을 수 있어야만 한다. 즉 말 속에서 정보전달을 넘어 일종의 음악을 들을 수 있어야 하는 것이다.

> 나는 가끔 사람들이 결정을 내리려고 하는 대신 어쩌면 더 정확히 들어야 한다고 생각한다. 귀 기울여 들음으로써 나를 더 멀리 데려가는 진동을 발견할 수 있다. 진동은 안과 밖, 의무와 의지, 기다림과 행동의 분리를 알지 못한다. 귀를 기울여 듣는 것은 복종을 의미하지 않는다. 그러나 많은 사람들은 귀 기울여 듣기를 좋아하지 않는데, 그 이유는 그것이 수동적인 태도이기 때문이다.[23]

감각의 문화사를 살펴보면, 전근대 시대에는 청각 문화가 발달한다. 가령 그리스 로마 신화에서는 육신의 눈이 불완전하게 나타나는 대신 장님이 예언자나 시인으로 등장한다. 또한 기독교에서도 하느님의 말씀이 세상을 창조하며, 인간은 불완전한 눈으로 본 세상을 믿기보다는 하느님의 목소리에 귀를 기울여야 한다. 그러나 근대 이후 인간은 대상을 관찰하여 그 법칙을 인식하며 자연을 지배한다. 시각중심적인 근대에 인간은 보는 행위를 통해 인식대상에 거리를 두며 인식의 주체가 되는데, 이러한 관점에서는 전근대에서처럼 신의 목소리에 귀 기울이는 자는 '예속적인hörig' 인간이 되고 만다. 앞의 인용문에서 다와다 요코가 귀 기울여 듣는 것이 곧 복종하는 것을 의미한다고 말할 때, 이는 전근대적인 종교적 사회를 염두에 두었다고 말할 수 있다. 그러나 이제 그녀는 신의 목소리가 아

23 Y. Tawada, *Überseezungen*, 113쪽.

니라 소리의 진동에 귀 기울이라고 말하는데, 이는 언어적 소통의 신체적인 차원을 지시하는 것으로 생각할 수 있다. 왜냐하면 목소리에는 그 사람의 신체적인 정동과 감정이 고스란히 묻어나며 함께 공명하기 때문이다. 따라서 다와다 요코에게는 신체연관적인 글쓰기를 하기 위해서 이러한 신체적 진동을 귀 기울여 듣는 것이 중요하다.

음향신체와 문자신체: 번역 불가능성 속에서 이루어지는 번역의 역설

다와다 요코는 서양의 선교사들이 다른 나라에서 기독교 교리를 전파하기 위해서는 우선 성경을 번역해야 했는데, 여기서 의도하지 못했던 위험이 발생했다고 말한다.

> 사람들은 이방인에게 자신의 생각을 번역하지 않고서는 전달할 수 없다. 그런데 모든 번역은 변신을 의미하며, 이는 곧 근본주의자에게는 왜곡을 의미한다. 이교도는 선교에 의해 교화되지만, 그 대신 일신교적인 교리의 번역 한가운데에서 이교도가 다시 꽃피기 시작하는 것이다.[24]

다시 말해 번역된 텍스트(또는 도착언어 Zielsprache)가 원전(또는 출발언어 Ausgangssprache)의 충실한 번역을 시도하더라도 어쩔 수 없이 원전은 번역된 텍스트의 언어적 영향에서 벗어날 수 없는데, 이로써 선교를 통해 이교를 몰아내려는 시도는 번역으로 인해 언어

---

24 Y. Tawada, *Sprachpolizei und Spielpolyglotte*, 50쪽.

적 차원에서 발생한 혼종성에 의해 좌절되고 심지어 일신교적인 교리에 이방적인 요소를 담게 되는 모순에 빠지게 된다. 다와다 요코는 이러한 선교의 예를 통해 문자텍스트의 번역 불가능성의 문제를 언급한다.

우리는 보통 통역이나 번역을 한다고 하면, 말이나 글의 정보전달 측면을 떠올리기 쉽다. 그러나 이러한 관점에서는 언어의 신체연관성이 간과된다.

> 나는 언제나 들떠서 사람뿐 아니라 언어에도 몸이 있다고 말한다. 일본어도 글의 몸, 즉 '문체文體'가 있다. 글은 뜻만 전달하지 않는다. 몸도 있다. 그 몸에는 체온, 자세, 아픔, 습관, 개성이 있다. 나는 Klangkörper(음향신체)와 Schriftkörper(문자신체)라는 두 단어를 자주 생각한다.[25]

다와다 요코는 몇 가지 일화를 통해 명제적인 내용을 통한 소통을 넘어서는 정서적인 소통[26]의 측면을 강조한다. 다와다 요코는 P와 있었던 어느 일화를 통해 한 단어 안에서 공명하는 감정에 대해 이야기한다. P가 약속보다 늦어 그녀를 제시간에 데리러 오지 못하게 되었을 때 그는 '설명하다'라는 단어를 사용한다. "이 말은 그녀에게서는 피부 아래에 후회와 눈물을 담고 있다. "설명할게."

---

25 다와다 요코, 『여행하는 말들』, 212쪽.

26 크레머도 언어적인 의사소통에 있어서 명제 내용을 통한 정보전달과 담론을 통한 합리적인 소통 차원 외에 정서적 소통의 측면이 있음을 강조한다. S. Krämer, "Die Rehabilitierung der Stimme", 274-276쪽 참조.

이 말이 예기치 않게 죄의식을 담고 있는 듯 들렸기 때문에, 나는 재빨리 이렇게 대응했다. "아니야, 괜찮아. 그럴 필요 없어. 내게 아무것도 설명할 필요 없어.""[27]

P는 다와다 요코에게 미국 학생들이 지나치게 haben이라는 동사를 많이 사용한다며, 심지어 감정과 관련된 동사마저 haben을 쓰는 것을 비판한다. 그래서 '의심을 품고 있다Zweifel hegen' 대신 '의심을 가지고 있다Zweifel haben'라고 말한다는 것이다.

> '가지고 있다'라는 단어는 자본주의적이고 계몽주의적인 제스처로 우리를 안심시킨다. 마치 우리가 집이나 가구를 갖듯이 다양한 감정을 가질 수 있는 것처럼 말이다. 이와 반대로 '품고 있다'라는 단어는 인간과 그가 지닌 감정 사이의 섬뜩한 관계를 지시한다.[28]

다와다 요코는 감정이 우리가 물건처럼 소유할 수 있는 것이 아니라 우리에게 친숙하면서도 동시에 낯선, 즉 섬뜩한 존재임을 강조한다. 그 때문에 우리가 그러한 신체에 깃든 감정을 언어로 그대로 번역할 수는 없다. 오히려 언어 속에서 번역되지 않은 감정이 공명하며 자신을 드러내는 것이다. 반대로 언어와 문법적 질서가 우리의 신체적인 감정을 왜곡하고 변형시킬 수도 있다. 가령 다와다 요코는 멀리 외국에 나갔다가 돌아온 사람에게 독일어로 "네가

27 Y. Tawada, *Überseezungen*, 130쪽.
28 같은 책, 124쪽.

다시 와서 좋아"라고 말하겠지만, "이 문장은 너무 길다. 문법이 요구한다고 해서 감정을 그렇게 길게 늘여도 될까?"라고 묻는다.[29] 여기서 언어 경찰은 신체적 감정을 문법적인 질서를 통해 통제하고 본래 표현하려던 감정과 다른 감정을 만들어낸다.

다와다 요코는 어떤 사람들은 모국어로만 언어를 '지배'하거나 '정복'할 수 있다고 믿지만, 이러한 생각은 환상에 불과하며, "내 생각으로는 언어를 지배하는 것은 불필요하다. 사람들은 언어와 관계를 갖거나 그렇지 못할 뿐이다"[30]라고 말한다. 감정을 소유한다는 생각이 착각이듯이, 언어를 지배하고 소유한다는 생각 역시 착각일 뿐이다. 마찬가지로 "모국어로만 자신의 감정을 진실하게 표현할 수 있으며, 외국어에서는 자신도 모르게 거짓말을 하게 된다"[31]라는 생각 역시 착각에 지나지 않는다. 오히려 모국어와 관련된 사회적 관습과 터부가 솔직한 감정의 표현을 가로막는 반면, 외국어에서는 그러한 금지의 심급이 작동하지 않기 때문에 좀 더 솔직한 감정 표현이 가능하다. 또한 외국어는 그 언어를 잘 모르는 사람에게는 단순히 의성어처럼 들리며 신생아에게서처럼 경험되기 때문에, 더 신체연관적이고 감정적인 특성을 띤다. 즉 그러한 언어가 전달하는 내용, 메시지를 놓치는 대신 그것의 리듬과 억양, 그 안에서 전달되는 감정에 집중하게 되는 것이다. 그리고 이를 통해 언어적 소통의 더 중요한 측면과 관계할 수 있게 된다.

29 같은 책, 144쪽.
30 같은 책, 111쪽.
31 같은 책, 111-112쪽.

번역이 불가능한 또 다른 것은 문자의 신체다. 말과 달리 문자는 시각적으로 지각될 수 있는 물질성을 지닌다. 다와다 요코도 이 점을 충분히 인지하고 있으며, 그래서 다음과 같은 플루서의 말을 인용한다. "빌렘 플루서는 이렇게 썼다. A는 여전히 시리아의 황소 뿔을, B는 여전히 셈족의 집 지붕을, C는 여전히 근동 사막에 있는 낙타 등에 있는 혹을 보여준다."[32] 알파벳은 최소의 문자를 다양하게 조합하여 무수히 많은 단어를 만들어낼 수 있는 합리적인 언어다. 또한 알파벳은 음을 표기한 표음문자로서 형상을 모방한 표의문자와 구별되기도 한다. 그런데 다와다 요코는 플루서를 인용하며 알파벳 문자가 지닌 형상성을 지적함으로써 이성적이고 의식적인 것으로 간주되는 표음문자 속에 이미지적이고 무의식적인 표의문자가 숨어 있음을 보여준다. 또한 이것은 서양 속에 동양적인 것이 내포되어 있음을 의미하기도 한다. 표음문자는 음을 표기한 것이기는 하지만, 문자로서 형상성을 지니기도 한다. 왜냐하면 표의문자뿐만 아니라 표음문자 역시 문자로서 시각적으로 물질화된다는 점에서 말과 근본적으로 구별되기 때문이다. 다와다 요코는 흔히 우리가 책을 읽을 때 휘발해버리는 이러한 문자의 신체성, 즉 형상성에 주목하게 하며, 이를 번역의 문제와 연관시켜 생각한다.

다와다 요코는 문법을 문자가 지닌 신체성을 억압하는 경찰관으로 묘사한다. 가령 '크다'라는 의미를 지닌 groß를 크게 대문자로 쓰거나, '기울어진'이라는 의미의 schief라는 단어를 기울여 쓰

32 Y. Tawada, *Sprachpolizei und Spielpolyglotte*, 12쪽.

는 것은 금지되어 있는데,[33] 이처럼 "형용사들은 신체를 지니지 않는 것이다."[34] 다와다 요코는 언어 규칙에 의해 통제되고 억압된 문자(텍스트)가 지닌 신체성과 놀이의 정신을 해방시켜주는 것이 필요하다고 생각한다. 그녀는 클라이스트의 텍스트에 대한 일본어 번역의 예를 들어 문자텍스트의 신체성을 고려한 번역의 필요성을 역설한다.

다와다 요코는 클라이스트의 소설에 나오는, 아주 복잡하게 계속 이어지는 부문장을 지닌 문장[35]을 끊어서 여러 문장으로 번역하는 것에 반대한다. 그 이유는 "클라이스트의 이야기 초반에 나오는

33 같은 책, 32쪽 참조.

34 같은 곳.

35 다와다 요코는 이에 대한 예를 튀빙겐시학강연집 『변신』에서 들고 있다. "자신의 지위보다 아래에 있는 것처럼 보이는, 알트 휘닝겐 가문 출신의 카타리나 폰 헤어스브루크라는 이름의 한 백작 부인과 내연의 관계를 맺은 이후, 그의 이복동생인 야콥 붉은 수염 백작과 적대적인 관계 속에 살고 있던 빌헬름 폰 브라이자흐 공작은, 성 레미기우스 밤이 어두워지기 시작했던 14세기 말경에, 보름스에서 있었던 독일 황제와의 회합으로부터 돌아왔는데, 이 회합에서 그는 자신의 친자식들이 죽고 없어서, 결혼 전에 자신의 아내와 낳은 사생아인 필립 폰 휘닝겐 백작의 적통성을 황제로부터 인정받았다. Herzog Wilhelm von Breysach, der, seit seiner heimlichen Verbindung mit einer Gräfin namens Katharina von Heersbruck, aus dem Haus Alt-Hüningen, die unter seinem Rang zu sein schien, mit seinem Halbbruder, dem Grafen Jakob dem Rotbart, in Feindschaft lebt, kam gegen das Ende des vierzehnten Jahrhunderts, da die Nacht des heiligen Remigius zu dämmern begann, von einer in Worms mit dem deutschen Kaiser abgehaltenen Zusammenkunft zurück, worin er sich von diesem Herrn, in Ermangelung ehelicher Kinder, die ihm gestorben waren, die Legitimation eines mit seiner Gemahlin vor der Ehe erzeugten natürlichen Sohnes, des Grafen Philipp von Hüningen, ausgewirkt hatte." Y. Tawada, *Verwandlungen*, 31쪽.

긴 문장은 역사의 연대기를 모방하는 듯한 제스처를 보여주면서도 동시에 부문장들의 휜 가지들을 통해 그러한 연대기의 선형성을 의문시하기"[36] 때문이다. 즉 가문의 연대기가 혼외로 맺은 다양한 관계를 통해 수많은 방계의 가지들을 만들어낼 때, 그러한 역사는 무수히 많은 부문장을 지닌 복잡한 문자텍스트를 통해서 가장 잘 표현될 수 있는 것이다. 그래서 "내가 클라이스트를 번역한다면, 일본어가 유쾌하게 기형화되고 거의 읽을 수 없게 될 때까지 모든 부문장을 원전의 순서를 따르며 글자 그대로 번역할 것이다"[37]라고 다와다 요코는 말한다. 따라서 다와다 요코는 내용을 명확하게 전달하기 위해 문자텍스트의 형상성이 지닌 의미를 훼손하기보다는 오히려 그러한 문자의 신체성 내지 형상성에 담긴 함의를 전달하는 번역을 지지한다.

다와다 요코는 번역을 단순한 언어적인 치환으로 바라보지 않으며 거기에 담긴 정치 행위적 성격을 인식한다. 그녀는 19세기 말에서 20세기 초 일본이 프로이센을 모범으로 삼던 시기의 비평가들이 클라이스트의 작품을 애국주의와 프로이센의 군사적 강력함을 구현하는 작품으로 해석하며 그의 작품에 나타난 전복적 성격을 간과했다고 지적한다. 독일에서 위생학을 연구하기 위해 유학을 떠났고 나중에 일본으로 돌아와서 클라이스트 작품을 번역한 모리 오가이는 "독일 낭만주의에 매력을 느꼈지만 자신의 문학적 글쓰기에서는 고전적 조화를 추구했는데,"[38] 그러한 영향으로 클라이스

36 Y. Tawada, *Sprachpolizei und Spielpolyglotte*, 88쪽.

37 같은 책, 88쪽 이하.

트에게 매력을 느끼면서도 그의 문체가 과장되었다고 생각해 여러 개의 부문장으로 이루어진 한 문장을 쪼개고 불필요하다고 생각한 부분을 생략했다.[39] 이러한 번역은 단순히 언어적인 차원의 문제에 머물지 않으며 작품 해석의 차원에도 중대한 영향을 끼친다.

"번역은 단순히 언어 간의 치환 관계에 머무르지 않고, 텍스트를 둘러싼 다양한 사회문화적 힘들의 상호 관계 속에서 일어"[40]난다. 번역가는 번역하기 전에 특정한 언어적·문화적·인식적 규범을 갖고 텍스트를 해석하는데, 이러한 규범은 이데올로기의 특성을 띠며 권력으로 작용할 위험이 있다. "그에 반해, 이 같은 규범적 읽기와는 상반되는 저항적 읽기 혹은 저항적 글쓰기로서의 번역 또한 존재한다. 이것은 우리가 익숙해 있는 문화적, 언어적 규범이나 사고 체계, 주류 이데올로기 속에서 텍스트를 이해하고 옮기는 것이 아니라 오히려 이를 거스르는 번역을 말한다. 다시 말해, 텍스트 내외의 갖가지 규범들을 비판적으로 재검토하고, 그런 가운데 텍스트의 의미를 새롭게 해석해내는 행위를 의미한다."[41] 아래에서 살펴볼, 클라이스트 번역을 둘러싼 다와다 요코의 성찰은 그녀가 번역을 "일종의 문화 정치적 행위"[42]로 간주하며 지배 권력과 담론에 저항하는 저항적 읽기(또는 글쓰기)로서의 번역을 지지하고 있음을 보여준다.

---

38 같은 책, 88쪽.

39 같은 곳 참조.

40 안미현, 『경계횡단으로서의 번역』, 20쪽.

41 같은 책, 23쪽.

42 같은 책, 32쪽.

몇몇 비평가는 클라이스트의 『헤르만 전투*Die Hermannsschlacht*』(1821) 같은 작품을 예로 들며 그의 작품이 애국주의적인 성향을 지닌다고 주장했는데, 다와다 요코는 클라이스트의 텍스트에 나타난 문자의 형상성을 근거로 이러한 주장을 반박한다. 클라이스트의 소설은 외국을 무대로 전개되곤 하는데, 거기에도 Antonio, Nicolo, Jeronimo 같은 O라는 알파벳을 내포한 이름이 많이 등장한다.[43] 그의 작품에 이러한 O를 내포한 외국이름이 많이 등장한다는 사실은 그가 애국주의적인 성향과 거리가 멀 뿐만 아니라, 낯선 이방성의 문제에 관심이 많다는 것을 의미한다. 나아가 그는 O라는 알파벳을 통해 숫자 0으로 표상되는 의식의 부재 상태, 즉 신체가 일깨워지며 무의식이 펼쳐지는 상태에 관심이 있음을 보여준다. 클라이스트는 문자신체를 통해 신체에 대한 정신의 우월성을 강조하는 당시의 통념을 전복하려고 했던 것이다. 따라서 클라이스트의 텍스트를 그의 의도에 충실하게 번역하기 위해서는 설령 어느 정도 번역어, 즉 도착언어의 의미 명료성을 희생시키더라도, 문자신체의 의미를 고려하는 자세가 필요하다. 비록 그러한 번역이 번역 불가능성의 문제를 해결하지는 못할지라도, 의미중심적인 번역에서 벗어나 있는 다양한 번역 가능성을 열어놓을 수 있을 것이다. 아울러 그것은 클라이스트의 작품을 애국주의적인 맥락에서 읽어내려는 시도에 저항하며 그러한 이데올로기를 해체하는 정치적 행위로 작용한다.

43 Y. Tawada, *Sprachpolizei und Spielpolyglotte*, 89쪽 참조.

공간 및 변신과 번역의 관계

타동사로서의 übersetzen: 번역과 공간

통념적으로 번역은 원전에 해당하는 출발언어를 그 사이에 놓여 있는 장애물을 넘어 도착언어로 성공적으로 옮겨놓아야 성공한 것으로 간주된다. '번역하다übersetzen'라는 단어의 또 다른 의미를 찾아보면, '-로 건너게 해주다'라는 타동사와 '-로 건너가다'라는 자동사의 두 가지 의미가 있다. 이 두 경우 모두 특정한 공간적 구도가 떠오르는데, 두 개의 지점이 있고 그 지점 사이에서 건너가야 할 어떤 장애물이 놓여 있는 것처럼 보인다. 번역은 그러한 장애물을 넘어 무언가를 옮겨놓는 작업인 셈이다. 따라서 번역은 공간과 어떤 관계를 맺고 있다고 할 수 있다.

다와다 요코는 『변신』에서 '글쓰기Schreiben'를 '식자Setzen'와 연관시킨 바 있는데,[44] 이러한 생각에 따르면 글을 쓴다는 것은 특정한 공간에 문자를 놓는 것을 의미한다. 이러한 문자의 공간적 특성은 가령 키보드의 자판이 공간적으로 구조화되어 있다는 사실에서 잘 드러난다. 자판을 두드려 글을 쓰기 위해서는 각각의 글자가 있는 장소를 정확히 눌러야만 한다. 마찬가지로 종이나 화면에 인쇄된 텍스트를 보면, 제목, 본문, 각주 등이 공간적으로 조직되어 시각적으로 명확히 구분됨을 알 수 있다. 그러나 자세히 살펴보면, 종이나 화면이라는 공간에 글자가 쓰인(놓인) 것이 아니라, 글자가 쓰임(놓임)으로써 공간이 생겨났다는 것을 알 수 있다. 특히 글자들

44 Y. Tawada, *Verwandlungen*, 34쪽 참조.

사이의 빈 공간, 즉 사잇공간은 글자가 종이나 화면에 쓰임으로써 생겨난다.

이러한 맥락에서 다와다 요코는 『엑소포니』에서 언어와 공간의 연관성에 대해 이야기한다. 그녀는 발터 팬드리히라는 음악가의 말에 따라 공간이 사물에 선행하는 것이 아니라 사물이 존재함으로써 공간이 생성된다는 견해를 피력한다. 더 나아가 그녀는 이러한 생각을 언어에 적용하여 언어의 생성이 공간을 만들어낸다고 말한다.[45] 이러한 생각을 번역에 적용하면, 두 개의 상이한 언어텍스트들이 맺고 있는 관계에 의해 비로소 공간이 생성됨을 알 수 있다.

그렇다면 번역을 하는 상황에서 발생하는 공간은 어떤 것인가? 다와다 요코가 'Übersetzung'이라는 단어를 'Überseezungen'으로 바꾸어 표현했을 때, 우선 Übersee라는 단어가 눈에 띈다. 이로부터 연상할 수 있는 것은 번역이 목적지에 도달하기 위해서는 '바다를 건너Übersee' 가야 한다는 것이다. 이러한 맥락에서 번역은 언어를 매개로 이루어지는 일종의 여행이라고 할 수 있다. 그런데 통상 이러한 바다를 건너기 위해서는 비행기[46]나 배를 이용하게 된다. 여기서 배는 두 개의 상이한 지점을 연결하는 일종의 매개체 역할을 한다.

45 다와다 요코, 『여행하는 말들』, 180쪽.

46 다와다 요코의 작품에서 비행기는 일반적으로 부정적인 것으로 묘사된다. 승객은 감옥 같은 좌석에 묶여 움직일 수 없으며(Matthew Königsberg, "Nachtzug nach nirgendwohin. Das japanischsprachige Prosawerk Yoko Tawadas", *Yoko Tawada. Text+Kritik*, H. L. Arnold (Hrsg.), 100쪽 참조) 그 안에서 자신의 국적이나 정체성이 담긴 입국서류를 작성해야 한다(C. Ivanovic & M. Matsunaga, "Tawada von zwei Seiten", 121쪽 참조).

다와다 요코는 『부적』에서 번역가를 "사공"[47]으로 칭한 바 있다. 또한 사후세계에서 카론이 노를 저어 망자를 저승으로 데려가는 여행 역시 다와다 요코에게서 번역의 비유로 등장한다. "「밤에 빛나는 두루미 가면」이라는 연극작품에서 번역가는 망자를 나룻배로 스틱스강을 건너 저승으로 데려가는 그리스 신화에 나오는 카론과 비교될 수 있다. 카론이 저승과 이승 사이에서 움직이듯이, 이 연극에서 통역가도 망자의 언어와 산 자의 언어 사이에서 왔다 갔다 한다."[48] 벤야민은 자신이 오래 머무는 곳에서 듣거나 체험한 이야기를 하거나 아니면 멀리 여행을 떠나 경험한 이야기를 하는 두 가지 이야기 유형을 제시하며, 이를 정주적인 농부와 상업적인 뱃사람에게서 발견한다.[49] 다와다 요코는 벤야민을 언급하면서 이러한 두 유형을 포괄하면서도 넘어서는 진정한 이야기꾼으로 망자를 언급한다.

> 뱃사람보다 더 멀리 여행하거나 가장 오래된 농사꾼보다 더 오래 한 장소에 머무르는 사람들이 있다. 그것은 바로 망자다. 따라서 망자보다 더 흥미로운 이야기꾼은 없다. 하지만 문제는 그들의 언어를 이해할 수 없다는 것, 아니 그 소리조차 제대로 들을 수 없다는 것이다.[50]

---

47 Y. Tawada, *Talisman*, 137쪽.

48 L. Koiran, *Schreiben in fremder Sprache*, 313쪽.

49 Tawada, *Talisman*, 23쪽 참조.

50 같은 곳.

이해할 수 없는 망자의 언어를 듣고 문자로 바꿔놓는 사람이 바로 번역가로서의 주술적인 작가다. "물속의 낯선 세계를 망자의 왕국과 동일시한다면, 주술적인 놀이는 망자의 언어를 문자로 번역하는 것이다."[51] 유령으로서의 망자가 현존과 부재 사이에 위치한 흔적 같은 존재라면, 그가 사용하는 언어 역시 그러한 특성을 갖고 있다. 즉 그것은 물속에 있는 이미지로서 흔적으로만 존재하며 작가의 번역을 요구하지만, 그것을 완전히 이해하여 문자로 번역하기란 불가능하다. 뱃사공은 물속으로 들어가지 않으며 단지 그 경계, 즉 문지방에만 서 있기 때문에 물속의 세계를 완전히 이해할 수 없다. 하지만 그가 서 있는 문지방, 즉 사잇공간은 유령을 불러내는 마법이 펼쳐질 수 있는 놀이공간으로 작용하며, 번역 불가능성에도 불구하고 역설적으로 그에게 다양한 번역 가능성을 열어주기도 한다. 번역이 낯선 언어의 단순한 모방이나 재현을 추구하는 것이 아니라, 오히려 그러한 언어와 접촉하며 거기에 있는 틈을 통해 낯선 세계로 들어가는 것을 목표로 한다면, 강을 '건너게 해주는über-setzen', 즉 번역하는 뱃사공은 사실은 낯선 세계로 인도하는 자라고 할 수 있을 것이다. 비록 그러한 낯선 암흑의 세계가 번역가에게 완전히 열리거나 펼쳐지는 것은 아닐지라도, 그러한 사잇공간에서 그는 그 세계를 자신의 방식으로 창조해낸다. 우리가 접근할 수 없는 암흑의 영역인 낯선 세계가 원전이라고 한다면, "번역과 원전의 대면은 텍스트가 생성될 때 일어나는 것이지 결코 텍스트가 생성된 후에 일어나는 것이 아니다. 이러한 생성을 직선적인 시간의 선 위에 있

51 같은 책, 129쪽.

는 한 시점에서가 아니라, 문지방 위의 사잇공간에서 표상할 때만 이러한 사실을 이해할 수 있다."[52]

다와다 요코는 배에서 내릴 때, "배가 육지에 내민 혀 위에서 균형을 잡는다"[53]며, 배의 신체연관성을 암시한다. 이러한 혀 비유에서 다와다 요코가 번역과정에 나타나는 신체성을 강조하고 있음을 알 수 있다. 그렇다면 신체연관적인 번역이란 과연 무엇일까? 배를 단순한 운송수단으로 간주한다면, 배는 두 개의 다른 언어 사이를 연결해주며 메시지를 잘 전달하기 위한 수단으로 기능해야 한다. 우리가 흔히 번역을 생각할 때는 이러한 의미전달에 초점을 맞추게 된다. 그런데 다와다 요코에게서 번역은 그러한 단순한 의미전달 이상의 것을 의미한다. 다와다 요코는 독일어 단어 Sinn이 '의미'와 '감각'이라는 두 가지 의미를 지닌 것에 착안하여 언어유희를 벌이면서 "문학도sinnvoll(의미 있는, 필자주)의 언어만 있고 sinnlich(관능적인, 감각적인, 필자주)의 언어가 없다면 무미건조하다"[54]고 말한다. 또한 "sinnvoll은 전달이고 sinnlich는 표현이라 말할 수 있을까"[55]라고 물으면서 문학이 단순한 의미전달의 차원을 넘어 그것을 표현하는 데 동반되는 감각적·신체적 차원을 강조한다. 이러한 맥락에서 번역 역시 내용적인 의미전달을 넘어 언어의 표현적

52 같은 책, 134쪽.

53 Y. Tawada, *Sprachpolizei und Spielpolyglotte*, 124쪽.

54 다와다 요코, 『여행하는 말들』, 223쪽(정항균, 「몸 담론과 마리오네트의 글쓰기. 다와다 요코의 「그림 없는 그림 수수께끼」 연구」, 『카프카 연구』 43집(2020), 144쪽 재인용).

55 다와다 요코, 같은 책, 224쪽(정항균, 같은 글, 144쪽 재인용).

차원, 신체적 차원을 전달할 필요가 있다고 해석할 수 있을 것이다. 이와 관련해 다와다 요코가 강이나 바다 건너편의 두 지점을 연결하는 매개체로 다리나 배 외에 거대한 혀의 이미지[56]를 사용한 것은 결코 우연이 아니다. 왜냐하면 혀는 추상적인 전달매체가 아니라 강력한 신체성을 지닌 매개체이기 때문이다. 더욱이 그러한 혀는 단일한 혀가 아니라 다수의 혀로 묘사되는데, 이는 다채로운 번역 가능성을 암시하는 것으로 해석할 수 있을 것이다.

다와다 요코는 이전에 서양어와 구분되는 동아시아 고유의 문화와 언어에 자부심을 갖고 있었지만, 나중에 "사회, 개인, 근대, 미, 연애, 존재, 자연, 권리, 자유, 그, 그녀가 모두 고작 100년 전에 서양어를 번역하기 위해 만들어진 일본어란 것을 알고 실망했다"[57]고 말한다. "그런 면에서 한자도 결국 외래어다. 오히려 가타가나는 자기가 외부인이라고 솔직하게 인정하는 외래어지만 한자는 자기가 오리지널인 척 거짓말하는 외래어로 보인다"[58]는 것이다. 여기서 모어와 번역어, 출발언어와 도착언어의 이분법이 허물어짐을 알 수 있다. 왜냐하면 고유한 일본어라고 생각했던 단어가 서양어의 번역이 됨으로써 모어의 지위를 상실하기 때문이다.

다와다 요코는 위에서 언급한 단어 가운데 특히 '미美'라는 단

56 다와다 요코는 캐나다 토론토에 있는 괴테 인스티튜트와의 인터뷰에서 자신이 만든 'Überseezungen'이라는 단어에 대해 언급하며, 바다 너머 두 대륙을 연결하는 '거대한 혀'에 대해 이야기한다. https://www.youtube.com/watch?v=H21iPL9k1jg(2020. 2. 15) 참조.

57 다와다 요코, 『여행하는 말들』, 135쪽.

58 같은 곳.

어를 자세히 파고든다. 그는 원래 이 단어가 일본어 모어라고 생각했지만 나중에 네덜란드어인 Schooneid(독일어 Schönheit)의 번역어임을 알게 되었다고 말한다. 그런데 그녀는 이 '미'라는 단어가 어떤 감각성을 결여한 지나치게 추상적이고 신체성이 약한 단어라고 비판하면서, 차라리 '화花'로 번역했더라면 더 은은하고 향기도 있는 단어가 되지 않았을까라는 의견을 피력한다. 그러면서 어원적으로 중국의 사막지대 사람들에게 큰 양이 아름답게 느껴졌기 때문에 '양羊'이라는 글자와 '대大'라는 글자가 합쳐져 한자 '미美'가 생겨났다는 이야기를 들었다면서, 케밥 가게의 유리 용기에 들어 있는 큰 양고기 덩어리를 보면 '미'가 떠오른다고 말한다.[59]

위의 일화에서 다와다 요코는 아름다움을 지시하는 단어로서 미가 지나치게 추상적이고 생명력을 결여하고 있어 번역어로 적합하지 않다고 비판하면서, 보다 감각적이고 생명력 있는 신체연관적인 단어 '화花'를 그 대안으로 제시한다. 다와다 요코는 우리가 당연하게 생각하는 모어마저 번역어일 수 있으며, 그렇게 번역된 의미가 결코 자명한 것이 아니라 여러 선택 가능성 중 하나였음을 언급하며 실현되지 않은 잠재력으로서의 번역 가능성을 제시하고 있는 것이다. 이러한 의미에서 번역과정을 성찰하고 실현되지 못한 다양한 잠재적 번역 가능성에 주목하는 것이 필요하다. 따라서 출발언어라는 한 지점에서 도착언어라는 다른 지점으로 넘어가는 것이 중요한 것이 아니라, 그 중간에 놓여 있는 바다, 즉 사잇공간에 주목하며 그곳에서 펼쳐지는 낯선 세계로 들어가는 것이 중요하다고

59 같은 책, 138-140쪽 참조.

할 수 있다. 이러한 맥락에서 다와다 요코는 이렇게 말한다. "나는 경계를 넘고 싶은 것이 아니라 경계의 주민이 되고 싶은 것이라고 생각했다. 그래서 경계를 실감할 수 있는 그 망설임의 순간에 언어 이상의 중요한 무언가를 느낀다."[60]

따라서 출발지와 목적지 사이에 놓여 있는 바다가 번역의 최종 목적지다. 다와다 요코는 『언어경찰과 언어놀이사전』에서 "바다는 하얀 머리칼을 지닌 녹색 피부다"[61]라고 말하며, 바다를 몸이라는 장소로 표현한 바 있다. 이러한 바다에서는 끊임없이 파도가 친다.

> 파도는 한 자리에 멈춰 있지 않는다. 그것은 또한 한 지점에서 다음 지점으로 이동하지도 않는다. 하나의 파도가 사라지면 다른 곳에서 다른 파도가 생겨난다. 하나의 파도가 사라질 때 압력이 생겨 다음 파도가 생겨나게 하는 것이다.[62]

물은 보통 무의식의 상징으로도 많이 사용되는데, 여기서도 두 언어 사이에 놓인 바다는 아직 우리에게 의식되지 않은 채 잠재해

---

60 같은 책, 55쪽. 다와다 요코는 2000년 도쿄의 한 대학에서 가진 낭독회 제목을 '경계를 경작하다'라고 붙였는데, "그녀에게는 결코 경계를 넘거나 그 사이에 다리를 놓는 것이 중요하지 않다. 다와다 요코에 따르면, 만일 이러한 경계를 단순히 넘어서고 모든 것을 이해한다면, 두 언어가 지닌 가능성들의 빈약화가 초래될 것이다. 다와다 요코는 이와 반대로 이러한 경계지역 내에 머무르고자 한다. '경작하다'라는 말은 원래 형태 그대로 즐길 수 있을 두 언어 내지 문화가 지닌 다양성과 복합성을 연상시킨다." M. Tanigawa, "Performative Über-setzungen/über-setzende Performance", 354쪽.

61 Y. Tawada, *Sprachpolizei und Spielpolyglotte*, 129쪽.

62 같은 책, 130쪽.

있는 무의식적인 가능성의 공간, 아니 사잇공간으로 나타난다고 할 수 있다. 그러한 사잇공간에서는 질서 정연하게 구획된 명확한 경계를 지닌 육지에서는 불가능한 다양한 가능성이 생겨날 수 있다. 바다라는 신체에서는 개념적인 차원에서 억눌려 있던 강렬함이 요소들의 배치에 따라 매 순간 사건으로 일어나고 사라지기를 반복하는데, 그 때문에 사잇공간으로서의 바다는 동시에 들뢰즈와 가타리가 말한 다양체[63]의 공간을 의미할 수도 있다. 이러한 사잇공간은 특히 한 언어를 모어로 사용하는 사람보다는 그것을 외국어로 사용하는 사람에게 더 잘 열린다. 왜냐하면 외국인은 외국어에 익숙하지 않기 때문에 외국어를 모국어 화자와는 전혀 다른 시각에서 접근할 수 있기 때문이다.

> R과 L을 구별해서 듣지 못하는 일본 지방 출신인 나(다와다 요코, 필자 주)는 Brücke(다리)라는 말 속에서 Lücke(빈틈)를 발견했고, 서로 다른 문화 사이의 다리를 건너는 것보다 빈틈을 발견하는 것이 더 중요할 수 있다고 생각했다.[64]

이러한 사잇공간으로서의 '빈틈Lücke' 내지 '텅 빔Leere'은 어떤 새로운 것을 창조하기 위한 공간으로 간주될 수 있다. "일본어로 쓴

---

63 "잠재적 다양체는 각각의 동일성을 지닌 개체들의 다양성을 의미하는 것이 아니라, 통일된 정체성을 거부하며 역동적으로 생성하며 열린 정체성을 지닌 생성적인 존재로서의 다양체를 의미한다." 정항균, 『아비뇽의 여인들 또는 폭력의 두 얼굴』, 170쪽.

64 다와다 요코, 『여행하는 말들』, 68쪽.

한 에세이에서 그녀(다와다 요코, 필자 주)는 자신이 함부르크에 도착한 후 6개월 동안 거의 일본어로 말하지 않아 자신의 일본어가 완전히 사라져버렸지만 그 시점에는 아직 독일어를 제대로 구사할 수 없었다고 쓴다. 그래서 그녀가 표현한 것처럼 "언어 없이 무언가를 느끼고 생각하고 결정해야만" 했다는 것이다. 그러고 나서 다음 단계에서 그녀는 이 언어 없는 삶을 단계적으로 습득한 독일어 내지 일본어로 번역하려고 했는데, 이때 그녀는 "그녀가 이전에 구사할 줄 알았던 일본어가 갑자기 사멸하고 다른 신체 안에서 다시 태어난 듯한 감정을 느꼈다."[65] 여기서 아무것도 없는 텅 빈 상태, 침묵의 상태가 역설적으로 새로운 것을 창조하기 위한 필수조건임을 알 수 있다. 또한 신체의 변신에 따라 거기에 상응하는 새로운 언어가 생겨난다는 말에서 '텅 빔'의 상태가 아무것도 없는 단순한 부재의 상태가 아니라 끊임없이 변신變身하는 운동의 상태를 지시하고 있음을 알 수 있다.

이러한 텅 빔은 원전의 부재 상태를 지시한다. 다와다 요코에게는 일본어도 독일어도 하나의 명확한 정체성을 지니지 않으며 끊임없이 요동치는 운동 상태에 있다. 그래서 다른 외국어의 관점에서 보면 소위 모어가 완전히 새롭게 보이고, 또한 모어의 관점에서 보면 외국어 역시 다르게 보인다. 따라서 이러한 두 언어 사이에

---

65 M. Matsunaga, "Die Dimension der Übersetzung in Werken von Yoko Tawada", *Akten des X. Internationalen Germanistenkongresses. Wien 2000: Zeitenwende – Die Germanistik auf dem Weg vom 20. ins 21. Jahrhundert,* Bd. 7, Peter Wiesinger u.a. (Hrsg.), Bern/ Berlin u.a. 2002, 329쪽(L. Koiran, *Schreiben in fremder Sprache*, 310쪽 이하 재인용).

위치하며 무한한 잠재력을 내포하고 있는 빈 공간에서 새로운 것을 창조해낼 수 있는데, 이러한 창조적 글쓰기는 곧 원전 없는 번역으로서의 글쓰기를 의미한다. "언어 부재의 상태에서 빠져나오기 위한 탈출구로서뿐만이 아니라 또한 일본어와 독일어 사이에서 움직일 수 있기 위해서 번역은 다와다의 글쓰기에 본질적인 것이 된다."[66]

번역할 때 단순히 한 언어의 의미를 다른 언어로 옮기는 것이 중요한 것이 아니라, 이를 통해 각각의 언어가 가진 가능성과 한계를 성찰하며 각각의 언어의 잠재력을 최대한으로 끌어올리는 것이 중요하다. 왜냐하면 언어란 결코 추상적인 죽은 기호가 아니라 생명력을 지닌 동물처럼 끊임없이 변하는 것이기 때문이다. 그래서 어떤 단어를 번역할 때 거기에 적합한 번역어가 없으면 새로운 단어를 만들어내는 경우가 생기기도 한다. 이처럼 번역은 단순히 한 언어를 다른 언어로 전환하는 것에 그치지 않고 번역어 자체의 잠재성에 대해 성찰하고 새로운 가능성을 찾아 번역어 자체를 풍성하게 하는 결과를 가져오기도 한다.

자동사로서의 übersetzen: 번역과 변신

'übersetzen'이라는 단어는 '-로 건너게 해주다'라는 타동사뿐만 아니라 '-로 건너가다'라는 자동사로도 사용된다. 흔히 번역과 관련해서는 첫 번째 경우만 생각하기 쉬운데, 사실은 두 번째 경우도 그에 못지않게 중요하다. Überseezungen이라는 단어가 Übersee, See-

---

66 L. Koiran, *Schreiben in fremder Sprache*, 311쪽.

zunge, Zunge라는 단어들을 내포하고 있다고 한다면, 앞에서 번역과 관련된 공간과 신체의 의미를 다루면서 Übersee와 Zunge의 의미는 어느 정도 다루었다고 말할 수 있다. 그렇다면 이제 Seezunge의 의미를 다룰 차례다.

『목욕탕』에서도 통역사와 번역가로 등장하는 주인공이 자주 '물고기'로 변신하는 장면이 등장하는데, 이러한 변신은 다와다 요코의 번역이론에서 핵심적인 의미를 지닌다. 만일 'übersetzen'이 자동사로 사용된다면, 무엇을 전달하느냐보다 누가(또는 무엇이) 넘어가는지가 중요해진다. 즉 목적어가 아닌 주어가 중요한 것이다. 목적어의 차원에서는 배라는 운송수단이 있었지만, 주어의 차원에서는 그러한 운송수단이 없으니 직접 바다를 건너가는 수밖에 없다. 그렇다면 바다를 건널 수 있는 방법은 오직 새로 변신해 공중으로 날아가거나 물고기로 변신해 물속을 헤엄쳐가는 방법만이 있을 것이다. 한 지점에서 다른 지점으로 넘어가기 위해서는 동물로의 변신이 필요하다. 번역이 일종의 '넘어가기über-setzen'라고 한다면, 여기서 강조되는 것은 A지점에서 B지점으로 넘어간다는 사실이나 결과가 아니라 넘어가는 행위 자체, 즉 인간과 동물의 경계를 넘어서는 변신이라고 말할 수 있을 것이다.

새와 물고기의 공통점은 둘 다 질서정연하게 구획되어 있고 분명한 경계선을 지닌 땅으로부터 벗어난 존재들이라는 점이다. 공중에서도 물속에서도 뚜렷한 경계는 해체된다. 대지에 정주하지 않는 자유로운 존재들로서 새와 물고기는 유동성을 대변한다고 할 수 있다. 다와다 요코에게서 인간이 동물로 변신한다는 것은 인간에서 동물로 넘어간다는 뜻이 아니다. 만일 그렇다면 그것은 하나의 정체성에서 다른 정체성으로의 이행에 불과할 것이다. 오히려 동물-되기는 들뢰즈와 가타리가 말한 의미에서 인간 내부의 신체성 내지 동물성의 강렬한 발산을 의미하며, 인간과 동물의 '사잇공간'으로 들어섬을 의미한다. 이로써 동물로의 변신은 곧 한 곳에의 정주가 아닌 유목적인 이동을 의미하게 된다.

동물로의 변신이 사잇공간에 위치하기를 의미한다면, 마찬가지로 이러한 변신의 진정한 목적은 신체문자에서 일반적인 문자로의 이행이라기보다는 양자의 사잇공간에 위치하는 것이라고 할 수 있다. 이것은 끊임없이 변화하며 생성하는 신체적인 언어를 특정한 질서를 지닌 언어규칙과 질서로 옮겨놓는 것이 아니라, 오히려 그것을 언어경찰의 억압과 통제에서 해방시켜 그것의 다양하고 풍부한 잠재력을 사잇공간에서 시험하는 것을 의미한다.

동물-되기의 또 다른 방편으로 아이-되기를 들 수 있다. 앞에서 바다를 건너기 위해서 새나 물고기로 변신해야 한다고 말했는데, 아이는 상상이나 꿈을 통해 그러한 변신을 쉽게 해낼 수 있다.[67] 따라서 아이-되기는 곧 동물-되기로 이어질 수 있다. 특히 다와다 요코는 언어놀이를 강조하면서 경직된 언어사용과 단순한 정보전달을 비판하는데, 자유롭고 창조적인 언어적 놀이는 호기심 많은 아이로의 변신을 통해 가능하다. 따라서 문자텍스트의 번역에서도 변신이 필요하다. 사잇공간에서 번역의 다양한 가능성을 탐색할 때

67 다와다 요코는 인간이 꿈에서만 새처럼 날 수 있는데, 아이들이 그렇게 날아다니고 새의 언어를 이해할 수 있다며 아이와 동물의 밀접한 관련성을 언급한다. Y. Tawada, *Verwandlungen*, 12쪽 참조.

도 놀이하는 아이로의 변신이 필요한 것이다.

앞에서 말한 것처럼, 동물로의 변신은 비가시적인 신체문자를 언어로 번역하는 과정에서 일어난다. 다와다 요코는 작가가 문학작품에서 단순히 자신의 메시지를 전달하는 것이 아니라 그와 함께 자신의 신체적인 감각을 표현한다고 말한다. 가령 영어를 모국어로 쓰는 사람들이 모두 동일한 언어신체를 갖는 것은 아니다. 중국계 미국인이 쓰는 영어와 호주인이 사용하는 영어, 영국인이 사용하는 영어는 모두 다르다. 하나의 언어는 그 자체 내에 다원성을 지니고 있으며 동물처럼 생명력을 가지고 끊임없이 변한다. 그것은 결코 하나의 정체성을 지닌 언어로 환원될 수 없는 것이다. 또한 같은 중국계 미국인의 영어마저 개인마다 다른 리듬과 호흡, 속도, 감정을 지니며 완전히 다른 언어신체를 보여준다. 심지어 한 개인마저 다양한 언어를 구사하며 여러 개의 혀를 지닐 수 있다.[68] 다와다 요코가 'Überseezungen'이라는 신조어에서 '혀Zunge'를 단수가 아닌 복수로 사용한 이유도 여기에 있다. 따라서 이러한 상이한 개별적 신체들, 캐서린 헤일스의 개념으로 신체화[69]는 결코 추상적인 일반화

---

68 Y. Tawada, *Talisman*, 115쪽: "누군가가 혀가 두 개라고 하면 일반적으로 부정적으로 평가된다. 갈라진 혀끝을 지닌 환상 속 동물은 항상 악인인데, 왜냐하면 동시에 여러 개의 톤으로 노래할 수 있기 때문이다." 하지만 이러한 일반적인 견해와 달리 다와다 요코는 하나의 목소리에 담긴 여러 개의 음, 특히 배음을 듣는 것이 중요하다며, 자신에게 알려져 있지 않은 낯선 소리들에 귀 기울일 것을 촉구한다.

69 "신체는 어떤 기준에 비해서 항상 규범적이기 때문에 신체화는 신체 개념과 다르다. […] 신체화는 신체와 반대로 맥락과 관련되며 특정한 장소, 시간, 생리, 문화 안에 존재하기 때문에 이 모든 것이 다 같이 발제를 구성한다. 표준화된 신체 개념을 어떻게 이해하든 신체화는 〈신체〉와 결코 정확히 일치하지 않는다.

를 통해 하나의 신체로 뭉뚱그려져서는 안 된다. 그래서 작가는 자신의 내면에서 진동하는 소리들과 자신의 몸에 새겨지는 글자들에 '촉각'을 곤두세우며 그것을 잘 번역해야 한다. 그렇게 하기 위해서 그는 의미 아래의 감각적 차원, 신체적 차원에 들어가야 하는데, 이를 위해 동물로의 변신이 필요한 것이다. 그러한 순간 언어 자체가 동물적이 되며 동물-되기의 글쓰기가 이루어진다. '혀Zunge'가 '혀넙치Seezunge', 즉 동물로 변신하는 것이다.[70]

> 우리 몸이 감지하고 배워나가는 것을 따라가며 재현하고자 할 따름인 언어로는 미덥지가 못하므로, 언어는 그런 방식을 포기하고 독자적인 길을 갈 수밖에 없습니다. 예를 들어 표범이 휙 달려나가는 모습을 아무리 정교하게 묘사한대도 표범이 달리는 것, 혹은 달려나가는 표범과 언어가 겨룰 수 없으니 그런 수준의 리얼리즘에 별의미가 없는 것도 그 때문입니다. 하지만 언어 속에는 뭐랄까, 달려나가는 표범에 필적할 만한 것이 있습니다. 그 '말' 속의 표범을 추구하다 보면, 이른바 '언어의 의미'를 뛰어넘는 곳

신체는 플라톤의 실재를 가리키는 이상화된 형상이지만 신체화는 차이라는 노이즈로부터 만들어진 구체화된 예화이다. 신체와 비교할 때 신체화는 다른 것이고 다른 곳에 존재하며 무한한 변종, 특수성, 이상(異常)이 지나치게 많은 동시에 충분하지 않다." 캐서린 헤일스, 『우리는 어떻게 포스트휴먼이 되었는가. 사이버네틱스와 문학, 정보 과학의 신체들』, 허진 옮김, 플래닛, 2013, 352쪽(정항균, 『동물-되기』, 181-182쪽 재인용).

70 다와다 요코는 『변신』에서 물구나무를 서서 말하는 사람이 시간이 흐르자 점점 자신의 신체에 대한 통제를 상실하여 동물 같은 소리를 내는 비디오를 본 경험을 이야기하며, 그 장면을 "혀가 동물로 변신한다"(Y. Tawada, *Verwandlungen*, 10쪽)라고 묘사한다.

까지 갈 수밖에 없는 것이죠.[71]

작가의 이름은 작품이 번역될 때마다 함께 변신한다. 가령 한국어로 번역된 이름인 다와다 요코는 일본어로는 多和田葉子이고, 독일어로는 Tawada Yoko이지만 독일에서 쓸 때는 성과 이름이 바뀌어 Yoko Tawada가 된다. '요코'라는 이름만 보면 일본어 이름에는 '나뭇잎아이'라는 뜻이 들어 있지만, 이것이 독일어로 번역되면 그러한 의미가 사라져버린다. 그 대신 독일어에서는 Gogol처럼 두 개의 모음 O를 획득하여 이름의 신체에 구멍이 뚫린 듯한 느낌이 든다. O라는 글자는 다와다 요코에게 어두운 터널 입구를 상기시키기도 하는데,[72] 보통은 터널이 목적지로 가기 위해 지나쳐야 할 장소로 간주되지만, 그녀는 사잇공간으로서의 터널을 진정한 목적지로 간주한다. 완전한 접근이 불가능한 어둠의 터널로서 사잇공간은 동시에 다와다 요코라는 작가가 다양한 자아로 변신할 수 있는 공간이기도 하다. 또한 일본어와 달리 독일어에서는 이름, 성 순으로 나오기 때문에 음향상의 느낌도 완전히 달라진다.[73] "번역이란 많은 이름, 특히 주인공의 이름뿐만 아니라 작가의 이름도 변하게 되는 경계 넘어서기인 것이다."[74]

작가의 이름이 국가의 경계를 넘어설 때마다 달리 번역되며 이를 통해 끊임없이 변신할 때, 이는 결국 작가의 정체성이 고정되

71 서경식/ 타와다 요오꼬, 『경계에서 춤추다』, 223쪽.

72 Y. Tawada, *Talisman*, 102쪽 참조.

73 Y. Tawada, *Sprachpolizei und Spielpolyglotte*, 93-94쪽 참조.

74 같은 책, 94쪽.

어 있지 않으며 끊임없이 변한다는 것을 의미한다. 비단 번역자에 의해 작가의 정체성이 변신하는 수동적 변신 외에, 작가 스스로 자신의 신체문자를 번역하며 능동적으로 변신하기도 한다. 그럴 때 다와다 요코는 자신의 출신 국가와 자신이 이주한 국가 사이에서 움직이며 그 사잇공간에서 자신의 다양한 정체성을 실험할 수 있는 새로운 장소들을 찾으려고 시도한다.

> 나 역시 항상 새로운 장소들을 찾는다. 독자들이 내 텍스트에서 유럽을 향한 일본인의 시선을 찾을 수 있다고 믿기 시작할 때, 나는 출생지라는 감옥으로 내쫓겨 갇힌 듯한 느낌을 갖게 된다. 그런 순간에 나는 내 이름이 '고골'로 불리기를 소망한다. 동양과 서양이라는 이분법의 폭력에서 해방되기 위해 나는 러시아, 시베리아, 뉴욕 또는 다른 어딘가에서 다른 무대를 찾는다. 이것이 이러한 장소들이 나의 새로운 정체성을 확인하는 장소가 되어야 한다는 것을 의미하지는 않는다.[75]

이처럼 자신의 신체에 새겨진 문자를 번역하는 번역가로서의 작가는 끊임없이 동물로 변신하며 사잇공간에 잠재해 있는 다양한 번역 가능성을 찾을 수 있다. 또한 그러한 작가는 끊임없이 여행하는 작가로서 "엑소포니"[76]의 작가이기도 하다. 그러나 엑소포니의

75 같은 책, 101쪽 이하.

76 "'엑소포니(exophony)'는 넓은 뜻으로 모어 바깥으로 나간 상태 일반을 가리킨다고 한다." 다와다 요코, 『여행하는 말들』, 19쪽. "엑소포니는 '외국인 문학'이나 '이주자 문학' 등의 발상과 닮은 듯하지만 어쩌면 정반대일 수도 있다. '외국

작가가 반드시 한 나라에서 다른 나라로 이주하는 이주민 작가가 될 필요는 없으며, 오히려 한 장소에 머물러 있더라도 그 안에서 다른 낯선 장소를 찾아내려 하고 모어를 사용하더라도 익숙한 표현법에서 벗어나 그 안에서 또 다른 다양한 가능성을 찾아낼 수 있는 작가가 되어야 한다.[77] 이러한 엑소포니의 작가는 유동적이면서도 생성적인 사잇공간에서 번역 불가능성에 직면해 다양한 번역 가능성을 찾는 사람이다.

에서 온 사람이 우리 언어로 글을 쓴다'라는 시점이 '외국인 문학'과 '이주자 문학'이란 말에 드러나 있다면, '나를 속박한 모어 바깥으로 어떻게 나가지 또 나가면 어떻게 되지?'는 창작욕과 호기심으로 가득한 모험적 발상이다. 나는 '엑소포니 문학'을 그렇게 해석한다." 같은 책, 23쪽.

77 "한 가지 언어만 아는 작가도 창작 언어를 어떤 형태로든 "골라잡지" 않으면 문학을 할 수 없다. 엑소포니 현상은 모어 바깥으로 나가지 않은 '보통' 문학에도 왜 그 언어를 골라잡았느냐는, 이제껏 묻지 않았던 물음을 던진다." 같은 책, 24쪽.

3 추리소설 다시 쓰기
『용의자의 야간열차』

근대 추리소설의 패러디로서의 다와다 요코의 글쓰기

추리소설은 보통 대중적인 인기를 지닌 오락소설로 간주되곤 한다. 독자는 추리소설에 등장하는 탐정이 미스터리한 살인사건을 명쾌하게 해명하고 살인자를 찾아내는 과정에 함께 하며 즐거움을 느낀다. 그것은 비밀의 문을 열어젖히는 쾌감이다. 그러나 사실 독자는 일반적으로 탐정보다 적은 정보를 갖고 있으며 탐정이 비밀을 밝혀낼 때야 비로소 그러한 인식에 도달할 수 있다. 독자의 인식은 처음부터 제한되어 있으며 탐정이 밝혀내는 것 이상을 밝혀내기 어렵다.

물론 이러한 고전적인 추리소설의 도식을 깨며 합리적인 추리가 아니라 우연에 의해서 범인을 찾아내거나 아니면 심지어 범인을 발견하지 못하는 추리소설이 있을 수도 있다. 이러한 새로운 유형의 추리소설에서 중요한 것은 더 이상 범인의 발견이 아니라 세계의 해명이다. 즉 여기서는 범행을 밝히고 범인을 찾아내는 것이 중요한 것이 아니라, 그러한 과정에서 세계에 대한 인식을 획득하는 것이 중요하다.[1] 그러한 의미에서 이러한 소설은 단순한 오락소설을 넘어서 일종의 철학적인 소설이 된다.

다와다 요코의 소설 『용의자의 야간열차』는 제목에서 어떤 추리소설적인 분위기를 풍긴다. 비록 이 소설에서 물리적인 의미에서 살인은 일어나지 않을지라도, 소설 전체에 어떤 범죄적인 분위기가 감돈다. 또한 정체성의 차원에서 자아의 죽음이 나타나고 있기 때문에, 이러한 맥락에서 그러한 '살인'사건의 용의자를 추적할 수도 있을 것이다. 추리소설이라는 장르는 다와다 요코가 자주 사용하는 장르가 아니며 위의 작품도 본래의 의미에서 추리소설이라고 할 수는 없지만, 적어도 추리소설적인 요소들을 가지고 유희하며 그 요소들을 패러디하고 있다는 점에 주목할 필요가 있다. 특히 끝까지 범인이 밝혀지지 않는 소설 전개는 이 소설이 범죄의 해명이나 범인의 발견에 주안점을 두는 고전적 추리소설 구조와 무관하며 그러한 소설의 기저에 깔린 세계관을 전복시키려 하고 있음을 보여준다.

앞에서 말했듯이, 다와다 요코의 소설은 특히 살인사건과 관련

---

1 정항균, 「추리소설의 경계 변천 고찰(2)」, 『뷔히너와 현대문학』 27권(2006), 241쪽: "포스트모더니즘 추리소설은 범인의 해명과 체포 자체에 주력하기보다는 그와 관련된 세계해명의 과정에 초점을 맞춘다. 또한 근대 추리소설이 추리소설의 근본 특징이라고 할 수 있는 사건의 미스터리적 성격과 그러한 사건의 해명과정으로서의 분석 중 후자에 더 비중을 둔다면, 포스트모더니즘 추리소설은 사건(세계)의 복잡성과 사건해결에 개입하는 우연적 요소 등을 강조하며 전자에 초점을 맞춘다. 이로써 포스트모더니즘 추리소설은 범인의 해명뿐만 아니라 세계의 해석과정에 있어서 좁은 의미에서의 합리성을 넘어서는 다원적 합리성을 지향하고 있다. 포스트모더니즘 추리소설은 세상이 완전히 해명 가능한 것도 아니고 그 자체에 다양한 모순과 배리(背理)를 내포하고 있음을 범죄해명의 형식을 통해 보여주고 있는 것이다."

해 범죄의 문제가 아니라 정체성의 문제를 다룬다는 점에서 눈에 띈다. 이 소설에서는 단일한 정체성을 지닌 자아가 살해되고 이를 통해 인간과 동물, 남성과 여성, 어른과 아이의 경계가 흔들리게 된다. 독자는 직접 이 소설에서 살인사건이 다루어지지 않기 때문에, 제목에 등장하는 용의자가 어떤 사건의 용의자인지 또한 그 용의자는 누구인지에 대한 궁금증을 갖게 된다. 하지만 사건이 전개되면서 살인자가 밝혀지는 전통적인 추리소설과 달리 이 소설에서는 이야기가 진행되면서 독자가 어떤 해명을 얻기보다는 오히려 더 많은 수수께끼에 직면하게 된다. 이처럼 사건의 전개와 더불어 더 많은 비밀을 만들어내는 다와다 요코의 글쓰기는 근대 추리소설이 매개하려는 인간의 합리적 이성과 세계인식에 대한 확신을 뒤흔들며 자아와 세계에 대한 새로운 상을 제공한다.

선행텍스트로서의 『오리엔트 특급 살인』 읽기

다와다 요코의 『용의자의 야간열차』를 읽다 보면, 추리소설의 대표적인 작품이 하나 떠오른다. 바로 애거서 크리스티의 『오리엔트 특급 살인』이다. 물론 표면적으로 두 작품을 비교하면 별다른 공통점이 눈에 띄지 않으며, 다와다 요코가 이 작품을 자신의 작품을 쓰기 위한 선행텍스트로 염두에 두었다는 증거도 발견되지 않는 것처럼 보인다. 하지만 좀 더 자세히 살펴보면, 크리스티의 『오리엔트 특급 살인』이 다와다 요코의 『용의자의 야간열차』의 중요한 선행 텍스트로 전제되고 있으며 곳곳에서 암시되고 있음을 알 수 있다. 그러나 다와다 요코의 소설이 궁극적으로 실제 살인사건과 그것의 추리를 다루지 않는다는 점에서 그녀가 크리스티의 작품을 그대로 수용하기보다는 오히려 패러디하고 있음을 알 수 있다. 이러한 패러디의 의도가 무엇인지 밝히기에 앞서 『오리엔트 특급 살인』의 줄거리를 간단히 살펴보자.

탐정 에르퀼 푸아로는 유럽횡단 열차 오리엔트 특급을 타고 동양에서 유럽으로 가던 중 뜻하지 않게 살인사건과 맞닥뜨린다. 에드워드 라첼이라는 미국인이 열두 번이나 칼에 찔려 죽는 살인사건이 일어난 것이다. 국제 침대차 회사의 중역인 부크는 푸아로에게 이 사건의 범인을 찾아달라고 부탁한다. 푸아로는 범인을 추리하던 중 살해당한 라첼이 사실은 과거에 있었던 암스트롱 부부의 어린 딸을 유괴해 살해한 살인범 카세티임을 밝혀낸다. 푸아로는 이러한 과거 살인사건과의 연관성 속에서 열차 승객들을 한 명 한 명 조사해나가다가 결국 이 열차에 탄 열두 명의 승객 모두와 승무원 피에르 미셸이 이 살인사건에 연루되어 있음을 밝혀낸다. 단 헝가리 외교관 부인인 안드레니 백작 부인은 몸이 좋지 않아 잠이 일찍 들어 살인 자체에는 가담하지 않는다.

크리스티의 『오리엔트 특급 살인』을 해석하는 다양한 방식이 있을 수 있겠지만, 여기서는 특히 다와다 요코의 소설과 관련해 중요한 부분에 주목해 그 의미를 살펴보고자 한다.

첫 번째로 눈에 띄는 점은 살인사건의 무대가 열차라는 점이다. 그런데 정확히 말해 살인사건은 열차가 달리는 도중에 일어난 것이 아니라, 뜻하지 않은 눈사태로 멈춘 열차 안에서 일어난다. 『용의자의 야간열차』라는 다와다 요코의 소설도 이러한 야간열차에서의 살인사건을 염두에 두고 있지만 몇 가지 점에서 크리스티의 소설과 차이점을 보여준다. 비단 살인의 의미가 다르다는 점을 차치하고도, 다와다 요코의 소설에서는 2인칭 '당신'으로 등장하는 인물이 달리는 열차 안에서 경험하는 다양한 일뿐만 아니라 열차에서 내려서 각 지역에서 경험한 일들이 서술된다. 『오리엔트 특급 살인』에서 멈춘 기차에서 일어난 살인사건이 문제가 된다면, 다와다 요코의 소설에서는 달리는 열차와 여행 중에서 일어나는 (정체성 차원에서의) '살인'사건이 중심에 놓인다는 차이가 있다. 즉 다와다 요코의 소설에서 살인은 정지가 아니라 이동 중에 일어난다는 점에 주목할 필요가 있다. 우리는 무언가를 파악하기 위해 그것을 정지시켜 관찰하고 분석하는데, 운동 중인 상태에 있는 것은 명확한 파악이 어렵다. 그 때문에 열차의 이동성은 명확히 규명될 수 없는 살인의 성격 및 살인범의 정체와 연관이 있다고 할 수 있다.

『오리엔트 특급 살인』에서 천재적인 탐정 푸아로가 아주 복잡한 사건을 논리정연하게 설명하며 그 실타래를 모두 풀어가는 모습을 보인다면, 『용의자의 야간열차』에서는 살인의 의미뿐만 아니라 살인자의 정체도 명확하지 않다. 그 때문에 독자는 단지 추측할 수 있을 뿐이며, 궁극적으로 범인이 아닌 용의자를 지목할 수 있을 뿐이다. 살인범이 특정한 인물로 밝혀지지 않고 용의자만이 남는 것은 전형적인 추리소설의 도식에 어긋난다. 일본어로 "용의자는 용을 길게 발음하면 '용의자容疑者, Yôgisha'를 의미하지만, 짧게 발음하면 '야간열차夜汽車, Yogisha'를 가리킨다."[2] 그렇다면 용의자가 곧

2 최윤영, 「이동성, 유동성 그리고 자아동일성」, 다와다 요코, 『용의자의 야간열차』, 이영미 옮김, 문학동네, 2016, 144쪽.

야간열차를 의미하는 셈인데, 이는 용의자가 달려가는 야간열차의 운동적 특성을 띠며 그 때문에 어떤 특정한 인물로 확정될 수 없음을 의미한다.

두 번째 주목할 점은 살인자와 살해대상의 변화다. 『오리엔트 특급 살인』에서는 전사前事로서 라첼이라는 성인이 암스트롱 부부의 어린 딸을 살해하는 사건이 일어난 후, 이 사건과 관련된 모든 인물이 라첼을 살해함으로써 복수하는 이야기가 서술된다. 여기서 순진무구한 어린아이는 짐승 같은 어른에 의해 살해된 피해자로만 등장한다. 반면 『용의자의 야간열차』에서는 주인공이 읽은 한 소설에서 어린 소녀가 살인자로 등장할 뿐만 아니라, 소설 곳곳에서 어린아이가 의심스러운 용의자로 묘사된다. 특히 이러한 용의자로서의 어린아이가 어른을 살해할 때 그것이 어떤 의미를 지니는지 살펴보아야 한다. 명확한 정체성을 지닌 성인 자아가 사실은 자기 안의 타자로서 아이의 면모를 억눌러왔다는 점에서 아이가 어른을 살해하는 장면은 단일한 자아정체성의 파괴라는 맥락에서 이해될 수 있다. 나아가 라첼이라는 살인자가 잔혹한 짐승에 비유되었을 때 동물이 부정적 의미를 지니는 반면, 다와다 요코의 소설에서는 인간이 동물로 변화하는 장면이 긍정적 의미를 지닌다는 사실에 주목할 필요가 있다. 이러한 동물-되기는 이성중심적인 인간에 의해 억눌려온 몸의 해방과 관련하여 설명할 수 있을 것이다.

세 번째로 눈에 띄는 점은 『오리엔트 특급 살인』에 등장하는 열두 명의 살인자의 다양한 국적과 국제적인 탐정 푸아로의 신분이다. 푸아로는 평소에 그렇게 많은 승객이 타지 않아 남아돌던 열차표가 갑자기 매진된 것을 수상히 여기며 여기에 어떤 의도가 숨어 있음을 눈치챈다. 나아가 그는 이러한 다양한 국적의 승객들이 어떤 연관성을 갖게 된 것이 오직 미국에서만 가능하다는 판단하에 살인사건을 미국과 연관을 지어 생각한다. 이를 통해 그는 살인범들이 미국에서 일어난 암스트롱 부부의 딸 유괴 및 살인사건과 연관이 있음을 밝혀낸다. 하지만 이들의 범행과정을 밝히는 과정에서 부크와 탐정 푸아로, 그리고 의사 콘스탄틴은 특정 국가의 인물에 고유한 민족성을 부여하며 추리하는 모습을 보인다. 비록 탐정 푸아로가 "전 유고슬라비아 탐정이 아닙니다. 국제 탐정입니다"[3]라고 말하고 국제연맹 소속이냐는 질문에도 "저는 세계에 속해 있답니다"[4]라고 대답할지라도, 각각의 인물들을 그들이 속한 민족성에 의해 분류하는 편견을 보여주기도 한다. 가령 범행현장에서 파이프 소제기가 발견되자 의사 콘스탄틴은 승객 중 유일하게 담배를 피우는 영국인 아르버스넛 대령이 범인이냐고 묻자, 푸아로는 이렇게 대답한다.

> "그건 불가능합니다. 절대 불가능하다고요! 명예를 알고 약간 바보스럽지만 고결한 영국인이 원수를 열두 번이나 칼로 찔러댄다! 그런 일은 절대로 가능하지 않습니다!"[5]

비록 푸아로가 다양한 언어를 구사할 줄 알고 스스로 국제 탐

---

3 애거서 크리스티, 『오리엔트 특급 살인』, 신영희 옮김, 황금가지, 2019, 163쪽.

4 같은 곳.

5 같은 책, 175쪽.

정으로 부르며 자신이 특정 국가가 아닌 세계에 속해 있다고 말할 지라도, 모든 것을 명확히 분류하고 경계를 설정하는 근대적인 이성적 사고 방식에 따라 근대 민족국가의 이념을 고수하고 있다. 다와다 요코의 작품에서도 '당신'으로 등장하는 인물이 다양한 국가를 여행하며 다양한 사람을 만난다. 비록 그녀가 과거에는 자신을 일본인 여성으로 규정한 적이 있을지라도, 지금은 자신의 민족적 정체성을 명확히 규정하려 하지 않는다. 소설 마지막 장 제목처럼 '당신'은 '어디에도 없는 마을'에 속해 있는, 따라서 어떤 장소에도 속해 있지 않는 인물이다. 그녀는 탐정 푸아로와 달리 세계시민을 자처하면서도 민족국가의 편견을 지닌 모순적인 인물이 아니라, 오히려 단일한 정체성에 대한 환상을 파괴하는 열린 정체성의 소유자로 등장한다.

네 번째로 『오리엔트 특급 살인』에서 살인이 갖는 의미에 주목할 필요가 있다. 물론 라첼이 암스트롱 부부의 딸을 살해할 때 살인은 잔혹한 범죄의 의미를 갖지만, 그 후 열두 명의 사람들이 일종의 배심원이 되어 그를 죽이며 복수하는 장면에서 살인은 정의구현의 의미를 갖기도 한다. 즉 후자의 경우에는 살인이 역설적으로 도덕적인 행위가 되는 것이다. 그래서 푸아로 탐정은 범인을 밝힌 후에 어떤 도덕적 판단도 내리지 않는다. 이 소설에서 그는 오직 단순히 추리의 유희를 펼친 듯한 인상을 줄 뿐이다. 그렇다면 다와다 요코의 『용의자의 야간열차』에서 살인의 의미는 무엇인가? 여기서도 살인은 긍정적 의미를 지닌다. 하지만 그러한 긍정적 의미는 도덕적인 정의의 실현보다는 단일한 정체성의 파괴와 몸의 해방이라는 의미를 지닌다는 점에서 크리스티의 작품과 차이가 있다.

마지막으로 『오리엔트 특급 살인』에는 열두 명의 살인자가 등장한다. 열두 명의 살인자가 각각 한 번씩 칼로 라첼을 찔렀는데, 그 범죄의 사전모의에는 가담했지만 직접 살인을 하지 않은 백작 부인까지 포함하면 총 열세 명이 직간접적으로 범죄에 연루되어 있다고 말할 수 있다. 범인들은 열두 명이 배심원의 숫자이기에 그러한 숫자를 선택했다고 밝힌다. 즉 12라는 숫자는 원래 정의의 구현과 관련해 선택된 숫자다. 그런데 상황상 한 명이 더 추가되어 이 작품에서 범죄에 가담한 자는 모두 열세 명이 되었지만, 백작 부인이 잠이 들어 살인에 가담하지 않음으로써 실질적으로는 범인이 열두 명이 된다. 이처럼 범인의 숫자가 13이 아니라 12가 된 것은 큰 의미가 있는데, 그 이유는 고대에서 현대에 이르기까지 서양에서 13이라는 숫자는 경계를 침해하는 부정적 의미를 지니는데 이 소설에서 범인의 숫자가 13이 아닌 12가 됨으로써 이들의 살인행위 역시 질서와 경계를 위반하는 범죄보다는 오히려 깨어진 질서를 회복하는 정의의 구현으로 간주될 수 있기 때문이다.

흥미롭게도 『용의자의 야간열차』에서도 12와 13이라는 숫자가 중요한 역할을 한다. 왜냐하면 이 작품에는 실질적인 행선지인 열두 장소와 '어디에도 없는 하나의 마을'이 등장하며 총 13장으로 구성되어 있기 때문이다. 크리스티의 소설에서 백작 부인이 잠이 들어 살인에 직접 관여하지 않음으로써 살인범이 총 열두 명으로 등장한다면, 다와다 요코의 소설에서는 특정한 목적지가 아닌 어디에도 없는 마을이 열세 번째 장소로 등장한다. 『오리엔트 특급 살인』에서 중요한 의미를 지닌 12라는 숫자가 『용의자의 야간열차』에서는 13으로 바뀌면서 이 소설에 어떤 의미변화가 생기는지 자세히 살펴볼 필요가 있다. 이러한 의미변환을 추적함으로써 다와다 요코가 크리스티 소설의 다양한 요소를 단순히 차용하는 것이 아니라, 새롭게 의미를 부여하며 새로운 형태의 추리소설을 써내려가고 있음을 확인할 수 있을 것이다.

『용의자의 야간열차』에 나타난 용의자 추적과 살인의 의미

춤추는 샤먼의 정신여행: 여성-되기, 식물-되기, 동물-되기

『용의자의 야간열차』에서는 빈번히 범죄의 분위기가 풍긴다. 가령 자그레브로 가는 세 번째 바퀴에서 주인공인 '당신'은 밀수범으로 추정되는 이들과 같은 객실에 타고, 베오그라드로 가는 네 번째 바퀴에서는 칼로 찌르는 듯한 동작을 흉내내는 인상이 나쁜 사내가 '당신'을 자기 집으로 유인하려고 하며, 베이징으로 가는 다섯 번째 바퀴에서는 여성 두 명이 침대칸에서 어떤 상인과 성적인 접촉을 가진 후 그에게 상해를 입히고 지갑을 훔치는 일이 벌어진다. 이러한 모든 사건은 오직 주인공인 '당신'의 시선을 통해 관찰된다. '당신'은 자신의 주변에서 일어나는 사건들에 대해 추측하지만, 그러한 추측은 빈번히 오류로 밝혀지거나 명확한 진실을 밝히지 못한 채 추측으로 남곤 한다. '당신'의 추측은 범죄적인 분위기 속에서 탐정의 추리와 같은 성격을 띠지만, 정작 탐정의 날카로움을 보여주지는 못한다.

그러나 이러한 범죄적인 분위기에도 불구하고 실제로 열차에서 살인사건이 발생하지는 않는다. 물론 다섯 번째 바퀴에서 여성 두 명이 상인에게 상해를 입히고 물건을 훔치는 범죄를 저지르기는 하지만, 이들의 범죄가 명확히 밝혀지기 때문에 제목에 등장하는 용의자로 간주할 수는 없을 것이다. 세 번째 바퀴에 등장하는 밀수범들이나 네 번째 바퀴에 등장하는 나쁜 인상을 지닌 인물 역시 의심스러운 인물로 등장하기는 하지만, '당신'이 있는 곳에서는 어떤 범죄도 저지르지 않기 때문에 용의자의 범주에 들어오지 않는다. 따라서 제목에 등장하는 용의자는 이 소설에서 적어도 주인공인 '당신'이 만나는 인물 가운데에는 없다는 사실을 알 수 있다.

그렇다면 작품 제목에 등장하는 '용의자'는 누구이며 그(녀)는 어떤 범죄와 연루되어 있는가? 적어도 이 소설에서 용의자가 실제로 존재한다고 한다면, 용의자가 저지른 것으로 추정되는 범죄, 가령 살인을 더 이상 물질적인 의미가 아니라 정체성과 관련된 정신적인 의미와 연관시켜 살펴보아야 할 것이다. 뒤에서 자세히 살펴보겠지만, 흥미로운 것은 이러한 살인 용의자는 다름 아닌 앞에서 추리하는 탐정 역할을 한 '당신'이며, 그러한 '당신'이 살해한 대상 역시 같은 인물인 '당신' 자신이라는 것이다. 탐정과 살인자, 살해당한 사람이 동일인물인 역설이 무엇을 의미하는지 아래에서 좀 더 자세히 살펴보기로 하겠다.

다와다 요코의 소설에서 야간열차는 애거서 크리스티의 『오리엔트 특급 살인』에서와 마찬가지로 살인사건이 벌어지는 죽음의 공간이다. 다와다 요코는 『변신』이라는 제목의 시학강연집에서 일본어 표의문자인 간지를 찾기 위해 컴퓨터에 알파벳을 입력했을 때 생긴 한 일화와 관련해 침대칸에서 벌어진 살인사건에 관한 꿈을 이야기한다. 그녀가 '침대칸'이라는 단어를 찾기 위해 알파벳으로 shindaisha를 입력했지만, 컴퓨터 프로그램은 이를 잘못 분리하여 shinda(toter '죽은')와 isha(Arzt '의사')의 합성어를 만들어냈다는 것이다.[6] 이로써 '침대칸'은 갑자기 '죽은 의사'가 되어버리며 살인 현장으로 돌변한다.

> 그때 나는 이미 오래전부터 잊고 있었던 어떤 꿈을 기억해냈다. 나는 침대칸의 침대에 누워 있었고, 내 밑에는 한 남자가 누워 있었다. 내가 그를 볼 수는 없었지만, 그가 하얀 가운을 입은 채 죽어 있었다는 사실을 알고 있었다. 이처럼 컴퓨터 자판을 쳐서 잊어버린 꿈을 기억으로 다시 불러낼 수 있는 것이다.[7]

다와다 요코는 꿈에서 자신이 탄 침대칸 밑에 어떤 의사가 죽은 채로 누워 있는 것을 발견했던 것을 기억한다. 야간열차의 침대칸은 우리가 잊고 있던 살인의 꿈을 기억으로 불러내는 꿈의 공간이다. 그러한 공간에서 근대의 이성을 대변하는 의사[8]는 죽은 채로

---

6 Y. Tawada, *Verwandlungen*, 39쪽.

7 같은 책, 40쪽.

8 근대에는 의사가 환자의 침대 옆에 앉아 환자를 관찰하는 임상의학이 시작된다. 또한 환자의 몸속을 들여다보고 병의 가시화를 통해 병을 인식하고 치료하는 의사의 해부학적인 시선 역시 근대적 시선의 특징이라고 할 수 있다. "마치 근대의 계몽주의가 전제주의의 어둠을 계몽의 빛으로 밝혀 개선하려고 하듯이, 임상의학의 외부적 관찰과 해부학의 내부적 시선은 어둠 속에 가려져 있던 질병의 원인을 가시화하여 치료하려고 한다. 이러한 병리학적이고 해부학적인 시선은, 결코 이전부터 존재했던 것이 아니라 역사의 특정한 국면에서 발생한 것이다. 푸코는 1770년에서 1820년에 이르기까지 프랑스 의학의 발전과정을 조사하면서, 이러한 의사의 시선이 근대의 산물임을 밝혀낸다." 정항균, 『메두사의 저주: 시각의 문학사』, 문학동네, 2014, 340-341쪽.

발견되고 그가 입고 있던 하얀 의사가운은 유령의 소복으로 변한다. 작가란 그러한 유령을 다시 기억 속으로 불러내는 글쓰기를 하는 사람이다.[9]

『용의자의 야간열차』에서도 '당신'은 침대칸에서 죽음의 위험에 처한 꿈을 꾼다. 그런데 이번에는 의사가 아니라 의사로부터 수술을 받는 '당신'이 죽음의 위험에 처해 있다. '당신'은 수술대처럼 보이는 흔들리는 차가운 침대에 누워 있고 의사는 메스로 심장근육을 도려내어 부드러운 살점으로 만들려고 한다. 그러나 침대가 덜컹거려 메스의 칼끝이 원래 계획했던 곳과 다른 곳을 건드리며 당신의 몸을 난도질한다. 이에 당신이 이처럼 난도질을 당할 바에는 수술을 포기하겠다며 차라리 그곳을 덮어 꿰매 달라는 말을 의사에게 텔레파시로 전하려는 순간 깨어난다. 여기서 근대적인 의사의 메스는 이제 병든 당신을 치료하지 못할 뿐만 아니라, 계획과 달리 움직이고 당신의 몸을 난도질하며 당신을 죽음으로 몰고간다. 해부학적인 의술로 대변되는 근대적인 합리성이 더는 작동하지 못하는 곳에서[10] 당신의 신체는 유기적인 신체가 아니라 갈기갈기 찢

9 이러한 유령을 또 다른 맥락에서 표음문자 속에 숨어 있는 표의문자의 유령으로 해석한 글로는 다음을 참조하시오. 정항균, 「문자의 변신과 제의적 글쓰기」, 115-116쪽.

10 열세 번째 바퀴에서 '당신'은 다리가 아파 찍은 CT 스캔 사진을 열차 객실 안에서 잃어버려 그것을 찾느라 소동을 벌인다. 그러나 앞에서 흔들리는 침대에서 메스를 잘못 갖다대어 수술이 실패하듯이, 여기서도 신체를 가시화해 치료하려는 CT 스캔 사진은 사라지고 만다. 이것은 해부학적 시선이나 기계적 시선이 결코 신체의 모든 상처를 가시화해 치료할 수 없음을 보여주며 그러한 근대적 시선의 한계를 드러낸다.

긴 신체로 변한다.[11] 그렇게 죽는 꿈을 꾼 당신을 깨운 여성은 '검은색' 정장을 입은 미미라는 여성이다. 그녀는 당신에게 "낯선 여자의 생명력"[12]을 지녔으면서도 동시에 "이미 십 년 넘게 못 만난 옛 친구"[13]처럼 보이기도 한다. 즉 그녀는 '당신'에게 이전에 친숙했지만 지금은 낯설어진 '당신' 안의 타자 같은 존재인 것이다.[14] 여배우인 그녀의 얼굴에는 "여러 얼굴이 서로 경쟁하며 공존하고 있다."[15] 비현실적인 특성을 지닌 이 여성은 꿈에서 신체가 갈기갈기 찢기며 죽어가는 '당신'에게서 생겨난 존재다. 따라서 미미라는 여성에게 엿보이는 여러 얼굴은 단일한 정체성을 지닌 '당신'이 사라진 후[16] 나타나는 '당신'의 다원적 정체성을 지시한다고 말할 수 있을 것이다.

'당신'은 "침대차의 침대에 드러누우면 기묘한 관에 옆으로 쏙

11 이 장면은 명백히 카프카의 「유형지에서(In der Strafkolonie)」를 떠오르게 한다. 거기서도 고문기계가 원래의 계획과 다르게 움직여 장교의 신체를 마구 찌르며 그를 죽음으로 몰고간다.

12 다와다 요코, 『용의자의 야간열차』, 94쪽.

13 같은 책, 95쪽.

14 연극배우인 미미는 무용수인 '당신'에게 동종업계에 종사한다며 공통점을 부각한다. 또한 꿈에서 흔들리는 침대에서 메스로 난도질을 당해 죽음을 경험할 뻔한 '당신과 마찬가지로, 미미 역시 극단의 연출보조에 의해 독살당할 뻔한 적이 있다고 말한다. 이처럼 두 인물은 여러 가지 면에서 서로 긴밀히 연결되어 있다.

15 같은 곳.

16 당신은 미미의 이야기를 들으며 잠이 든다. 그때 "미미의 눈이 점점 커져서 휘둥그레지고, 입이 새빨간 동굴 입구로 변하고, [⋯] 얼굴의 각 부위가 퍼져나가는 모습을 본 것 같기도 하지만, 당신 자신은 그와는 반대 방향으로 나아갔다. 잠 속으로, 모로 누운 부동자세로 갇혀서 어둡게, 말도 없고, 나 자신도 없이(필자 강조), 점점 작아지며, 은은하고 고요하게 밤 속으로." 같은 책, 101쪽.

들어가 눕는 기분이 든다"[17]고 말한다. 꿈과 환상의 공간인 침대차는 현실적인 단일한 자아를 살해하며 죽음으로 내몬다. 그러나 꿈에서 '당신'을 살해한 사람(흔들리는 메스로 수술한 의사)의 모습은 보이지 않는다. 다와다 요코는 『용의자의 야간열차』에서 추리소설을 자신의 방식으로 다시 쓴다. 그는 독자로 하여금 용의자를 찾도록 하지만 범인을 확정하지는 않으며, 그러한 용의자의 살인이 무엇을 의미하는지를 독자가 성찰하도록 만들고 있는 것이다.

『용의자의 야간열차』의 여섯 번째 바퀴[18]인 '이르쿠츠크'로 가는 열차에서 주인공인 '당신'은 조라는 여성에게 자신은 "시베리아 샤먼"[19]이라며 그녀의 미래에 대해 조언한다. 언뜻 보기에 별 의미 없어 보이는 듯한 '시베리아 샤먼'이라는 표현은 이 작품의 중간축을 형성하는 일곱 번째 바퀴인 시베리아의 '하바롭스크'로 가는 열차에서 일어나는 예기치 못한 사건과 관련해 중요한 의미를 갖는다. 새벽에 방광이 가득 찬 듯한 느낌에 잠이 깨어 화장실로 간 '당신'은 화장실 문을 열고 들어가다가 열차 밖으로 떨어지고 만다. 처음으로 죽음의 공포를 느낀 '당신'은 다행히도 어떤 오두막을 발견해 추위를 피할 수 있게 된다. 그런데 '당신'이 거기서 만난 집주인은 뭔가 기이한 면을 갖고 있다.

---

17 같은 책, 100쪽.

18 보통 책에서는 여섯 번째 '장(章)'으로 표기하겠지만, 다와다 요코는 여기서 장 대신 '바퀴'라는 단어를 사용한다. 여기에는 특별한 의미가 담겨 있으므로 일반 어법에는 어색하게 느껴지겠지만 원문 그대로 바퀴라는 단어를 사용하도록 하겠다.

19 같은 책, 71쪽.

> 우연처럼 눈길이 멈춘 벽에 걸린 거울, 거기에 남자의 목덜미가 비쳤는데, 뭔가 이상했다. 어 하고 생각한 순간, 남자가 목을 살짝 틀었는데, 거울에 비친 것은 여성의 옆얼굴이었다.[20]

다와다 요코는 『언어 경찰과 언어놀이사전』에서 거울과 관련하여 흥미로운 언급을 한 바 있다. "고대 일본에서는 거울을 자신의 모습을 다시 알아차리는 대상이 아니라, 망자의 왕국으로 가는 통행로로 간주했다. 한 여성이 거울을 들여다보았을 때, 거기서 죽은 어머니를 보았다. 이는 중세 일본 문학에서 빈번히 등장하는 오래된 모티브다. 하지만 거울 뒤의 세상은 과거, 즉 이미 지나가고 없는 시간이 아니라, 현재와 나란히 존재한 다른 장소로 여겨졌다."[21] 이러한 맥락에서 거울에 비친 오두막집 주인의 얼굴이 여성의 모습이었을 때, 이 여성의 얼굴은 한편으로 망자의 얼굴이지만 다른 한편으로 그러한 망자가 "현재와 나란히 존재한 다른 장소"에 있음을 알 수 있다. 그것은 마치 존재하는 것도 아니고 부재하는 것도 아닌 흔적으로서의 유령 같은 존재를 나타낸다. 그러한 유령이 있는 장소는 규정할 수 없는 절대적으로 다른 장소다. 이런 점에서 여성은 집주인인 남성의 또 다른 모습으로 유령 같은, '내' 안의 타자를 나타낸다.

그런데 흥미로운 것은 이 집주인인 남성이 "당신의 어깨를 두

20 같은 책, 80쪽.

21 Y. Tawada, *Sprachpolizei und Spielpolyglotte*, 111쪽.

드렸고, '내 집처럼 편히 생각하세요'라는 듯한 말을 건넸다"[22]는 것이다. 이로써 '당신' 스스로 이 낯선 집, 즉 유령저택의 주인이 된다. 집주인은 '당신'에게 목욕을 권하는데, 그 목욕통의 주위에는 "곰의 털가죽"[23]이 깔려 있다. 이는 집주인 남성이 곰을 사냥하는 사냥꾼임을 짐작하게 한다. 그런데 앞에서 '당신'이 조라는 여성에게 자신을 시베리아 샤먼으로 소개했을 때, 샤먼 역시 넓은 의미에서 사냥꾼임을 유의할 필요가 있다. 왜냐하면 원시사회에서 사냥은 성공적인 사냥을 기원하는 샤먼의 주술적인 행위까지 포괄하는 의미를 갖기 때문이다. 따라서 사냥꾼인 이 남성은 시베리아 샤먼으로서 마찬가지로 사냥꾼인 '당신' 안에 들어 있는 낯선 남성적 자아를 나타낸다. 이것은 특히 그녀가 물속에 들어가 있을 때 "봉긋이 솟은 유방 사이로 아래쪽에서 흔들거리는 남자 성기가"[24] 보이며 "남자이기도 하고 여자이기도 한"[25] 상태에서 다시 한번 확인된다. 이처럼 남성적 정체성과 여성적 정체성의 경계가 흔들리는 상태에서 '당신'은 "이 선을 넘으면 안 돼"[26]라는 내면의 이성적인 목소리를 듣지만, 그것에 대항하는 "융합의 매혹"[27]에 사로잡힌다. 따라서 일곱 번째 바퀴에서 주인공인 당신이 처음 죽음의 공포를 느끼고 유령 같은 망자를 거울 속에서 마주할 때 그러한 죽음은 곧 남녀의

22 다와다 요코, 『용의자의 야간열차』, 80쪽.
23 같은 책, 81쪽.
24 같은 곳.
25 같은 곳.
26 같은 책, 83쪽.
27 같은 곳.

경계를 넘어서는 결과를 가져옴을 알 수 있다. 여기서 죽음은 명확한 성적인 정체성의 파괴와 연결되며, 살인은 곧 단일한 자아정체성의 해체를 의미한다.

그러한 남녀 정체성의 경계초월은 인간의 식물-되기와도 연결된다. 왜냐하면 열 번째 바퀴에서는 핵심적인 주제 가운데 하나인 식물-되기를 지시하는 구절, 즉 "수술과 암술, 꽃 한 송이 안에는 암술인 여자와 수술인 남자, 양쪽 다 살고 있다. 그렇다. 식물에게는 양성구유가 보통인 것이다. 당신은 문득 자기 마음속에도 여자와 남자가 다 살고 있을지 모른다는 생각이 들었다"[28]라는 구절이 나오기 때문이다. 그렇다면 인간의 식물-되기는 일종의 성정체성의 경계를 뒤흔드는 의미를 갖게 될 것이다.

물론 이 소설에서 식물이 긍정적 의미만 지니는 것은 아니다. 열 번째 바퀴에서 '당신'이 방문하는 "린츠는 히틀러가 한때 독일제국의 수도로 삼으려고 생각한 고장"[29]이며 "작년에 왔을 때, 바짝 깎은 머리에 하켄크로이츠 문신을 한 무리가 저 다리 밑에 떼지어"[30] 있었던 곳이다. 특히 이곳에서 마주하게 되는, '당신'이 알레르기 때문에 질색하는 떡갈나무는 역사적인 상징으로서 중요한 의미를 지닌다. 왜냐하면 낭만주의에서 독일 민족의 상징으로 사용되곤 하는 떡갈나무는 자아와 타자, 나와 이방인을 구분하는 배타적인 의미에서 나치 독일을 상징하는 기호로도 사용되었기 때문이

28 같은 책, 104쪽.
29 같은 책, 102쪽.
30 같은 책, 108쪽.

다.[31] 이처럼 떡갈나무가 이방인을 배척하는 민족주의적인 이데올로기를 함의하는 반면, '당신'이 함부르크행 열차 침대칸에서 꽃향기를 맡으며 어지러워져 사람의 머리 대신 꽃의 머리를 보게 될 때는 긍정적인 의미에서 인간의 '식물-되기'가 일어난다.

이 소설에서 식물-되기가 얼굴의 변신, 즉 정체성의 문제와만 연결되는 것은 아니다. 여기서는 또한 식물의 느린 운동도 언급된다. 댄스 워크숍에 참가한 한 참가자가 식물원을 가장 좋아하는 장소로 꼽을 때, 무용수인 '당신'도 식물원에 가보고 싶은 마음을 갖게 된다.

> 움직임 없는 것이라. 댄서에게는 정지된 시간이 중요할지 모른다. 아니, 정지라는 건 이쪽의 오해다. 꽃도 움직인다. 태양이 있는 방향으로 고개를 돌리거나 싹을 틔워 성장하거나 메말라가면서. 다만 그 움직임이 이루 말할 수 없이 늦을 뿐. [···] 느린 동작은 체력을 많이 소모해서 쉽게 지친다. [···] 해바라기는 어떻게 그렇게 움직이고도 피곤하지 않을까.[32]

화살처럼 쏜살같이 지나가는 시간에 비해 식물의 시간은 거의 멈춰 있는 듯 보인다. 이러한 멈춰 있는 듯한 순간은 반대로 무한히 긴 시간을 품고 있는 것처럼 여겨진다. 이것은 이 소설에서 반

31 Johannes Zechner, *Der deutsche Wald: Eine Ideengeschichte*, Darmstadt, 2016, 167-168쪽과 192쪽 참조.

32 다와다 요코, 『용의자의 야간열차』, 103-104쪽.

복적으로 등장하는 니체의 '영원회귀' 모티브와 연결된다. 흔히 일상적인 시간관념에 따르면 순간과 영원은 대비되지만, 니체의 영원회귀 사상에서는 순간이 영원을 내포하며 양자의 대립을 지양한다. 12장의 뭄바이로 가는 열차표를 사는 줄이 "영원이라는 이름의 뱀의 똬리를 틀고"[33] 있을 때도 영원회귀 사상이 암시된다.[34] 또한 이 소설에서 각각의 장이 '바퀴'로 불릴 때, 여기서 바퀴는 선형적인 시간의 흐름을 가로막는, 『차라투스트라는 이렇게 말했다*Also sprach Zarathustra*』(1883~1885)에 나오는 "그 자신으로부터 영원히 굴러가는 수레바퀴"[35]를 연상시키기도 한다. 이처럼 무한히 다른 모습으로 반복되는 순간의 영원성은 식물의 무한히 늘어지는 느린 움직임과 연결된다.

하지만 동시에 댄서가 된다는 것은 대지에서 발을 들어 날아오르는 것을 의미하기도 한다. 즉 그것은 떡갈나무처럼 대지에 깊이 뿌리를 내리는 것이 아니라, 새가 하늘을 날듯 가볍게 날아오르는 것을 의미한다. 그래서 댄서인 '당신'은 "춤추는 것은 고통스럽지 않다. 춤추는 동안 몸이 가볍다"[36]라고 말한다. 베를린에서 춤을 연습하던 도중에 '당신'은 모든 동작을 통제하고 정해진 도식에 맞추려는 안무가에 반발하여 예상보다 일찍 암스테르담으로 떠난

---

33 같은 책, 122-123쪽.

34 니체의 영원회귀 사상과 관련해 등장하는 뱀에 관한 이야기는 다음을 참조하시오. Friedrich Nietzsche, *Also sprach Zarathustra*, Giorgio Colli & Mazzino Montinari (Hrsg.), München, 1999, 197-202쪽.

35 같은 책, 31쪽.

36 다와다 요코, 『용의자의 야간열차』, 93쪽.

다. 이러한 몸의 통제와 관련해 역설적으로 몸의 중요성이 드러난다. 『오리엔트 특급 살인』의 탐정 푸아레가 의자에 앉아 모든 비밀을 밝혀내고 사건을 해결하는 날카로운 이성을 보여준다면, 『용의자의 야간열차』에서는 이동하는 열차의 침대칸에서 일어나는 몸의 해방이 문제가 된다. 앞에서 '방광'의 조임으로 인해 화장실에 갔다가 열차 밖으로 튕겨 나간 '당신'이 오두막에서 낯선 남자와 만난 사건을 이야기한 바 있다. 이때 시베리아 샤먼인 '당신'은 역시 시베리아의 사냥꾼인 남자를 자신의 또 다른 자아로 만나게 되는데, 여기서 남자와 여자의 성정체성의 경계뿐만 아니라 인간과 동물의 경계도 넘어선다는 사실에 주목할 필요가 있다.

> 여성 성기가 부풀면서 커지고 남성 성기가 부풀며 상승하기 시작한 것만으로도 버거운데, 한술 더 떠서 꼬리뼈에서 붓 같은 꼬리가 돋아나고, 허벅지에는 아르마딜로의 비늘 같은 게 솟아나고, 혈관이 피를 내보낼 때마다 몸의 윤곽이 삐걱삐걱 소리를 낸다.[37]

샤먼이 망자를 저승으로 인도하거나 병자를 고치기 위해 정신적 여행을 떠날 때, 그에게 길을 안내해주는 보조령補助靈인 동물과 접신한다. 다시 말해 샤먼은 동물로 변신하여 천상계나 하계로 먼 여행을 떠나는 것이다.[38] 이와 마찬가지로 이 소설에서도 시베리아

37 같은 책, 82쪽.

38 "그것은 마치 동물의 동작이나 동물의 목소리의 모방이 '신들린 상태'로 간주될 수 있는 것처럼 보인다. 어쩌면 샤먼이 자신의 보조령들을 점유한다고 말하는 것이 옳을지도 모르겠다. 왜냐하면 샤먼 자신이 동물로 변신하기 때문이다. 물론

샤먼인 '당신'은 야간열차를 타고 꿈속의 여행을 떠나며 동물로 변신한다. 이러한 동물로의 변신은 댄서인 당신의 몸을 제어하고 규율 속에 얽어매는 이성적인 지침과 지시에 맞서는 몸의 저항을 나타낸다고 볼 수 있을 것이다. 진정한 댄서란 동물-되기를 수행해야 한다.

> 당신은 아무리 높이 뛰어올라도 금세 지면으로 떨어져버린다. 댄서란 그 정도 존재다. 벌이 엉덩이를 흔들며 춤추는 모습을 영화에서 본 적이 있다. 벌이 춤을 추는 이유는 꿀이 있는 장소를 동료에게 알려주기 위해서라는 말을 들었다. 수술과 암술, 꽃 한 송이에는 암술인 여자와 수술인 남자, 양쪽 다 살고 있다.[39]

인간의 춤으로는 중력을 이기지 못해 인간의 몸이 다시 지상으로 떨어지고 마는 데 반해, 꿀벌, 즉 동물의 춤은 그러한 지상의 무게를 이겨내며 탈경계를 가능하게 한다. 꿀벌의 춤은 지상에서 벗어나는 자유로운 활동인 동시에 동료를 자웅동체인 꽃으로 데려다주기 위한 움직임인 것이다. 따라서 진정한 자유로운 춤은 동물-되기를 수행하며 추게 되는 춤이다. 이러한 춤은 경계를 그어놓

그가 동물가면을 쓸 때도 유사한 결과에 도달하지만 말이다. 또한 샤먼의 새로운 정체성을 이야기할 수도 있을 것이다. 왜냐하면 그는 동물령이 되어 '말하기' 때문이다." Mircea Eliade, *Schmanismus und arachische Ekstasetechnik*, Frankfurt a.M., 2016, 101쪽. "그리고 이로써 동물령은 마찬가지로 샤먼을 저승(천상계, 하계)으로 인도하고, 그에게 비밀을 드러내며 비의를 가르치는 조상령의 역할을 떠맡을 것이다." 같은 책, 102쪽.

39 다와다 요코, 『용의자의 야간열차』, 104쪽.

은 대지를 벗어나는 탈경계적인 움직임으로 간주될 수 있으며, 이와 동시에 이성적인 인간과 신체적인 동물의 경계를 넘어서는 인간 '몸'의 해방을 의미한다고 할 수 있다.

이 소설에서는 시베리아 샤먼과 마찬가지로 변신 능력이 있는 인물인 마녀가 등장한다. 8장에서 '당신'은 야간열차를 타고 빈에 내린다. '당신'은 마중 나온 오십대가량의 벡이라는 남성에게 "수상쩍은 사람이 이상한 짓을 한다거나, 무서운 사람이 있어서 위험한 상황에 처한다거나"[40] 하는 재미있는 상황을 기대하며 일부러 야간열차를 탔는데 그런 일이 없어서 실망했다고 말한다. 그러자 벡은 자신이 야간열차를 타고 가다가 생긴 일화를 이야기해준다. 객실에 뛰어든 한 여자가 벡에게 어떤 남자가 자신을 죽이려 한다며 겁에 질려 객실 문을 걸어 잠갔다는 것이다. 이는 『오리엔트 특급 살인』에서 라첼이 자신을 죽이려는 남자가 기차에 올라탔다며 두려워하는 모습을 연상시킨다. 벡도 알 수 없는 두려움에 빠지지만, 그 순간 그 여자의 3~4cm 되는 긴 손톱을 보고 안도의 한숨을 내쉬었다고 말한다. "마녀의 손톱"[41]처럼 긴 손톱을 지닌 그녀와 달리 자신은 평범한 사람이기 때문에 그녀처럼 살해당할 위험이 없기 때문이라는 것이다.

평범한 사람과 구분되며 사회에 위협이 되는 특별한 존재로 간주되는 마녀는 중세와 근대 초의 마녀사냥에서 알 수 있듯이 항상 살해될 위험에 놓여 있었다. 『용의자의 야간열차』에 등장하는,

40 같은 책, 87쪽.

41 같은 책, 90쪽.

살해위험에 처한 마녀 같은 여성이 어떻게 묘사되고 있는지 좀 더 자세히 살펴볼 필요가 있다.

> 이 여자가 살해당할 거라는 말은 망상일 수도 있고 사실일 수도 있다. 그러나 어느 쪽이든 그것은 이 여자의 문제이고, 그것은 이 겉모습, 새처럼 손톱을 기른 이 여자의 육체에 들러붙은 사건인 것이다.[42]

> 야간열차에서 머리부터 발끝까지 한눈에 흡혈귀임을 알아챌 수 있는 상대를 마주치는 일은 거의 없다. 오히려 마魔는 세세한 부분에 깃든다고 벡 씨는 말하는 것이다.[43]

이 여성은 마적인 면을 지니고 있으며 마녀 내지 흡혈귀로 간주된다. 마녀는 다양한 사람이나 동물로 변신할 수 있는 능력을 지니고 있는데, 여기서 이 여자 역시 새처럼 긴 손톱을 지닌 존재로 지칭됨으로써 새로의 변신 능력이 암시되고 있다. 나아가 흡혈귀는 혼종적인 존재를 상징하는데, 흡혈귀로 불리는 이 여성 역시 단일한 정체성을 지니지 않은 존재임을 짐작할 수 있다. 이처럼 일상적인 세계에 뿌리내리고 통일적인 정체성을 간직하고 있는 벡과 달리 정체성의 혼란에 빠지며 지상에서 벗어나 새처럼 허공을 나는 마녀 같은 여성은 언제나 소위 정상인이 지닌 기준에 의해 살해될

42 같은 곳.
43 같은 책, 91쪽.

위험에 시달린다. 이러한 맥락에서 살해위협은 단일한 정체성의 해체에 대한 경고의 의미를 지니기도 한다. 반면 일상적인 자아를 살해함으로써 마녀처럼 변신하기 위해서는 인간 이성의 지배에서 벗어나 신체적 해방을 이룰 수 있어야 한다.[44] 즉 개념적으로 사고하는 이성적 사유의 지배를 받지 않는 강렬한 신체적 발산이 다양한 강도적 변신[45]을 허용하는 것이다. 이를 통해 앞에서 말한 남성의 여성-되기, 인간의 동물-되기 내지 식물-되기가 이루어질 수 있다. 이러한 의미에서 단일한 자아의 살인은 다양한 자아가 생겨나기 위한 산파 역할을 한다고 말할 수도 있을 것이다.[46]

손톱 이야기는 벡이 야간열차에서 경험한 이야기에 한정되지 않는다. '당신'은 20년 전 뭄바이로 가는 야간열차에서 어떤 인도 남자에게 손톱깎이를 판 이후에 영원히 기차를 타고 여행할 수 있는 부적 같은 기차표를 선물로 받는다. 손톱을 깎는다는 것은 신체를 통제하고 일상적인 규율 속에 집어넣는다는 것을 의미한다. 손톱이 지나치게 긴 여성은 마녀로 의심받는다. 그런데 '당신'은 손톱깎이를 팔아버렸기 때문에 "이제 손톱을 깎을 수 없으며, 앞으

44 이러한 맥락에서 앞에서 언급한 여성의 살해도 기이하게 손톱을 기른 그녀의 "육체에 들러붙은 사건"(같은 책, 90쪽)으로 언급되고 있다.

45 강도적 변신이란 가령 아이-되기에서 어른이 실제로 아이로 변신하는 것을 의미하는 것이 아니라, 아이의 속성을 발산하며 스스로 아이처럼 강렬하게 느끼며 행동하는 것을 의미한다.

46 L. Koiran, *Schreiben in fremder Sprache*, 321쪽: "섬뜩한 것은 또한 이름이 알려지지 않은 중년의 여성과 어머니가 서술자 나를 병합함으로써 죽이려 시도하는 서술단락에서도 표현된다. 이들은 그녀에게 새로운 정체성을 갖도록 도와주는 권력뿐만 아니라 그녀를 살해하는 권력도 갖고 있다. 즉 산파인 동시에 살인자를 체현하고 있는 것이다."

로는 자라나는 손톱의 의지대로 끌려가고 손톱이 자라는 방향대로 이끌리며 살아갈 수밖에"[47] 없게 된 것이다. 그러한 의미에서 '당신'은 앞에서 언급한 마녀이기도 하다. '당신'은 20년 전에 일어난 이 사건을 잊고 살았지만, 갑자기 그 순간이 기억 속으로 솟구쳐오르기도 한다. 서술자 나는 이 사건 이후 '당신'이 더 이상 자기동일성을 지닌 '나'로 불리지 않게 되었다고 말한다.

> 그날 나는 당신에게 영원한 승차권을 내주고, 그 대신 자신을 자신으로 여기는 뻔뻔한 넉살을 사들여 '나'가 되었다. 당신은 더 이상 스스로를 '나'라고 부르지 않게 되어, 언제나 '당신'이다. 그날 이래로 당신은 줄곧 묘사되는 대상이 되어, 2인칭으로 열차를 탈 수밖에 없게 되었다.[48]

이로써 언제나 '타자'로 머물게 된 '당신'은 좁은 현실 세계를 부수고 영원히 꿈과 같은 환상 속으로 달려가는 '야간열차'를 탈 수 있게 된 것이다. 그런데 그러한 야간열차가 곧 '용의자'를 의미하기도 할 때, '당신'은 자기동일성을 지닌 '나'를 살해하고 그럼으로써 억압된 '나'의 신체를 해방시키는 살인사건의 용의자가 된다.

47 다와다 요코, 『용의자의 야간열차』, 121쪽.
48 같은 책, 133쪽.

살인 용의자로서의 아이와 비밀생산의 글쓰기

앞에서 주인공의 변신과 관련하여 다양한 -되기의 형태에 대해 이야기했다. 이 절에서는 앞에서 언급하지 않은 또 다른 형태의 변신, 즉 아이-되기에 대해 다루고자 한다.

『용의자의 야간열차』에는 곳곳에서 아이가 등장한다. 제일 먼저 그라츠로 가는 야간열차 여행이 묘사된 두 번째 바퀴 마지막 부분에서 아이가 언급된다. 전차 고장으로 여행계획이 꼬여버린 '당신'은 낯선 남녀의 도움으로 겨우 그라츠행 기차를 탈 수 있게 된다. 하지만 "낯선 시간 속으로"[49] 던져지고 "출발점과 도착점은 그대로인데, 그 사이의 시간과 공간이 꾸깃꾸깃 구겨졌다."[50] 이로써 뭔가 일상적이지 않은 사건이 일어날 것이 암시된다. 그리고 시골 작은 역에서 어린 학생들이 열차에 탔는데, 그 가운데 한 아이와 시선이 마주친 당신은 문뜩 그 아이의 마음속에 떠오른 "당신도 옛날에는 어린아이였다"[51]라는 말을 떠올린다. '당신'이 잊고 살았지만 당신 속에 여전히 존재하는 '아이'를 기억해내는 것이야말로 중요한데, 그 이유는 아이가 모든 것을 짊어진, 낯선 외국인 여행객의 신체를 경탄하는 시선으로 바라보기 때문이다. 이처럼 아이는 정해진 질서의 틀에서 움직이는 삶에서 이탈한 여행자의 이방성과 신체에 주목하는 존재로서, 일상적인 삶에 매몰된 평범한 어른들과 구분된다. 바로 그러한 비범성이 아이가 앞으로 이 소설에서 전개

49 같은 책, 31쪽.
50 같은 곳.
51 같은 곳.

될 살인사건의 강력한 용의자가 되도록 만든다.

아이가 살인용의자로 등장하는 장면은 암스테르담으로 가는 야간열차 장에서 나온다. 댄서인 '당신'은 베를린에서 안무연습을 하던 중 안무 연습가가 당신의 복사뼈를 걷어차며 자세를 지나치게 교정하는 데 화가 난다.

> 분노 같은 반응이 몸속에서 확 뿜어져나온다. 마치 타인의 감정처럼. 그렇다. 살 속에는 자신의 분별과는 관계없이 멋대로 작동하는 감정이 깃들어 있는 모양이다.[52]

이처럼 지나친 규율로 몸을 억압하는 춤연습에 화가 난 '당신'은 계획한 것보다 일찍 네덜란드행 야간열차에 오른다. '당신'은 객실에서 다섯 살쯤 된 남자아이를 보는데, 그 아이는 승무원이 승차권을 검사하기 전에 객실 밖으로 빠져나간다. 승무원이 나가고 나서 다시 들어온 아이에게 '당신'은 그 아이의 부모님이 어디 있는지 묻지만, 그 아이는 어깨를 흠칫 떨 뿐 아무런 대답도 하지 않는다. 그런데 잠시 후 '당신'은 아이의 팔에서 역한 냄새가 나며 피가 흐르는 것을 본다. 그 상처는 "원숭이에게 물린 자국으로밖에 보이지 않는다."[53] "자기가 살아 있다는 감각을 되찾기 위해 아이는 스스로 자기 살을 물어뜯을 때가"[54] 있는데, 이러한 점에서 아이의 상처

52 같은 책, 113-114쪽.

53 같은 책, 118쪽.

54 같은 책, 119쪽.

는 동물적인 생명력을 발산한 흔적으로 볼 수 있을 것이다. 그 아이가 "갑자기 무시무시한 힘으로 팔을 거둬들이며 히스테릭한 웃음소리를 내는가 싶더니, 자리에 누운 채 껍질을 벗듯 얇은 하얀 바지를 벗어 당신 얼굴로 집어던졌다."[55] 때마침 들어온 승무원은 당신의 어깨에 아이가 던진 하얀 바지가 걸쳐져 있음을 목도하게 되고 당신을 파렴치한 범죄자로 비난한다.

이 기이한 사건에서 주목할 것은 우선 남자아이의 부모가 없다는 사실이다. 그 아이에게는 자신에게 사회적 규범과 질서를 가르쳐줄 부모가 존재하지 않는다. 그 남자아이는 프로이트적인 의미에서 오이디푸스 콤플렉스에 시달리지 않는 아이다. 생명력이 넘치는 아이는 오히려 어른인 '당신'을 압도한다. 비록 승무원은 '당신'을 용의자로 추정하지만, 사실 더 의심이 가는 용의자는 아이라고 할 수 있다.

아이를 범죄의 용의자로 추정하는 것이 근거가 없지 않다는 것은 이 사건과 병렬적으로 전개되는, '당신'이 읽는 추리소설의 내용을 통해서도 알 수 있다. 이 추리소설에서는 농장에서 일하는 한 남자가 어떤 사람이 휘두른 쇠망치를 맞고 호수에 빠져 살해된 사건이 서술된다. 그런데 그러한 살인사건이 일어났을 때, 주변에는 일곱 살짜리 여자아이밖에 없었다.

> 그 아이는 언어장애가 있어서 뭘 물어봐도 대답하지 못했다. 유랑극단 가족이 몇 달 전에 마을에 두고 간 아이로, 살해당한 남자

---

55 같은 곳.

> 가 보살펴주고 있었다. 남자는 독신이고 연로한 부모와 함께 살고 있었다. […] 친절하고 과묵한 남자라 마을에는 적도 없었기에, 대체 누가 살해했는지 아무도 짐작할 수 없었다.[56]

위의 인용문에서 눈에 띄는 구절은 아이의 언어장애와 유랑극단 소속이다. 아이의 언어장애는 아이가 문법적인 규칙을 따르는 언어에 능숙하지 않음을 보여준다. 그 대신 그 아이는 유랑극단에서 아마도 이런저런 곡예를 하며 몸의 언어에 능숙했을 것이다. 또한 그 아이가 유목민처럼 항상 이동 중인 유랑극단에 속해 있다는 점도 시사점이 많다.

그런데 그 아이에게는 "망령 같은 분위기"[57]가 감돌며, 어느 날 마을 사람 하나가 그 아이가 "쇠망치를 내리치는 듯한 몸짓을"[58] 하는 것을 본다. 나중에 '당신'은 남자아이를 추행하는 범죄자처럼 몰리는 순간 문뜩 자신이 읽고 있는 추리소설의 범인이 바로 이 여자아이라는 사실을 직감한다.

> 그 남자는 말을 못하는 그 여자아이에게 늘 폭력을 휘둘렀다. 그래서 그날 아침, 등 뒤에서 남자를 습격해서 죽이고 만 것이다.[59]

여자아이가 유랑극단 가족과 이별한 후 농장에서 일하는 남자

---

56 같은 책, 116쪽.
57 같은 책, 117쪽.
58 같은 곳.
59 같은 책, 120쪽.

가 그 아이를 아버지처럼 돌보았던 것인데, 실제로는 그 아이가 그에게 폭행을 당하고 있었던 것이다. 그런데 이것을 다음과 같이 해석할 수도 있다. 농장에서 일하는 그 남자는 농사를 짓는 정주민이라고 할 수 있다. 정주민은 경계가 있는 땅에 뿌리를 내리고 사는 인간이다. 들뢰즈와 가타리의 개념으로 말하자면, 리좀보다 수목형 구조에 맞는 삶을 사는 인간 유형인 것이다. 그러한 정주적인 삶은 법과 질서를 만들어내는데, 이는 위계적인 가부장질서로 발전한다. 이러한 가부장적인 질서 속에서 유랑극단에 속해 있던 유목민적인 여자아이는 폭력에 시달렸던 것이다. 그런데 그 아이는 '망령' 같은 존재여서 사실은 존재하지 않지만 부재하지도 않는 흔적 같은 존재라고 할 수 있다. 즉 그 아이는 실제 현실에 존재한다기보다는 어른의 내면에서 억압되었지만 기억에서 완전히 사라지지는 않은 존재로, 언제든지 갑자기 불러내질 수 있는 '내' 안의 타자라고 할 수 있다. 따라서 그 아이가 아버지 같은 남자를 살해한 사건은 가부장적이고 정주적인 사회질서에 대한 저항이기도 하지만, 동시에 검열하고 통제하는 '내' 안의 억압기제를 전복시키는 시도라고도 해석할 수 있다. 더 나아가 그것은 '나'의 억압적인 단일한 정체성을 뒤흔드는 타자의 전복 시도이기도 하다.

이처럼 아이의 살인 시도가 단일한 정체성을 뒤흔드는 의미를 지닌다는 것은 뭄바이로 가는 야간열차 여행을 다루는 열두 번째 바퀴에서도 잘 나타난다. 거기서 콧수염을 기른 남자가 '당신'이 일본에서 왔다는 말을 듣고 여권을 보고 싶다고 해서 '당신'은 흔쾌히 여권을 보여준다. "당신은 그 무렵 자기가 여성이며 일본인이라는 정체성에 아무런 의문을 느끼지 않았다."[60] 그런데 그 여권을 펼쳐보는 순간 놀랍게도 거기에는 '당신'의 사진이 존재하지 않았다.

> 거기 붙어 있는 사진의 얼굴은 당신 얼굴이 아니었다. 밤 모양 헤어스타일은 비슷할지 모르지만 남자아이다. 나이는 일곱 살쯤 됐을까. 게다가 거기에 적혀 있는 글씨는 일본어가 아니라, 이제껏 본 적조차 없는 낯선 문자였다.[61]

물론 '당신'의 여권사진에 낯선 남자아이의 얼굴이 있는 것을 이 소설에서 설명되고 있듯이 여권이 뒤바뀐 것이나 호텔직원이 고의로 여권을 바꿔치기한 것으로 설명할 수도 있을 것이다. 하지만 분명 이 소설에는 이러한 설명을 넘어서는 암시들이 나타난다. 여권사진이 뒤바뀐 것을 확인하기에 앞서 열차에서 '당신' 옆 좌석에 "몸집은 아직 만 세 살 정도인데 얼굴 생김새는 어른스럽"[62]게 보이는 아이가 앉아 있음이 언급된다. 이는 어른의 모습 속에 들어 있는 아이의 특성을 상기시킨다.

'당신'이 아이로 변신했다는 증거는 옆자리에 앉아 있던 아이가 오줌을 싸서 '당신'의 엉덩이가 축축해지고, 그 아이를 달래기 위해 사탕을 손에 쥐어준 후 당신도 사탕을 하나 입에 물었다는 언급에서 찾을 수 있다. 여기서 '당신'은 아이처럼 바지에 오줌을 싸고 사탕을 입에 물고 있는데, 이는 은밀히 '당신'이 아이로 변신하

60 같은 책, 129쪽.
61 같은 책, 129-130쪽.
62 같은 책, 128쪽.

고 있음을 보여준다.

'당신도 어린아이였던 적이 있었다'라는 앞의 구절처럼, 모든 사람은 어린 시절을 경험한다. 그러나 여기서 다와다 요코가 말하는 어린아이는 단순히 시기적인 구분과 관련되는 것이 아니다. 오히려 니체가 말하는 의미에서 선악의 피안에서 자아를 잊고 모든 것을 유희적으로, 즉 다양한 시점에서 바라보는 놀이하는 아이는 어른에게도 잠재적인 가능성으로 존재한다. 그러한 잠재력을 실현하며 단일한 자아를 잊고 진리와 도덕의 문제를 시점주의적으로 바라보며 선형적인 시간의 질서에서 벗어날 수 있다면, 누구나 아이-되기를 실현할 수 있는 것이다.[63] 그러한 의미에서 낯선 인도 여행에서 일상적인 시간의 질서에서 빠져나와 '당신'이 '나'를 잊고[64] 갑자기 아이로 변신한 것을 이해할 수 있을 것이다.

또 한 가지 주목할 것은 여권사진에서 '당신'이 일곱 살쯤 된 남자아이로 바뀌었다는 사실이다. 11장에서 열차의 객실에서 '당신'이 만난 아이가 다섯 살 남자아이였고, '당신'이 읽은 추리소설에 등장하는 아이가 일곱 살 여자아이였다고 말한 바 있다. 그런데 여권 속 '당신'은 이 두 아이가 혼합된 형태인 일곱 살 남자아이로 변신한 것이다. 이로 미루어 열한 번째 바퀴에서 등장한 두 아이, 즉 현실 속 아이와 소설 속 아이가 모두 '당신' 안에 숨어 있는 타자로서의 아이임을 짐작할 수 있다. 여기서 또한 현실과 허구가 서로 구

---

63 정항균, 『동물이야기』, 26쪽 참조.

64 왜냐하면 이 여행에서 당신은 손톱깎이를 판 대가로 더 이상 스스로를 '나'라고 부르지 않게 되었기 때문이다.

분되지 않고 뒤섞여 들어가며 '당신'의 정체성을 형성하고 있음을 알 수 있다.

다와다 요코의 소설에서는 숫자가 중요하다. 다와다 요코는 『언어 경찰과 언어놀이사전』에서 첼란의 시를 분석하며 숫자가 지닌 의미를 강조한 바 있다. 그런데 이는 비단 첼란에만 적용되는 것은 아니다. 마찬가지로 다와다 요코의 소설에서도 숫자는 문자텍스트 못지않게 중요한 역할을 한다.

"많은 고대 문화에서 숫자 12는 완전함을 나타내는 숫자였다. 우선 12에는 3과 4가 포함되어 있다. 즉 12는 '신적인 3'과 '속세적인 4'를 동시에 함유하고 있는 숫자인 것이다. 하지만 12는 5와 7의 합이기도 하다."[65] 그 밖에도 유대민족이 총 열두 개의 종족으로 구성되어 있다든지, 예수의 제자가 열두 명이라는 사실에서도 알 수 있듯이, 12라는 숫자는 특히 유대교에서 중요한 의미를 갖는다.[66] 오늘날에 정의를 구현하는 배심원의 숫자가 12인 것도 우연이 아니다. 반면 "서양의 민간에서 숫자 13은 악마의 숫자라는 이름으로 불린다. […] 12는 조화의 숫자, 질서의 진수로 받아들여진다. 그 때문에 13은 방해나 부조화의 숫자로 간주된다. 하나의 경계가 손상당하고 침해받은 것처럼 여겨지기 때문이다."[67]

이러한 맥락에서 애거서 크리스티의 『오리엔트 특급 살인』에서 살해당한 아이의 복수를 하기 위해 열두 명의 사람들이 살인을

65 오토 베츠, 『숫자의 감춰진 비밀』, 배지안/김혜진 옮김, 푸른영토, 2009, 150쪽.
66 같은 책, 153쪽.
67 같은 책, 161-162쪽.

저지른 것을 정의의 구현으로 해석할 수 있을 것이다. 즉 12라는 숫자는 깨진 질서를 복원하고 조화를 가져오는 의미를 갖는 것이다. 이에 반해 다와다 요코의 『용의자의 야간열차』에서 12라는 숫자는 깨진 조화와 질서를 가져오는 기능을 갖기보다는 오히려 그 반대의 기능을 갖는다. 열한 번째 바퀴에서 살인을 저지른 아이들의 나이를 합하면 열두 살이 된다. '당신'이 읽는 추리소설에서 실제로 살인을 저지른 일곱 살 여자아이와 현실의 차원에서 단일한 자아를 살해하는 타자로서 다섯 살 남자아이가 등장하는 것이다. 원래 숫자 5는 모세오경이나 오각형 별 모양의 펜타그램에서 나타나듯이,[68] "충만함과 완성"[69]을 상징한다. 또한 숫자 7도 일곱 개의 행성이나 일주일[70] 등에서 알 수 있듯이 충만함과 완성[71]을 상징한다. 이처럼 충만함과 완성을 표현하는 숫자 5와 7이 합쳐져 12라는 조화와 완성의 숫자를 만들지만, 다와다 요코의 소설에서는 이 숫자가 오히려 조화로운 자아정체성을 해체하고 자아와 타자의 경계를 침범하는 전복적 기능을 갖게 된다.

『오리엔트 특급 살인』에서 라첼이 어린아이를 살해했고 그 복수로 열두 명의 어른들이 라첼을 죽였다면, 다와다 요코의 작품에서는 어린아이가 어른을 살해한다. 또한 그러한 살인이 현실적인 의미에서의 살인이 아니라 단일한 정체성의 파괴, 다시 말해 정신적인 의미에서의 살인이라는 점에서도 두 소설은 차이가 있다. 『용

68 같은 책, 89쪽 참조.

69 같은 책, 506쪽.

70 같은 책, 108쪽 참조.

71 같은 책, 114쪽 참조.

의자의 야간열차』에서 살인은 단일한 정체성을 해체하고 자아와 타자의 경계를 무너뜨리는 탈경계적인 의미를 지니며, 이와 관련해 숫자 12도 더 이상 도덕적인 정의구현을 통한 질서회복보다는 오히려 정체성의 해체의 의미를 갖게 된다. 이처럼 다와다 요코의 『용의자의 야간열차』는 추리소설인 애거서 크리스티의 『오리엔트 특급 살인』을 패러디하고 있는데, 이는 숫자 상징을 통해서 잘 드러난다.

나아가 『용의자의 야간열차』에서는 『오리엔트 특급 살인』과 달리 13이라는 숫자가 특별한 의미를 지닌다. 이 소설에서는 다섯 살 남자아이와 일곱 살 여자아이로 이루어진 '당신'의 정체성과 관련해 12라는 숫자가 의미를 갖고 또한 열두 개의 여행목적지가 등장하지만, '어디에도 없는 마을'로 여행하는 열세 번째 장과 관련해 13이라는 숫자가 중요한 의미를 갖기도 한다.

13이라는 숫자는 12라는 숫자가 지닌 완전성과 조화를 파괴하고 경계를 침범하는 숫자로 고대부터 위험한 숫자로 간주되곤 했다. 그러나 13이라는 숫자의 악마화는 부계사회로의 진입과 더불어 생겨난 것이다. "우리는 모계 문화권에서는 1년을 12달이 아닌 13달로 나누었다는 사실을 알 수 있다. 각각의 달이 28일로 이루어져 있었기 때문이다. 모계 시대에는 월경의 주기가 특히 중요했기 때문에, 심지어는 달의 주기가 신성한 특성을 부여받기도 했다. 따라서 13이라는 숫자를 다름 아닌 밤과 달에 신성하게 봉헌했다는 것도 충분히 가능성이 있는 일이다. 그러다가 가부장제로 이행하는 과정에서 13은 그 지위를 박탈당하게 되었던 것이다. 이때 단순히 지위 박탈에만 그친 것이 아니라, 심지어는 악마의 숫자로 낙인이 찍

히게 되었다. […] 그리하여 12가 고귀한 숫자가 됐고, 12에 바탕을 둔 질서체계가 세계 문화의 근본으로 자리 잡게 됐다."[72]

『용의자의 야간열차』에서는 야간열차가 어두운 밤을 뚫고 달린다는 사실에 주목할 필요가 있다. 또한 이 소설에서 서술자가 기차 안에서 읽는 추리소설에서 일곱 살 된 여자아이가 가부장적인 농경사회를 대변하는, 그녀를 돌봐주었던 아버지 같은 남성을 살해한다는 사실도 눈에 띈다. 이러한 점에서 이 소설에서 13이라는 숫자가 가부장적인 사회질서의 파괴와 달빛[73]이 비치는 어두운 밤의 세계로 대변되는 모계사회와 연결되고 있음을 알 수 있다. 이러한 모계사회는 가부장적인 사회 이전의 원시사회를 가리키기보다는 오히려 그러한 가부장적인 사회의 경계구분과 위계질서가 무너지고 난 후의 해방적인 모계사회를 가리킨다고 할 수 있을 것이다. 그것은 줄리아 크리스테바가 말한, 출생 이전의 아이가 어머니의 자궁에서 어머니와 공생관계를 이루며 무의식의 공간에 있었던 시기와도 연결된다. 물론 그것은 단순히 어머니와의 공생단계로의 회귀

72 같은 책, 162-163쪽.

73 다와다 요코가 합리적인 이성으로 모든 어둠을 밝혀내는 계몽주의적인 해와 대립되는, 명확히 그 정체를 밝혀낼 수 없는 달의 속성에 관심을 가지고 있다는 사실은 그녀의 연극작품 「데지마」에서도 나타난다. 막부시대의 일본에 상인으로 머무르고 있는 네덜란드인 야코부스는 그를 찾아오는 유녀인 후미에게서 일본어를 배운다. 근대 서양사회의 이성을 대변하는 야코부스는 다양한 명칭으로 매번 다르게 불리는 달을 가리키는 일본어를 배우기를 포기한다. "달을 일본어로 무어라고 부르는지 나는 그녀에게 더 이상 묻지 않을 거야. 왜냐하면 매번 다른 대답을 얻기 때문이지. 잘 건조된 네덜란드 배로도 도달할 수 없는 곳을 위해 그렇게 많은 단어가 필요하지는 않아." Y. Tawada, "Dejima", Y. Tawada, *Mein kleiner Zeh war ein Wort*, Tübingen, 2013, 244쪽.

가 아니라 가부장적인 상징질서에서 이탈하여 탈경계적으로 어머니와의 새로운 공생관계로 들어가는 것을 의미한다. 이러한 맥락에서 열세 번째 장에 등장하는 '어디에도 없는 마을'은 정신적 의미에서의 살인을 통해 단일한 정체성을 파괴하고 다양한 변신을 가능하게 하는 생성적인 장소로 나타나며 어머니의 자궁이라는 공간을 연상시킨다.

추리소설에서는 탐정이 범인이 누구인지 추리한다. 그런데 추리소설을 패러디한 다와다 요코의 소설에서는 범인에 대한 추리는 명확히 범인을 밝혀내는 것으로 끝나지 않는다. 오히려 용의자는 막연히 아이들로 추정되지만 그 아이가 정확히 누구인지, 무엇을 의미하는지는 밝혀지지 않는다. 독자는 다와다 요코의 소설을 읽으면서 그러한 추리에 몰두하지만, 그것은 끝내 비밀로 남는다.

다와다 요코는 시학강연집 『변신』에서 컴퓨터 프로그램을 이용해 비밀이라는 단어를 표음문자에서 표의문자인 간지로 전환할 때, 다음과 같은 오류가 발생한다고 말한다. "컴퓨터는 비밀("kakushigoto")이라는 개념도 '쓰다kaku'와 '일하다shigoto'로 잘못 전환한다. 어쩌면 컴퓨터는 이를 통해 내게 글쓰기가 비밀을 만들어낸다고 말하려는 것인지도 모른다."[74] 이로부터 다와다 요코는 자신의 글쓰기가 비밀을 만들어내는 글쓰기임을 간접적으로 밝히고 있다.[75] 『오리엔트 특급 살인』이라는 추리소설에서 탐정이 범인들의 거짓말 뒤에 숨겨진 진실을 찾아내고 살인을 둘러싼 비밀을 남

74 Y. Tawada, *Verwandlungen*, 28쪽.

75 정항균, 「문자의 변신과 제의적 글쓰기」, 111-112쪽 참조.

김없이 밝혀낸다면, 이와 달리 다와다 요코의 『용의자의 야간열차』는 독자에게 살인을 저지른 범인의 흔적을 쫓게 하면서도 여전히 모든 것이 비밀로 남게 만든다. 개념적인 언어로 포착할 수 없고 그리하여 이름을 부를 수 없는 살인 용의자인 아이들은 절대적인 타자로서 용의자로 남게 된다. 그 정체는 영원히 비밀로 남겨진 채 말이다.

이동하는 야간열차로서의 용의자

『용의자의 야간열차』는 기차 안에서 벌어지는 사건과 기차를 타고 내린 각 도시에서 경험한 사건을 서술한 소설이다. 항상 여행 중이라 집을 빈번히 비우는 다와다 요코는 집보다는 기차 안에서 자주 작품을 집필하곤 한다.[76] 그 이유는 일본어로 쓰인 다와다 요코의 어느 단편소설에 등장하는 1인칭 서술자의 말에서 찾을 수 있을지 모른다. "내가 기차 안에 있으면, 나는 늘 왜 기차를 타고 가는지 자문하곤 한다. 내 생각에는 사람이 움직이면 생각이 더 멀리 날아갈 수 있기 때문일 것이다."[77]

76 "탈 것들은 저의 서재, 여행은 집필의 시간입니다. 다만 주변 사람들이 사용하는 것과는 다른 문자를 쓴다는 것이 조건이죠. 자신과 같은 문자를 쓰는 사람들 사이에 머물러 있는 한, 글을 쓰기 위해 서재에 틀어박혀야 하지만 다른 문자를 쓰는 사람들이 살고 있는 나라에 가면 찻집도 열차도 모두 서재가 됩니다. […] 저는 철도여행을 좋아해서 지금까지도 열차 안에서 꽤나 많은 원고를 썼지만 최근에는 열차 안에서 원고를 쓰다 보면 눈이 피곤하고 심할 때는 멀미를 하는 일도 있습니다." 서경식/타와다 요오꼬, 『경계에서 춤추다』, 70쪽.

77 C. Ivanovic & M. Matsunaga, "Tawada von zwei Seiten", 122쪽.

"움직이면 생각이 더 멀리 날아갈 수" 있다는 말은 『용의자의 야간열차』와 관련해서도 중요한 의미를 갖는다. 이 소설의 선행텍스트라고 할 수 있는 애거서 크리스티의 추리소설 『오리엔트 특급 살인』에서 살인사건과 그것에 대한 추리는 기차가 멈춰 있는 상태에서 일어난다. 사건을 추리하는 탐정 푸아로의 생각은 기차의 정지만큼이나 정적인 정주민의 사고다. 그의 추리는 곁가지를 쳐내고 핵심으로 들어가는 방식을 취하며, 참과 거짓을 명확히 구분하는 명증성에 기반을 둔다. 물론 『용의자의 야간열차』에서도 여행이 파업이나 열차사고 등으로 중단되기도 한다. 하지만 다와다 요코는 오히려 이러한 움직임이 중단되는 순간을 또 다른 맥락에서 중요시하는데, 그 이유는 "목적으로부터 단절된 정지상태에 던져져 어쩔 줄 몰라 하며 주변을 둘러보다 거기서 같은 운명에 빠진 다른 사람들을 발견"하며 "낯선 이들끼리 이야기를 시작"하게 되기 때문이다.[78] 즉 그러한 여행 중단의 순간은 어떤 낯선 타자와의 만남의 계기가 되는 것이다.

『용의자의 야간열차』에 등장하는 '당신'은 안정된 '나'의 자리를 빼앗긴 채 기차를 타고 여행하는 유목적인 인물이다. 재일교포 학자인 서경식과의 서신교환집에서 다와다 요코는 이렇게 말한다. "철도에 의한 이동은 육체의 이동입니다. 손가락으로 자판을 누르는 것이 아니라 온몸을 수천 킬로미터나 옮겨놓는 것이죠."[79] 이러한 신체의 이동은 단순한 공간적 이동을 의미하는 것이 아니라 끊

---

78 서경식/타와다 요오꼬, 『경계에서 춤추다』, 76쪽.

79 같은 책, 75쪽.

임없는 신체의 변신을 가져오며 자신 속의 낯선 타자를 경험하게 한다. 또한 차창에 비친 자연풍경이 그러하듯이, 이동 중에 이루어지는 대상의 인식은 결코 확실한 상을 제공할 수 없다. 나아가 이동하는 인식의 주체 스스로 유동성의 소용돌이에 빠져 해체되고 만다. 그러한 해체로서의 자아의 죽음, 즉 살인의 용의자는 다름 아닌 자기 자신이다. 하지만 그러한 자신은 결코 단일한 정체성을 지닌 자아가 아니라 열려 있는 다원적 자아이므로 최종적인 범인은 명확히 규정될 수 없다. 따라서 범인은 끝까지 밝혀질 수 없고 단지 무수히 많은 용의자만이 언급될 수 있을 뿐이며, 그러한 용의자는 무의식이 펼쳐지는 밤에 달리는 유동적인 야간열차인 것이다.

4 위험사회와 생태문학
『헌등사』

희생자로 묘사되는 일본에 대한 비판적 성찰과 대안 모색

독일에서 유학하던 시절에 히로시마 원자폭탄 투하와 관련된 독일 방송을 보면서 한국인으로서 불편한 감정을 느끼곤 했다. 독일방송에 비친 일본은 핵전쟁의 피해자로만 비춰졌기 때문이었다. 환경운동으로 유명한 독일이 독일 내 원자력발전소의 가동에 반대하며 잦은 시위를 하는 것을 봐왔기 때문에, 원자폭탄 투하에 다른 나라보다 더 민감한 것은 이해가 갔지만 2차대전의 가해국인 일본의 역사적 상황에 대한 무지는 이해할 수 없었다.

이러한 개인적 경험 때문인지 독일에서 활동하는 일본인 작가 다와다 요코가 함부르크 시학강연에서 독일의 이러한 태도를 푸치니의 〈나비부인〉과 연관시켜 강하게 비판한 것은 매우 인상적이었다. 〈나비부인〉에서 미국인 소위 핑커톤은 게이샤인 초초상과 결혼하지만 그녀를 떠나 미국으로 가서 다른 여자와 다시 결혼한다. 하지만 초초상은 떠나간 남편이 돌아오기만을 기다리다가 그가 결혼했다는 소식을 듣고 자살한다. 이 오페라에서 미국인 핑커톤과 일본인 초초상은 절대적인 선악구도의 틀 속에서 등장한다. 유럽인이었던 푸치니가 미국인과 자신을 구분하며 그를 절대악으로 묘사하는 데는 심리적 어려움이 크지 않았을 것으로 추정할 수 있다. 다와다 요코는 마찬가지로 오늘날 독일이 2차대전 중의 원자폭탄 투하와 관련해 미국과 일본을 각각 가해자와 피해자로 바라보는 것을 푸치니의 오페라에서 나비부인의 신화를 만들어낸 것과 유사한 시선이 투영된 것으로 간주한다.[1]

미국에 대한 유럽인의 이러한 비판은 중국과 한국에서 역사적 만행을 저질렀던 일본의 범죄를 간과한 채 일본을 원폭사건의 단순한 희생자로 묘사하는 일본의 입장을 반영한다. 심지어 이러한 입장은 현재 진행형이다. 다와다 요코는 베를린에서 열린 원전반대 시위에서 '후쿠시마로부터 배우라'라는 시위자들의 목소리에서 일본에 대한 아무런 비판을 찾아볼 수 없었음을 지적한다. "시위자들은 일본 정부나 나쁜 정치가들을 선출했으며 아무런 감시도 하지 않았던 일본인들에 대한 어떤 비난도 하지 않았다. 그들은 항상 후쿠시마의 주민들에 대한 동정만을 반복해서 표명한다. 그래서 나는 심지어 모든 일본인을 나비부인으로 내세우며 동정심에 한껏 빠져 있을 수도 있었을 것이다."[2] 다와다 요코는 일본에 대한 유럽의 잘못된 시선을 지적하고 자신의 역사에 대해 제대로 교육하지 않는 일본을 비판하면서, 후쿠시마 원자력발전소의 방사능 유출로 인해

1 〈나비부인〉에 관한 다와다 요코의 해석은 다음을 참조하시오. Y. Tawada, "Hamburger Poetikvorlesungen", 113-119쪽.

2 같은 책, 120쪽.

심각한 피해를 입고 있는 이웃국가 한국을 언급한다. 그러면서 일본의 잘못으로 죄 없이 같이 대가를 치르고 있는 한국에 대한 미안함과 일본과 달리 세계와 더 적극적으로 소통하며 개방적인 정책을 펴는 한국에 대한 칭찬을 곁들인다.[3]

이처럼 다와다 요코가 일본의 역사왜곡 및 일본에 대한 유럽의 잘못된 시선을 비판적으로 바라볼 수 있었던 것은 그녀가 세계와 소통하며 다양한 시점을 자신의 것으로 만들었기 때문이다. 반대로 낯선 문화와 언어를 배격하고 쇄국정책을 취하는 일본의 배타주의야말로 후쿠시마 원전사고를 유발하고도 그것을 은폐하려 하는 현재의 일본을 낳은 진정한 원인일 것이다. 다와다 요코는 자신의 소설 『헌등사献灯使』[4]에서 방사능 유출로 일본에서 발생한 심각한 환경오염과 미래의 생존위기를 다룬다. 일본의 미래 사회를 디스토피아로 그려낸 이 소설에서 그녀는 과연 이러한 상황을 발

---

3 같은 곳 참조.

4 '헌등사(켄토시)'는 일본이 당나라의 선진문물을 배우기 위해 당나라에 파견한 사절을 일컫는 말이다. "630년 이누가미노 미다스키가 최초로 바다를 건넌 후 894년 스가와라노 미치자네의 건의로 중단될 때까지 견당사는 15회 파견되었다. 나라 시대에는 20여 년에 한 번꼴로 파견되었다. 학승과 유학생을 포함해 총 250여 명이 배 4척에 나누어 타고 바다를 건넜다. 당시는 항해술이 미숙해 조난이 끊이지 않았다. 목숨을 건 여행이었다. 그래도 약 250년간 계속된 견당사는 일본의 국가제도 발전과 원정기 문화 발달에 큰 공헌을 했다." 카와이 아츠시, 『하룻밤에 읽는 일본사』, 원지연 옮김, 알에이치코리아, 2018, 93쪽.
다와다 요코는 다른 나라를 침략하지 않고 문화적 교류를 장려했을 때 국제적인 관계가 긍정적인 방향으로 진행될 수 있음을 견당사 파견의 예에서 찾고 있다. 이 소설에 등장하는 비밀모임이 '헌등사'라는 이름을 갖고 있는 것도 일본의 쇄국정책에 반대하며 국제적 교류와 협력을 통해서만 세계화 시대의 다양한 위험을 해결할 수 있다는 그녀의 생각과 관련이 있다.

생시킨 원인이 무엇이며 이러한 상황을 예방하기 위해 어떻게 행동해야 하는지 그 해결책을 도모한다. 그리고 그 해답을 바로 쇄국정책을 극복하고 다양성을 인정하는 개방적인 태도에서 찾고 있다. "배는 무기로 사용될 수 있지만, 그 때문에 배에 두려움을 갖는다면 우스꽝스러울 것이다."[5] 비록 배는 제국주의적 침략의 수단이 되어 외세의 지배를 낳기도 했지만, 그로 인해 쇄국정책을 추구하고 세계로부터 고립되려고 한다면 이는 결코 문제의 진정한 해결책이 되지 못할 것이다. 오히려 배를 타고 바다 너머와 교류하며 상호문화적인 협력을 추구할 때, 위험사회를 예방할 수 있을 뿐만 아니라 이미 발생한 문제를 극복해나갈 수 있을 것이다.

세계위험사회

울리히 벡은 운명적인 전근대적 위험과 예측 및 통제 가능성과 연관된 근대적 위험을 서로 구분한다. 전근대사회에서 사람들은 여러 가지 위험에 노출되었지만, 그것을 피할 수 없는 운명으로 받아들였다. 반면 근대 이후 사람들은 그러한 위험을 점차 예측하고 계산하며 통제할 수 있는 것으로 간주하기 시작한다. 그런데 이러한 위험은 인간에게 그저 외부로부터 주어진 것이라기보다는 오히려 인간 스스로 여러 가지 모험과 계발을 통해 초래한 것이라는 점에서도 이전의 위험과 구분된다. 근대사회는 진보에 대한 믿음으로 무분별한 개발을 통해 다양한 위험을 초래했지만, 자신이 만들어낸

5 Y. Tawada, "Hamburger Poetikvorlesungen", 119쪽.

위험을 비단 예측하는 것을 넘어서 통제할 수 있다고 믿었다. 하지만 오늘날 위험을 예측하고 통제할 수 있다는 근대사회의 확신은 점점 흔들리고 있다.[6] 복잡하게 얽혀 있는 현대사회에서 생겨나는 다양한 위험은 울리히 벡에 따르면 결코 한 국가만의 문제도 아니고, 한 국가의 노력만으로는 해결하기도 힘들며, 국제적인 협력과 공조가 절실히 필요하다.[7]

나와다 요코의 소설 『헌등사』는 이러한 세계위험사회[8]를 디스토피아적인 미래의 모습으로 그려낸다. 물론 그 배경에는 일본의 후쿠시마 원전사고라는 역사적 사실이 깔려 있다. 이 소설에서 후쿠시마 원전사고가 직접 언급되는 것은 아니지만, 원전사고를 통한 토지오염을 비롯해 환경파괴의 다양한 양상이 나타나고 있다. 대지와 바다는 오염되어 고기나 생선을 먹을 수 없고, 8월에 눈이 온다든지 더웠다가 갑자기 추워지는 등 기후변화 역시 심각한 양상을 띤다. 풀밭이 오염되어 아이들은 밖으로 나가서 놀거나 소풍을 갈 수도 없으며, 대부분의 시간을 집에 갇혀 보내야 한다.

『헌등사』에서는 특히 환경파괴와 이로 인한 인간의 생존 위협

6 Ulrich Beck, *Weltrisikogesellschaft*, Frankfurt a.M., 2015, 24-28쪽 참조.

7 같은 책, 42쪽: "위험은 분열시키고 배제하고 낙인찍는다. 그렇게 하여 지각과 소통의 새로운 경계들이 형성된다. 하지만 동시에 처음으로 공중적인 영향을 받는 문제들을 탈경계적으로 해결하려는 노력도 생겨난다."

8 같은 책, 39쪽 이하: "위험사회는 정확히는 결정에 따른 부작용과 위험들의 통제 가능성이라는 근대를 주도하는 이념이 의문스럽게 된 상황을 의미한다. [⋯] 동시에 세계위험사회는 "사해동포적인 특성"을 방출한다. 세계적인 위험은 우리로 하여금 외관상 배제된 타자들과 대면하게 한다. 그것은 국가적 경계를 허물며 자국민과 이방인을 뒤섞는다. 멀리 떨어진 타자는 내부의 타자가 되는데, 이는 이주의 결과가 아니라, 세계적인 위험의 결과다."

이 요시로라는 작가와 그의 증손자인 무메이를 통해 서술되고 있다. 이 작품에서 묘사된 일본 사회는 전형적인 고령사회로 70대 후반의 노인은 '젊은 노인'으로 불리고, 90세 노인마저 '중년의 노인'으로 불리며 여전히 사회활동을 한다. 이처럼 노인들이 활발하게 사회활동을 하며 중추적인 역할을 하는 반면, 아이들의 건강은 심각히 훼손된 상태다.[9] 무메이는 몇 발자국 걷는 것도 힘들어 겨우 학교에 가며, 음식도 제대로 소화하지 못해 식사 자체가 위험한 상태에 있다. 아이들의 90퍼센트가 조금이라도 병이 있기 때문에, 육체노동은 노인만이 할 수 있는 것으로 간주된다. 이러한 현격한 신체적 차이 때문에 무메이는 자신과 증조할아버지인 요시로가 같은 종의 사람인가라는 생각까지 한다. 그래서 요시로는 칼슘을 제대로 섭취하지 못한 무메이 세대의 아이들과 그 이후의 세대들이 뼈가 없는 문어 같은 연체동물로 퇴화하지 않을까 하는 우려마저 갖는다. 나중에 열다섯 살이 된 무메이는 몇 걸음 걷는 것마저 힘들어 휠체어에 의지하게 된다.

지구상에서 비단 인간의 생존만이 위협받는 것은 아니다. 동물 역시 일본에서는 거의 사라진 상태다.

9 남상욱은 이 소설에서 다와다 요코가 방사능오염으로 인한 유전자 변형으로 노인들은 오래 살고 아이들은 병들어 일찍 죽는 것으로 설정한 이유를 언어적 변동을 가시화하려는 목적에서 찾고 있다. 즉 방사능 유출 사고 이전의 다양한 외래어 사용과 그 이후의 외래어 사용의 엄격한 금지를 대조하기 위해서는 사고 이전의 언어사용을 자세히 기억할 수 있는 노인들의 존재가 필요한데, 이러한 이유에서 노인들의 기이한 장수 현상이 설명될 수 있다는 것이다. 남상욱, 「디스토피아의 언어세계: 다와다 요코의 「불사의 섬」과 『헌등사』를 중심으로」, 『비교문화연구』 51집(2018), 228쪽.

> 우리는 언제부터 대여할 수 있는 개와 죽은 고양이 외에 다른 동물을 더 이상 볼 수 없게 되었다는 사실에 무감각하게 되었던가? 어떤 집단에서 토끼 협회를 창립해서 몰래 토끼를 사육하고 있다는 소문이 있기는 하지만, 요시로는 이 집단에 속해 있는 사람을 한 명도 알지 못했고 그래서 무메이에게 토끼 한 마리조차 보여줄 수 없었다.[10]

요시로는 조깅할 때 같이 뛸 수 있는 개를 대여하지만, 그 개가 너무 잘 조련되어 있고 지나치게 모범적이어서 오히려 거부감을 느껴 더는 개를 대여하지 않는다. 일본 사회에서 사람들이 유일하게 접할 수 있는 동물인 개는 이제 자신의 동물적인 속성, 즉 야생성을 완전히 잃어버린 채 인간적인 규율에 완전히 종속된 모습을 보인다. 요시로는 동물 그림책을 즐겨보는 무메이가 나중에 야생동물을 관찰하며 그에 관한 책을 쓰는 유명한 작가가 되기를 소망한다. 하지만 그러한 야생동물은 존재하지 않을 뿐만 아니라, 나아가 신체적인 활력이 부족한 무메이가 그러한 활동을 할 수 있을지조차 의문이다. 따라서 이 소설에서 묘사된 야생동물의 소멸은 비단 인간 외의 종으로서의 동물의 멸종을 의미할 뿐만 아니라 동시에 인간의 동물적인 속성, 즉 신체성의 소멸위기를 의미하기도 한다.

방사능 오염으로 인한 환경파괴와 생명체의 생존위기는 일본 사회 전반에 걸친 커다란 변화와 가치의 전도를 가져온다. 인간의 삶을 더 편리하고 안락하게 만들기 위해 추구해온 기술개발과 산

10 Y. Tawada, *Sendbo-o-te*, Tübingen, 2018, 41쪽.

업화는 원전사고로 인해 인간의 생명 자체가 위협받으면서 급속도로 후퇴한다. 그래서 일본 사회는 농경사회로 회귀하는 모습을 보이며 산업시설은 거의 자취를 감추고 만다. "가전제품은 전류가 신경장애, 사지 마비, 수면장애를 불러일으킨다는 사실이 밝혀지자 평판이 나빠졌다. 시에서는 이를 '떨림-병'이라고만 불렀다."[11] 그래서 "가전제품으로부터 광범위하게 해방된 진전된 라이프스타일"[12]이 모범으로 간주되었다.

나아가 인간의 가치척도 역시 근본적인 변화를 겪는다. 이러한 가치변화는 이전에 있던 기념일이 다 사라지고 새로운 기념일이 생기는 데서 쉽게 확인할 수 있다. 가령 "'노인공경의 날'과 '어린이날'은 '노인이여, 진격하라'의 날과 '어린이에 대한 사죄의 날'로 바뀌었다. […] 그리고 기꺼이 일하고 싶었지만 그럴 능력이 없었던 사람들의 기분이 상하지 않도록 하기 위해, 노동절을 '사는 것으로 충분하다'의 날로 바꾸었다."[13] 노인은 이제 공경의 대상이 아니며, 아이들의 질병에 책임을 지고 사죄해야 하는 입장에 처한다. 노동도 더 이상 공개적으로 미덕으로 내세워지지 않으며 생존이 최고의 가치가 된다.

변덕스러운 날씨만큼이나 혼란에 빠진 기존의 가치체계와 풍습은 확신에 찬 사람보다는 자신의 불확실함을 숨기지 않는 사람을 더 진실성이 있는 사람으로 간주하게 만든다. 그 때문에 무메이

11 같은 책, 71쪽.

12 같은 책, 73쪽.

13 같은 책, 62-63쪽.

의 선생인 요나타니는 자신의 소임을 다음과 같이 이해한다.

> 따라서 불확실한 채 탐색하며 자신의 길을 가고, 그 과정에서 만나게 되는 것들에 대해 생각하고 자신의 의심을 말로 표현하고 학생들에게 전달하는 것 말고 그가 할 일이 무엇이 있겠는가![14]

현대의 위험사회에서 위험은 결코 완전히 예측될 수 없으며 통제될 수도 없다. 모든 것을 계산하고 예측하며 통제할 수 있다는 근대적 믿음은 허구로 밝혀진다. 그리고 이러한 위기 상황은 기존의 가치에 대한 성찰과 인간의 오만함에 대한 반성을 낳으며 가치의 전환을 낳는다. 다와다 요코가 이 소설에서 요구하는 것은 바로 이러한 비판적 성찰이다.

쇄국정책과 통제사회

앞의 절에서 『헌등사』에 묘사된 방사능오염에 의한 환경파괴와 국민의 건강위협이라는 위기 상황을 다루었다면, 이 절에서는 이러한 위기 상황에 대한 일본의 대처 방식과 이에 대한 작가의 비판을 살펴보고자 한다.

일본이 방사능 유출로 인한 환경오염에 대처하는 방식은 쇄국정책이다. 요시로는 증손자 무메이에게 일본이 세계로부터 차단되어 있다며 위험 상황에 대처하는 일본의 쇄국정책을 이렇게 설명

14 같은 책, 169쪽.

한다. "나라마다 큰 문제가 있는 법이지. 어떤 문제가 전 세계로 확산하지 않도록, 여러 나라의 다양한 문제를 개별국가 내에서 각각 해결하도록 결정했단다."[15] 일본 정부는 이를 실행하기 위한 구체적인 방안으로 공항으로 가는 기차운행을 중단했으며 공항 자체를 사실상 폐쇄한 상태다.

그런데 이러한 쇄국정책은 단순히 교통수단 같은 구체적인 물질적 현실에 국한되지 않는다. 낯선 세계와 문화에 대한 동경을 차단하기 위해 그것은 언어정책의 형태로 나타나기도 한다. 그래서 외국도시 이름을 입에 담거나 외래어를 사용하는 사람은 언제든지 처벌받을 수 있다. 물론 그렇게 한다고 직접 처벌받은 사람은 아직까지 알려져 있지 않지만, 사람들은 그러한 말을 할 때 각별히 조심하고 상대방의 눈치를 살핀다. "적용되지 않는 법보다 더 끔찍한 것은 없다. 누군가를 감옥에 집어넣고 싶으면, 지금까지 모두 별 걱정 없이 어겼던 법을 끄집어내기만 하면 된다."[16] 누구나 자신도 의식하지 못한 채 실수로라도 외래어를 사용하곤 하는데, 그 때문에 악의를 지닌 상대방이 이를 고발할 수 있다는 위험에 늘 노출되어 있다. 이는 필연적으로 자기검열을 낳는다.

이러한 사회가 통제사회일 수밖에 없다는 것은 쉽게 짐작할 수 있다. 요시로는 무메이에게 여러 외래어단어를 가르쳐주면서 역설적으로 그러한 단어사용의 위험성을 지적하며 밖에서 그 말들을 사용해서는 안 된다고 주의를 준다. 작가인 요시로는 이전에 쓴 역

15 같은 책, 60쪽 이하.

16 같은 책, 45쪽.

사소설에 외국이름이 너무 많이 나와 자기검열을 하며 책을 땅에 묻어버린 적도 있다. 또한 그는 심지어 상상 속에서 공항을 묘사하는 것조차 스스로 금지한다. 이러한 자기검열은 결코 근거 없는 과잉반응이 아니라, 배타적인 쇄국정책을 추구하는 일본 사회의 폐쇄성에서 비롯된 것이다. 그것은 자아와 타자를 명확히 구분하며 순수혈통을 주장하는 이데올로기를 낳는다. 심지어 이러한 순혈주의는 동물사육에까지 영향을 미쳐 순수혈통을 지닌 개만 살아남기도 한다. 외부적인 배타주의, 은밀한 인종차별주의는 내부적인 검열 및 통제와 긴밀히 연결되어 있다. "요시로가 정치 면을 훑어보면, 규제, 규범, 순응, 조치, 조사, 신중함 등의 말이 눈에 들어왔다."[17]

요시로는 언젠가 이러한 일본의 쇄국정책을 비판하는 글을 신문에 실으려 했지만, 신문사에서 이를 실어주지 않는다. 그는 에도시대를 모델로 쇄국정책을 정당화하는 국가의 허위전략을 비판하며, 에도시대의 일본이 사실은 중국이나 네덜란드와 긴밀한 관계를 맺으며 기술적으로나 문화적으로 크게 발전할 수 있었음을 강조한다.[18] 그러나 이러한 내용의 기사는 신문사의 검열로 실리지 못한다. 그래서 그는 이전에 자신이 책을 출판했던 출판사에 일본의 국

17 같은 책, 60쪽.

18 "본래 '쇄국'이라는 말은 잘못되었다. 이 제도가 완성된 3대 쇼군 이에미츠의 시대에는 쇄국이라는 말이 없었다. 이 말은 1801년 시즈키 다다오가 캠벨의 〈일본지〉를 번역할 때 처음 사용했다. 이 말이 생기면서 사람들은 일본이 외국과 일절 교류하지 않고 나라의 문을 닫았다고 생각하게 되었다. 그러나 그것은 오해였다. 에도 바쿠후는 국제교류를 활발하게 추진하고 무역까지 했다. 네덜란드, 중국, 조선, 류큐가 교역 대상국이었다." 카와이 아츠시, 『하룻밤에 읽는 일본사』, 247쪽.

수주의를 희화하는 아동용 도서를 출판하려 하지만 이마저 거절당한다. 이처럼 일본 사회는 철저히 고립주의 노선을 추구하며 이에 반대하는 의견을 탄압하고 검열하는 통제사회의 모습을 보여준다. 일본의 지식인들은 정부가 원전사태의 해결을 위해 쇄국정책을 추진하는 것을 속으로는 반대하면서도 겉으로는 찬성하는 위선적이고 나약한 모습을 보인다. 그래서 요시로는 자신의 세대가 정치에 무관심하고 정부에 비판의 목소리를 내지 못하며 증손자 세대에게 악몽 같은 유산을 물려준 것에 깊은 회한과 속죄의 마음을 갖고 있는 것이다.

그러나 이러한 대외적인 쇄국정책과 대내적인 사회통제가 결코 완벽할 수 없다는 것은 일본인들의 언어사용의 예에서 명확하게 드러난다. 사람들은 항상 불안한 마음은 갖고 있지만 여전히 습관적으로 외래어를 사용하곤 한다. 원래 화가가 되고 싶었던 한 제빵사는 사람들이 자신의 그림을 먼 나라의 풍경으로 간주하곤 해서 할 수 없이 가업을 이어 제빵사가 되었다고 말한다. 그래서 빵을 굽고 있는데, 빵이 유럽에서 건너온 것이지만 그 정도는 봐줄 수 있지 않겠냐고 말한다. 또한 그는 자신이 굽는 빵을 가리키며 이렇게 말하기도 한다.

> "이 빵은 이전에는 실제로 자만브레도, 즉 독일빵이라고 불렸지요. 오늘날은 그것의 진짜 이름을 부르며 사누키 빵이라고 한답니다. 비록 빵이라는 말도 포르투갈어라는 외래어이기는 하지만요."[19]

19 Y. Tawada, *Sendbo-o-te*, 22쪽.

따라서 외국에서 넘어온 빵이라는 음식을 먹는 이상, 아무리 빵과 관련된 외래어나 외국지명을 피하려 해도 결국 그것은 한계에 부딪힐 수밖에 없다. 빵이라는 말 자체가 그러한 외래어 금지정책의 모순과 한계를 극명하게 보여주는 예인 것이다. 또한 요시로는 "빵이라는 말이 외국이 존재한다는 사실을 상기시켜준다"며 "빵에는 어떤 꿈이 숨어 있다"고 말한다.[20] 비록 일본국민들이 정부의 검열과 통제로 외래어 사용을 자제하거나 그것을 사용할 때 자기검열을 할지라도, 그렇게 억압된 것은 무의식적으로 다시 튀어나와 사용되며 낯설고 이질적인 것에 대한 인간의 숨은 욕망을 드러낸다.

생태문학과 혼종성

무메이의 담임선생님인 요나타니는 아이들에게 세계지도를 보여준다. 그는 원래 일본열도가 대륙에 붙어 있는 반도였다며, 간접적으로 대륙으로부터의 봉쇄정책을 펴는 일본 정책의 문제점을 암시한다. 더욱이 일본이 오늘날의 상태가 된 것이 단순히 태평양 아래의 대륙판의 이동과 이로 인한 지진과 츠나미 같은 자연재해에만 원인이 있는 것이 아니라고 말함으로써 그는 현재의 위기상태에 대한 일본 정부의 책임을 강조하기도 한다.

인간은 자연을 단순히 대상으로만 간주하고 개발목적으로 착취하면서 오히려 자신의 생활터전을 위협하는 역설적 상황에 빠진

20 같은 곳.

다. 다와다 요코는 『헌등사』에서 생명을 단순히 개별생명체와만 연관시키는 생각에서 벗어나 생태철학의 관점에서 생명을 바라본다. 이는 특히 무메이가 세계지도를 자신의 몸과 연관시키며 바라보는 장면에서 잘 드러난다.

> 내 폐는 고비사막이다. 바로 그 옆의 손바닥은 유럽이다. 아프리카는 상체는 육중하지만 엉덩이는 조그만하다. 그것은 한 다리로 서 있는 댄서다. 내 목은 아프리카와 유럽을 연결하고, 자신을 베베 꼬며 부풀어오른 갑상선과 편도로 크게 외친다. "뭔가 좀 해보란 말야!" 내 배는 오스트레일리아이며 주머니다.[21]

무메이가 자신의 신체를 세계지도처럼 읽어내듯이,[22] 반대로 세계를 인간의 신체로 읽어낼 수도 있다. 이 말은 지구가 단순히 인간을 비롯한 생명체가 거주하는 장소에 그치는 것이 아니라, 그 자체로 포괄적인 의미에서 생명체의 지위를 갖고 있음을 의미한다. 또한 요나타니 선생님은 "같은 지구본이라도 다르게 나누면, 다른 세계지도가 생겨난단다"[23]라는 말로 지구가 결코 하나의 지도에서처럼 질서정연하게 구획된 장소가 아니라 다양한 얼굴을 지니며

---

21 같은 책, 174쪽 이하.

22 그러나 다른 한편 세계지도가 지구본을 어떻게 나누느냐에 따라 다른 모습이 될 수 있듯이, 세계지도가 결코 신체를 정확히 모사하는 것이 아님을 무메이는 깨닫는다. 그러한 인식 후 그의 살과 뼈가 물방울로 해체되는 환상적 경험을 하는데, 이로써 인체의 80퍼센트를 차지하는 물처럼 신체적인 인간도 명확한 정체성을 지니지 않는 유동적인 존재임이 드러난다.

23 같은 책, 175쪽.

변화하는 생명적 속성을 지니고 있음을 암시한다. 장회익은 개별적인 생명을 가리키는 낱생명과 그러한 개별 생명의 생존을 가능하게 하는 조건을 가리키는 보생명을 포괄하는, 생명현상을 만들고 유지하는 일종의 연결망 체계 전체를 온생명[24]이라는 개념으로 부른다. 온생명은 결국 좁은 의미에서의 생명체가 공기, 흙, 물, 음식 등 다른 물질적 요소들과 분리되어 생존할 수 없음을 의미한다. 그 때문에 생명은 보다 넓은 생태학적인 관점에서 바라보아야 하며, 결코 생명체와 사물을 이분법적으로 구분하는 근대적인 관점에서 바라보아서는 안 된다.[25] 이러한 맥락에서 앞의 인용문은 다와다 요코가 생태학적 관점을 환경오염이나 기후변화 같은 위기에 대처하기 위한 근본적인 출발점으로 간주하고 있음을 보여준다.

무메이를 비롯한 아이들은 요나타니 선생님이 세계지도를 보여주자 열광하는데, 여기서 특히 바다 너머 세계에 대한 그들의 동경이 잘 드러난다. 앞 절에서 설명했듯이 일본 사회는 폐쇄적인 고립정책을 통해 대륙과의 연결을 차단하고 대륙 국가들을 증오하는 모습을 보인다. 하지만 아이들은 바다 너머 세계에 대한 호기심을 가지고 있으며, 이는 바로 위의 세계지도를 보여주는 장면에서 잘

---

24 장회익은 온생명을 다음과 같이 정의하기도 한다. "그러므로 생명의 진정한 모습은 서로 간에 긴밀한 연결망을 이루면서 그 안에 '생명현상'을 이루어낼 이 전체 체계를 하나의 실체로 파악할 때 비로소 나타나는 것이다. 이것이 곧 생명현상이 자족적으로 유지되기 위해 필요한 모든 것을 갖춘 기본 단위에 해당하는 것이며, 이를 필자는 우리가 기왕에 지녔던 생명 개념과 구분해 '온생명'이라 불러 오고 있다." 장회익, 『물질, 생명, 인간: 그 통합적 이해의 가능성』, 돌베개, 2014, 85-86쪽.

25 같은 책, 86-87쪽.

드러난다. 일본의 국수주의나 쇄국정책에 비판적인 요시로마저 여행할 엄두를 못 내며 "여행에 대한 생각만으로도 이미 피로해진"[26] 반면에, 아이들은 허약한 신체에도 불구하고 여전히 그러한 여행을 꿈꾸고 동경하는 것이다. 나중에 요나타니 선생님이 일본아이들의 질병데이터를 제공하여 전 세계에 도움을 주기 위한 사절로 무메이를 선발하여 인도로 가주기를 부탁할 때, 무메이는 한 치의 망설임도 없이 이를 수락한다.

대학생 때 요시로는 독일에서 온 한 여학생이 일본에는 거미나 까마귀밖에 없다는 비판적 코멘트를 했을 때 눈이 번쩍 뜨이는 느낌이 들었다고 말한다. 그 여학생은 원전사고 이전부터 외국에 문을 걸어 잠그며 문화적 교류를 소홀히 해온 일본 사회의 문제점을 낯선 외국인의 시선으로 드러내준 것이다. 울리히 벡은 전 세계가 서로 연결되어 있는 현대사회에서 금융위기, 환경문제, 테러리즘 같은 현상을 결코 한 국가 내에서 해결할 수 없다며, 이러한 문제들에 대한 국제적인 협력과 대처 방식의 필요성을 역설한다.[27] 다와다 요코도 이 소설에서 방사능오염으로 인한 국내의 위기 상황을 타파하기 위해 국제적인 교류와 협력이 요구됨을 강조한다. 이 소설에서는 '헌등사 모임'이라는 비밀 점조직이 등장하는데, 이 조직은 일본 정부의 쇄국정책에 맞서 다른 나라와 교류하며 일본 아이들의 건강상태가 얼마나 심각한지를 해외에 알리고 전 세계에 질병데이터를 제공해 도움을 주려고 한다. 무메이는 이러한 목적을

26 Y. Tawada, *Sendbo-o-te*, 82쪽.

27 U. Beck, *Weltrisikogesellschaft*, 37-42쪽 참조.

위해 요코하마 항구에서 몰래 배를 타고 인도로 떠나는 사명을 맡은 것이다.

어떤 공식적인 회합도 협회지도 없는, 시코쿠라는 작은 섬의 여든 여덟 곳에 소위 '본부'들이 흩어져 있는 '헌등사 모임'에는 무메이의 증조할머니인 마리카와 요나타니 선생님도 소속되어 있다. 요시로의 아내이기도 한 마리카는 남편을 시위현장에서 알게 된다. 그 후 요시로와 결혼한 그녀는 아이를 낳고 나서 집에 갇혀 있기보다는 '유모차부대'의 어머니들처럼 유모차를 끌고 카페에 가서 신문도 보고 다른 젊은 여성들과 대화도 나눈다. 책 집필에만 몰두하며 가정을 잊고 사는 남편은 나중에 아내의 그러한 모습을 보고 놀라지만, 결국 집을 나가 부모 없이 사는 아이들을 위한 시설을 운영하는 마리카와 떨어져 사는 것을 받아들인다. 마리카는 가부장적인 질서 속에서 여성들을 학대하고 가족 구성원 간의 억압을 지속해 온 전통적인 가족질서와 집으로부터 해방되기를 갈망했던 것이다. 물론 요시로의 딸과 손자도 모두 일찍 집을 떠나 살면서 전통적인 가족공동체가 해체되는 위기 상황을 보여주기도 하지만, 다른 한편 마리카가 자기 혈통이 아닌 아이들을 책임감 있게 돌보는 모습이나 마찬가지로 요시로가 자신의 혈육인지 아닌지 알 수 없는 무메이를 사랑으로 돌보는 모습은 가족 개념에 대한 새로운 이해를 촉구하기도 한다. 이로써 가족은 지금까지의 협소한 개념적 울타리를 벗어나는데, 바로 그러한 생각의 선봉에 서 있는 마리카가 '헌등사 모임' 소속인 것은 우연이 아니다.

인도로 떠나는 어린이 사절을 선발하는 임무를 맡은 마리카는 무메이가 이에 적임자임을 인식하면서도 차마 그를 자기 손으로 선발하지 못한다. 그 대신 무메이를 선발한 인물이 바로 그의 담임 선생님인 요나타니다. 그는 일본인처럼 보이지만 사실은 조너선이라는 이름의 외국인 아버지를 두고 있다. 요나타니의 아버지가 결혼 후 사라지고 나서 그의 어머니는 당국의 의심을 받지 않기 위해 조너선이라는 성을 일본식으로 바꾼다. 이처럼 혼혈의 요나타니가 헌등사 모임 소속으로 무메이의 선발에 관여한 것 역시 외국으로의 개방을 촉구하는 헌등사 모임이 지닌 경계 초월적 특성을 잘 보여준다.

무메이를 비롯한 아이들은 쇄국을 추구하는 정부의 정책에도 불구하고 여전히 바다 건너 낯선 나라와 그들의 문화에 대한 호기심과 모험심을 갖고 있다. 비록 아이들이 신체적으로 허약하고 질병에 시달리며 고통받을지라도, 이들은 결코 이전 세대처럼 자기연민에 빠지거나 나약해지지 않는다. 오히려 아이들은 서로에게 달려들어 넘어뜨리는 일종의 격투를 하는데, 이때 넘어져도 다치지 않는 기술을 습득하기도 한다. 그래서 요나타니 선생님은 처음에는 아이들이 격투를 하다가 다칠까봐 걱정하지만, 곧 그들을 차분하게 관찰하는 태도로 전환한다. 몇 걸음 걷는 것조차 힘든 무메이는 능숙하게 바닥에 떨어져 다치지 않는 법을 습득한다. 또한 그는 "두루미처럼 소리를 질러"[28] 경고하기도 하는데, 이러한 모습에서 그가 자신에게 남은 야수성을 발산하며 순간적인 동물-되기를 수행하는 것을 확인할 수 있다.

인도로 떠나기 전에 무메이는 휠체어에서 쓰러져 실신한다. 하

28 Y. Tawada, *Sendbo-o-te*, 156쪽.

지만 꿈처럼 펼쳐지는 환상 속에서 무메이는 이전에 옆집에 살던 소녀 스이렌과 함께 휠체어를 타고 가서 일부러 높은 사구砂丘에서 같이 굴러떨어져 모래에 처박힌다. 또한 함께 바다를 건너겠냐는 스이렌의 요청에 응하며 바다로 뛰어드는데, 그때 여자로 변신하는 경험을 하기도 한다. 육지와 달리 뚜렷한 경계를 갖고 있지 않는 혼종성의 공간인 바다에서 무메이는 성정체성의 경계를 넘어서는 경험을 하는 것이다. 요시로가 지어준 무메이라는 이름은 '無名', 즉 '이름이 없다'라는 뜻인데, 이러한 역설적 이름은 무메이가 어떤 하나의 정체성에 갇혀 있지 않으며 상이한 것들을 연결시켜주는 혼종성의 사절임을 잘 보여준다.

"인간에게 있어 언어가 차이를 인지시킬 수 있는 가장 미시적인 도구라면, 다양한 언어의 존재는 차이를 확보하는 가장 쉽고도 강력한 길"[29]이다. 이 소설에서 요시로는 증손자인 무메이에게 설령 지금은 사용할 수 없을지라도 금지된 과거의 언어, 특히 외래어들을 끊임없이 가르쳐준다. 그것은 폐쇄적인 쇄국정책의 문제점과 모순을 드러내고 일본어와 일본 사회에 내재된 다양성과 차이를 보여주기 위함이다. 이를 통해 "언어의 풍요로움과 힘이 살아 있는 이상, 디스토피아 세계 속에서 사는 인간들, 특히 노인들과 아이들이 단순히 무기력하지만은 않음을 『헌등사』는 보여준다. […] 그러한 맥락에서 본다면 『헌등사』는 인간이 언어의 힘에 기대고 그것을 유지시키고 있는 이상, 그 산물로서의 디스토피아 속에 여전히 희

29 남상욱, 「디스토피아의 언어세계」, 231쪽.

망이 있음을 보여주는 텍스트라고 할 수 있다."[30]

'헌등사 모임'의 요청으로 무메이가 바다 너머로 떠나는 최종 목적지가 인도라는 사실도 의미심장하다. 이 소설에서 인도는 남아프리카공화국과 마찬가지로 자본주의적인 수출 경쟁 대신 언어를 수출하는 다중 언어국가로 묘사된다. 다와다 요코는 『여행하는 말』에서 한 국가에서 여러 개의 언어를 사용하는 것을 단점으로 간주하는 일반적 시각에 거리를 둔다.

> 나는 이중언어자로 자라진 않았지만 머릿속에 있는 두 언어가 항상 서로 방해하며, 아무것도 안 하고 있으면 일본어가 일그러지고 독일어가 흐트러지는 위기를 끊임없이 느끼며 살고 있다. 내버려두면 내 일본어는 평균 일본인의 일본어 수준 이하가 되고 내 독일어는 평균 독일인의 독일어 수준 이하가 되고 만다. 그 대신 매일 두 언어를 의식적이고 정열적으로 갈고닦으면 상호자극 덕분에 두 언어 모두 단일언어를 쓸 때와 비교할 수도 없이 정밀해지고 풍부한 표현력을 획득하게 된다는 것을 알았다. […] 기술 획득의 도구로 언어를 보면 다언어는 불합리하게 보이지만 언어 자체의 가치를 보고 시간을 두고 매일 갈고닦는다면, 거기서 출발한다면 '단일언어인간'만 있던 시대에는 할 수 없었던 무언가를 할 수 있을지도 모른다. 그러기 위해선 당연히 교육과 문화에 시간과 돈을 더 많이 들여야 한다. 그렇지 않으면 언어를 풍요롭게 할 복수 언어가 반대로 족쇄가 될 것이다.[31]

---

30 같은 곳.

언어를 단순한 수단으로 간주하며 기능적인 관점에서만 바라보는 시각에 반해서, 다와다 요코는 복수언어의 사용이 오히려 개별언어에 대한 의식을 심화하며 두 언어 간의 긴장관계와 상호영향을 통해 새로운 인식을 가져다줄 수 있다고 믿는다. 언어에 대한 이러한 개방적 태도는 위의 소설에서 일본 정부가 취한 외래어 억압정책과 완전히 대조적이다. 고립을 통한 배척 대신 드넓은 바다로 상징되는 사잇공간에서 혼종적인 것을 갈고 닦는 개방적 태도는 금융위기나 테러리즘 또는 기후변화와 같은 현대의 위기 상황을 극복하기 위해서는 물론 다양성과 차이가 존재하는 풍요로운 문화를 건설하기 위해서도 반드시 필요하다.

이러한 맥락에서 다시 사잇공간으로서의 바다의 의미가 부각된다.

> 나는 도쿄를 떠나는 사람을 이해할 수 있다. 나는 어떤 일이 있어도 도쿄를 떠나지 않으려는 사람도 이해할 수 있다. 그런데 일본이라는 섬에는 이 두 그룹의 사람만이 살고 있다. 나는 제3의 그룹이 형성됐으면 하는 소망을 갖고 있다. 바닷물의 그룹, 반복해서 물러갔다가 다시 매번 돌아오는 파도의 그룹말이다. 내게 지금은 제2의 고립시대가 시작된 듯한 느낌이 들었다. 새로운 데지마 문화에서 자신의 해결책을 찾으려는 시도가 제2의 기회가 될 것인가? 나는 그렇지 않다고 생각한다. 그 이유는 바닷물이 세계를 유일한 하나의 구 안에 모아두고 있기 때문이다. 오염된 물은

31 다와다 요코, 『여행하는 말들』, 66-67쪽.

한 자리에 머물러 있지 않는다. 그리고 이 말은 비유적으로 한 말이 결코 아니다.[32]

바다는 한편으로 식민지 지배세력이 들어와 식민통치를 하게 만드는 부정적 공간일 수도 있지만, 다른 한편 세계적인 위험사회에서 초국가적인 위험에 공동대응하며 해결책을 모색하는 것을 가능하게 해주는 공간이기도 하다. 또한 오늘날 전염병이나 환경오염 등의 문제는 결코 한 국가 내의 문제로 남아 있지 않으며, 방사능으로 인한 바다의 오염 역시 국경을 초월해 다른 나라에 심각한 피해를 끼칠 수 있다. 이러한 상황에서 위의 문제를 자기 나라의 문제로 한정하며 해결하려는 쇄국정책을 취하기보다는 국제적인 협력 속에서 문제를 해결하려는 자세가 필요하다. 그러나 국가 간의 장벽을 쌓고 이방인을 배척하며 민족주의와 인종차별주의를 부추기는 국가들은 국제적인 협력 대신 고립주의적인 태도와 문제를 은폐하는 전략을 취한다. 다와다 요코는 자신의 소설 『헌등사』에서 일본의 쇄국정책과 국수주의적 태도를 비판하고 이러한 태도가 현대 위험사회에서 위기에 올바르게 대응하는 것을 가로막고 있음을 지적한다. 그녀는 모든 나라가 자신의 좁은 경계를 벗어나 광대한 바다로 상징되는 사잇공간으로 뛰어들어 다양한 나라와 상호문화적으로 교류하며 그러한 사잇공간에서 위기에 대한 해결책과 문화적 번성의 기회를 발견하기를 희망한다.

32 Y. Tawada, "Hamburger Poetikvorlesungen", 120쪽.

맺음말

다와다 요코에게 많은 영향을 끼친 작가로 클라이스트, 호프만, 카프카를 들 수 있다. 이 세 작가에게는 한 가지 공통점이 있다. 세 작가 모두 자신들의 작품에서 몸에 대한 정신의 우위를 주장하는 기존의 관념을 전복시켜 정신에 대한 몸의 우위를 형상화했다는 점이다. 클라이스트의 소설에 등장하는 O... 후작 부인은 의식을 잃고 실신하지만 그로 인해 경험하는 몸의 변화는 그녀로 하여금 이성보다 몸의 목소리에 귀 기울이게 한다. 에테아 호프만의 소설에 등장하는 호두까기 인형은 밤이 되면 진열장에서 나와 쥐의 무리와 전투를 벌인다. 의식이 잠든 어두운 밤에 무의식은 깨어나는데, 인형의 몸은 이러한 무의식의 세계를 구현하는 매체가 된다. 카프카의 소설에 빈번히 등장하는 동물들도 인간과 구별되는 존재로서의 동물뿐만 아니라, 인간 자체의 동물적인 신체성을 나타내는 존재로 등장한다. 이처럼 다와다 요코는 정신에 대한 몸의 우위를 보여주는 작가들을 모범으로 삼아 자신만의 몸의 시학을 펼쳐나간다. 여기서 몸은 구획될 수 있는 가시적인 몸이 아니라, 보이지 않는 무의식적인 몸을 가리킨다.

다와다 요코의 작품에서도 동물 모티브가 자주 등장한다. 그녀의 작품에서 인간과 동물의 명확한 경계가 흐려질 뿐만 아니라, 인간이 자신에게 잠재한 동물적인 신체성을 발산함으로써 일종의 동물-되기를 수행하기도 한다. 이것은 인간이 이성적이고 정신적인 존재에서 벗어나 자신의 무의식적인 몸에 내재한 잠재적인 가능성을 실현함을 의미한다. 다와다 요코는 이러한 동물 모티브를 비단 내용적인 차원에서만 다루는 것을 넘어 자신의 글쓰기에 도입하기도 한다. 이에 따라 다와다 요코가 추구하는 몸의 시학은 이성적으로 조직하고 계획하는 글쓰기가 아니라 무의식적인 몸의 요구에 따라 충동적으로 써나가는 동물적 글쓰기라고 할 수 있다. 또한 그러한 동물적 글쓰기는 무엇보다 개념적인 언어로 포착할 수 없는 감각적·신체적인 것에 주목하며 그러한 정동을 표현하려고 시도한다.

다와다 요코는 몸의 가장 중심적인 부분이라고 할 수 있는 얼굴을 인간만이 지닌 신체 부위로 간주하지 않는다. 그녀는 얼굴에 대한 인간중심주의적인 정의에서 벗어나 얼굴을 '가시적이 된 어떤 것'으로 정의한다. 이에 따라 인간 외의 다른 동물들뿐만 아니라 심지어 건물이나 매체 같은 사물마저 얼굴을 지닐 수 있게 된다. 또한 다와다 요코는 글쓰기의 매체라고 할 수 있는 문자의 신체성에도 주목한다. 그녀는 문자 역시 단순히 말의 기록이 아니라 그 자체로 고유한 신체를 가지고 있는 매체로 간주한다. 하지만 그녀에게 중요한 것은 시각적인 형상성을 지닌 문자텍스트 자체보다는 오히려 쓰여 있는 검은 글자들 사이에 놓인 하얀 여백, 즉 사잇공간이다. 이러한 사잇공간은 동시에 심리적으로 억압된 무의식이라는 망자들이 묻혀 있는 공동묘지로 묘사되는데, 작가는 이러한 망자들을 불러내는 초혼의 글쓰기를 수행해야 한다. 바로 이러한 초혼의 글쓰기가 다와다 요코가 추구하는 몸의 시학인 것이다.

다와다 요코의 작품에서 몸이 갖는 의미는 정신분석학적 관점에서도 찾을 수 있다. 다와다 요코는 페미니즘적인 정신분석이론가인 줄리아 크리스테바의 영향을 많이 받았는데, 그 때문에 그녀의 작품에 빈번히 등장하는 어머니라는 존재는 크리스테바의 이론과의 연관성 속에서 이해되어야 한다. 크리스테바는 출생 후 아이가 어머니로부터 독립하여 아버지로 대변되는 언어적인 상징적 질서와 법의 세계에 들어서고 자신의 정체성을 구축하게 되지만, 그럼에도 어머니의 자궁에서 어머니와 공생관계에 있던 시기에 대한 무의식적 기억이 흔적으로 남아 있다가 갑자기 출몰하여 통일적인 정체성을 지닌 주체를 위협하곤 한다고 말한다. 어머니의 몸속에 들어 있을 때 이물질로 덮여 있던 더럽고 혐오스러운 아이의 신체는 출생 후 억압되고 다른 사람과 구분되는 깨끗한 신체로 포장되지만, 이러한 역겹고 혐오스러운 것, 즉 아브젝트는 결코 완전히 억압될 수 없으며 갑자기 나타나 주체의 몸에 거부반응, 즉 아브젝시옹을 야기한다. 그로 인해 주체가 설정한 명확한 경계는 끊임없이 위협당하고 심지어 파괴되기도 한다. 이처럼 아브젝트로 지칭되는 무의식적인 몸은 의식적이고 이성적인 인간의 단일한 정체성과 개념적인 구분에 기초해 있는 상징적 질서의 허구성을 폭로하고 그것을 전복시킨다. 이러한 맥락에서 다와다 요코의 몸의 시학은 아브젝트와 아브젝시옹의 글쓰기이기도 하다.

앞에서 말한 몸의 시학에서 동물-되기는 인간이 실제로 동물이 된다는 것을 의미하는 것이 아니라 인간이 동물적인 신체성을 발산하며 인간과 동물의 '사이'에 들어서게 된다는 것을 의미한다.

이와 마찬가지로 아브젝시옹 역시 아이와 어머니의 신체적 경계가 분명하지 않던 시기를 상기시키며 언어적 질서와 명확한 정체성의 경계를 허물어뜨린다. 동물-되기와 아브젝시옹이 다와다 요코의 몸의 시학을 구성하는 주요 개념이라고 한다면, 이러한 몸의 시학이 경계의 문제와 결코 무관하지 않음을 알 수 있다.

다와다 요코는 인간과 동물, 남성과 여성, 어른과 아이의 경계를 실체적인 차원이 아니라 강도적인 차원에서 허물며 사잇공간의 의미를 강조한다. 가령 모든 어른은 자신 안에 아이를 갖고 있으며 놀이하는 아이의 창조적이고 생성적인 정신을 발산하면서 일종의 아이-되기를 수행할 수 있다. 무엇보다 정체성의 차원에서 경계 문제는 중요한데, 특히 신체는 낯선 존재가 '내' 안에 거주하는 장소로서 중요한 의미를 갖는다. 우리는 보통 이성적인 자아인 '나'를 주체로 부르고 신체의 주인으로 간주하지만, 사실은 '나'는 객체客體, 즉 '신체'에 머무는 '손님'일 뿐이다. 몸은 '내'게 친숙하면서도 낯선 또 다른 자아, 즉 '내'가 명명할 수 없는 절대적 타자인 손님이 머무는 장소다. 그러한 타자는 현전하지도 부재하지도 않는 흔적 같은 존재로서 다와다 요코의 작품에서 유령으로 등장하기도 한다. 우리는 보통 자아와 타자를 구분하고, 집을 '나'의 정체성을 형성하는 친숙한 공간으로 간주하는데, 다와다 요코의 작품에서는 그러한 집이 유령의 집으로 형상화되며 자아와 타자의 이분법적인 구분을 무화시킨다. 자신의 몸으로 간주될 수도 있는 유령의 집에는 이성적인 자아의 타자인 무의식이 거하고 있는데, 이로써 '내' 몸은 자아와 타자의 이분법적 구분이 허물어지는 일종의 사잇공간이 된다.

그런데 다와다 요코는 경계를 넘어서는 것이 중요한 것이 아니라 경계에 위치하며 그것을 갈고 닦는 것, 즉 경작하는 것이 중요하다고 말한다. 다시 말해 그녀에게 중요한 것은 하나에서 다른 하나로의 이행이 아니라, 사잇공간(의 경작)인 것이다. 이러한 맥락에서 그녀가 자신의 모국어인 일본어뿐만 아니라 독일어로도 글을 쓰는 것을 이해할 수 있다. 다와다 요코는 두 가지 언어로 모두 글을 쓰면서 각각의 언어를 다른 언어의 관점에서 바라보며 그 언어들에 내재한 잠재성에 주목한다. 그래서 그녀는 모어 바깥으로 떠나는 여행, 즉 엑소포니의 필요성을 강조하며, 이러한 시각을 갖게 될 때 비로소 자신의 모어에 들어 있는 외국어의 존재를 인식하며 언어적 경계에 대한 새로운 인식을 갖게 될 수 있다고 말한다.

다와다 요코의 사잇공간의 시학은 무엇보다 번역으로서의 글쓰기를 가리킨다. 기존의 번역이론은 번역을 출발언어를 매끄럽게 도착언어로 바꿔주는 다리모델을 따른다. 이에 따르면 도착언어는 출발언어를 가능한 한 그대로 재현해야 한다. 그러나 다와다 요코는 한 언어를 다른 언어로 완전히 번역하는 것은 불가능하다며 오히려 번역 불가능성을 주장한다. 하지만 이러한 주장은 결코 번역 자체를 포기할 것을 요구하는 것이 아니라, 오히려 이러한 번역 불가능성을 인식하는 가운데 두 언어라는 강가 사이에 있는 물이라는 사잇공간에서 무한한 번역의 잠재력을 찾아낼 것을 요구한다. 그런데 이러한 번역은 비단 외국어로 쓰인 텍스트를 번역한다는 의미만 지니는 것이 아니라, 눈에 보이지 않는 신체문자를 가시적인 언어문자로 전환하는 번역의 의미를 지니기도 한다. 무의식적인 신체문자가 영원히 포착할 수 없는 성격을 띤다고 한다면, 여기서 번역은 일종의 원전 없는 번역이라고도 할 수 있을 것이다. 다와다 요코는 개념적인 언어의 차원 밑에서 작동하는 감각적인 신체문자의 목소리에 귀 기울이며 이를 언어적인 텍스트로 전환하는 번역의 글쓰기를 요구한다. 이러한 번역으로서의 글쓰기는 몸 안의 소리에 귀 기울이며 몸이라는 사잇공간에서 펼쳐지는 사잇공간의 글쓰기이기도 하다.

끝으로 사잇공간의 시학은 상호문화적인 글쓰기를 의미하기도 한다. 다와다 요코는 폐쇄적이고 고립적인 민족주의를 비판하며 세계적인 위험사회의 시대에 상호문화적인 교류와 협력을 통해서만 공동의 위기에 효과적으로 대처해나갈 수 있을 뿐만 아니라 이를 통해 풍성한 문화를 만들어낼 수 있으리라고 믿는다. 이러한 생각은 원전사고나 전염병 같은 재난이 만연한 오늘날 더욱 절실히 요구된다.

참고문헌

국내 문헌

[1차 문헌]

다와다 요코, 『여행하는 말들: 엑소포니, 모어 바깥으로 떠나는 여행』, 유라주 옮김, 돌베개, 2018.

다와다 요코, 『용의자의 야간열차』, 이영미 옮김, 문학동네, 2016.

다와다 요코/최윤영, 「문학, 읽다 그리고 번역하다. 다와다 요코 인터뷰」, 『문학과사회』 32(2), 문학과지성사, 2019, 311-321쪽.

서경식/타와다 요오꼬, 『경계에서 춤추다』, 서은혜 옮김, 창비, 2010.

[2차 문헌]

남상욱, 「디스토피아의 언어세계: 다와다 요코의 「불사의 섬」과 『헌등사』를 중심으로」, 『비교문화연구』 51집(2018), 213-233쪽.

데리다, 자크, 『마르크스의 유령들』, 진태원 옮김, 그린비, 2014.

데리다, 자크, 『법의 힘』, 진태원 옮김, 문학과지성사, 2012.

데리다, 자크, 『환대에 대하여』, 남수인 옮김, 동문선, 2004.

들뢰즈, 질, 『매저키즘』, 이강훈 옮김, 인간사랑, 2007.

레비나스, 엠마누엘, 『시간과 타자』, 강영안 옮김, 문예출판사, 2012.

레이들로, 로브, 『동물원 동물은 행복할까?』, 박성실 옮김, 책공장더불어, 2018.

마뚜라나, 움베르또/바렐라, 프란시스코, 『앎의 나무: 인간 인지능력의 생물학적 뿌리』, 최호영 옮김, 갈무리, 2015.

모렐, 버지니아, 『동물을 깨닫는다』, 곽성혜 옮김, 추수밭, 2015.

박주영, 「영원히 지워지지 않는 흔적: 줄리아 크리스테바의 모성적 육체」, 『비평과 이론』 9권(2004), 203-224쪽.

베츠, 오토, 『숫자의 감춰진 비밀』, 배지안·김혜진 옮김, 푸른영토, 2009.

신승철, 『갈라파고스로 간 철학자』, 서해문집, 2013.

신승철, 『구성주의와 자율성』, 알렙, 2017.

안미현, 『경계횡단으로서의 번역』, Huine, 2017.

오제, 마르크, 『비장소』, 이상길·이윤영 옮김, 아카넷, 2017.

이영남, 「언어의 몸성과 "의미의 열림으로"의 글쓰기: 요코 타와다의 예」, 『뷔히너와 현대문학』 48호(2017), 229-250쪽.
이정우, 『천 하나의 고원: 소수자 윤리학을 위하여』, 돌베개, 2013.
유하은, 「전복의 징후로서의 몸: 클라이스트의 「O...후작부인」 연구」, 서울대학교 석사 학위논문, 2019.
장회익, 『물질, 생명, 인간: 그 통합적 이해의 가능성』, 돌베개, 2014.
정항균, 『동물-되기: 비판적 동물학으로서의 인간학과 변신의 문학사』, 세창출판사, 2020.
정항균, 「동물이야기: 카프카의 「자칼과 아랍인」에 나타난 동물과 동물-되기 연구」, 『카프카 연구』 41집(2019), 5-41쪽.
정항균, 『메두사의 저주: 시각의 문학사』, 문학동네, 2014.
정항균, 「몸 담론과 마리오네트의 글쓰기: 다와다 요코의 「그림없는 그림 수수께끼」 연구」, 『카프카 연구』 43집(2020), 127-157쪽.
정항균, 「문자의 변신과 제의적 글쓰기: 다와다 요코의 『변신』에 나타난 문자와 글쓰기 연구」, 『독일문학』 150집(2019), 91-120쪽.
정항균, 『므네모시네의 부활』, 뿌리와이파리, 2005.
정항균, 『시시포스와 그의 형제들: 현대 문학과 철학에 나타난 '반복' 모티브』, 을유문화사, 2009.
정항균, 『아비뇽의 여인들 또는 폭력의 두 얼굴』, 서울대학교출판문화원, 2017.
정항균, 「인간중심주의 비판과 인간의 동물-되기: 다와다 요코의 『눈 속의 연습곡』에 나타난 인간과 동물의 관계」, 『카프카 연구』 42집(2019), 131-157쪽.
정항균, 「추리소설의 경계 변천 고찰 (2)」, 『뷔히너와 현대문학』 27권(2006), 241-270쪽.
정항균, 「투명한 관, 유령의 집: 다와다 요코의 『목욕탕』에 나타난 장소와 정체성의 관계」, 『뷔히너와 현대문학』 51권(2018), 251-273쪽.
정항균, 『"typEmotion": 문자학의 정립을 위하여』, 문학동네, 2012.
진은영, 『니체, 영원 회귀와 차이의 철학』, 그린비, 2007.
최윤영, 「매체로서의 언어, 매체로서의 몸: 요코 타와다의 『목욕탕』과 『벌거벗은 눈』을 중심으로」, 『독일문학』 99집(2006), 86-106쪽.
최윤영, 『엑소포니: 다와다 요코의 글쓰기』, 제인애씨, 2020.
최윤영, 「이동성, 유동성 그리고 자아동일성」, 다와다 요코, 『용의자의 야간열차』, 이영미 옮김, 문학동네, 2016.
최은아, 「침묵 언어의 번역과 망자의 회상을 위한 변신: 다와다 요코의 『밤에 빛나는 두루미 가면』 연구」, 『독일현대문학』 56(2021), 247-271쪽 참조.
카와이 아츠시, 『하룻밤에 읽는 일본사』, 원지연 옮김, 알에이치코리아, 2018.
크리스테바, 줄리아, 『공포의 권력』, 서민원 옮김, 동문선, 2001.
크리스티, 애거서, 『오리엔트 특급 살인』, 신영희 옮김, 황금가지, 2019.

클라스트르, 피에르, 『국가에 대항하는 사회』, 홍성흡 옮김, 이학사, 2013.
투안, 이-푸, 『공간과 장소』, 구동회·심승희 옮김, 대윤, 2011.
푸코, 미셸, 「다른 공간들」, 푸코, 『헤테로토피아』, 이상길 옮김, 문학과지성사, 2017.
플라톤, 『파이드로스』, 조대호 옮김, 문예출판사, 2008.
해러웨이, 다나 J., 『유인원, 사이보그, 그리고 여자: 자연의 재발명』, 민경숙 옮김, 동문선, 2002.
헤겔, G.W.F., 『법철학』, 임석진 옮김, 한길사, 2014.
헤일스, 캐서린, 『우리는 어떻게 포스트휴먼이 되었는가: 사이버네틱스와 문학, 정보과학의 신체들』, 허진 옮김, 플래닛, 2013.

국외 문헌

[1차 문헌]

Tawada, Yoko, *Abenteuer der deutschen Grammatik*, Tübingen, 2017.
Tawada, Yoko, *Aber die Mandarinen müssen heute abend noch geraubt werden*, Tübingen, 2003.
Tawada, Yoko, *akzentfrei*, Tübingen, 2017.
Tawada, Yoko, "Bilderrätsel ohne Bilder", Tawada, *nur da wo du bist da ist nichts*, Tübingen, 2015.
Tawada, Yoko, *Das Bad*, Tübingen, 2015.
Tawada, Yoko, *Etüden im Schnee*, Tübingen 2014.
Tawada, Yoko, "Hamburger Poetikvorlesungen", *Yoko Tawada. Fremde Wasser: Hamburger Gastprofessur für interkulturelle Poetik*, Ortrud Gutjahr (Hrsg.), Tübingen, 2012, S. 49-122.
Tawada, Yoko, "Körper, Stimme, Maske – Korrespondenzen zwischen dem Theater Heiner Müllers und dem japanischen Nô-Theater", *Leib- und Bildraum: Lektüre nach Benjamin*, Sigrid Weigel (Hrsg.), Köln, Weimar & Wien, 1992, S. 65-75.
Tawada, Yoko, *Schwager in Bordeaux*, Tübingen, 2018.
Tawada, Yoko, *Sendbo-o-te*, Tübingen, 2018.
Tawada, Yoko, *Spielzeug und Sprachmagie in der europäischen Literatur*, Tübingen, 2000.
Tawada, Yoko, *Sprachpolizei und Spielpolyglotte*, Tübingen, 2011.
Tawada, Yoko, *Talisman*, Tübingen, 2015.
Tawada, Yoko, *Überseezungen*, Tübingen, 2017.
Tawada, Yoko, *Verwandlungen*, Tübingen, 2018.

Tawada, Yoko, *Wo Europa anfängt & Ein Gast*, Tübingen, 2014.

"»In meinen Poetikvorlesungen werde ich viel über das Wasser sprechen, und der Tsunami kommt auch vor«. Yoko Tawada im Gespräch mit Ortrud Gutjahr", *Yoko Tawada. Fremde Wasser*, Ortrud Gutjahr (Hrsg.), Tübingen, 2012, S. 17-45.

[2차 문헌]

Augé, Marc, *Nicht-Orte*, München, 2014.

Beck, Ulrich, *Weltrisikogesellschaft*, Frankfurt a.M., 2015.

Benjamin, Walter, "Die Aufgabe des Übersetzers", Benjamin, *Gesammelte Schriften*, Bd. V/1, Frankfurt a.M., 1972-1989, S. 9-21.

Beyerlen, Angelo, "Eine lustige Geschichte von Blinden usw", *Schreibmaschinen-Zeitung Hamburg*, Nr. 138, 1909.

Bhabha, Homi K., *Die Verortung der Kultur*, Tübingen, 2011.

Brandt, Bettina, "Ein Wort, ein Ort, or How Words Create Places: Interview with Yoko Tawada", *Women in German Yearbook* 21(2005), pp. 1-15.

Canetti, Elias, *Masse und Macht*, Frankfurt a.M., 2017.

Deleuze, Gilles & Guattari, Félix, *Tausend Plateaus*, Berlin, 2005.

Derrida, Jacques, *Aufzeichnungen eines Blinden. Das Selbstporträt und andere Ruinen*, München, 1997.

Derrida, Jacques, *Grammatologie*, Frankfurt a.M., 1983.

Eliade, Mircea, *Schamanismus und arachische Ekstasetechnik*, Frankfurt a.M., 2016.

Emrich, Wilhelm, *Franz Kafka*, Königstein/Ts., 1981.

Fischer, Sabine, ""Die Welt ist voller Stimmen und Blicke". Zu Yoko Tawadas Kurzroman "Ein Gast"", *Materialien Deutsch als Fremdsprache*, vol. 46(1997), S. 374-383.

Fischer, Sabine, "Durch die japanische Brille gesehen. Die fiktive Ehtnologie der Yoko Tawada", *Gegenwartsliteratur: ein germanistisches Jahrbuch*, vol. 2(2003), S. 59-80.

Flusser, Vilém, *Die Schrift: Hat Schreiben Zukunft?* Göttingen, 2002.

Flusser, Vilém, *Kommunikologie*, Frankfurt a.M., 2003.

Flusser, Vilém, *Kommunikologie weiter denken*, Frankfurt a.M., 2009.

Foucault, Michel, "Der utopische Körper", Foucault, *Die Heterotopien. Der utopische Körper*, Berlin, 2017.

Foucault, Michel, *Überwachen und Strafen: Die Geburt des Gefängnisses*, Frankfurt a.M., 1994.

Freud, Sigmund, "Notiz über den Wunderblock", Freud, *Gesammelte Werke*, Bd. 14, Anna Freud (Hrsg.), Frankfurt a.M., 1950.

Gelzer, Florian, ""Wenn ich spreche, bin ich nicht da." Fremdwahrnehmung und Sprachprogrammatik bei Yoko Tawada", *Recherches Germaniques* 29(1999), S. 67-91.

Genz, Julia, "Inexistente Bezugssysteme. Yoko Tawadas »Schwager in Bordeaux«", *Yoko Tawada. Text+Kritik*, Heinz Ludwig Arnold (Hrsg.), München, 2011, S. 63-69.

Haraway, Donna, *Die Neuerfindung der Natur: Primaten, Cyborgs und Frauen*, Frankfurt a.M., 1995.

Heidegger, Martin, *Sein und Zeit*, Tübingen, 2006.

Hoffmann, E.T.A., "Der Sandmann", Hoffmann, *Nachtstücke. Seltsame Leiden eines Theaterdirektors*, Berlin & Weimar, 1994.

Holdenried, Michaela, "Eine Poetik der Interkulturalität? Zur Transgression von Grenzen am Beispiel von Yoko Tawadas Schreibverfahren und Sprachprogrammatik", *Yoko Tawada. Fremde Wasser*, Ortrud Gutjahr (Hrsg.), Tübingen, 2012, S. 169-185.

Ivanovic, Christine, "Exophonie, Echoponie. Resonanzkörper und polyphone Räume bei Yoko Tawada", *Gegenwartsliteratur: ein germanistisches Jahrbuch*, vol. 7(2008), S. 223-247.

Ivanovic, Christine & Matsunaga, Miho, "Tawada von zwei Seiten: Eine Dialektüre in Stichworten", *Yoko Tawada, Text + Kritik*, Heinz Ludwig Arnold (Hrsg.), München, 2011, S. 108-156.

Ivanovic, Christine, ""Wie wäre es, mit der Übersetzung zu beginnen?" Translationalität als poetisches Prinzip. Zu Tawadas Laudatio auf Uljana Wolf und Kafka Kaikoku", 『독일어문화권연구』 28호(2019), 611-658쪽.

Illies, Christian, *Philosophische Anthropologie im biologischen Zeitalter: Zur Konvergenz von Moral und Natur*, Frankfurt a.M., 2015.

Kienberger, Silvia, *Poesie, Revolte und Revolution. Peter Weiss und die Surrealisten*, Opladen, 1994.

Kilchmann, Esther, "Verwandlungen des ABCs. Yoko Tawada und die Kulturgeschichte des abendländischen Buchstabens", *Yoko Tawada. Fremde Wasser*, Ortrud Gutjahr (Hrsg.), Tübingen, 2012, S. 350-367.

Kittler, Friedrich, *Aufschreibesysteme 1800·1900*, München, 2003.

Kittler, Friedrich, *Grammaphon, Film, Typewriter*, Berlin, 1986.

Knott, Suzuko Mousel, "Yoko Tawada und das «F-Word»: Intertextuelle und intermediale Prozesse des Romans *Ein Gast* im feministischen Diskurs", *Études Germaniques*, vol. 259, Nr. 3(2010), S. 569-580.

Koiran, Linda, *Schreiben in fremder Sprache. Yoko Tawada und Galsan Tschinag. Studien zu den deutschsprachigen Werken von Autoren asiatischer Herkunft*, München, 2009.

Königsberg, Matthew, "Nachtzug nach nirgendwohin: Das japanischsprachige Prosawerk Yoko Tawadas", *Yoko Tawada. Text + Kritik*, Heinz Ludwig Arnold (Hrsg.), München, 2011, S. 99-107.

Krämer, Sybille, "'Operationsraum Schrift': Über einen Perspektivenwechsel in der Betrachtung der Schrift", *Schrift*, Gernot Grube/ Werner Kogge/ Sybille Krämer (Hrsg.), München, 2005, S. 23-61.

Krämer, Sybille, "Die ›Rehabilitierung der Stimme‹. Über die Oralität hinaus", *Stimme*, Doris Kolesch & Sybille Krämer (Hrsg.), Frankfurt a.M., 2006, S. 269-295.

Krämer, Sybille, ""Schriftbildlichkeit" oder: Über eine (fast) vergessene Dimension der Schrift", *Bild-Schrift-Zahl*, Sybille Krämer & Horst Bredekamp (Hrsg.), München, 2009, S. 157-176.

Laudenberg, Beate, "Aspekte der deutschsprachigen Migrantenliteratur, dargestellt an Yoko Tawadas Roman "Ein Gast"", *Literatur im interkulturellen Dialog*, Manfred Durzak (Hrsg.), Bern u.a., 2000, S. 130-143.

Matsunaga, Miho, "Ausländerin, einheimischer Mann, Confidente: Ein Grundschema in Yoko Tawadas Frühwerk", *Poetik der Transformation. Beiträge zum Gesamtwerk. Mit dem Stück Sancho Pansa von Yoko Tawada*, Christine Ivanovic (Hrsg.), Tübingen, 2010, S. 249-261.

Matsunaga, Miho, "Die Dimension der Übersetzung in Werken von Yoko Tawada", *Akten des X. Internationalen Germanistenkongresses. Wien 2000: Zeitenwende – Die Germanistik auf dem Weg vom 20. ins 21. Jahrhundert*, Bd. 7, Peter Wiesinger u.a. (Hrsg.), Bern/ Berlin u.a., 2002, S. 329-335.

Matsunaga, Miho, "Ein Eisbär, der Zeitung liest: Yoko Tawadas neuester Roman *Schneepraktikanten*", *Die Lücke im Sinn: Vergleichende Studien zu Yoko Tawada*, Sandra Vlasta (Hrsg.), Tübingen, 2015, S. 55-62.

Meyer, Anne-Rose, "Zungenspiele und Gaumengenuss: Zeichen, Sprechen, Essen in Werken Yoko Tawadas", *Yoko Tawada. Fremde Wasser*, Ortrud Gutjahr (Hrsg.), Tübingen, 2012, S. 379-393.

Nietzsche, Friedrich, *Also sprach Zarathustra*, Giorgio Colli & Mazzino Montinari

(Hrsg.), München, 1999.
Redlich, Jeremy, "Reading Skin Signs: Decoding Skin as the Fluid Boundary between Self and Other in Yoko Tawada", *Critical Studies* 33(2010), pp. 75-88.
Rupprecht, Caroline, "Haunted Spaces: History and Architecture in Yoko Tawada", *South Central Review* 33.3(2016), pp. 111-126.
Schickhaus, Tobias Akira, *Interkulturelle Literaturwissenschaft und Wissenssoziologie: Studien zu deutsch- und japanischsprachigen Texten von Yoko Tawada*, Bielfeld, 2017.
Schößler, Franziska, "»Ein Opernstück über meine Köpfe«: Klang(t)räume in Yoko Tawadas Theaterstücken", *Yoko Tawada. Fremde Wasser*, Ortrud Gutjahr (Hrsg.), Tübingen, 2012, S. 417-436.
Sgambati, Gabriella, "Stimme als Darstellung der Fremdheit. Das Sinnliche der Sprache in *Ein Gast*", *Am Scheideweg der Sprachen. Die poetischen Migrationen von Yoko Tawada*, Amelia Valtolina & Michael Braun (Hrsg.), Tübingen, 2016, S. 223-234.
Strauß, Botho, *Paare, Passanten*, München, 2000.
Tachibana, Reiko, "Tawada Yoko: Writing from "Zwischenraum"", *Yoko Tawada. Poetik der Transformation: Beiträge zum Gesamtenwerk. Mit dem Stück Sancho Pansa von Yoko Tawada*, Christine Ivanovic (Hrsg.), Tübingen, 2010, S. 277-282.
Tanigawa, Michiko, "Performative Über-setzungen / über-setzende Performance. Zur Topologie der Sprache von Yoko Tawada", *Yoko Tawada. Poetik der Transformation: Beiträge zum Gesamtwerk. Mit dem Stück Sancho Pansa*, Christine Ivanovic (Hrsg.), Tübingen, 2010, S. 351-367.
Weigel, Sigrid, "Suche nach dem E-Mail für japanische Geister. Yoko Tawadas Poetik am Übergang differenter Schriftsysteme", *Yoko Tawada. Fremde Wasser*, Ortrud Gutjahr (Hrsg.), Tübingen, 2012, S. 127-143.
Weinberg, Manfred, "Von Spiegeln, Fotos und Worten: Zu Yoko Tawadas frühem Kurzroman *Das Bad*", *Yoko Tawada. Fremde Wasser*, Ortrud Gutjahr (Hrsg.), Tübingen, 2012, S. 218-236.
Werry, Lina, "(Re)lectures. Der Mensch im Spiegel von 'Beerenaugen': Yoko Tawadas Roman *Etüden im Schnee*", *Germanica*, 2017, S. 215-221.
Zechner, Johannes, *Der deutsche Wald: Eine Ideengeschichte*, Darmstadt, 2016.

https://de.wikipedia.org/wiki/Knut_(Eisbär)(2021. 1. 25)
https://www.youtube.com/watch?v=H21iPL9k1jg(2020. 2. 15)
https://swrmediathek.de/player.htm?show=bb595b50-f461-11e7-a5ff-005056a12b4c(2018. 2. 3)

찾아보기

| 인명 및 논저 |

| 용어 및 명칭 |

수록 논문 출처

몸의 시학

1. 몸 담론과 마리오네트의 글쓰기: 「그림 없는 그림 수수께끼」
   몸 담론과 마리오네트의 글쓰기. 다와다 요코의 「그림 없는 그림 수수께끼」 연구. 실린 곳: 『카프카 연구』 43집(2020)
2. 얼굴 읽기와 얼굴 쓰기: 「손님」
   얼굴 읽기와 얼굴 쓰기. 포스트구조주의의 관점에서 본 다와다 요코의 『손님』. 실린 곳: 『카프카 연구』 40집(2018)
3. 인간중심주의 비판과 인간의 동물-되기: 『눈 속의 에튀드』
   인간중심주의 비판과 인간의 동물-되기. 다와다 요코의 『눈 속의 연습곡』에 나타난 인간과 동물의 관계. 실린 곳: 『카프카 연구』 42집(2019)
4. 문자의 변신과 제의적 글쓰기: 『변신』
   문자의 변신과 제의적 글쓰기. 다와다 요코의 『변신』에 나타난 문자와 글쓰기 연구. 실린 곳: 『독일문학』 150집(2019)

사잇공간의 시학

1. 투명한 관, 유령의 집: 『목욕탕』
   투명한 관, 유령의 집. 다와다 요코의 『목욕탕』에 나타난 장소와 정체성의 관계. 실린 곳: 『뷔히너와 현대문학』 51집(2018)